Diskontinuierlicher Unternehmenswandel

Europäische Hochschulschriften

Publications Universitaires Européennes
European University Studies

Reihe V
Volks- und Betriebswirtschaft

Série V   Series V
Sciences économiques, gestion d'entreprise
Economics and Management

Bd./Vol. 3136

PETER LANG

Frankfurt am Main · Berlin · Bern · Bruxelles · New York · Oxford · Wien

Jürgen Deeg

Diskontinuierlicher Unternehmenswandel

Eine integrative Sichtweise

PETER LANG

Europäischer Verlag der Wissenschaften

Bibliografische Information Der Deutschen Bibliothek
Die Deutsche Bibliothek verzeichnet diese Publikation in der
Deutschen Nationalbibliografie; detaillierte bibliografische
Daten sind im Internet über <http://dnb.ddb.de> abrufbar.

Zugl.: Hagen, FernUniv., Diss., 2004

Gedruckt auf alterungsbeständigem,
säurefreiem Papier.

D 708
ISSN 0531-7339
ISBN 3-631-53745-X

© Peter Lang GmbH
Europäischer Verlag der Wissenschaften
Frankfurt am Main 2005
Alle Rechte vorbehalten.

Printed in Germany 1 2 3 4 5   7

www.peterlang.de

...nihil est toto, quod perstet in orbe.

cuncta fluunt omnisque vagans formatur imago

(Ovid, Metamorphosen XV, S. 177f.)

in memoriam

C.D.

VORWORT

> Alles Gescheite ist schon einmal gedacht worden.
> Man muss nur versuchen, es noch einmal zu denken.
>
> Goethe

Die vorliegende Arbeit ist das Produkt eines langen Nachdenkens über den Wandel sozialer Gebilde im Allgemeinen und von Organisationen bzw. Unternehmen im Besonderen. Für die Möglichkeit einer so intensiven und ausgedehnten Auseinandersetzung mit Veränderungsfragen, wie sie mir meine wissenschaftliche Tätigkeit ermöglicht hat, bin unendlich dankbar. Bei allen Beschwerlichkeiten des Nachdenkens über das komplexe Wandelphänomen überwiegt am Ende doch die Freude über die gewonnene Erkenntnis und die gelungene Integration der vielfältigen Wissensbausteine. Zudem ermöglicht eine Dissertation wie kaum ein anderes intellektuelles Unterfangen kostbare Momente der Selbstvergessenheit im Fluss des kreativen Schreibens, die für viele Mühen mit dem Material entschädigen. Die Diskontinuität als Phänomen der heutigen Unternehmensrealität hat meine Kreativität dabei immer wieder bis aufs Äußerste gefordert und nicht-lineare Denkentwicklungen wie auch ganz ungeahnte Ideendynamiken ermöglicht. Diese einzigartige Erfahrung in meinem Leben möchte ich nicht mehr missen, denn ohne sie wäre es weniger spannend gewesen.

Herrn Prof. Weibler als Betreuer und Förderer dieser Dissertation danke ich für seine Aufgeschlossenheit gegenüber der Thematik, seine kritische Ermutigung und seine große Geduld. Er hat nie die Hoffnung aufgegeben, dass die Arbeit zu einem guten Ende kommt und damit ganz besonders zu ihrem Gelingen beigetragen. Herrn Prof. Gehring danke ich für die Übernahme des Zweitgutachtens und für nützliche Hinweise im Vorfeld der Disputation. Meinem geschätzten Kollegen Dr. Wendelin Küpers danke ich für viele wertvolle inhaltliche Hinweise und seine unermüdliche Diskussionsbereitschaft. Ohne seinen Rat und seine Erfahrung wäre vieles Wichtige ungedacht und ungeschrieben geblieben. Der FernUniversität in Hagen danke ich dafür, dass ich mich durch meine Beschäftigung dort über viele Jahre hinweg mit den verschiedensten, selbst gewählten Forschungsthemen auseinandersetzen und mein Wissen anderen vermitteln durfte. Den größten Dank schulde ich aber vielleicht meiner eigentlichen Alma Mater, der Universität Konstanz, denn ohne ihren einzigartigen Geist der Interdisziplinarität wäre all dies unmöglich gewesen.

Zahlreiche weitere Personen haben dazu beigetragen, das Dissertationsprojekt zu einem guten Abschluss zu bringen. Dazu gehören unter anderem einige ehemalige Kollegen des Lehrstuhls in Hagen und zahlreiche Studierende in Konstanz und Hagen, mit denen ich im Vorfeld wie auch im Entstehungsprozess der Arbeit so manche Idee entwickeln und diskutieren konnte. Sie haben mich auch oft dazu gebracht, noch einmal nachzudenken oder wieder ganz neu denken.

Vielen meiner Freunde und Bekannten habe ich für ihre stetige Anteilnahme am Fortgang der Dissertationsschrift zu danken. Wenn scheinbar der Stillstand die Überhand im Erkenntnisfortschritt gewonnen hatte und keine Veränderung im Arbeitsstand erkennbar war, haben sie mir Mut zugesprochen und die nötige Dynamik eingebracht. Ihre Gastfreundschaft habe ich in Deutschland wie auch in der Schweiz während der Arbeit an der Dissertation oft genießen dürfen, was für willkommene Unterbrechungen ebenso wie wertvolle schöpferische Pausen im Prozess des Nachdenkens und Schreibens gesorgt hat.

Madeleine Schlecht und Steffen Egly gebührt ein besonderer Dank für ihre sorgfältige und effektive Durchsicht des Manuskripts. Ihre Hinweise haben zu vielen sprachlichen Verbesserungen geführt und die Verständlichkeit des Textes weiter erhöht. Meinen Eltern danke ich für ihre jahrelange Unterstützung. Sie haben mir in schwierigen Situationen stets zur Seite gestanden und sicherten damit ein wertvolles Stück Kontinuität in der Diskontinuität. Meiner Schwester danke ich schließlich für ihre liebevolle Anteilnahme und tatkräftige Hilfe, ohne die ich oft nicht ausgekommen wäre. Sie hat mich wie meine ganze Familie durch alle Wechselfälle der letzten Jahre mit großer Selbstverständlichkeit begleitet, was für ein erfreuliches Stück Sicherheit in der stetigen Unsicherheit gesorgt hat.

Auch wenn die Arbeit an der Diskontinuität mit dieser Veröffentlichung vorläufig beendet ist, gehen die Veränderungen dennoch weiter; denn das einzig Beständige ist wie immer der Wandel.

Westhofen im Frühjahr 2005

Jürgen Deeg

INHALTSVERZEICHNIS

ABBILDUNGSVERZEICHNIS

1 Einführung

Die Einführung zu der vorliegenden Arbeit möchte das zugrunde liegende Erkenntnisinteresse, das angestrebte Erkenntnisziel und den dafür zu beschreitenden Erkenntnisweg aufzeigen. Dazu soll zunächst der Anlass der Arbeit in einer Problemstellung dargelegt werden (Kapitel 1.1). Anschließend wird das verfolgte Erkenntnisziel in einer Zielsetzung näher ausgeführt und in verschiedene Einzelziele aufgegliedert (Kapitel 1.2). Als nächstes wird die für den Erkenntnisweg gewählte Methodik vorgestellt (Kapitel 1.3). Eine Zusammenfassung mit einem Ausblick auf die weiteren Arbeitsschritte beschließt die Einleitung (Kapitel 1.4).

1.1 Problemstellung

Die Feststellung, dass an der Schwelle des 21. Jahrhunderts ein Zeitalter des nie da gewesenen Wandels und der weitreichenden Transformation eingetreten ist, das in seiner Schnelligkeit und Irreversibilität fast jeden Aspekt des modernen Lebens berührt, stellt mittlerweile fast einen Gemeinplatz in wissenschaftlichen wie lebenspraktischen Diskussion dar (vgl. Chia 1999, S. 209). So nimmt es nicht Wunder, dass auch die Management- und Organisationstheorie seit geraumer Zeit nicht müde wird, zu betonen, dass der Druck auf Unternehmen wächst, sich diesen Herausforderungen aus ihrer Umwelt zu stellen und gleichermaßen rasche wie auch kreative Anpassungsleistungen zu erbringen, um profitabel, überlebensfähig oder attraktiv für ein zunehmendes Spektrum an Stakeholdern zu bleiben (vgl. u.a. Kanter/Stein/Jick 1992, D'Aveni 1995, Nadler 1998, Hauser 1999). Die Fähigkeit mit sich oft dramatisch verändernden, also diskontinuierlichen Kontexten umzugehen stellt deswegen eine zentrale Determinante für den Erhalt von Wettbewerbsvorteilen, die Bewahrung der Performance und die Sicherung der Überlebensfähigkeit dar (vgl. Greenwood/Hinings 1996, S. 1022, Brown/Eisenhardt 1998, S. 4; ähnlich Nadler/Shaw 1995, S. 8).

Organisationaler Wandel wird nun als ein wesentliches Reaktionsmuster angesehen, mit dessen Hilfe Unternehmen solche Anpassungserfordernisse, die vornehmlich aus ihrer Umwelt resultieren, erfüllen können (vgl. Deeg/Weibler 2000, S. 144). Dabei stellt sich jedoch neuerdings zunehmend das Problem, dass das Ausmaß des Wandels weiter ansteigt (vgl. Kotter 1998, S. 13), während die Reaktionsmöglichkeiten des Managements und der Unternehmenssteuerung zur Veränderung des Unternehmens nicht in gleicher Weise Schritt halten. Damit stellen Diskontinuitäten in der Entwicklung von Unternehmen eine zentrale Herausforderung in der heutigen Unternehmenstätigkeit dar (vgl. Prahalad 1998, S. 14). Vor diesem Hintergrund erstaunt es kaum, dass die Thematik des organisationalen Wandels in der Organisations-, Management- und Betriebswirtschaftslehre, obwohl eigentlich kontinuierlich über Jahrzehnte hinweg bearbeitet (vgl. Ulrich

2

1994, S. 6), gerade im deutschen Sprachraum wieder erneut aktuell geworden ist.[1] Dies belegen auch zahlreiche Veröffentlichungen in der jüngsten Zeit (vgl. u.a. Deeken 1997, Mohr 1997, Kieser/Hegele/Klimmer 1998, Staminski/Bronner 1999, Holtgrewe 2000, Meyer/Heimerl-Wagner 2000, Schreyögg/Conrad 2000, Schirmer 2000, Ringlstetter/Schuster 2001, Gagsch 2002). Organisationaler Wandel wird dabei auf die verschiedensten Arten und Weisen aufgefasst und konzipiert. So etwa mit jeweils wechselndem Schwerpunkt als „klassische Reorganisation" (vgl. z.B. Aschenbach 1996, Picot/Freudenberg/Gassner 1999, Schirmer 2000), als „Strategische Erneuerung" (vgl. Tischler 1999, Krüger 2000a) bzw. „corporate renewal" (vgl. z.B. Mezias/Glynn 1993), bzw. als „Revitalisierung" (vgl. z.B. Wildemann 1999, Steinle 2000) oder „Transformation" (vgl. z.B. Levy/Merry 1986, Kilmann/Covin 1988, Gomez/Müller-Stewens 1994).

Diese Vielfalt von gedanklichen Zugängen spiegelt sich in einer nicht minder großen Vielfalt von Modellvorstellungen wieder, die wiederum in stark differierende (Modell-)Typen des Wandels verdichtet werden können. So unterscheidet z.B. Türk (1989, S. 55) Entwicklungsmodelle, Lernmodelle und Selektionsmodelle voneinander, Perich (1992, S. 206ff.) hingegen Equilibriummodelle, Homöostasemodelle, prädeterminierte Phasenmodelle und offene Entwicklungsmodelle. Weiterhin prägen auch anwendungsorientierte Konzepte wie Lean Production, Business Process Reengineering oder Virtualisierung die Wandeldiskussion zu einem nicht unerheblichen Maß (vgl. Kieser/Hegele/Klimmer 1998, S. 43ff.). Dabei gilt bei allen Bemühungen um eine positive und bewältigungsorientierte Sicht der Veränderungsthematik, der Blick aber durchaus auch den Pathologien und Schwierigkeiten des Wandels. So wurden intensiv personale Widerstände gegen den Wandel (vgl. z.B. Watson 1975, O'Toole 1995, Vahs 1997, v. Rosenstiel 1999), die strukturelle Trägheit als Wandelhindernis (vgl. z.B. Hannan/Freeman 1977, Hannan/Freeman 1984) oder aber der Niedergang als negativ verlaufender Wandel (vgl. Hambrick/D'Aveni 1988, McKinley 1993, Freeman/Cameron 1993) thematisiert. Größeres Interesse fanden in letzter Zeit schließlich die einzelnen Träger von Wandel (vgl. etwa Katzenbach u.a. 1996, Ackerhans 1999, Lang 1999, Edding 2000, Janz/Krüger 2000), da die Fragen der Initiierung und Steuerung komplexer Veränderungsprozesse durch Personen eine unverändert hohe Aktualität besitzen.

Trotz all dieser insgesamt beachtlichen Anstrengungen verdichtet sich aber neuerdings der Eindruck, dass der Kern des Wandelproblems noch nicht vollständig getroffen wurde (vgl. Chia 1999, S. 210): Dies überrascht insofern nicht, als dass die dominierenden Paradigmen der Organisationstheorie lange auf Stabilität und Unsicherheitsreduktion durch entsprechende Strukturen und Prozesse ausgerichtet

---

[1] So bezeichnet etwa Meffert (1998, S. 711) das Management des Wandels als große zukünftige Herausforderung an die Betriebswirtschaftslehre, aus der sich verschiedene neue disziplinäre Spannungsfelder ergeben.

waren (vgl. Zahn/Foschiani 2000, S. 93; Tsoukas/Chia 2002, S. 567).[2] Dagegen setzt sich nun immer mehr das Verständnis durch, dass Organisation eigentlich Veränderung ist (vgl. Stricker 1997, S. 1). Weiterhin weist die Debatte zum organisationalen Wandel insofern auch nur einen geringen Innovationsgrad auf, da in vielen Fällen noch mit impliziten kontingenztheoretischen Vorstellungen gearbeitet wird, obwohl deren Problematik seit langem evident ist (vgl. auch Meyer/Heimerl-Wagner 2000, S. 168). Eine zutreffenden Konzeptionalisierung der Verursachung, des Verlaufs und der Folgen von Veränderungsprozessen ist angesichts der weitgehenden Indeterminiertheit und der Pluralität von organisationalem Wandel und der offenkundigen Diskontinuität der Unternehmenskontexte mit dem (umwelt-)deterministischen und monokausalen Verständnis der Kontingenztheorie aber kaum adäquat zu erreichen. Die bisherige Diskussion zum organisationalen Wandel kann deswegen bei genauerer Analyse in verschiedener Hinsicht als defizitär gesehen werden, wobei vor allem die folgenden drei Defizite anzuführen sind, die zum Anlass und Ausgangspunkt dieser Arbeit zählen:

- *Theoriedefizit*

Zunächst einmal existiert trotz langer und umfangreicher Forschungsbemühungen überhaupt nur wenig gesichertes theoretisches Wissen über Veränderungsprozesse (vgl. Wimmer 1998, S. 101). Das vorhandene Wissen bezieht sich zudem auf die unterschiedlichsten Aspekte der komplexen Wandelthematik und wurde mit den unterschiedlichsten Methoden und Zielsetzungen generiert. Demzufolge hat sich bis heute keine einheitliche Theorie des organisationalen Wandels etablieren können. Die Ursache hierfür ist unter anderem darin zu sehen, dass es der Organisationswissenschaft lange Zeit besser gelungen ist, Statisches zu modellieren als dynamische Verläufe (vgl. Perich 1992, S. 3; ähnlich Kasper 1988, S. 353).[3] So ist die Organisations- und Managementlehre lange Zeit auf die „Erfassung und Gestaltung des Stabilen und Dauerhaften" von Unternehmen fokussiert gewesen (vgl. Perich 1992, S. 119), verbunden mit einem eher linearen Denken (vgl. Kasper 1988, S. 353). Der Unternehmensorganisation wird dabei ein bleibender und wenig wandlungsfähiger Charakter zugeschrieben und die Erkenntnisbemühungen beziehen sich eher auf die Retentionsmechanismen organisatorischer Regelungen und die zeitüberdauernde Gestaltung funktionaler Strukturkomponenten als auf den Wandel (vgl. auch Aldrich 1979, S. 31; Levy/Merry 1986, S. 304; Probst 1987, S. 87). Folglich wird Wandel in dieser Auffassung zur Ausnahme, obwohl vielleicht eher Organisation und Organisiertheit als die Ausnahme im ständigen Veränderungsprozess von Unternehmen anzusehen sind (vgl. Chia 1999, S. 226; Tsoukas/Chia 2002, S. 570).

---

[2] Dafür kann vor allem die in den gesamten Sozialwissenschaften überaus machtvolle Metapher der Kontinuität verantwortlich gemacht werden (vgl. auch Nisbet 1972, S. 21).

[3] Dies bemerkte viel früher auch schon Moore (1972, S. 72).

Es verwundert daher nicht, dass die theoretischen Vorstellungen zur Modellierung von Wandelprozessen derzeit insgesamt wenig ausgereift sind. Zu stark wird ferner der komplexen Wandelthematik mit plakativen Dichotomisierungen (evolutionärer vs. revolutionärer Wandel; adaptiver vs. selektiver Wandel) und Verkürzungen (Episode vs. Prozess; Bombenwurf vs. Entwicklung) anstatt mit theoretisch fundierten Differenzierungen begegnet (vgl. aber Weick/Quinn 1999 für einen solchen Versuch). Dies fördert weder das Verständnis der Verursachungen von Wandelprozessen noch dient es der Generierung von adäquaten Gestaltungsempfehlungen. Nicht wenige Ausarbeitungen zur Wandelproblematik zeichnen sich zudem insofern durch einen geringen Theoriebezug aus, als dass klare Begrifflichkeiten überhaupt fehlen und das jeweilige Organisationsverständnis nicht ausreichend dargelegt wird (vgl. Meyer/Heimerl-Wagner 2000, S. 168). Insbesondere die betriebswirtschaftliche Diskussion zum organisationalem Wandel wird hauptsächlich mit Blick auf die Verwendbarkeit der erzielten Erkenntnisse und mit überwiegendem Bezug zu den Anwendern dieses Wissens geführt. Hierbei interessieren regelmäßig die Auslöser, Bedingtheiten und die Pfadabhängigkeit[4] von Wandel weniger. Ringlstetter/Schuster (2001, S. 367) bemängeln deswegen die (fehlende) theoretische Begründung von Handlungsalternativen, die in einschlägigen gestaltungsorientierten Werken zur Wandelthematik gegeben werden. Dies stimmt angesichts der weitreichenden Konsequenzen eines solchen Vorgehens besonders bedenklich.

- *Integrationsdefizit*

Die Forschungslage zum organisationalen Wandel ist in Anbetracht der Fülle von Diskussionsbeiträgen zwar quantitativ reichhaltig, jedoch stark fragmentarisch (vgl. Wiegand 1996, S. 81; Deeg/Weibler 2000, S. 145; Ringlstetter/Schuster 2001, S. 351).[5] Allein schon die zahlreichen unterschiedlichen Benennungen der Veränderungsproblematik, die wahlweise als „Transformation" (vgl. z.B. Levy/Merry 1986, Klimecki/Gmür 1997), „Entwicklung" (vgl. z.B. Naujoks 1998), „Dynamik" (vgl. z.B. Perich 1992), „Change" (vgl. z.B. Krüger 2000a) bezeichnet wird, illustrieren diesen Sachverhalt recht anschaulich (vgl. Ulrich 1994, S. 6; Janes/Prammer/Schulte-Derne 2001, S. 3). Die Ursache hierfür sind die höchst unterschiedlichen Zugänge zur Wandelthematik, die zu einem nicht unerheblichen Teil aus stark differierenden Erkenntnisabsichten resultieren (vgl. auch v.d.Oelsnitz 1999, S. 63). Dieser Sachverhalt spiegelt jedoch nur den Zustand der Fragmentierung der gesamten Organisationsforschung wider, der vielfach konstatiert und auch beklagt wird (vgl. etwa Wiegand 1996, S. 55 sowie z.B. Hartmann

---

[4] Vgl. zum Konzept der Pfadabhängigkeit ausführlich Garud/Karnøe (2001a).

[5] So bemerkt auch v.d.Oelsnitz (1999, S. 63), dass die Diskussionsbeiträge hinsichtlich der Fragestellung, dem Bezugspunkt, der Diktion, der Methodik, dem Konzeptionalisierungsgrad und dem Erkenntnisinteresse derartig heterogen sind, dass eine konsistente Systematisierung kaum mehr möglich ist.

1988, Aldrich 1992, Pfeffer 1993). Dazu trägt der Umstand, dass dieses Forschungsfeld von zahlreichen Wissenschaftsdisziplinen wie den Wirtschaftswissenschaften, der Psychologie, der Soziologie, der Pädagogik oder der Politologie mitgeprägt wird (vgl. Vahs 2001, S. 22), in ganz erheblichem Maß bei. So wie Organisationsforschung allgemein von divergierenden Erkenntnisinteressen geprägt ist (vgl. Rao/Pasmore 1989, 235), ist auch die Diskussion zu organisationalem Wandel, die zu einem nicht unwesentlichen Teil von ihr gestaltet wird, von unterschiedlichen Interessenslagen gekennzeichnet. Vor diesem Hintergrund wäre es möglicherweise sogar überraschend, würden Wissenschaftler derart unterschiedlicher Forschungsrichtungen mit den verschiedensten Forschungsschwerpunkten bei der Analyse eines derartig komplexen Forschungsobjektes nicht zu divergierenden Ansichten gelangen.

Überdies präsentiert sich der Forschungsstand zum organisationalen Wandel trotz der Fülle keineswegs als hinreichend differenziert. Die Hauptrichtungen der Diskussion konzentrieren sich vor allem auf graduell verlaufenden Wandel und lassen Positionen radikaler Veränderungen vielfach außer Acht (vgl. Türk 1989, 19f., sowie Hauser 1999, S. 16; anders Beck 2001, S. 3). An der Spitze dieser inkrementalen Wandelverständnisse steht seit längerem das Paradigma des Organisationalen Lernens (vgl. dazu etwa Eberl 1996, Wiegand 1996, Schreyögg/Eberl 1998, Wilkesmann 1999). Es thematisiert Veränderungen von Organisationen als positiv konnotierte Entwicklung des kollektiven Wissens einer Organisation durch die Revision von Denk- und Handlungsmustern. Lernvorgänge werden damit zu einer Basis für erfolgreiche Veränderungen (vgl. Bedeian 1987, S. 14). Die Hoffnung hierdurch einen gemeinsamen Problembezug und eine gemeinsame Diskussionsbasis insbesondere für die Wandelforschung zu schaffen, erweist sich allerdings als ein wenig voreilig. Es scheint vielmehr so zu sein, dass dieses Paradigma eher mehr neue Fragen aufwirft, als es Antworten zu geben vermag (vgl. in diesem Sinn auch Schreyögg/Eberl 1998). Dies liegt zu einem nicht unwesentlichen Anteil daran, dass es sich derzeit in einem konzeptionell noch recht unausgereiften Zustand präsentiert. Entscheidender ist jedoch die Tatsache, dass die zentrale Frage des Verlaufs von Lernprozessen merkwürdig vage bleibt. Ob Lernen generell kontinuierlich oder diskontinuierlich verläuft, ist ein lerntheoretisch noch nicht abschließend geklärtes Problem (vgl. ausführlich Minnameier 2000). Die Ansätze des Organisationalen Lernens betonen bislang jedoch überwiegend den kontinuierlichen Charakter von Lernprozessen (vgl. z.B. Senge 1990, S. 3) und kennzeichnen die lernende Organisation als eine sich beständig und gleichmäßig entwickelnde Organisation. Damit ist der Bezug zu einer zunehmend diskontinuierlichen Unternehmensrealität allerdings immer weniger gegeben.

Problematisch erscheint auch der Umstand, dass der Ansatz des Organisationalen Lernens selbst durch eine erhebliche Heterogenität und Vielschichtigkeit gekennzeichnet ist (vgl. etwa Hennemann 1997, S. 9f.). Wie eine Integration der zahlreichen partiellen Forschungsbemühungen zu Veränderungsprozessen von Unternehmen allein innerhalb dieses Paradigmas geschehen soll, ist somit unklar. Noch weniger darf auf eine integrierende Wirkung für das gesamte Forschungsfeld des organisationalen Wandels gehofft werden. Es fehlt aber gerade der Diskussion um organisationalen Wandel an integrativen Beiträgen (vgl. Ringlstetter/Schuster 2001, S. 367; ähnlich Weick/Quinn 1999, S. 364), die insbesondere auch den verschiedenen Erkenntnisinteressen und Erklärungsabsichten der zugrunde gelegten Wissenschaftspositionen und Fachrichtungen Rechnung tragen. So werden an dieser Debatte immer noch traditionelle Disziplingrenzen deutlich, die sich u.a. über den Verwendungszweck des gewonnen Wissens manifestieren. Lang (1999, S. 327) moniert deswegen ein (stärker) interdisziplinäres Vorgehen, um die Vielschichtigkeit des Wandelphänomens besser erfassen zu können. Entsprechende Konzeptionalisierungen lassen aber bislang noch auf sich warten.

- *Realitätsdefizit*

Die Diskussion zum organisationalem Wandel ist in weiten Teilen immer noch von der Illusion der weitgehenden Machbarkeit und Steuerbarkeit von organisationalem Wandel geprägt. Obwohl in der einschlägigen Literatur vielfach begründete Zweifel allein schon an der Planbarkeit gerade von fundamentalem Wandel geäußert werden (vgl. z.B. Bronner/Schwaab 1999, S. 16), konzentrieren sich viele Ausarbeitungen vorrangig auf Realisations- und Steuerungsfragen. Es herrscht dabei nach wie vor ein ungebrochener „Veränderungsoptimismus" vor, der der Realität betrieblicher Veränderungsprozesse immer mehr entgegensteht (vgl. Wimmer 1998, S. 100). Die weitgehende Fokussierung auf absichtsvoll und bewusst eingeleitete Veränderungen verstellt außerdem den Blick unbeabsichtigten und ungeplanten Aspekte, die vom Phänomen des organisationalen Wandels aber nicht getrennt werden können (vgl. auch Wimmer 1998, S. 105). Evolutionäre Veränderungen, die nachweislich stattfinden, bleiben auf diese Weise außer Acht (vgl. Ringlstetter/Schuster 2001, S. 366). Damit geht die Diskussion um organisationalen Wandel in ganz entscheidenden Teilen an der Unternehmensrealität vorbei: So wird dort unter anderem eine merkliche Diskrepanz zwischen ansteigendem Anpassungsbedarf und Anpassungsfähigkeit konstatiert (vgl. u.a. Ulrich 1994, S. 9; Hauser 1999, S. 63). Dies führt einerseits dazu, dass zahlreiche Unternehmen an den Wandelerfordernissen scheitern und andererseits dazu, dass wandelfähige Unternehmen immer größere Anstrengungen unternehmen und immer radikalere Veränderungen herbeiführen müssen. Deswegen ist Diskontinuität eine Realität in der Unternehmenslandschaft (vgl. Perich 1992, Nadler/Shaw/Walton 1995, Tushman/O'Reilly 1998, Wimmer 1998, sowie Foster/Kaplan 2001 mit zahlreichen Beispielen), die im scharfen Gegensatz zu den gerade vom derzeit herrschenden Paradigma der lernenden Organisation beschworenen inkrementellen Veränderungen steht.

Nicht zuletzt findet aber auch die Tatsache, dass sich Kontextbedingungen des Unternehmenshandelns schon seit längerem fundamental geändert haben, zu wenig Beachtung bei der Modellierung von Wandelprozessen. Immer mehr wird mit Blick auf die Rahmenbedingungen der Geschäftstätigkeit die Kontinuität durch Diskontinuität abgelöst (vgl. Pribilla 2001, S. 90). Veränderungen vollziehen sich heute mehr denn je nicht allmählich und reibungslos, sondern plötzlich und heftig (vgl. Strebel 1990, S. 434). Insofern ist insgesamt von einer veränderten Natur des Wandels („changing nature of change"; vgl. Blackler 1992, Nadler/Shaw/Walton 1995) und weniger von einer „Kontinuität des Wandels" (Beck 2001) auszugehen. Diese Tatsache verlangt nach neuen Vorstellungen wie dieser andersartige Wandel analysiert, erklärt und organisatorisch verarbeitet werden kann. Dabei ist ferner eine grundlegende Indeterminiertheit von Wandel anzunehmen, der stets unvorhergesehene und überraschende Momente sowie Qualitäten des „Andersseins" und der Einzigartigkeit enthält (vgl. Brown/Eisenhardt 1998, S. 6; Chia 1999, S. 226; Holtbrügge 2000, S. 102). Eine Festlegung von Wandelereignissen auf ein Verlaufsmuster oder eine Form erscheint damit wenig geeignet. Zudem wäre vor diesem Hintergrund die Frage der gezielten Steuerbarkeit von Wandel differenzierter anzugehen. Mit Blick auf den sozialen und konstruierten Charakter von allen Organisationen kann es keine allgemeinen Gestaltungsregeln und kein universelles Handlungsprinzip für Veränderungen geben (vgl. auch Friedberg 1995, S. 329). Ferner sind die Verläufe von Wandelprozessen durch ein Zusammenspiel von Ordnung und Unordnung bzw. Organisation und Desorganisation (vgl. dazu Cooper 1990) gekennzeichnet. Damit müssen auch die „Schattenseiten" des Wandels stärker beachtet werden (vgl. Kotter 1998, S. 14).

Aus diesen Defiziten können zwei grundlegende Herausforderungen festgehalten werden: Auf einer Handlungsebene stellt sich die Frage des Umgangs mit auftretenden Diskontinuitäten. Denn ohne Zweifel hat die Fähigkeit auch radikalen, fundamentalen Wandel vollziehen können, d.h. mit den tradierten organisationalen Handlungsstrukturen zu brechen und eine Diskontinuierung zentraler unternehmensinterner Prozesse für Unternehmen zu vollziehen, mittlerweile oftmals den Stellenwert einer „conditio sine qua non" erlangt (vgl. Eberl/Koch/Dabitz 1999, S. 240). Unternehmen müssen folglich heute mehr denn je auch einen sprunghaften Wandel, also einen in Umfang, Tiefe und Tempo stark variierenden Wandel, meistern (vgl. Tushman/O'Reilly 1998). Dies stellt sich umso schwieriger dar, als dass die Vorlaufzeiten für Reaktionen tendenziell gering sind, vorhandene Erfahrungen häufig wertlos werden und die Richtung von einzuleitenden Veränderungen eher unsicher erscheint (vgl. ähnlich Schreyögg 2000, S. 22ff.). Dennoch beinhalten die in diskontinuierlichen Verläufen auftretenden Brüche stets auch Chancen. Die bisherigen Konzeptionalisierungen von Wandel werden dieser fundamentalen Ambiguität diskontinuierlicher Veränderungen aber nur unzureichend gerecht.

Auf einer Reflektionsebene stellt sich außerdem die Frage nach einer analytischen Durchdringung diskontinuierlicher Veränderungsprozesse. Im Gegensatz zu den vielfältigen Bemühungen um einen Konzeptionalisierung des graduellen, inkrementalen Wandels (vgl. dazu ausführlich Perich 1992), finden sich aber nur wenige Vorstellungen zur Konzeptionalisierung von fundamentalem, diskontinuierlichen Wandel in der bisherigen Diskussion (vgl. auch Holtbrügge 2001, S. 90). Zumeist wird auf die nachhaltige Wirkung inkrementaler Verbesserungen und deren antizipative Ausrichtung gesetzt und deswegen überwiegend an der Verfeinerung von Modellen graduellen Wandels festgehalten. Gleichzeitig wird wie Hauser (2000, S. 195) bemerkt, radikaler Wandel oft als nahezu unmöglich dargestellt und somit aus dem Bereich des Denkbaren ausgeblendet. Vor diesem Hintergrund wird es verständlich, dass die folgenschwere Bedeutung diskontinuierlicher Ereignisse in der Unternehmenspraxis oft falsch eingeschätzt wird (vgl. Kunz 2002, S. 3).

Diese Herausforderungen werfen auch die Frage auf, welche alternativen Erklärungsangebote für eine Analyse diskontinuierlicher Unternehmensentwicklungen möglicherweise vorliegen. So haben sich weitgehend abseits der Diskussionslinien von Wandel im Sinn einer geplanten und gelenkten Entwicklung, die sich langfristig und graduell vollzieht, verschiedene, recht heterogene Konzepte etabliert, die den Blick auf nichtstetige Verläufe und weitreichende Ausmaße von Wandel richten. Im Wesentlichen lassen sich bislang vier Versuche der Konzeptionalisierung von tief greifenden und sprunghaften Wandel in der Literatur nachweisen, die sich bezüglich der Radikalität ihrer Vorstellungen ungefähr in die nachstehende Reihenfolge bringen lassen:

• Konzepte des punktualistischen Wandels (vgl. z.B. Tushman/Romanelli 1985, Tushman/Newman/Romanelli 1986, Gersick 1991, Romanelli/Tushman 1994)

• Konzepte der Organizational Transformation bzw. des Transformationsmanagements (vgl. z.B. Levy/Merry 1986, Kilmann/Covin 1988, Janes/Prammer/Schulte-Derne 2001)

• Konzepte der Rebellion und Revolution in und von Unternehmen (vgl. z.B. Downton 1973, Eberl/Koch/Dabitz 1999, Hamel 2001a)

• Konzepte der organisierten Anarchie (vgl. z.B. Cohen/March/Olsen 1972, Kreuter 1996, Warglien/Masuch 1996, Takahashi 1997)

Diese bisherige Konzeptionalisierungen eines solchen diskontinuierlichen, transformativen und revolutionären Wandels haben allerdings jüngst grundsätzliche Kritik in verschiedener Hinsicht erfahren (vgl. insbesondere Gebert 2000, S. 3ff.; Schreyögg/Noss 2000, S. 35ff.). Dabei wird häufig die zu strenge Dichotomisierung von Wandelereignissen, eine willkürliche Sequenzierung von Phasen des Wandels und eine eklatante Vernachlässigung von organistionsinternen Gründen

des Wandels moniert. Ferner sind die bisherigen Überlegungen oft von einer ü-
bermäßigen Betonung der Umweltabhängigkeit und der gleichzeitigen Vernachlässigung von Handlungsspielräumen gekennzeichnet, die zu einer unzutreffenden
Sicht von Unternehmen als passive Objekte des Wandels und einer Charakterisierung von Wandel als exogener Größe führen (vgl. Schreyögg/Noss 2000, S. 44).
Problematisch erscheint zudem der Umstand, dass die Überlegungen auf einem
impliziten oder expliziten Gleichgewichtsmodell beruhen (vgl. Gebert 2000, S. 6;
grundlegend Smelser 1995, S. 74ff.; Mintzberg/Westley 1992, Brown/Eisenhardt
1997) und somit eher das Primat der Ordnung und Konstanz propagieren. In dieser Sichtweise wird organisationaler Wandel damit zum Ausnahmefall (vgl.
Schreyögg/Noss 2000, S. 45). Vor diesem Hintergrund wird nach einem neuen
umfassenden Denkansatz gesucht, der sowohl kontinuierliche wie diskontinuierliche Aspekte von Veränderungen bzw. Stabilität und Wandel umfasst (vgl. Gebert
2000, S. 21; Schreyögg/Noss 2000, S. 45). Dabei gehen die Meinungen der Kriti-
ker darüber aber deutlich auseinander, ob dies eher durch dilemmatheoretische
Fundierungen (vgl. z.B. Gebert/Boerner 1998, Gebert 2000) oder eher durch lernbasierte Konzepte (vgl. z.B. Schreyögg/Noss 2000, Klimecki/Lassleben/Thomae
2000) geschehen kann.

Damit zeichnet sich allerdings insofern keine Lösung ab, als dass die von den Kri-
tikern in diesem Zusammenhang teilweise angenommene Unvereinbarkeit zwischen verschiedenen Tiefenniveaus und Verlaufsformen des Wandels als unhalt-
bar anzusehen ist. Denn zum einen müssen fundamentaler und inkrementeller
Wandel sich nicht ausschließen (vgl. Hamel 2001b, S. 150). Zum anderen sind
Wandelverläufe auch nicht als rein episodisch oder prozessual anzusehen. Eine
einseitige Favorisierung von Konzepten kontinuierlichen Wandels oder eine weitere Dichotomisierung von Wandelereignissen in konträre Dilemmata erscheint
somit wenig hilfreich. Berechtig bleibt aber die Frage, wie eine solche integrative
Sicht auf einem anderen Weg erreicht werden kann. Denn es macht trotz aller beschriebenen Defizite durchaus Sinn die erreichten Erkenntnisfortschritte bereits
etablierter Theorien auch in neue Erklärungsversuche des Wandels miteinzubeziehen (vgl. auch Greenwood/Hinings 1996, S. 1022). Dazu wären jedoch stärker
theoretische Ansätze und Konzepte ins Auge zu fassen, die ein deutlicher formu-
liertes und modernes Organisationsverständnis vertreten, eine ausdifferenziertere
Modellierung von Wandel vornehmen, sowie die Wechselbeziehung von Organisation und Umwelt in veränderter Form erfassen und damit auch eine gewisse
Zukunftsfähigkeit aufweisen.

Zusammenfassend kann festgestellt werden, dass der derzeitige Diskussionsstand
zum organisationalen Wandel keine hinreichenden Erklärungsangebote bietet, die
die Logik radikaler Wandelprozesse von Unternehmen zutreffend abbilden würden (vgl. Eberl/Koch/Dabitz 1999, S. 241) und gleichzeitig mit dem Denken in
graduellen Verlaufsformen in Einklang bringen. Aus diesem Mangel an solchen

umfassenden Erklärungsangeboten ergibt sich der Anlass, über ein integratives Wandelmodell nachzudenken, das verschiedene Aspekte von Veränderungsprozessen vor dem Hintergrund diskontinuierlicher Entwicklungen von Unternehmen neu zusammenführt. Gleichzeitig stellt sich die Frage, welche Erklärungsangebote aus der facettenreichen Diskussion zum organisationalen Wandel hierfür einen Beitrag leisten können und wie deren Überlegungen sinnvoll miteinander verknüpft werden können.

1.2 Zielsetzung

Der Anlass und die hieraus abgeleitete generelle Zielsetzung der Arbeit ergeben sich aus der zuvor angesprochenen Problematik der Diskontinuität als dem prägenden Merkmal der heutigen Unternehmenstätigkeit und ihrer bislang unzureichenden analytischen Durchdringung, die zuvor aufgezeigt wurde. Das Phänomen eines diskontinuierlichen Unternehmenswandels soll dabei anhand seiner näher organisationalen Dimension beschrieben und analysiert werden, weil hierin der Schlüssel zu einem besseren Verständnis von Diskontinuitäten als Form der Unternehmensveränderung zu sehen ist. Dabei wird zunächst vor allem ein explikatives Erkenntnisziel zur Klärung grundsätzlicher Zusammenhänge verfolgt (vgl. zu diesem Vorgehen auch Hauser 2000). Da die laufenden Umbrüche Unternehmen vor bestandskritische Leistungsanforderungen stellen, sind zunächst fundierte Kenntnisse über die Inhalte, Art, Quellen und Verlaufsformen der Veränderungen notwendig, bevor über ihre Bewältigung nachgedacht werden kann (vgl. auch Zahn/Bullinger/Gagsch 2003, S. 255). Dabei möchte die Arbeit insofern *neue* „Wege jenseits der Gleichgewichtslogik" (Schreyögg/Noss 2000, S. 33) beschreiten, als dass hierdurch gleichzeitig eine veränderte Vorstellung über organisationalen Wandel angedacht werden soll. Die Relevanz der Themenstellung geht aber ganz erheblich über die eigentliche Wandel-Diskussion hinaus. So hat Mohrman (2001, S. 63) die theoretische Durchdringung diskontinuierlichen Wandels als eine zentrale „Nagelprobe" für die heutige Organisationswissenschaft insgesamt erklärt. Denn es zeigen sich hieran beispielhaft die Herausforderungen der Postmoderne für die Organisationstheorie und Organisationsgestaltung (vgl. dazu ausführlich Holtbrügge 2001), unter denen der Aspekt der Diskontinuität als Ausdruck steigender Kontingenz vielleicht eine der hervorstechendsten Facetten ist. Dadurch trägt die Arbeit aktuellen und noch weitgehend unbewältigten Problemstellungen der unternehmensbezogenen Organisationsforschung Rechnung, die von zukunftsweisender Bedeutung sein können. Denn es erscheint wahrscheinlich, dass bald nicht nur Unternehmen sondern auch andere Formen von Organisationen verstärkt mit Diskontinuität konfrontiert werden.

Als erster Schritt einer explikativen Analyse diskontinuierlichen Unternehmenswandels ist zunächst das Phänomen der Diskontinuität näher zu beleuchten. Dies beinhaltet eine Auseinandersetzung mit dem Begriff, der Bedeutung und den allgemeinen Erscheinungsformen von Diskontinuität, die sich auf zahlreichen unterschiedlichen Gebieten zeigt. Des Weiteren sollen Anzeichen und Ursachen von Diskontinuitäten erörtert werden. Zur näheren Bestimmung der Ausformungen der Unternehmensdiskontinuität soll insbesondere auch der Diskussionstand der betriebswirtschaftlichen Diskontinuitätentheorie resümiert werden (vgl. insbes. Zahn 1979, 1984). In einer gestaltungsorientierten Perspektive geht es auch um die Reaktionen auf diskontinuierliche Entwicklungen und mögliche allgemeine Umgangsstrategien. Generell wird mit dem einleitenden Kapitel angestrebt, den universellen und transformativen Charakter von Diskontinuitäten (vgl. dazu auch Perich 1992, S. 95) herauszuarbeiten und durch Fallbeispiele zu illustrieren. Damit werden die Relevanz von Diskontinuitäten in der Unternehmensrealität und ihre Vielschichtigkeit aufgezeigt, sowie eine spezifische Begriffsfassung und Konzeptionalisierung der (Unternehmens-)Diskontinuität mit ihren externen und internen Verursachungen und Folgen erarbeitet.

In einem zweiten Teilschritt soll das komplexe Forschungsfeld des organisationalen Wandels und sein aktueller Diskussionstand in seinen wesentlichen Grundzügen aufgearbeitet werden (vgl. dazu besonders Perich 1992, Van de Veen/Poole 1995, Armenakis/Bedeian 1999, Weick/Quinn 1999, Schreyögg/Conrad 2000, Ringlstetter/Schuster 2001, Pettigrew/Woodman/Cameron 2001). Dies geschieht vor dem Hintergrund, dass organisationaler Wandel als ein wesentliches Reaktionsmuster anzusehen ist, mit dessen Hilfe Unternehmen verschiedene Anpassungserfordernisse, die vornehmlich aus ihrer Umwelt resultieren, erfüllen können (vgl. Deeg/Weibler 2000, S. 144). Aus diesem Grund erscheint eine Beschäftigung mit der Thematik des organisationalen Wandels im Hinblick auf eine explikative Analyse diskontinuierlicher Veränderungen von Unternehmen ein viel versprechender Weg. Denn Ansätze des organisationalen Wandels beschäftigen sich mit Veränderungen von und in Organisationen (vgl. Perich 1992, S. 120; Ringlstetter/Schuster 2001, S. 350) und können folglich als ein Konzept der Unternehmensveränderung verstanden werden. Die Rekonstruktion dieses mittlerweile stark ausdifferenzierten Forschungsfelds soll zeigen, dass hier durch das Zusammenwirken unterschiedlichster Disziplinen ein reichhaltiger, aber auch fragmentierter Erkenntnisstand aufzufinden ist. Ferner soll nachgewiesen werden, dass sich hiermit eine umfangreiche, eigenständige Perspektive in der Management- und Organisationsforschung etabliert hat (vgl. Perich 1992, S. 120), die einige bedenkenswerte Erklärungsangebote für Fragen des Unternehmenswandels und für den besonderen Fall der Unternehmensdiskontinuitäten bereithält.

Ein wichtiges, auf dieser Auseinandersetzung mit dem Diskussionstand zum organisationalen Wandel beruhendes Teilziel für die Konzeptionalisierung diskontinuierlicher Unternehmensveränderungen als Organisationsproblem stellt der Entwurf eines adäquaten Wandelverständnisses dar. Dazu sind die Erkenntnisse aus der Auseinandersetzung mit diesem Forschungsfeld des organisationalen Wandels grundsätzlich verwendbar. Wie zuvor ausgeführt wurde, weist die Diskussion zum organisationalen Wandel aber einige fundamentale Defizite auf, die insbesondere vor dem Hintergrund der zunehmenden Diskontinuität der Unternehmensrealität ihre Bedeutung gewinnen. Eine zentrale Implikation hieraus ist deswegen, dass ein Modell des Wandels zu kurz greift, wenn es Veränderungsprozesse einseitig und ausschließlich in einem Prozesstyp des Wandels denkt. Dies beinhaltet eine Absage an die „Leitidee eines kontinuierlichen und geradlinigen Wandels", der eher einen „wenig wahrscheinlichen Grenzfall" der (Unternehmens-)Realität darstellt (Müller/Schmid 1995b, S. 36). Vielmehr sind möglichst viele Zustände und Prozessverläufe in integrativer Weise zu erfassen. Mit anderen Worten gilt es also Stabilität und Wandel, Gleichgewicht und Ungleichgewicht, Differenzierung und Entdifferenzierung, Zyklus und Chaos, Konvergenz und Bruch als gleichzeitige und einander bedingende Phänomene zu begreifen (vgl. Müller/Schmid 1995b, S. 36; ähnlich Gross 1994, S. 75, 105). Dazu ist es auch notwendig Veränderungsmöglichkeiten als in Organisationen per se eingebaut bzw. inhärent zu verstehen (vgl. Gross 1994, S. 197).

Für den Entwurf eines solchen integrativen Wandelverständnisses sind dabei zunächst drei generelle Fragenkomplexe bzw. Komponenten von organisationalen Wandelprozessen zu berücksichtigen (vgl. Perich 1992, S. 121):

- Die **Objektkomponente** fragt danach, *was* sich im Rahmen organisationalen Wandels verändert. Sie thematisiert den Gegenstandsbereich des Wandels. Damit rücken die Analyseebene, die Betrachtungsdimensionen und die möglichen Ansatzpunkte von Wandel in den Mittelpunkt der Betrachtung.

- Die **Kräftekomponente** beschäftigt sich mit der Frage, *warum* sich Wandel in Organisationen vollzieht. Sie konzentriert sich auf die kausalen Erklärungsmechanismen von organisationalem Wandel. Damit stehen die Ursachen und Antriebskräfte des Wandels in den Blickpunkt der Betrachtung.

- Die **Bewegungskomponente** stellt sich die Frage, *wie* Organisationen Veränderungsprozesse durchlaufen. Sie behandelt vor allem die Verlaufsformen des Wandels. Damit stehen der Ablauf, die Struktur und die Phasen von Veränderungsprozessen im Mittelpunkt der Betrachtung.

Mit diesen Komponenten sind zunächst einmal die Bereiche abgesteckt, die die in dieser Arbeit angestrebte veränderte Vorstellung über organisationalen Wandel abdecken sollte. Ausgangspunkt ist hierbei die Bewegungskomponente, da es um die Frage diskontinuierlicher Veränderungen gehen soll. Im Weiteren geht es um die Ursachen und Antriebskräfte der Unternehmensdiskontinuität also um die Kräftekomponente. Schließlich wird mit der Objektkomponente die Frage der Analyseebene und Betrachtungsdimensionen diskontinuierlichen Wandels thematisiert. Dadurch soll es insgesamt möglich werden, eine integrative Sichtweise von Unternehmensdiskontinuitäten zu erarbeiten.

1.3 Methode

Angesichts des zuvor identifizierten Integrationsdefizits in der Diskussion um organisationalen Wandel versucht die Arbeit primär die Fülle der existenten Literaturpositionen mit Blick auf die gewählte Fragestellung aufzuarbeiten und partiell zu integrieren. Dabei erfordert die erhebliche Komplexität und Heterogenität organisationaler Phänomene generell die Berücksichtigung verschiedener theoretischer Standpunkte, die das Erkenntnisobjekt aus unterschiedlichen Perspektiven beleuchten. Denn einzelne Standpunkte erhellen das Erkenntnisobjekt nur teilweise und lassen viele andere Elemente im Dunkeln (vgl. Gmür 1993, S. 46). Aus diesem Grund wird die Arbeit Erkenntnisse aus verschiedenen Quellen verwenden. Dies geschieht mit der Absicht, die jeweiligen „blinden Flecken" einer Theorie durch die ergänzenden Einsichten einer anderen Theorie nach Möglichkeit aufzuhellen. Ferner ermöglicht es eine solche Perspektivenvielfalt mit ihren Interdependenzen und produktiven Spannungen, Diskussionen nachhaltig zu befruchten (vgl. auch Schulz/Hatch 1996, S. 550). Die Arbeit trägt also auch dem mittlerweile allseits akzeptierten Umstand Rechnung, dass in der Organisationstheorie eine Vielfalt unterschiedlicher und teils inkommensurabler Paradigmata besteht (vgl. etwa Morgan 1990, S. 13ff.; Scherer 2001, S. 19ff.). Sie setzt aber an der Erkenntnis an, dass eine strenge paradigmatische Trennung in der Realität nicht gegeben ist, sondern vielmehr Überlappungsbereiche bestehen, die verschiedene paradigmatische Positionen miteinander verbinden (vgl. Gioia/Pitré 1990, S. 592; Schultz/Hatch 1996, S. 534).

Neben diesem theoretischen Argument für eine Interdisziplinarität bzw. Perspektivenvielfalt sprechen auch die Gegebenheiten des Anwendungsbezugs organisationswissenschaftlicher Erkenntnisse bzw. des Erkenntnisobjekts für dieses Vorgehen. So treten praktische Probleme in Organisationen nur selten in einer exklusiv fachwissenschaftlich behandelbaren Form auf. Sie müssen deswegen oft unter Berücksichtigung anderer Zugänge und praktischen Erfahrungswissens interdisziplinär definiert und gelöst werden (vgl. Walter-Busch 1996, S. 54). Dies unterstreicht die Bedeutung eines multitheoretischen Zugangs auch vor dem Hintergrund des Anwendungsbezugs organisationstheoretischer Erkenntnisse.[6] Die Arbeit stützt sich dazu auf eine breitere Literaturanalyse der deutschsprachigen und angloamerikanischen Management- und Organisationsforschung[7] und der Unter-

---

[6] So verweist etwa Schwan (2003, S. 5) auf den erkennbaren praktischen Niederschlag der neueren „Tendenzen zu einer interdisziplinär integrierten Organisationstheorie".

[7] Dabei wird in Anlehnung an Heinl (1996, S. 18) und Wolf (2003, S. 40) eine weitgehende Identität zwischen Management- und Organisationstheorien angenommen, da in der Literatur die Unterscheidung zwischen diesen Theorienbereichen weitgehend aufgegeben wurde und die Disziplinen häufig als parallel oder gar identisch angesehen werden (vgl. etwa Kirsch 1992, S. 532). Überdies weisen viele Organisationstheorien ohnehin dezidierte Bezüge zur speziellen Managementforschung auf und thematisieren dabei organisationalen Wandel als Teil eines umfassenderen „Theoriekonglomerats" (vgl. v.d.Oelsnitz 1999, S. 63).

14

nehmensführungslehre sowie verwandter Disziplinen, die sich mit Fragen der Ordnungsbildung und des Wandels auseinandersetzen (Makroökonomie, Organisationssoziologie und -psychologie, Politik- und Verwaltungswissenschaft, allgemeine Systemtheorie, Strukturationstheorie etc.).[8] Darüber hinaus sollen verschiedene Ergänzungen und eigene Weiterentwicklungen an bestehenden Konzeptelementen vorgenommen werden und eigene theoretische Vorarbeiten (vgl. Weibler/Deeg 1999, Deeg/Weibler 2000) in die Analyse mit einfließen.

Diese Notwendigkeit der methodischen Vielfalt beim Umgang mit Wandel ergibt sich dabei bereits aus dem Organisationsphänomen selbst und nicht so sehr aus dem Unvermögen der Wissenschaftsdisziplinen, die sich mit ihm beschäftigen (vgl. auch Frese/Theuvsen 2000, S. 9). Denn ein entscheidender Grund für die Schwierigkeiten bei der Formulierung von Aussagen und der Bestimmung von Anwendungsbereichen besteht in der fundamentalen Zweideutigkeit von Organisation. Das Organisationsphänomen besitzt insofern einen Doppelcharakter, da unterschieden werden kann zwischen „Organisation als Prozess" (d.h. Ereignis und Entwicklung des Organisierens) und Organisation als „Organisat" (reales Gebilde oder Konstrukt) (vgl. Neuberger 1997a, S. 494ff.). Organisationen sind damit immer zugleich Medien und Resultate des Handelns von Akteuren in einem Systemzusammenhang (vgl. Ortmann/Sydow/Windeler 1997, S. 328). Sie reproduzieren sich als soziales Gebilde über ein zweckgerichtetes Agieren von Handelnden, die sich in ihren Interaktionen auch auf Strukturen (z.B. Regeln, Abteilungsgrenzen oder Ressourcen) beziehen. Dazu gehören aber nicht nur formale Strukturen, sondern auch organisationale Praktiken und Reflexionsprozesse der „Strukturation" (vgl. Giddens 1984). Reflexiv wird das Handeln durch einen mehr oder weniger überlegten Bezug auf eigenes und fremdes, vergangenes, gegenwärtiges oder zukünftig erwartetes Verhalten und die Strukturen des Handlungsfeldes. Die Strukturen von Organisationen ermöglichen es also einerseits den reflexiven Akteuren zu handeln und beschränken andererseits zugleich deren Handlungsmöglichkeiten (vgl. Ortmann/Sydow/Windeler 1997, S. 315f; grundlegend Giddens 1984). Mit Blick auf die Aussagen und Anwendungsbereiche der Organisationstheorie ergibt sich eine Differenzierung nach der sich theoretische Aussagen auf den prozessualen Aspekt oder den strukturellen Aspekt von Organisation richten oder die Verbindung zwischen beiden Aspekten beleuchten können.

Eng verbunden mit dieser fundamentalen Doppeldeutigkeit des Organisationsphänomens sind die Möglichkeiten seiner Beobachtung. Entweder kann die Perspektive der im Kontext von Organisation handelnden Akteure eingenommen werden (Teilnehmerperspektive) oder eine externe Perspektive (Beobachterperspektive). Daraus ergeben sich zwei Formen der Analyse von Organisationen (vgl. Giddens 1984, S. 327): Mit einer strategischen Analyse wird aus der Per-

[8] Vgl. für ein solches Vorgehen der Einbeziehung nachbarwissenschaftlicher Beiträge für Fragen des Unternehmenswandels insbesondere v.d.Oelsnitz (1999).

spektive der in Organisationen handelnden Personen deren Wirklichkeitssicht und Alltagswissen zu verstehen bzw. zu deuten versucht. Eine strukturelle Analyse versucht das Organisationsgeschehen vom Standpunkt eines (wissenschaftlichen) Beobachters zu erklären. Sie kann aus der Beobachterperspektive auch nicht beabsichtigte Nebenwirkungen aufdecken, die den handelnden Akteuren verborgen bleiben. Hinter diesen beiden unterschiedlichen Zugängen zum Organisationsphänomen stehen letztlich zwei verschiedene Methoden der Erforschung sozialer Tatbestände bzw. erkenntnistheoretische Positionen (vgl. dazu u.a. Bea/Göbel 1999, S. 53f.; Abbildung 1).

Der eine Zugang zu Organisation (sog. Erklären) will gesetzmäßige Zusammenhänge im Handeln der Akteure aufdecken. Dabei wird davon ausgegangen, dass dieses Handeln rein zweckrationalen Überlegungen folgt. Es lässt sich damit durch einen Prozess gedanklicher Zerlegung auf bestimmte Wirkungsursachen zurückführen. Dieses Vorgehen erlaubt den Schluss von vielen betrachteten Fällen auf allgemeine Zusammenhänge oder Gesetze. Der andere Zugang zu Organisation (sog. Verstehen) will hingegen auch außerhalb der Zweckrationalität liegende, situationsbedingte Zusammenhänge des Handelns aufdecken. Hierunter fallen emotionale, traditionale oder wertebezogene Motive, die sich nicht rational erklären lassen. Durch eine ganzheitliche Betrachtung soll die Intention des Handelns erfasst und unter Bezug auf eigenes Erleben einfühlend bzw. nacherlebend verstanden werden. Dieses Vorgehen konzentriert sich auf den Einzelfall und seine spezifischen situationsbedingten Umstände.

	Verstehen	Erklären
Natur der beobachteten Zusammenhänge	situationsbedingte Zusammenhänge	gesetzhafte Zusammenhänge
Vorgehensweise	Ganzheitliche Betrachtung	Zerlegung
Betrachtetes Objekt	Einzelfall	Schluss von vielen Fälle auf Allgemeines
Verursachung durch	Intention (Finalursache)	Kausalität (Wirkursache)

Abbildung 1: Verstehen versus Erklären

Die obige Unterscheidung ist allerdings idealtypischer Art, denn in vielen Fällen wissenschaftlichen Vorgehens ergänzen sich beide Methoden durchaus produktiv. Jedoch stellen normalerweise bestimmte organisationstheoretische Ansätze eher die eine oder die andere Methode in den Vordergrund. Da im Rahmen dieser Arbeit eine multitheoretische Perspektive verfolgt wird und hierbei theoretische

Standpunkte mit unterschiedlichen Methodenpräferenzen Verwendung finden, ergibt aus dem theoretischen Fundament somit kein zwingender Vorrang einer bestimmten Methode.[9] Angesichts des spezifischen Charakters von diskontinuierlichen Wandelprozessen, die sich einer gesetzhaften Erfassung und der Identifikation strenger Kausalitäten weitgehend entziehen, bietet sich überdies ein *reiner* Versuch der Erklärung weniger an.[10] Vielmehr möchte die vorliegende Arbeit ein Wechselspiel zwischen diesen erkenntnistheoretischen Positionen und den Möglichkeiten der Beobachtung organisationaler Phänomene versuchen. Deswegen soll neben Elementen der Erklärung auch der Versuch eines Verständnisses von diskontinuierlichem Unternehmenswandel angestrebt werden, wenn auch nicht im strengen Sinn der obigen idealtypischen Einteilung.[11] Dies geschieht jedoch im Rahmen einer strukturellen Analyse im Sinn von Giddens, da sich das Erkenntnisinteresse der Arbeit nicht primär auf die Wirklichkeitssicht und das Alltagswissen von Organisationsteilnehmern richtet, sondern vielmehr die Position eines wissenschaftlichen Beobachters eingenommen wird.

Zur Umsetzung dieses methodischen Vorhabens stützt sich die Arbeit neben der Literaturanalyse und der Rekonzeptionalisierung, Weiterentwicklung und Verfeinerung von theoretischen Konzepten auf den Entwurf eines integrativen Modells diskontinuierlichen Unternehmenswandels aus unterschiedlichen Elementen partieller Erklärungsansätze. Angesichts des widersprüchlichen und facettenreichen Charakters von Veränderungsprozessen soll allerdings darauf verzichtet werden, neue Synthesen zwischen verschiedenen Konzeptelementen zu erarbeiten. Für diesen Umstand bietet sich vielmehr der Versuch eines paralogischen Vorgehens (vgl. dazu Czarniawska 2001; sowie grundlegend Lyotard 1986)[12] sowohl auf der begrifflichen wie vor allem auch auf der konzeptionellen Ebene an. Dies bedeutet,

---

[9] Vgl. für eine solche Position der Methodenfreiheit und der Ablehnung einer Methodendominanz insbesondere Popper (1994) und Feyerabend (1993). Für Neuberger (1994, S. 55) besteht die Freiheit von Wissenschaft ebenso ausdrücklich darin, nicht auf eine einzige Perspektive oder eine Methode festgelegt zu werden. Denn Innovation und Forschritt der Wissenschaft leben auch von den hierbei unvermeidlichen Unschärfen.

[10] So ist auch Ulrich (1994, S. 17) der Auffassung, dass die komplexen Prozesse des Wandels nicht rein mit analytischem Denken erfasst werden können, sondern nur durch eine ganzheitliche, auch auf das Erkennen von Zusammenhängen zwischen verschiedenen Einzelprozessen gerichtete, integrierende Denkweise erfasst werden können.

[11] So wird hier etwa auf die Betrachtung eines Einzelfalls verzichtet.

[12] Die Idee des paralogischen Vorgehens bzw. der Paralogie geht im Wesentlichen auf J.-F. Lyotard zurück (vgl. dazu ausführlich Vaassen 1994, S. 303ff.). Lyotard (1986, S. 175ff.) plädiert vor dem Hintergrund zahlreicher multipler, heterogener und inkompatibler Narrationen in der Wissenschaft für den Dissens statt für den Konsens, da ein Konsens einen seiner Ansicht nach niemals erreichbaren Horizont darstellt. Der Dissens erscheint aus dieser Sichtweise heraus zudem innovativ, da er ein neues „subversives" Denken ermöglicht, das mehr Fortschritt ermöglicht als eine Konsenstheorie (vgl. Vaassen 1994, S. 305). Im Rahmen der vorliegenden Arbeit wird in Anlehnung an Vaassen (1994, S. 304) mit einem solchen paralogischen Vorgehen darauf abgezielt, traditionelle Überzeugungen, die mangels Denkalternativen unhinterfragt sind, mit einem Gegensatz zu konfrontieren, der die differentielle Beziehung des Erkenntnisobjekts offen legt.

existierende Pluralitäten der Erklärungsversuche bewusst zu nutzen und damit verbundene Spannungen in Kauf zu nehmen ohne auf partielle Integrationspotentiale durch einen lebendigen intra- und interdisziplinären Diskurs zu verzichten (vgl. auch Czarniawska 2001, S. 19).

Gerade für die Diskussion um den organisationalen Wandel erscheint ein solches paralogisches Vorgehen eine nützliche Methodik um Erkenntnisfortschritte zu erzielen. So hat Ulrich (1994, S. 17) bereits darauf hingewiesen, dass „(e)rst wenn man die Begriffspaare Konstanz und Veränderung, Ruhe und Bewegung, Stabilität und Instabilität, Gleichgewicht und Ungleichgewicht, Ordnung und Chaos, Struktur und Prozess, Notwendigkeit und Zufall nicht als Gegensatzpaare auffasst, ... (man) den Charakter von Wandelprozessen verstehen (kann)." Der Hintergrund dieser Auffassung ist die Unterscheidung zwischen einer analytischen und einer integrierenden Sicht (vgl. Ulrich 1994, S. 17f.). Eine integrierende Sicht fasst diese Zustände als gleichzeitig und komplementär auf, während eine analytische Sicht sie als aufeinander folgend und distinkt begreift. Es erscheint dabei unmittelbar einleuchtend, einen solchen Zugang zum Erkenntnisobjekt als Grundlage eines Integrationsversuchs zum Phänomen der Unternehmensdiskontinuität zu machen.

1.4 Zusammenfassung und Ausblick

Die Diskontinuität als prägendes Merkmal der heutigen Unternehmenstätigkeit und ihre bislang eher geringe analytische Durchdringung in der wissenschaftlichen Auseinandersetzung zur Fragen der Unternehmensveränderung bilden den Anlass und die hieraus abgeleitete Zielsetzung der Arbeit. Sie greift mit dem Phänomen der Unternehmensdiskontinuität dabei eine der prominentesten und aktuellsten Facetten der vielfältigen Veränderungsthematik auf. Das Vorhaben der vorliegenden Arbeit setzt dazu an den eingangs identifizierten Defiziten der Diskussion zum organisationalen Wandel von Unternehmen an. Denn trotz langer und umfangreicher Forschungsbemühungen existiert überhaupt nur wenig gesichertes theoretisches Wissen über Veränderungsprozesse (Theoriedefizit). Dieses Wissen ist dazu zwar reichhaltig, aber überaus fragmentarisch (Integrationsdefizit). Und schließlich geht die Erschließung weiterer Wissens an der Realität betrieblicher Veränderungsprozesse immer mehr vorbei (Realitätsdefizit). Diesen eingangs identifizierten Defiziten will die Arbeit am Fall der Unternehmensdiskontinuität partiell abhelfen.

Die Argumentationsstruktur der vorliegenden Arbeit folgt dabei dem Dreischritt von Erkenntnisinteresse, Erkenntnisweg und Erkenntnisangebot (vgl. dazu auch Eberhard 1987, S. 15ff.). Ausgehend von dem Realphänomen diskontinuierlichen Unternehmenswandels soll gemäß dem spezifischen Erkenntnisinteresse durch ein methodisch gestütztes Beschreiten eines Erkenntniswegs ein Erkenntnisangebot erarbeitet werden, das einen Beitrag zur Lösung der aufgegriffenen Probleme leisten kann. Dazu versucht die Arbeit die Fülle der existenten theoretischen Posi-

tionen mit Blick auf die gewählte Fragestellung durch eine Literaturanalyse aufzuarbeiten, zu differenzieren, gegeneinander zu positionieren und schließlich partiell zu integrieren. Sie verwendet dabei eine multitheoretische Perspektive, aus
der sich kein zwingender Vorrang einer bestimmten Methode ergibt. Stattdessen
wird der Entwurf eines integrativen Modells diskontinuierlichen Unternehmenswandels aus unterschiedlichen Elementen schon vorhandener Erklärungsansätze
unter Hinzunahme von Revisionen und Ergänzungen mittels eines paralogischen
Vorgehens angestrebt. Dieses Vorgehen sieht dabei eine bewusste Nutzung der
Pluralität der verschiedenen Erklärungsversuche vor, um einen lebendigen Diskurs zu erreichen.

Daraus ergeben sich folgende Teilschritte auf dem Erkenntnisweg: Zunächst soll
die oftmals abgelehnte Vorstellung eines diskontinuierlichen und damit auch radikalen Wandels zur Diskussion gestellt werden. Dazu soll das Phänomen der
Diskontinuität in der Unternehmensrealität aufgezeigt, sowie eine spezifische
Begriffsfassung und Konzeptionalisierung der (Unternehmens-)Diskontinuität mit
ihren externen und internen Verursachungen und Folgen erarbeitet werden. Als
nächstes soll der mögliche Beitrag organisationstheoretischer Überlegungen zu
den Herausforderungen von Unternehmensdiskontinuitäten geprüft werden. Dazu
soll in den aktuellen Diskussionstand zum organisationalen Wandel von Unternehmen eingeführt werden und der dabei erreichte Erkenntnisfortschritt bilanziert
werden. Danach soll der Versuch einer Erklärung des für eine integrierte Sicht der
Unternehmensdiskontinuität typischen Zusammenspiels zwischen fundamentalem
und peripheren Wandel einerseits sowie graduellen und radikalen Wandels andererseits im Rahmen eines integrativen Modells unternommen werden. Abschließend werden einige Implikationen und Applikationen, die sich aus der Integration
zu den Fragen der Wahrnehmung, der Erklärung und der Gestaltung von Unternehmensdiskontinuitäten ergeben, vorgestellt.

Durch eine Mehrebenenanalyse des diskontinuierlichen Unternehmenswandels
werden dabei bislang eher isoliert betrachtete Prozesse und Zustände in eine integrierte Sicht überführt. Dazu werden exemplarisch zwei verschiedene Ebenen
vorgestellt, aus denen sich im Zusammenspiel diskontinuierliche Veränderungen
ergeben. Die Integration soll auf der Basis des eingangs erarbeiteten Diskontinui-
tätsverständnisses erfolgen und wird von den Kriterien zur Bildung eines integrierten Wandelmodells geleitet. Für die bisweilen etwas einseitig geführte betriebswirtschaftliche Diskussion um organisationalen Wandel sollen in der vorliegenden Arbeit auch solche Positionen anderer Disziplinen zur Modellierung tief
greifender und weitreichender Veränderungen fruchtbar gemacht werden, die bislang noch wenig Aufmerksamkeit gefunden haben. Damit soll die Arbeit durch
diese Vorgehensweise einen Beitrag dazu leisten, alternative Denkweisen aufzuzeigen und neue Diskurse zu unternehmensbezogenen Veränderungsfragen in
Gang zu setzen. Zum besseren Verständnis der gesamten Vorgehensweise der an-

gestrebten explikativen Analyse des Phänomens der Unternehmensdiskontinuität soll abschließend der nachfolgend abgebildete Gedankenflussplan dienen, der die wesentlichen Schritte auf dem eingeschlagenen Erkenntnisweg noch einmal im Überblick skizziert:

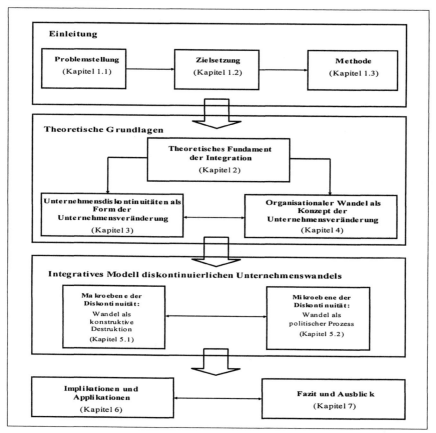

Abbildung 2: Überblick über die weitere Vorgehensweise

Nachdem damit die Problemstellung, Zielsetzung und Methode der Arbeit sowie die Vorgehensweise dargelegt wurde, soll nachfolgend das theoretische Fundament für den Versuch einer integrativen Betrachtung des diskontinuierlichen Unternehmenswandels gelegt werden (Kapitel 2). Dazu sind nach einer Reflektion der Erkenntnisabsichten, des Erkenntniswegs und des daraus zu erwartenden Erkenntnisangebots einige Vorüberlegungen zur Modellbildung und Integration darzulegen. Daraus sollen die Anforderungen an eine integrative Sichtweise, die Prinzipien und Leitlinien der Integration sowie die dabei verwendeten Ebenen und Dimensionen mit ihren inhaltlichen Konkretisierungen entwickelt werden. Die weiteren theoretischen Grundlagen bereiten dann die partiellen Erkenntnisse zu den Unternehmensdiskontinuitäten als Form der Unternehmensveränderung (Kapitel 3) und dem organisationalen Wandel als Konzept der Unternehmensveränderung (Kapitel 4) auf, um ihre Potentiale für eine Integration abzuklären und sie einer integrierenden Sichtweise zuzuführen. Danach kann der Versuch einer Integration anhand von zwei Analyseebenen unternommen werden (Kapitel 5). Dies mündet nach einer Darstellung von verschiedenen einzelnen Folgerungen (Kapitel 6) in einem Gesamtfazit (Kapitel 7).

2 Theoretisches Fundament der Integration

In einem weiteren Schritt soll nun auf Basis der zuvor in der Einleitung eröffneten Absichten die theoretische Fundierung der Auseinandersetzung mit dem Phänomen der Unternehmensdiskontinuität dargelegt werden. Dazu wird zunächst das erklärte Vorhaben aufgrund wissenschaftstheoretischer Überlegungen kritisch reflektiert und positioniert, um die Art und Qualität der dadurch zu gewinnenden Erkenntnisse näher zu bestimmen (Kapitel 2.1). Danach soll ein begriffliches und konzeptionelles Gerüst geschaffen werden, das eine zielgerichtete explikative Analyse von Diskontinuitäten ermöglicht (Kapitel 2.2). Anschließend sollen die Leitlinien und Prinzipien der Integration der partiellen Erkenntnisbestände aus der Diskussion um den organisationalen Wandel und den verwandten Disziplinen, die sich mit Fragen der Ordnungsbildung und der Veränderung auseinandersetzen, festgelegt werden (Kapitel 2.3). Darauf aufbauend sollen die Dimensionen und Analyseebenen einer integrativen Sichtweise von Unternehmensdiskontinuitäten näher bestimmt werden (Kapitel 2.4). Eine kurze Zusammenfassung beschließt die theoretische Fundierung des multitheoretischen Integrationsversuchs (Kapitel 2.5).

2.1 Wissenschaftstheoretische Reflektion und Positionierung

Bevor im weiteren das angestrebte Integrationsziel der Arbeit auf dem zuvor beschriebenen methodischen Weg angegangen werden kann, soll zuvor das Vorhaben wissenschaftstheoretisch reflektiert und positioniert werden. Unter der Wissenschaftstheorie kann dabei die systematische Erörterung der Grundlagen und Methoden der Wissenschaft bzw. eine Theorie der Wissenschaft überhaupt verstanden werden (Seiffert 1992a, S. 461). Die Wissenschafts- sowie die Erkenntnistheorie gehen unter anderem der zentralen Frage nach, wie man ausgehend von einem Problem durch das methodisch gestützte Beschreiten eines Erkenntniswegs von einem spezifischen Erkenntnisinteresse zu einem Erkenntnisangebot gelangen kann, das einen Beitrag zur Lösung des aufgegriffenen Problems leisten kann (vgl. auch Eberhard 1987, S. 15ff.). Das Erkenntnisinteresse beschreibt dabei das Ziel des wissenschaftlichen Erkenntniswegs (so genanntes Wissenschaftsziel; vgl. dazu ausführlich Schanz 2000, S. 83ff.). Das Erkenntnisangebot beinhaltet einen Erkenntnisfortschritt, der mit Hilfe einer bestimmten Methode gewonnen wurde (vgl. auch Radnitzky 1992, S. 467) und beinhaltet wissenschaftliche Aussagen, die verbindliche Äußerungen zu dem behandelten Problem darstellen. Solche Aussagen können als Antworten auf die durch die Problemstellung aufgeworfenen Fragen verstanden werden. Sie können allerdings von höchst unterschiedlicher Art (z.B. analytisch, normativ, deskriptiv) sein (vgl. auch Kubicek 1975, S. 24ff.; Venker 1993, S. 27ff. und 100ff.; Lattmann 1998, S. 146ff.) und so hinsichtlich ihres Aussagegehalts oder ihres Anspruchs ganz erheblich differieren.

Von welcher Art die getroffenen Aussagen zum analysierten Problem sind, steht dabei in einem recht engen Zusammenhang mit dem jeweils verfolgten Wissenschaftsziel. Als Problem dieser Arbeit wurde das Phänomen der Unternehmensdiskontinuität bzw. des diskontinuierlichen Unternehmenswandels gewählt.[13] Das Erkenntnisziel ist wie zuvor bereits erwähnt explikativer Art und folgt damit dem Erklärungsziel (vgl. dazu Bronner/Appel/Wiemann 1999, S. 6f.) bzw. dem kognitiven Ziel von Wissenschaft (vgl. dazu Schanz 2000, S. 83). Das Erkenntnisangebot umfasst vor allem ein integratives Denkmodell des diskontinuierlichen Unternehmenswandels, das auf Basis eines interdisziplinären und multitheoretischen Zugangs entwickelt werden soll. Methodisch wird diese Entwicklung auf eine Mehrebenenanalyse gestützt, bei der ein Wechselspiel zwischen verschiedenen erkenntnistheoretischen Positionen und den Möglichkeiten der Beobachtung organisationaler Phänomene versucht werden soll. Dabei werden ausgehend von der Bewegungskomponente des Wandels verschiedene Ebenen als Manifestationen der Objektkomponente des Wandels differenziert und die einzelnen Ebenen schließlich mit divergenten Erklärungsansätzen der Kräftekomponente des Wandels verknüpft. Bei den Antworten auf die durch die Problemstellung der Arbeit hervorgebrachten Fragen werden im Einzelnen sowohl deskriptive, analytische wie auch normative Aussagen getroffen. Bevor nun der eigentliche Erkenntnisweg mit Blick auf das Ziel der Arbeit beschritten wird, soll an dieser Stelle zuvor die Art und Qualität der dadurch zu gewinnenden Erkenntnisse reflektiert werden. Dazu ist auf die Vorgehensweise wissenschaftlicher Erklärungsversuche, ihre Strukturen und ihre Begrenzungen im Allgemeinen und der in diesem Zusammenhang hauptsächlich verwendeten Wissenschaftsdisziplin im Besonderen einzugehen.

Der zentrale Antrieb von Wissenschaft ist es, Erkenntnis über bestimmte Phänomene oder Probleme zu erlangen (vgl. Lattmann 1998, S. 93; Schanz 2000, S. 83). Diese Erkenntnis ist üblicherweise insbesondere auf die Aufdeckung von Kausalzusammenhängen in Bezug auf das betrachtete Phänomen oder Problem gerichtet für das sich die jeweilige Wissenschaftsdisziplin interessiert (vgl. für die Organisationstheorie z.B. Bacharach 1989, S. 498; Remer 1993, Sp. 3058). So unterscheidet sich Wissenschaft gegenüber anderen Zugängen zur Realität gerade auch dadurch, dass Wissenschaft sich nicht nur mit einer bloßen Beschreibung von Phänomenen begnügt, sondern die Gründe für ihr Vorhandensein und ihre Funktion erforschen will. Mit anderen Worten ist Wissenschaft also zu einem nicht unwesentlichen Teil die Ursachensuche für beobachtete Sachverhalte in der Realität (vgl. etwa Küttner/Lenk 1992, S. 68). Die im Rahmen dieser Ursachensuche angestrebte Erkenntnis ist nun von einer besonderen, für einen wissen-

---

[13] Diese Auswahl ist als Ausgang des gesamten Erklärungsprozesses eine Entscheidung vorwissenschaftlicher Natur (vgl. Schwan 2003, S. 17) und soll daher nicht weiter wissenschaftstheoretisch reflektiert werden.

schaftlichen Zugang zur Realität charakteristischen Art. Denn wissenschaftliche Erkenntnis soll ihrem Anspruch nach *allgemein gültig* und *intersubjektiv überprüfbar* sein (vgl. auch Scherer 2001, S. 2). An diesen besonderen Merkmalen wissenschaftlicher Erkenntnis manifestiert sich gleichzeitig die besondere Nützlichkeit eines so beschaffenen Wissens. Es ist aufgrund seines Allgemeinheitsgrades potentiell für eine Vielzahl von Problemstellungen anwendbar oder kann zur Erklärung weiterer Phänomene herangezogen werden. Seine angestrebte intersubjektive Überprüfbarkeit macht es außerdem vergleichsweise verlässlich.

Wissenschaft kann damit auch als Versuch der *methodischen* Generierung von allgemein gültigem, intersubjektiv überprüfbaren Wissen bzw. Erkenntnissen angesehen werden (vgl. auch Scherer 2001, S. 2). Die Erkenntnisgewinnung erfolgt insofern systematisch, als dass die wissenschaftliche Methode[14] bestimmte Verfahrensregeln vorgibt, die den Zugang zu den Erkenntnisobjekten bestimmen. Eine solche Standardisierung von Erkenntnisgewinnung durch die Anwendung von Methoden (nach Kosiol 1976, S. 34 „planmäßige Verfahren zu Erreichung eines Ziels") bringt folgende Vorteile mit sich (vgl. Grochla 1978, S. 59; Bea/Göbel 1999, S. 28):

- Eine Methode enthält „vorgedachte Rationalität". Nicht jeder Forscher muss sich erneut mit den Grundsatzfragen seiner Disziplin beschäftigen. Er kann vielmehr auf das in der Methode gelagerte Wissen anderer zurückgreifen.

- Ein systematisches Vorgehen macht den Vorgang des Erkenntnisgewinns transparent und für andere nachvollziehbar.

- Ist die Vorgehensweise transparent, kann die Erkenntnis kontrolliert und eine Manipulation leichter ausgeschlossen werden.

Nun existiert jedoch in der Wissenschaft eine große Zahl von Methoden der Erkenntnisgewinnung (vgl. für die Organisationstheorie im Einzelnen etwa Müller-Böling 1992, Bea/Göbel 1999, S. 28fff.), was die Frage nach der Auswahl einer für das Erkenntnisziel angemessenen Methode virulent werden lässt; zumal sich mit der Wahl der Methode auch wesentlich die Art und der Qualität dadurch generierten Erkenntnis entscheidet. Über die Verwendung einzelner Methoden zur Erreichung bestimmter Erkenntnis vor dem Hintergrund verschiedener Wissenschaftsziele herrscht jedoch kein grundsätzliches Einverständnis in der Wissenschaft im Allgemeinen wie in der Organisationswissenschaft/Organisationstheorie im Besonderen (vgl. u.a. Hartmann 1988, S. 3; Walter-Busch 1996, S. 48ff.).[15]

---

[14] Der Begriff der Methode (von griechisch metá = zu etwas hin und hodós = Weg) bezeichnet den Weg des wissenschaftlichen Vorgehens bei der Erkenntnisgewinnung (vgl. Seiffert 1992b, S. 215).

[15] Gleichermaßen ist auch in der Betriebswirtschaftlehre kaum ein Grundkonsens über Methoden vorhanden (vgl. Meffert 1998, S. 711).

24

Die Ursache für diesen Umstand ist auf der Ebene der so genannten Methodologien zu suchen. Sie stellen Argumentationssysteme der Wissenschaft dar, die der Betrachtung und Einschätzung von geeigneten Methoden dienen (vgl. Seiffert 1992b, S. 215; Heinl 1996, S. 30). Methodologien ermöglichen es damit grundsätzlich, die vielgestaltige Realität zu strukturieren und zu ordnen und auf dieser Basis eine Entscheidung für die Auswahl geeigneter Erkenntnismethoden zur Erforschung dieser Realität zu treffen. Sie stellen somit Richtlinien der Orientierung für die Methoden der Wissenschaftsdisziplinen dar und bestimmen so die Wissenschaftlichkeit von methodisch erzeugten Aussagen (vgl. Kastrop 1993, S. 19; Heinl 1996, S. 30). Während dabei früher eine Disziplin durch die Anwendung einer bestimmten Methode gekennzeichnet (Methodenmonismus) und so die Frage nach der Wahl der Methode durch die Wissenschaftsdisziplin vorgegeben war, hat die Auffassung, dass auch innerhalb einer Disziplin mehrere Methoden angewendet werden können (Methodenpluralismus)[16], vermehrt Zustimmung gefunden (vgl. Bea/Göbel 1999, S. 28). Eine Ableitung einer bestimmten Methodik für das im Rahmen dieser Arbeit angestrebte Erkenntnisziel aus der disziplinären Einordnung der Thematik erscheint damit nicht mehr ohne weiteres gegeben. Die Arbeit schließt sich deswegen einer Position des methodologischen Instrumentalismus[17] (vgl. Kastrop 1993, Heinl 1996) an und macht damit die reine Zweckmäßigkeit der Methoden mit Blick auf das verfolgte Erkenntnisziel zur methodologischen Leitlinie.

Wissenschaftliches Erkenntnisstreben erfährt aber nicht nur durch seinen methodischen Zugang eine wichtige Beschränkung sondern auch durch die Beschaffenheit der zu erkennenden Dinge (Realphänomene) selbst: Die Vielgestaltigkeit realer Sachverhalte kann stets nur in eingeschränktem Maße erfasst werden (vgl. zu möglichen Beschränkungen etwa Bacharach 1989, S. 498f.). Wissenschaftliche Erkenntnis kann also nicht in einem umfassenden Sinn erreicht werden, vielmehr bedarf es der sorgfältigen Eingrenzung des Untersuchungsfeldes (vgl. auch Lattmann 1998, S. 94). Zu vielfältig und weitläufig wären sonst die zu untersuchenden Ursachen- und Wirkungszusammenhänge. Somit sind alle wissenschaftlichen Erklärungsversuche stets aspektselektiv. Dies bedeutet, dass sie um der tieferen Erkenntnis bezüglich eines Sachverhalts willen, eine ganze Reihe anderer Sachverhalte ausblenden. Vor diesem Hintergrund gewinnt die Beschäftigung mit Wissenschaftstheorie eine besondere Bedeutung (vgl. im Einzelnen etwa Chmie-

---

[16] Damit geht ein zunehmender Theorienpluralismus und eine Paradigmenvielfalt einher (vgl. Walter-Busch 1996, S. 301).

[17] Diese Position geht von der relativen Rationalität aller Erkenntnisse, der Kontextspezifität der Erklärungskraft und der zweckbestimmten Eignung von Wissen aus (vgl. Heinl 1996, S. 39). Eine solche Setzung erscheint geeignet um den infiniten Regress einer unbegrenzten Selbstreflexion von Wissenschaft zu vermeiden. Damit wird es auch möglich, die Erkenntnisse verschiedener Theorien, die auf der Basis unterschiedlicher Methodologien beruhen, zu verwenden, ohne zwingend deren Methoden zu folgen (vgl. Heinl 1996, S. 41). Der Absolutheitsanspruch von Methodologien wird damit verworfen.

lewicz 1979, 6f.). Denn die Reflektion über die Aspektselektivität wird durch einen Rückbezug auf metawissenschaftliche bzw. wissenschaftstheoretische Kenntnisse wesentlich erleichtert. Aus diesem Grund erscheint es für die im Rahmen dieser Arbeit angestrebte Analyse diskontinuierlicher Veränderungen von Unternehmen unverzichtbar, die Wirklichkeitsselektionen der theoretischen Basiskonzepte und ihrer Gründe vor dem Beginn des Erkenntniswegs etwas näher zu beleuchten. Eine solche Rekonstruktion der theoretischen Grundlagen des nachfolgend anzugehenden Erklärungsversuchs hilft dabei insbesondere, den Wert der Erkenntnisbeiträge der einzelnen Theoriepositionen besser einzuschätzen.

Zur Erhellung des Phänomens diskontinuierlichen Unternehmenswandels wird die Arbeit vor allem Erkenntnisse der Organisationswissenschaft bzw. der Organisationstheorie (vgl. dazu Walter-Busch 1996, Heinl 1996, Bea/Göbel 1999, S. 21ff.; Kieser 2001, Weik/Lang 2001) verwenden. Deswegen erscheint es notwendig, sich vor dieser Verwendung kurz mit den Grundlagen dieser Wissenschaftsdisziplin aus metatheoretischer Sicht auseinander zu setzen. Das entscheidende Merkmal der Organisationswissenschaft ist dabei der Umstand, dass sie ein Konglomerat vielfältiger und höchst unterschiedlicher Ansätze (d.h. Beschreibungs- und Erklärungsversuche) darstellt (vgl. Heinl 1996, S. 68), deren sinnvolle Integration eine noch ungelöste Aufgabe ist (vgl. auch Grandori 2001, S. 37). Denn fast alle wissenschaftlichen Disziplinen, die sich mit Ordnungs-, Struktur oder Gestaltungsproblemen sozialer Gebilde beschäftigen, haben auch einen Beitrag zu der Auseinandersetzung mit dem Phänomen Organisation geleistet (vgl. auch Bedeian 1987, S. 1) und so eine zahlreiche spezielle (Partial-)Theorien entworfen.

Trotz aller Anstrengungen ist die Organisationswissenschaft aus diesem Grund bis heute keine klar abgeschlossene und eindeutig eingrenzbare Disziplin und es erscheint auch als eher unwahrscheinlich, dass dies in Zukunft erreicht werden könnte (vgl. auch Kieser 1998a, S. 335). Aber unbeschadet dieser Unterschiede in den Zugängen zum Organisationsphänomen besteht dennoch eine weitgehende Übereinstimmung in den Erklärungsabsichten. So zielt die Organisationsforschung generell darauf ab, das Wissen um die mit dem Phänomen „Organisation" bezeichneten Dimensionen der sozialen Realität zu erweitern und zu vertiefen. Sie will dazu beitragen, die durch vorgefasste Meinungen, Vorurteile, Spekulationen und Glaubenssätze sowie aus höchst persönlichen Lebenserfahrungen und unterschiedlichen Interessenslagen übernommene Deutungen und Vorstellungen durch systematisch überprüfte Aussagen zu ersetzen (vgl. auch Robbins 1990, S. 8). Denn erst durch die Erkenntnis von Regelmäßigkeiten organisationsrelevanter Verhaltensweisen und Prozesse können die Voraussetzungen für eine kritische Beurteilung personeller Situationen und organisationaler Strukturen, sowie für deren gezielte Veränderung gewonnen werden (vgl. Büschges/Lütke-Bornefeld 1977, S. 14).

26

Jedoch erschweren die unterschiedlichen Zugänge zum Organisationsphänomen die Vergleichbarkeit der getroffenen Aussagen sowie die Realisierung des generellen Erkenntnisziels in einem nicht unerheblichen Maß. Zumal sich die Organisationswissenschaft in ihrer Erklärungsabsicht auch nicht ausschließlich auf Unternehmen konzentriert, sondern alle möglichen Formen von Organisationen zum Gegenstand ihrer Betrachtungen macht. Damit ist im Kontext dieser Arbeit insbesondere zu bedenken, dass in einer ganze Reihe von theoretischen und empirischen Arbeiten der Diskussion zum organisationalen Wandel nicht nur Unternehmen das Erkenntnisobjekt der Erklärungsversuche bilden, sondern auch eine Vielfalt von anderen Organisationstypen (wie Schulen, Universitäten, politische Parteien, karitative Einrichtungen etc.; vgl. Perich 1992, S. 120). Einer Übertragung dieser Erkenntnisse auf den Unternehmenskontext sind insofern damit gewisse Grenzen gesetzt, als dass jeder Organisationstyp ganz spezifische Charakteristika aufweisen kann, die nicht von anderen Organisationstypen geteilt werden (vgl. Perich 1992, S. 121).

Im Sinne eines lebendigen intra- und interdisziplinären Diskurses soll auf diese Erklärungsbeiträge aber nicht völlig verzichtet werden, da zahlreiche Gemeinsamkeiten in der Ausgangssituation mit dem Unternehmenskontext gesehen werden und sich bestimmte Entwicklungen und Anforderungen – wenn auch oft mit zeitlichem Abstand – ebenso bei anderen Organisationstypen zeigen (vgl. auch Schwan 2003, S. 5). Das Erfordernis des Wandels betrifft zudem nachgewiesenermaßen alle Arten von Organisationen und es besteht zudem durchaus Grund zur Annahme, dass nicht nur Unternehmen sondern auch andere Organisationsformen verstärkt mit diskontinuierlichen Veränderungsprozessen konfrontiert werden. Aus dieser universellen Relevanz der Diskontinuitätsproblematik heraus erscheint eine möglichst breite Fassung des Organisationsbegriffs und weitreichende Rezeption von Erkenntnissen zum Prozess des organisationalen Wandels deswegen insgesamt zweckmäßig.

Den Kern der Organisationswissenschaft bildet die Organisationstheorie mit ihren verschiedenen Ansätzen (vgl. Walter-Busch 1996, S. 55). Die bislang vorliegenden theoretischen Erklärungsbemühungen operieren dabei auf höchst unterschiedlichen Ebenen und verfolgen ganz unterschiedliche Erkenntnisabsichten. In diesen mannigfaltigen Versuchen der Beschreibung und Erklärung spiegelt sich damit auch die Vielfalt des Phänomens Organisation wider. Die Komplexität und Heterogenität des Organisationsphänomens erfordert dabei eine solche Vielfalt von Standpunkten, um den Untersuchungsgegenstand aus unterschiedlichen Perspektiven beleuchten zu können und schließlich zu einer treffenden Analyse zu kommen (vgl. dazu auch Morgan 1997, 14).[18] Das Organisationsphänomen hat jedoch in seiner Vielfalt und Vielschichtigkeit allerdings in höchst unterschiedlicher Hin-

---

[18] Morgan sieht damit im Übrigen auch Vorteile für die Leitung und Gestaltung von Organisationen verbunden (vgl. Morgan 1997, S. 16).

sicht zum Nachdenken angeregt und sehr heterogene Fragestellungen hervorgerufen. Dies liegt vor allem in den unterschiedlichen Wissenschaftsdisziplinen begründet, die sich an seiner Erforschung beteiligen (vgl. Bedeian 1987, S. 22). Hinzu kommen unterschiedliche Absichten, was den Zweck der Wissensgenerierung anbelangt. Was Aufgaben und Ziele der Organisationstheorie im Einzelnen sind, kann nur in Abhängigkeit vom jeweiligen Wissenschaftsverständnis formuliert werden. Wesentlicher Bestandteil dieses Wissenschaftsverständnisses ist das Ziel bzw. erkenntnisleitende Interesse, dem die Schaffung von Wissen dient. Das generelle Erkenntnistreben von Wissenschaft konkretisiert sich in den vier Wissenschaftszielen der Beschreibung, Erklärung, Prognose und Gestaltung (vgl. u.a. Kubicek 1975, S. 24ff; Kromrey 1998, S. 67ff.; Bronner/Appel/Wiemann 1999, S. 6f.). In der unterschiedlichen Akzentuierung dieser Ziele unterscheiden sich dabei einzelne Wissenschaftsdisziplinen als ganzes ebenso wie einzelne Positionen oder Konzepte der Organisationstheorie im Speziellen.

Mit dem häufig geäußerten Anspruch an die Wissenschaft, mit ihren Erkenntnissen zur Verbesserung des menschlichen Daseins beizutragen, verbindet sich deswegen regelmäßig die Forderung, dass die Organisationsforschung neben Orientierungswissen insbesondere auch begründete Handlungsempfehlungen abgeben sollte (vgl. u.a. Wild 1966, S. 25; Kubicek 1975, S. 26ff.; Grochla 1978, S. 53; Heinl 1996, S. 30; Schanz 2000, S. 83).[19] Ein solcher normativ-praktischer Anspruch beruht auf der Auffassung, dass mit Hilfe des Verständnisses von Problemzusammenhängen eine bessere Problemlösung und nützliche Grundlage für Entscheidungen und Handlungen gewonnen werden kann (vgl. Rao/Pasmore 1989, S. 226). Eine bessere Erkenntnis wird in einem solchen Verständnis von Wissenschaft als eine brauchbarere/nützlichere Handlungs- bzw. Entscheidungsgrundlage gesehen (vgl. Rao/Pasmore 1989, S. 226). Ob diese Handlungen oder Entscheidungen auf Basis wissenschaftlicher erarbeiteter Empfehlungen geschehen oder aus rein analytischen wissenschaftlichen Erkenntnissen abgeleitet werden, ist dabei unerheblich. Auch ist eine strenge Trennung zwischen Beschreibung, Erklärung, Prognose und Gestaltung in vielen wissenschaftlich bearbeiteten Problemstellungen und insbesondere bei Organisationsproblemen nicht möglich. So trägt vieles Erklärungswissen schon den Keim potentieller Anwendung in sich. Denn oftmals erlaubt eine Erklärung auch gleichzeitig Rückschlüsse auf Möglichkeiten der Veränderung zu ziehen. Somit kann eine Gestaltung des Erkenntnisobjekts bzw. -zusammenhangs auch ohne das gewollte Zutun der Wissenschaft allein anhand wissenschaftlicher Erkenntnis geschehen. Jedoch kann daraus nicht abgeleitet werden, dass jede Erklärung zwangsläufig zu Aussagen führt, die in der Praxis verwendet werden können (vgl. Kubicek 1975, S. 30).

---

[19] Damit verfolgt sie auch ein pragmatisches Wissenschaftsziel (vgl. Schwan 2003, S. 17).

Nicht jede wissenschaftliche Auseinandersetzung muss deswegen notwendigerweise alle genannten Ziele gleichermaßen erfüllen. Zum einen können nicht zu allen wissenschaftlich bearbeiteten Sachverhalten überhaupt Prognosen oder Gestaltungsempfehlungen abgegeben werden. Zum anderen lassen sich die genannten Wissenschaftsziele nicht aus der Wissenschaft selbst begründen. Ob eine wissenschaftliche Beschäftigung mit einem Sachverhalt auch in einer Prognose oder Gestaltungsempfehlung münden sollte, ist deswegen eine Frage des grundlegenden (Selbst-)Verständnisses von Wissenschaft bzw. ihrer verschiedenen Disziplinen und der Funktionen/Aufgaben, die sie nach der Maßgabe bestimmter Konventionen in einem bestimmten Kontext erfüllen soll (vgl. auch Kubicek 1975, S. 29f.). Dabei unterliegen solche Vorstellungen im Zeitablauf allerdings auch Veränderungen, so dass sich immer wieder andere Akzente ergeben können. Eine legitime Dominanz eines bestimmten Wissenschaftsziels kann jedenfalls nicht ohne weiteres begründet werden.

Die Betriebswirtschaftslehre – in deren Kontext sich das Erkenntnisabsicht dieser Arbeit grundsätzlich bewegt – wird häufig als praktisch-normative Wissenschaft aufgefasst, der damit eine Gestaltungsaufgabe zukommt (vgl. z.B. Schanz 2000, S. 113). Diese Gestaltungsaufgabe besteht vornehmlich darin, der betrieblichen Praxis durch die Formulierung von Verfahrens- oder Verhaltensnormen Mittel und Wege zu verbesserten Entscheidungen zur Verfügung zu stellen (vgl. insbes. Heinen 1969, S. 209f.).[20] Dieser Gestaltungsaufgabe vorgelagert ist dabei nach Heinen (1977, S. 24) allerdings die Erklärungsaufgabe.[21] Denn eine Gestaltung setzt Analyse der Tatbestände und Kausalzusammenhänge des Erkenntnisobjekts oder Realitätsausschnitts voraus (vgl. Heinen 1977, S. 24). Die betriebswirtschaftliche Organisationsforschung und -lehre und die von ihr getragenen Ansätze zum organisationalen Wandel verfolgen deswegen in der Regel auch eine solche gestaltungsorientierte Erkenntnisabsicht ohne jedoch immer eine fundierte theoretische Begründung dafür liefern zu können (vgl. Ringlstetter/Schuster 2001, S. 366f.).

Vor diesem Hintergrund erscheint es im Rahmen der vorliegenden Arbeit eher angemessen, die Frage einer Ableitung von Gestaltungsempfehlungen als nachrangiges Ziel zu verfolgen und sich in Anbetracht der bislang geringen analytischen Durchdringung der Unternehmensdiskontinuität zunächst stärker auf die

---

[20] Sie wird in der Regel dann als erfüllt angesehen, wenn wissenschaftliche Erkenntnisse oder Aussagen einen praktischen Nutzen ergeben und Eingang in die Unternehmenspraxis finden (vgl. auch Witte 1998, S. 740). Kritisch zu einem solchen Nachweis „praktischer Brauchbarkeit" von Wissenschaft äußert etwa Gehlen (1961a, S. 41), der darin keinen wissenschaftlichen Beweis sieht und in diesem technologischen Kriterium „tieferen Nutzen" vermisst und eine zu geringe Orientierung auf „Fernwirkungen" bemängelt.

[21] Die Erklärungsaufgabe ist dabei für Aspekte des Unternehmenswandels von besonderer Relevanz. Denn für die rechtzeitige und richtige Erfüllung von veränderten Leistungsanforderungen sind Art, Quellen, Inhalte und Verläufe der verursachenden Entwicklungen notwendig (vgl. Zahn/Bullinger/Gagsch 2003, S. 255).

Entwicklung eines differenzierteren Erklärungsmodells zu konzentrieren. Dabei gilt das Hauptaugenmerk einer theoretischen Fundierung der Unternehmensdiskontinuität, um nicht der Generierung neuer theoriearmer Gestaltungsaussagen unbedacht weiteren Vorschub zu leisten. Im Rahmen dieser Arbeit finden dazu durch die angestrebte multitheoretische Vorgehensweise verschiedene Theorien bei der Modellbildung Verwendung. Obwohl Theorien einen wesentlichen Bestandteil jeder Form von Wissenschaft bilden, besteht dennoch bis heute keine Einigkeit über ihren Status (vgl. dazu etwa Bacharach 1989, DiMaggio 1995, Sutton/Staw 1995, Weick 1995b). So hat allein schon der Theoriebegriff verschiedenste und teils widersprüchliche Bedeutungen erfahren, die hier nicht im Einzelnen dargestellt werden sollen (vgl. hierzu z.b. Schanz 1975, S. 41ff.). Im Kontext dieser Arbeit sollen Theorien der Einfachheit halber als grundsätzlich widerspruchsfreie, logisch-systematisch miteinander verknüpfte Aussagen zu einem bestimmten Realitätsausschnitt der Wirklichkeit verstanden werden (vgl. u.a. Hatch 1997, S. 10; Schnell/Hill/Esser 1999, S. 52).

Der gewählte Realitätsausschnitt einer Wissenschaftsdisziplin kann dabei als ihr jeweiliges spezifisches oder charakteristisches Erkenntnisobjekt bezeichnet werden (vgl. auch Hatch 1997, S. 9). Da die Organisationswissenschaft nun als Realitätsausschnitt Organisationen betrachtet, spricht man deswegen auch davon, dass ihr Erkenntnisobjekt Organisationen seien (vgl. Bedeian 1987, S. 1; sowie Schwan 2003, S. 17). Die auf verschiedenen Wegen gewonnen Erkenntnisse zur Erfassung der vielgestaltigen Erscheinungsformen dieses Erkenntnisobjekts werden zu Organisationstheorien verdichtet. Da Organisationen – wie viele andere Erkenntnisobjekte wissenschaftlicher Disziplinen – jedoch viel zu facettenreich sind, um in ihrer Ganzheit erfasst werden zu können (vgl. auch Tsoukas 2001, S. 10), richten sich die Erkenntnisbestrebungen wiederum nur auf bestimmte Aspekte von Organisationen wie etwa Einheiten, Eigenschaften, Verhalten, Relationen oder Strukturen (vgl. Bronner/Appel/Wiemann 1999, S. 20ff.), die mit Hilfe von Theorien näher beleuchtet werden.

Die zu diesen Aspekten entworfenen Aussagen oder Aussagensysteme sind jedoch in der Reichweite und dem Gehalt ihrer Erklärungen begrenzt, denn jede Theorie muss notwendigerweise gewisse Einschränkungen hinsichtlich ihres Geltungsbereiches in Raum und Zeit enthalten (vgl. Bacharach 1989, S. 498ff.). Das Ausmaß der raum-zeitlichen Gültigkeit bestimmt zusammen mit den Werten schließlich den Grad an Generalisierbarkeit des Aussagensystems (vgl. Bacharach 1989, S. 500). Universell gültige Erklärungen sind insbesondere in der Organisationswissenschaft kaum zu erlangen (vgl. auch Tsoukas 2001, S. 10). Die vorgenommenen Einschränkungen (auch Prämissen oder Annahmen genannt) begrenzen den Anwendungsbereich der Theorie. Diese im Vorfeld getroffenen Grundannahmen sind jedoch nicht ohne den Rückbezug auf wissenschaftlich nicht begründbare Werte denkbar. Mit anderen Worten enthält jede Theorie wenigstens implizit Wertvorstellungen, selbst wenn sie auf normative Aussagen verzichtet (vgl. auch Grochla 1978, S. 53f.). Damit hierdurch nicht die Qualität der Erklärung beeinträchtigt wird, sollten diese Wertvorstellungen zumindest offen gelegt werden.

Ein Weg zur (teilweisen) Offenlegung der angesprochenen Grundannahmen und impliziten Wertvorstellungen besteht in der Beschäftigung mit den grundlegenden Paradigmen der Wissenschaft bzw. einer Wissenschaftsdisziplin. Da jede Theorie für eine unterschiedliche Problemsicht entworfen ist und damit auf einem anderen Paradigma beruht, besteht ein Zusammenhang zwischen der Problemsicht (Paradigma) und dem Erklärungsversuch (vgl. Remer 1993, Sp. 3060). Durch die Beschäftigung mit diesen grundlegenden Problemsichten soll eine wissenschaftstheoretische Positionierung der vorliegenden Arbeit und ihre paradigmatische Einordnung des damit verbundenen Erklärungsversuchs vorgenommen und so gleichzeitig die hierin enthaltenen Wertvorstellungen wenigstens teilweise offen gelegt werden. Denn gerade Erklärungsversuche zu intentionalem Handeln, wie sie hier angestrebt werden, beinhalten in der Regel einen wertenden Aspekt (vgl. Hartmann 1988, S. 2), der metatheoretisch zu reflektieren ist.

Der Einfluss von Paradigmen auf die Organisationswissenschaft wurde bereits verschiedentlich beleuchtet (vgl. z.B. Burrell/Morgan 1979, Astley/Van de Ven 1983, Burrell 1996).[22] Als Paradigma wird dabei die Gesamtheit der erkenntnisleitenden Hintergrundannahmen, Werte, Theorien und Methoden von Wissenschaften, bezeichnet (vgl. Kuhn 1988, S. 186). Es stellt quasi einen anerkannten Theorie- und Methodenrahmen dar, innerhalb dessen Erkenntnisfortschritte bzw. Interpretationen von Erkenntnissen möglich sind (vgl. auch Heinl 1996, S. 44). Häufen sich die vom bisherigen Paradigma unzureichend oder nicht erklärbaren Phänomene (Anomalien), entsteht in der Regel das Bedürfnis nach neuen Paradigma (vgl. dazu ausführlich Kuhn 1988). Eine nach dem naturwissenschaftlichen Vorbild betriebene Organisationswissenschaft strebt nach einem allgemeinverbindlichen und zustimmungsfähigen Paradigma (Paradigmenmonismus). Eine nach dem geisteswissenschaftlichen Vorbild der verstehenden Sozialwissenschaft betriebene Organisationswissenschaft geht demgegenüber von einer Mehrzahl theoretischer Ansätze aus, die sich gegenseitig mehr oder weniger ergänzen oder widersprechen (Theoriepluralismus oder Prinzip der Gleichwertigkeit verschiedener Arten und Generationen des Wissens; vgl. Walter-Busch 1996, S. 79; sowie ausführlich Scherer 2001). Die Gefahr einer zu großen Theorienvielfalt liegt jedoch darin, dass durch eine zu starke Fokussierung auf Metatheorien die Organisationsrealität mit ihren praktischen Problemen aus dem Blick gerät bzw. nicht

---

[22] In der Betriebswirtschaftslehre bzw. der betriebswirtschaftlich rezipierten Organisationstheorie wurden methodologische Paradigmen trotz ihrer dort nicht minder großen Bedeutung insgesamt seltener analysiert (vgl. etwa Franken 1982, S. 88). Die Paradigmendiskussion scheint somit eher ein spezielles Thema der soziologischen Organisationstheorie zu sein.

ausreichend genau wahrgenommen wird. Zudem sind die Offenheit gegenüber einer Vielzahl von Paradigmen und der Dialog zwischen unterschiedlichen paradigmatischen Positionen in der Organisationsforschung bislang eher noch gering ausgeprägt (vgl. etwa Weick 1999).

Die Organisationssoziologen G. Burrell und G. Morgan haben bereits Ende der 70er Jahre detaillierter aufgezeigt, wie eine Auseinandersetzung mit den wissenschaftstheoretischen Grundverständnissen organisationstheoretischer Ansätze genauer angegangen werden kann (vgl. Burrell/Morgan 1979).[23] Dabei sind ontologische Fragen nach dem „Wesen" von Organisationen, epistemologische Fragen nach der Basis des Wissens zur Beschreibung, Interpretation oder Vorhersage organisationaler Entwicklungen sowie anthropologische Fragen nach den Charakteristika menschlichen Handelns in und in Bezug auf Organisationen zu stellen. Die Orientierung an diesen grundlegenden Fragen bestimmt auch die jeweils angemessene Methodologie der Organisationsforschung, was die nachfolgende Abbildung aufzeigt:

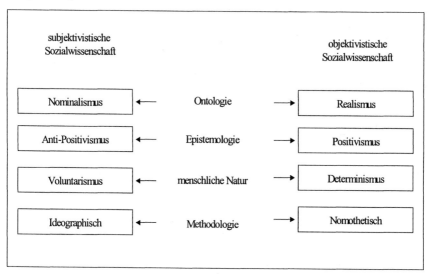

Abbildung 3: Analyseschema zur Identifikation grundlegender Annahmen zur Natur der Wissenschaft (vgl. Burrell/Morgan 1979, S. 3, übersetzt)

Die Unterscheidung wissenschaftstheoretischer Grundpositionen führt nach Burrell/Morgan zu einem Dualismus zwischen subjektivistischen und objektivistischen Ansätzen mit den jeweiligen ideographischen bzw. nomothetischen (gesetzgebenden) Forschungsmethoden. Die subjektorientierte Position ist gekenn-

---

[23] Vgl. zum Folgenden auch Küpper/Felsch (2000, S. 350f.)

32

zeichnet durch einen ontologischen Nominalismus, epistemologischen Anti-Positivismus und anthropolologischen Voluntarismus; während die objektivistische Positionen durch einen ontologischen Realismus, epistemologischen Positivismus und anthropologischen Determinismus bestimmt wird. Entsprechend dieser Grundunterscheidung wird mit den Begriffen Regulation und radikaler Wandel noch zwischen zwei Verständnissen der Organisationsdynamik unterschieden. Die so genannte Soziologie der Regulation betrachtet den Status Quo, die soziale Ordnung, Konsensprozesse, soziale Integration, Solidarität und Bedürfnisbefriedigung (vgl. Türk 1989, S. 19). Die so genannte Soziologie des radikalen Wandels betrachtet hingegen gemäß ihrer Bezeichnung radikalen Wandel, strukturellen Konflikt, Arten der Herrschaft, soziale Widersprüche, emanzipatorische Ansprüche und Entwicklungsmöglichkeiten (vgl. Türk 1989, S. 19). Damit kommen die Autoren zu den folgenden 4 Paradigmen der Organisationsanalyse:

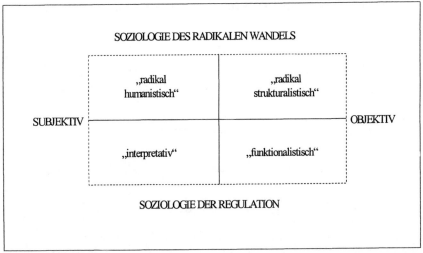

Abbildung 4: Vier Paradigmen der Organisationsanalyse (vgl. Burrell/Morgan 1979, S. 22; übersetzt)

Im Mittelpunkt des Forschungsinteresses von Positionen, die sich auf die Soziologie der Regulation beziehen, stehen organisationale Phänomene wie Zusammenhalt, Einheit, Kohäsion und Ordnung (vgl. Krafft 1998, S. 12). Hingegen wenden sich die Theorien zur Soziologie des radikalen Wandels eher den Aspekten der Veränderung zu. Organisationen stellen sich von diesem Standpunkt aus als „Flüsse ewiger Transformation" (vgl. Morgan 1997, S. 341ff.) dar. Dabei spielen Gegensätze, Widersprüche und Konflikte für die Beschreibung und Erklärung der Veränderungsprozesse eine besondere Rolle (vgl. Krafft 1998, S. 13). Nachdem die vorliegende Arbeit diskontinuierliche Veränderungsprozesse von Unternehmen zum Gegenstand ihrer Untersuchung gewählt hat, sind die nachfolgenden

Überlegungen von ihrem Erkenntnisinteresse her zunächst der Soziologie des radikalen Wandels zuzuordnen. Da jedoch Ordnungsbrüche stets an vorhandenen Ordnungen ansetzen müssen und für Veränderungen bestehende Ordnungen gegebenenfalls erst zerstört werden müssen (vgl. Bach 1998, S. 235), findet sich darin aber auch die Soziologie der Regulation wieder. Die Leistung des im Rahmen dieser Arbeit noch genauer zu entwerfenden integrativen Modells eines diskontinuierlichen Unternehmenswandels liegt damit darin, einen Versuch der (nach Aussage von Gareth Morgan selbst)[24] noch kaum je angegangenen Transzendierung der Subjektivismus-Objektivismus-Dualität zu unternehmen und eine integrative Position zu entwickeln.

Dazu ist jedoch eine wesentliche Annahme der vorgestellten Paradigmenanalyse zu revidieren. Burrell und Morgan gingen bei ihrer Analyse von der Inkommensurabilität der in ihrem Vier-Felder-Schema enthaltenen Paradigmen aus. Dies bedeutet, dass die Grundannahmen und Traditionen verschiedener Theorien häufig miteinander unvereinbar sind (vgl. Weaver/Gioia 1994, S. 565). Doch eine solche strenge Trennung ist in der Realität nicht gegeben und eher den Konstruktionsbedingungen des Klassifikationsschemas mit seinen dichotomen Ordnungskategorien geschuldet. Es kann vielmehr angenommen werden, dass zahlreiche Überlappungsbereiche bestehen, die verschiedene Paradigmen miteinander verbinden (vgl. Gioia/Pitré 1990, S. 592; Schultz/Hatch 1996, S. 534).[25] Diese Überlappungsbereiche sollen im Rahmen dieser Arbeit genutzt werden, um zu einem integrativen Verständnis diskontinuierlicher Unternehmensveränderungen zu kommen. Ihre Position kann deswegen im Zentrum der obigen Wissenschaftspositionen gesehen werden. Dies begründet eine Anlehnung an die Idee einer „quasi-natural organization science" als Versuch der Versöhnung positivistischer und post-/anti-positivistischer Positionen der Organisationswissenschaft bzw. des Subjektivismus mit dem Objektivismus (vgl. in diesem Sinn McKelvey 1997, S. 374). Dabei bleibt allerdings festzuhalten, dass eine solche integrative Position im Denken und Reden, bei dem eine synthetische Dynamik von Ideen und ihren Ausdrücken entsteht, leichter fällt als beim Schreiben. Denn das Medium der Schrift verlangt eine genauere Festlegung, Definition und präzisere Artikulation, die den integrativen Gedanken des Autors nicht in vollem Umfang wieder geben kann (vgl. Mills 2001). Die möglichen Defizite des hier angestrebten integrativen Modells liegen damit zu einem nicht unwesentlichen Teil im Medium seiner Präsentation begründet.

---

[24] Vgl. Mills (2001)

[25] Ohnehin erfordert ein interdisziplinäres Vorgehen, wie es im Rahmen dieser Arbeit angestrebt wird, eine Relativierung der Inkommensurabilitätsthese, um Perspektiven der Übertragung, Vermittlung und Integration zu ermöglichen (vgl. Heinl 1996, S. 46). Deswegen soll hier auch eine Position der „gemäßigten Kommensurabilität" bezogen werden.

2.2 Begriffliche und konzeptionelle Grundlagen

Eine wesentliche Grundlage für ein zeitgemäßes Verständnis von diskontinuierlichem organisationalem Wandel ist zunächst ein avanciertes Organisationsverständnis.[26] Für die nachfolgende Betrachtung von diskontinuierlichem Unternehmenswandel soll das Unternehmen als Organisation im institutionellen Sinn aufgefasst werden (vgl. für dieses Vorgehensweise bei der Untersuchung von Wandel etwa Arnold 1997, Stricker 1997). Eine Organisation ist in diesem Zusammenhang eine bestimmte Art von Institution neben anderen Formen von Institutionen wie z.B. Ehe, Familie, Gesellschaft, Wirtschaft, Kirche oder Staat (vgl. Bea/Göbel 1999, S. 5). Sie wird dabei grundsätzlich als ein von der Umwelt abgrenzbarer, bewusst geschaffener Personenzusammenschluss zur Erreichung bestimmter Ziele verstanden, der auf dem Prinzip der Arbeitsteilung beruht und von gewisser Dauer ist (vgl. u.a. Mayntz 1969, S. 36ff.; North 1992, S. 5ff.; Schanz 1994, S. 6ff.). Der institutionelle Organisationsbegriff ermöglicht es, den Blick auch auf die ungeplanten und teils kontraproduktiven Ereignisse in Organisationen wie z.b. spontane Koordination, Dysfunktionalitäten, mikropolitisches Agieren zu richten (vgl. Schreyögg 1999, S. 10), die gerade auch für die Thematik von Veränderungen von entscheidender Bedeutung sind.[27]

In diesem Begriffverständnis ist ein Unternehmen als Organisation ein „kollektives Denk- und Handlungssystem" (Gomez/Zimmermann 1997, S. 17f.), das das Handeln der in ihm zusammengefassten Personen gleichermaßen ermöglicht wie begrenzt.[28] Dem Ordnungsmuster „Organisation" wird dabei eine eigene Gestalt (Struktur), eine eigene Identität (Kultur), und eine eigene Absicht (Ziel) unterstellt. Diese Auffassung von Organisation stellt zudem das Problem des Zusammenhalts von menschlichen Kollektiven und ihrer Ausrichtung auf gemeinsame Ziele in den Vordergrund. Gleichzeitig ermöglicht es die institutionelle Sichtweise aber auch, die Prozesse der Entstehung und des Abbaus von Ordnung in der Institution „Organisation" – die gerade für einen diskontinuierlichen Wandel grundlegend sind – zu erfassen. Sie passt somit insbesondere auch zu einem Vorhaben, den Ordnungscharakter des Unternehmens im Zusammenhang einer Analyse seiner diskontinuierlichen Veränderung zu beleuchten, um dabei auch den Blick auf

---

[26] Hierbei ist zu beachten, dass der Organisationsbegriff nicht allein auf Unternehmen beschränkt ist, sondern auch andere Formen von Organisationen mit einschließt (vgl. Perich 1992, S. 4). Die Wahl des jeweiligen Organisationsbegriffs ist dabei im Zusammenhang mit den grundsätzlichen analytischen Möglichkeiten zu sehen, da ein weiter gefasster und ganzheitlicher Organisationsbegriff ein größeres Interpretationsfeld eröffnet und eher zu einer kritischen Auseinandersetzung mit traditionellen Erkenntnisbeständen der Organisationslehre führt (vgl. Schwan 2003, S. 1).

[27] Gmür/Rakotobarison (1997, S. 18) führen als Stärke eines institutionellen Organisationsbegriffs zudem an, das er im Gegensatz zu den anderen Begriffen offener ist und sich instrumentelle oder funktionale Aspekte aus der institutionellen Perspektive ableiten lassen bzw. darin eingeschlossen sind.

[28] Vgl. dazu auch die institutionalistische Sichtweise in Kapitel 5.2.

dessen „Gesamtführung" zu lenken (vgl. auch Perich 1992, S. 4). Eine institutionelle Sichtweise eröffnet zudem die Möglichkeit, mehrere Analyseebenen in Betracht zu ziehen. Denn ein wesentliches Charakteristikum sozio-ökonomischer Systeme wie dem Unternehmen ist deren beobachtbare Vielschichtigkeit (vgl. Bach 1998, S. 13). Für jede Beobachtung des Unternehmensgebildes kommt einer Differenzierung der unterschiedlichen Ebenen eine entscheidende Bedeutung zu.

Da das Organisationsphänomen auch im Bereich der Unternehmenstätigkeit in den verschiedensten Erscheinungsformen auftritt, kann grundsätzlich alles organisationale Geschehen deswegen auf verschiedenen Ebenen betrachtet werden (vgl. Perich 1992, S. 133), die im Wesentlichen verschiedene Aggregationsgrade des Organisationsphänomens darstellen. Die nachfolgende Abbildung zeigt die möglichen Betrachtungsebenen der Organisation im Überblick:

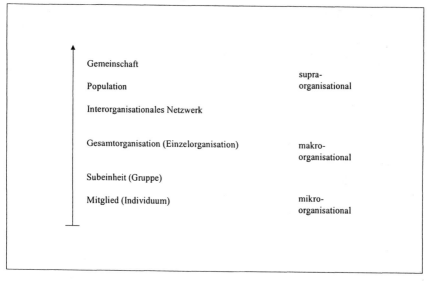

Abbildung 5: Betrachtungsebenen der Organisation

Je nach Wahl der Betrachtungsebene des Organisationsphänomens ergeben sich unterschiedliche Konsequenzen für die in der Analyse betrachteten Variablen (vgl. Pfeffer 1982, S. 14ff.). In der Regel konzentrieren sich Organisationsforscher deswegen auf eine Betrachtungsebene und untersuchen nur die dort auftretenden Phänomene näher (vgl. Van de Ven/Astley 1981, S. 458). Diese Vorgehensweise wird jedoch denjenigen Organisationsphänomenen nicht gerecht, die auf sich auf mehreren Ebenen vollziehen oder Einflüssen unterschiedlicher Ebenen ausgesetzt sind. Aus diesem Grund wird neuerdings eine Mehrebenensichtweise in der Organisationsforschung gefordert, die die Wechselwirkungen zwischen den Aggregationsniveaus besser abbilden kann (vgl. dazu z.B. House/Rousseau/Thomas-Hunt 1995, Klein/Tosi/Canella 1999). Denn die Aussagen einer Theorie, die sich auf eine bestimmte Ebene beziehen, lassen sich nicht ohne weiteres auf eine andere Ebene übertragen. Sie stellen sich im Gegenteil auf der anderen Ebene möglicherweise ganz anders bzw. im Extremfall sogar widersprüchlich dar (vgl. Van de Ven/Astley 1981, S. 459).

In Anlehnung an Steinle (1985) und Sachs/Rühli (2001) soll deswegen für die vorliegende Arbeit eine Mehr-Ebenen-Sichtweise[29] der Unternehmung gewählt werden und damit Wandel als Mehrebenen-Phänomen angesehen werden. Denn das entscheidende Merkmal von Organisationsphänomenen – wie dem organisationalen Wandel – ist, dass hierbei Prozesse auf unterschiedlichen Betrachtungsebenen miteinander verknüpft sind (vgl. House/Rousseau/Thomas-Hunt 1995, S. 73).[30] Durch eine solche ebenenspezifische Differenzierung von Veränderungsprozessen wird die so genannte Objektkomponente des Wandels, d.h. sein Gegenstandsbereich und seine Ansatzpunkte angesprochen (vgl. Perich 1992, S. 122ff.). Eine Mehrebenen-Sichtweise hat dabei verschiedene Vorteile (vgl. Klein/Tosi/Canella 1999, S. 243), die gerade auch für das Wandelgeschehen von Bedeutung sind: Sie fördert ein synthetisches Verständnis von Organisationsphänomenen und somit die auch die Integration partieller Erkenntnisbestände. Damit kann den merklichen Integrationsdefiziten vieler bisherigen Ausarbeitungen zum organisationalen Wandel in geeigneter Weise begegnet und die Forderung eines Entwurfs von Erklärungsansätzen, die die Relationen zwischen verschiedenen Analyseebenen des Wandels näher beleuchten (vgl. Blackler 1992, S. 277), eingelöst werden.

Gleichzeitig wird es damit möglich, das angestrebte Wechselspiel zwischen den Ansätzen des deutenden Verstehens und des ursächlichen Erklärens umzusetzen. Denn üblicherweise vernachlässigen reine Makroanalysen den Aspekt des deutenden Verstehens, während reine Mikroanalysen in ihrer Erklärungsstruktur Aggregationseffekte zu stark ausblenden oder wenigstens unterschätzen (vgl. Esser 1993, S. 597). Zudem wird es möglich, ein detaillierteres Bild des Organisationsgeschehens zu zeichnen, das die wechselseitigen Einflüsse von organisationalem Kontext und dem Handeln organisierter Individuen und ihrer Wahrnehmungen

---

[29] Grundlage hierfür ist die Methodik der so genannte Mehrebenen-Analyse (vgl. dazu ausführlich Steinle 1985, S. 461ff.). Charakteristikum einer solchen Analyseform ist, dass Objekte verschiedener Aggregationsebenen des Realphänomens gleichzeitig betrachtet werden (vgl. Steinle 1985, S. 461). Diese Methodik wurde in der betriebswirtschaftliche Organisationsforschung bislang vergleichsweise selten verwendet (vgl. für entsprechende Beispiele Kubicek 1975, S. 81ff.; Steinle 1985, S. 461f.). Sie erscheint allerdings besonders geeignet, die von Ulrich (1994, S. 17) geforderte ganzheitliche, auch auf das Erkennen von Zusammenhängen zwischen verschiedenen Einzelprozessen des Wandels gerichtete, integrierende Denkweise zu ermöglichen.

[30] Für ein solches Vorgehen plädiert auch Gagsch (2002, S. 62). Damit können seiner Auffassung nach der Vielschichtigkeit von Veränderungsprozessen besser Rechnung getragen werden und die ebenenübergreifenden Zusammenhänge adäquater erfasst und dargestellt werden.

wiederzugeben vermag. Denn Organisation als Modus der Verhaltenssteuerung beeinflusst individuelles Verhalten wie auch die Organisation im Sinne des Gebildes wiederum von individuellem Verhalten beeinflusst wird, gleichgültig ob dies wechselseitig, simultan oder sequenziell geschieht (vgl. Klein/House/Thomas-Hunt 1995, S. 83). Mit anderen Worten ist bei allen Organisationsphänomenen stets von einer Dualität von Struktur und Verhalten auszugehen (vgl. grundlegend Giddens 1988; sowie für die Wandelthematik Holtgrewe 2000), nach der sowohl fundamentaler Wandel wie fortlaufende Stabilität möglich ist (vgl. Walgenbach 2001, S. 372).

Eine solche Mehrebenensichtweise beruht dabei auf den folgenden Annnahmen (vgl. dazu im Einzelnen auch Archer 1995, S. 194; Bach 1998, S. 16f.; sowie Wiegand 1996, S. 52; Van de Ven/Poole 1988, S. 20):

• Zwischen den einzelnen Elementen der betrachteten Entität existieren gewisse logische Beziehungen.

• Eine strukturelle Makroebene übt kausale Einflüsse auf eine logisch nachrangige interaktionelle Mikroebene aus.

• Auf der Mikroebene bestehen kausale Beziehungen zwischen verschiedenen Akteuren bzw. Akteursgruppen.

• Eine Entwicklung der Entität erfolgt vorwiegend auf der Mikroebene, indem die Akteure bestehende logische Beziehungen absichtsvoll verändern oder neu schaffen.

Eine Mehrebenenanalyse hat damit nicht nur die besonderen Geschehnisse der einzelnen Ebene zu betrachten, sondern auch den möglichen Wechselwirkungen zwischen einzelnen Ebenen nachzuspüren.[31] Dabei kann ein gleichzeitig methodisches Wechselspiel zwischen den erkenntnistheoretischen Positionen und den Möglichkeiten der Beobachtung organisationaler Phänomene angegangen werden. Ausgehend von strukturellen Phänomenen auf einer Makroebene des Wandels, ist es möglich, eine verstehende Analyse der Akteurshandlungen vorzunehmen und erklärend an die Makroebene zurückzubinden (vgl. auch Esser 1993, S. 598). Mit Hilfe eines solchen Vorgehens können die Zusammenhänge des Wandels klarer herausgestellt und hemmende und fördernde Faktoren sowie gleich- und gegenläufige Prozesse der Veränderung besser dargestellt werden.

---

[31] Die einzelnen Ebenen sind miteinander verkoppelt und so haben Veränderungsprozesse auf der einen Ebene auch Auswirkungen auf andere Ebenen (vgl. Perich 1992, S. 129). Die kausalen Beziehungen sollen jedoch nicht im Sinne einer starken Kausalität (ähnliche Ursachen führen zu ähnlichen Wirkungen), sondern eher im Sinne einer schwachen Kausalität (nur gleiche Ursachen führen zu gleichen Wirkungen) aufgefasst werden (vgl. dazu ausführlicher Schlichting 1993, S. 10f.). Denn eine Annahme starker Kausalität würde Überraschungen im Wesentlichen ausschließen (vgl. Schlichting 1993, S. 10), wie sie für organisationalen Wandel aber charakteristisch sind. In der Diskontinuität bedingen zudem geringe Unterschiede vermutlich große Verschiedenheiten (vgl. auch Kapitel 3.2).

Insbesondere für die evolutionstheoretischen Erklärungsansätze, die in dieser Arbeit eine prominente Berücksichtigung finden, ist eine Mehrebenenanalyse eine gängige Methodik, denn Evolutionsprozesse laufen nachweislich auf verschiedenen Aggregationsebenen ab (vgl. McKelvey 1997, S. 359; Aldrich 1999, S. 40; ausführlich Baum/Singh 1994). Jedoch setzten diese Bemühungen regelmäßig ausschließlich auf eine erklärende Vorgehensweise (mit einem rein quantitativen Zugang zum Wandel; vgl. Deeg/Weibler 2000, S. 157) und vernachlässigen den verstehenden Zugang zu Organisationsphänomenen damit fast gänzlich. Ferner wird das Phänomen des Wandels recht vage konzeptionalisiert und auf recht problematische Weise mit reiner rigide Untersuchungsmethodik bei der empirischen Fundierung kombiniert (vgl. Deeg/Weibler 2000, S. 162), so dass eine solche Perspektive einer Erweiterung und Ergänzung durch alternative Erklärungsansätze bedarf.

2.3 Leitlinien und Prinzipien der Integration

Eine fundierte Integration partieller Erkenntnisbestände zum diskontinuierlichen Unternehmenswandel macht zunächst eine hinreichende Differenzierung gemäß den Gegebenheiten des Erkenntnisobjekts notwendig. Für den in dieser Arbeit vorgesehen Entwurf eines Mehrebenenmodells diskontinuierlichen Unternehmenswandels sollen deswegen zwei Ebenen betrachtet werden, die sich im Spektrum einer makroorganisationalen bis mikroorganisationalen Betrachtung bewegen. Die einzelnen Ebenen werden dabei mit der sog. Kräftekomponente des Wandels, d.h. den Quellen und Antriebskräften von Wandel bzw. seinen kausalen Erklärungsmechanismen (vgl. Perich 1992, S. 157ff.) verbunden.[32] In einer managementorientierten Sichtweise geht es bei der Frage nach solchen Antriebskräften vor allem um dem „Manövrierspielraum" im Rahmen von organisationalem Wandel (vgl. Perich 1992, S. 184) als Kriterium der Differenzierung verschiedener Erklärungsangebote. Diese Differenzierung bewegt sich zwischen den Extrempunkten von beeinflussbaren und unbeeinflussbaren Quellen des Wandels. Dahinter stehen letztlich die philosophischen Grundpositionen des Determinismus und des Voluntarismus, nach denen Menschen und die von ihnen geschaffenen Organisationen entweder von vollständig exogenen, unpersönlichen Kräften beeinflusst werden oder aber autonom und damit nur dem freien Willen der Individuen unterworfen sind (vgl. Van de Veen/Astley 1981, S. 6; Burrell/Morgan 1979, S. 6; Astley/Van de Ven 1983, S. 246).[33] Es ist unmittelbar ersichtlich, dass diese Positionen zu ganz unterschiedlichen Konsequenzen im Bezug auf die Frage der Veränderbarkeit von Organisationen führen.

---

[32] Vgl. für ein solches Vorgehen der Verbindung unterschiedlicher Betrachtungsebenen mit unterschiedlichen Erklärungsansätzen auch Steinle (1985, S. 36).

[33] Vgl. für eine solche Verwendung der Determinismus-Voluntarismus-Dimension zur Systematisierung von Erklärungsansätzen des Wandels auch Wiegand (1996, S. 52), der allerdings die Position eines gemäßigten Voluntarismus nicht berücksichtigt.

Ein organisationaler Wandel vollzieht sich dabei nach der deterministischen Position quasi automatisch, in dem die Entwicklung des Unternehmens vollkommen durch die (Eigen-)Gesetzlichkeiten des Marktes und der Organisation unsichtbar und unbeeinflussbar gesteuert wird (vgl. Müller-Stewens/Lechner 2001, S. 381). Sie konzentriert sich damit auf die strukturellen Eigenschaften des Kontexts von Handlungen und die heraus entstehenden Handlungsbeschränkungen (vgl. Astley/Van de Ven 1983, S. 247) bzw. strukturellen Zwänge (vgl. auch Walgenbach 2000, S. 93). Die voluntaristische Position sieht hingegen organisationalen Wandel als Resultat von willentlichen und absichtsvollen Führungsanstrengungen, bei denen Veränderungen durch Persönlichkeitsmerkmale und Machtpositionen der Führenden erreicht werden und funktional begründet werden können (vgl. Müller-Stewens/Lechner 2001, S. 382). Damit werden gleichzeitig Individuen zur grundlegenden Analyseeinheit und Quelle des Wandels (vgl. Astley/Van de Ven 1983, S. 247), die maßgeblich den Verlauf und die Richtung von Entwicklungen bestimmen (vgl. auch Walgenbach 2000, S. 93).

Eine wichtige, aber selten rezipierte Zwischenform dieser konträren Ansichten über die Beeinflussbarkeit und Steuerbarkeit von organisationalem Wandel stellt die Position des Interaktionismus dar, bei der ein Zusammenspiel von deterministischen und voluntaristischen Kräften in Prozessen des organisationalen Wandels angenommen wird (vgl. Perich 1992, S. 193). Eine solche Auffassung wird häufig auch mit dem Begriff des „gemäßigten Voluntarismus" bezeichnet (vgl. dazu grundlegend Kirsch 1984, S. 605ff.; Kirsch 1992, S. 536ff.; Kirsch 1994, S. 228f.), nach der Einflussmöglichkeiten von Individuen grundsätzlich vorhanden sind, sich jedoch mit kontextuellen und situativen Faktoren auf untrennbare Weise vermischen (vgl. Perich 1992, S. 193; Müller-Stewens-Lechner 2001, S. 382).[34] Als Ergebnis dieses Zusammenspiels können schließlich auch nicht willentlich beabsichtigte Folgewirkungen auftreten (vgl. Müller-Stewens/Lechner 2001, S. 382), die vermutlich gerade für Diskontinuitäten von besonderer Relevanz sind. Mit anderen Worten sind Wandelprozesse nach dieser Position also durch eine Vielzahl von unvorhersehbaren Einflussfaktoren gekennzeichnet und können somit nicht vollständig kontrolliert werden (vgl. Servatius 1991, S. 39).

Handelnde sind dabei nicht auch völlig frei, sondern unterliegen gleichermaßen einer Selbstbegrenzung (beschränkte Rationalität, Verhaltensroutinen, subjektive Wirklichkeitskonstruktionen) wie auch einer Fremdbegrenzung (organisationale Eigendynamik, Erwartungen von Anspruchsgruppen, Umweltfaktoren), die den

---

[34] Ähnlich dieser Position äußert sich auch Lyotard (1987): „Das Subjekt ist also nicht aktiv oder passiv, es ist beides zugleich, aber es ist das eine oder andere nur insofern, als es – in einem Regelsystem von Sätzen befangen – sich selbst mit einem Satz eines anderen Regelsystems konfrontiert und, wenn nicht nach den Regeln der Versöhnung, so doch wenigstens nach den Regelns ihres Konflikts sucht, das heißt nach seiner immer bedrohten Einheit (Lyotard 1987, S. 116)." Damit sieht er Individuen nicht in einer völligen (postmodernen) Ohnmacht befangen, sondern (begrenzt) handlungsfähig (vgl. auch Boysen 2002, S. 246).

Steuerungsspielraum auf vielfältige Weise einschränkt (vgl. Perich 1992, S. 193; Müller-Stewens/Lechner 2001, S. 382). Der gemäßigte Voluntarismus geht damit davon aus, dass soziale System durch Willensakte von Individuen prinzipiell verändert werden können (vgl. auch Servatius 1991, S. 83), hält aber die Frage in welchem Ausmaß eine Veränderung gelingt und welche der Art der Mittel faktisch Veränderungen bewirken, offen (vgl. Kirsch et al. 1998, S. 19). Er bezieht damit insbesondere gegenüber Vorstellungen eines bewusst geplanten Wandels eine Position des Skeptizismus (vgl. Servatius 1991, S. 83). Einer solchen Position kommt gerade in einem integrativen Modell diskontinuierlichen Unternehmenswandels eine tragende Rolle zu, da sie zwischen konträren Positionen vermittelt und so mögliche Überlappungsbereiche zwischen den theoretischen Ansätzen vergrößert.

Aus diesem Grund soll in der vorliegenden Arbeit der Standpunkt eines gemäßigten Voluntarismus bezogen werden und zur Ausgangsbasis für die Integration gemacht werden. Der behandelten Thematik wird dabei allerdings keine übergreifende Theorie zugrunde gelegt (vgl. für ein solchen Verzicht im Zusammenhang mit der Wandelthematik auch Kleingarn 1997), da ein monotheoretischer Zugang einen Versuch der Erklärung und des Verständnisses für die eingangs entfaltete Fragestellung zu kurz gegriffen erscheint. Denn die Problemstellung zeigte bereits, dass der diskontinuierliche Unternehmenswandel offenbar ein vielschichtiges und mehrdimensionales Problem darstellt, das vermutlich nur durch das Zusammenwirken unterschiedlicher theoretischer Ansätze besser erhellt werden kann. Im Verlauf der Arbeit wird noch deutlicher werden, dass für das angestrebte explikative Erkenntnisziel deswegen mehrere Wissenschaftsdisziplinen mit jeweils unterschiedlichen Erklärungsbeiträgen und verschiedenen paradigmatische Positionen einzubeziehen sind. Denn jede einzelne theoretische Perspektive kann ganz unvermeidlich nur einen Ausschnitt des komplexen Wandelphänomens behandeln (vgl. auch Van de Ven/Poole 1995, S. 511). Für eine solche bewusste Perspektivenerweiterung durch einen Theorienpluralismus sprechen verschiedene forschungslogische wie auch forschungspraktische Gründe (vgl. im Einzelnen etwa v.d.Oelsnitz 1999, S. 31ff.). Eine Theorienkonkurrenz vergrößert demnach eher den Erkenntnisfortschritt und verbessert damit den Prozess der Annäherung an die Wahrheit über das betrachtete Phänomen. Denn die Orientierung an einer singulären theoretischen Position kann bedeuten, dass manche Gedanken oder Ideen gar nicht erst in eine Diskussion einfließen (vgl. Daft/Buenger 1990, S. 100).

Die Verwendung unterschiedlicher paradigmatischer Positionen ermöglicht es zudem, die blinden Flecken einer Position aufzuhellen, indem alternative Positionen ergänzend hinzugezogen werden. Sie erzeugen dabei neuartige Einsichten in ganz andere Facetten des Erkenntnisobjekts, da sie von unterschiedlichen ontologischen und epistemologischen Annahmen ausgehen (vgl. Gioa/Pitré 1990, S. 591). Die Arbeit versteht sich damit insgesamt als Beitrag zu einer erweiterten betriebswirtschaftlichen Organisationsforschung. Primäres Erkenntnisobjekt bleibt dabei die Unternehmung als Prototyp des Organisationsgebildes, an dem sich verschiedene Entwicklungen frühzeitig und auf besonders prägnante Weise manifestieren. Es werden jedoch die breiter gefassten Erkenntnisse der allgemeinen Organisationswissenschaft in die Analyse miteinbezogen, um auch die aus der Erforschung anderer Organisationstypen erreichten Erkenntnisse miteinzubeziehen und für eine Analyse diskontinuierlicher Veränderungen im Unternehmenskontext fruchtbar zu machen.

Bei der angestrebten multitheoretischen Betrachtung des Diskontinuitätsphänomens geht es allerdings trotz der erklärten Integrationsabsicht nicht darum, alle methodischen und paradigmatischen Positionen sowie die verschiedenen theoretischen Erklärungsbeiträge in einem vollkommen ausgewogenen Verhältnis vorkommen zu lassen. Denn ein solches Unterfangen einer Integration zu gleichen Teilen würde die explikative Analyse einem kaum einlösbaren Symmetrie- und Konsensimperativ unterordnen, der an der eigentlichen Absicht einer integrierenden Sichtweise (vgl. dazu Ulrich 1994, S. 17f.) vorbeigeht. Vielmehr erscheint es wichtiger, dass die unterschiedlichen Positionen zunächst einmal als grundsätzlich gleichberechtigt und gleichwertig anerkannt werden, aber je nach Erklärungskraft und -reichweite in unterschiedlichem Ausmaß berücksichtigt werden sollen. Ein solcher heterogener, kontextspezifischer Einsatz von Erklärungswissen erscheint dabei durchaus konvergent mit der zuvor vertretenen Position des methodologischen Instrumentalismus (vgl. Heinl 1996, S. 39ff.).[35] Darüber hinaus kann die vielfältige Vernetzung der Ebenen und ihr genaues Zusammenspiel als weiteres wichtiges Element einer integrativen Sichtweise nicht in allen Aspekten ausführlich erörtert werden, da ein solches Vorhaben den Rahmen der Arbeit bei weitem sprengen würde.

Die zuvor dargelegte Strukturierung verschiedener Erkenntnisangebote nach der Kräftekomponente (Determinismus/Voluntarismus) sagt jedoch noch wenig darüber aus, welchen Kriterien die folgende Analyse im Einzelnen gerecht werden sollte, um das angestrebte explikative Erkenntnisziel in Bezug auf diskontinuierliche Veränderungsprozesse erreichen zu können. Deswegen sollen anschließend an das Verständnis von Unternehmen als institutionellen sozialen Gebilden und an die im Rahmen der Arbeit spezifische Begriffsfassung und Konzeptionalisierung der (Unternehmens-)Diskontinuität auch Modelle des sozialen Wandels[36]

---

[35] Siehe dazu auch Kapitel 2.1

[36] Unter sozialem Wandel können dabei die sukzessiven, nichtteleologischen Veränderungen einer sozialen Beziehung, Normen, Rollen, Positionen oder Strukturen im Zeitablauf verstanden werden (vgl. Nisbet 1972, S. 2; sowie Rammstedt 1995). Insofern das Unternehmen als Organisation ein soziales Gebilde darstellt (vgl. etwa Steinle 1985, S. 29), können Überlegungen zum sozialen Wandel auch für den Unternehmenskontext relevant sein. Dies trägt auch koevolutorischen Vorstellungen von der Entwicklung des Unternehmens im Wechselspiel mit seiner Umwelt in besonderer Weise Rechnung.

42

(vgl. dazu etwa Nisbet 1972, Schmid 1982, Müller/Schmid 1995a, Imhof/Romano 1996) für die folgende Untersuchung herangezogen werden, da sie eine fruchtbare Heuristik für die Konzeptionalisierung diskontinuierlicher Veränderungen in Unternehmen bieten. So wurden dort Aspekte der Modellbildung intensiv diskutiert und es existieren auf dieser Basis strategische Überlegungen zur Konstruktion von Wandelmodellen, die für den Entwurf eines integrierten Modells diskontinuierlichen Unternehmenswandels genutzt werden können.

Damit sind insbesondere die Eigenschaften bestimmbar, die von Wandelmodellen erfüllt werden müssen, um die Logik und Dynamik von diskontinuierlichen Veränderungsprozessen erfassen zu können. Van de Ven/Poole (1988, S. 19f.) und Hernes (1995, S. 86) benennen für ein solches Wandelmodell folgende zentrale Erfordernisse, die miteinander verknüpft sind und für eine Theorie organisationaler Veränderungen deswegen zusammen berücksichtigt werden müssen:

- Es soll sowohl die Konstanz als auch den Wandel analysieren und erklären können.

- Es soll sowohl endogene wie exogene Quellen des Wandels berücksichtigen.

- Es soll dem Umstand, dass Wandel durch individuelle Akteure und ihrem Handeln vermittelt ist, ebenso Rechnung tragen wie dem Einfluss kollektiver Strukturen.

Neben den Modellen des sozialen Wandels besitzen auch die bislang wenig beachteten Überlegungen zu einer handlungsorientierten Führungstheorie im Rahmen der Unternehmensführung (vgl. dazu u.a. Weber et al. 1995, Grothe 1997, Bach 1998 und weiterführend zum Veränderungsmanagement Brettel et al. 2002), die sich mit der systemischen Ordnungsbildung und Ordnungsveränderung in Unternehmen befasst, eine besondere Relevanz. Bach (1998, S. 2) differenziert in diesem Zusammenhang vier weitere Faktoren, die Wandelmodell berücksichtigen sollte, wenn es der Realität von diskontinuierlichen Veränderungen bzw. dem Auftreten von Ordnungsbrüchen gerecht werden will:

- Autonomie- und Abhängigkeitsbeziehungen zwischen den Akteuren bzw. Akteursgruppen im Unternehmen

- nicht-symmetrische Entwicklungsverläufe der Teilbereiche des Unternehmens

- kritische Phasen des radikalen Umbruchs

- die Historizität von Veränderungen bzw. die Idee der pfadabhängigen Entwicklung[37]

---

[37] Die Idee der pfadabhängigen Entwicklung kann in der Ökonomie auf David (1985) zurückgeführt werden (vgl. Garud/Karnøe 2001b, S. 3).

Vor diesem Hintergrund dieser – als Konstruktionsprinzipien zu verstehender Aussagen – kann dann die Konzeptionalisierung eines integrativen Modells diskontinuierlicher Veränderungen von Unternehmen angegangen werden. Dabei sind jedoch verschiedene grundsätzliche Erwägungen zum Ausgangspunkt des Konzepts zu berücksichtigen: Diskontinuierlicher Unternehmenswandel soll dabei im Gegensatz zu anderen Wandelvorstellungen weder als reines Führungsproblem (vgl. z.b. Eberl/Koch/Dabitz 1999, Lang 1999, Hauser 2000) noch als rein kognitives Problem (vgl. z.b. Barr/Stimpert/Huff 1992, Bach 1998), sondern vielmehr zunächst als genuines Organisationsproblem aufgefasst werden. Diese Perspektive soll auch deswegen gewählt werden, weil die Organisation nach wie vor einen zentralen Erfolgsfaktor von Unternehmen darstellt (vgl. z.b. Krüger 1994a, S. 27ff.) und als Wettbewerbsfaktor in jüngster Zeit wieder entdeckt wurde (vgl. Schirmer 2000, S. 1). Dazu kommt, dass ein großer Teil der Literatur zum organisationalen Wandel eher strategische oder (unternehmens-)politische Veränderungen behandelt (vgl. etwa Müller-Stewens/Lechner 2001), während genuin strukturelle Veränderungen hingegen vielfach außer Acht gelassen werden (vgl. Miller/Friesen 1984, S. 222).

Ferner bestimmt die Organisation das Führungsgeschehen in ihr zu einem ganz erheblichen Teil, so dass Versuche der Bestimmung diskontinuierlicher Veränderungen allein durch die Führungswirkungen von Einzelpersonen an der organisationalen Vorbestimmtheit und der Organisationsbedürftigkeit des Führungsgeschehens (vgl. dazu Weibler 2001, S. 103ff.) vorbeigehen. Des Weiteren soll dem kontingenztheoretisch motivierten Erklärungsmuster eines rein umweltinduzierten Wandel nicht gefolgt werden. Aus diesem Grund soll im Rahmen dieser Arbeit auch nicht davon ausgegangen werden, dass allein der Markt bzw. die marktliche Steuerung von Unternehmen fundamentalen Wandel durch Selektionsleistungen quasi unsichtbar schafft (vgl. dazu Foster/Kaplan 2001). Dies beinhaltet auch eine deutliche Abkehr von rein makrotheoretischen Betrachtungen fundamentalen Wandels durch Selektionsprozessen in Unternehmenspopulationen wie sie vor allem im Rahmen der Populationsökologie präferiert werden (vgl. dazu etwa Aldrich 1979, 1999; Carroll 1984, 1988; Hannan/Freeman 1977, 1989; zsf. Weibler/Deeg 1999).

2.4 Dimensionen und Ebenen einer integrativen Sichtweise von Unternehmensdiskontinuitäten

Die Konzeption des integrativen Modells soll – wie bereits zuvor angedeutet – anhand von zwei verschiedenen Dimensionen des Wandels erfolgen, die unterschiedliche Perspektiven zu den Ansatzpunkten und Ursachen des Wandels (d.h. der Objekt- und Kräftekomponente des Wandels) in die angestrebte Analyse dis-

kontinuierlicher Veränderungsprozesse einbringen.[38] Ihre jeweiligen Erklärungsbeiträge werden dabei gleichzeitig systematisch mit den unterschiedlichen
Betrachtungsebenen des organisationalen Wandels verknüpft. Dadurch wird eine
bislang noch kaum angegangene Integration von Makro- und Mikroperspektiven
des Wandels vorgenommen.[39] Die beiden Elemente dieser Integration stellen sich
im Einzelnen wie folgt dar:

(1)   Makroebene des Wandels: Organisation und Struktur

Als erstes soll für ein integriertes Modell diskontinuierlichen Unternehmenswandels eine Makrosichtweise eingenommen werden. Auf dieser Betrachtungsebene
stellt sich der Wandel als überwiegend exogen verursachtes Phänomen dar. Dabei
soll angenommen werden, dass sich auf dieser Betrachtungsebene Wandel in
Strukturveränderungen manifestiert. Dieser strukturelle Wandel ergibt sich vornehmlich aus dem Beziehungsverhältnis zwischen Organisation und (wahrgenommener) Umwelt und Divergenzen in ihrer internen Konsistenz und externen
Anpassung. Zur Erklärung der hier zu untersuchenden diskontinuierlichen Wandelprozesse struktureller Art eignen sich organisationstheoretische Ansätze des
Wandels, da sie die Veränderung von Organisationsstrukturen thematisieren. Wie
zuvor in der Zielsetzung bereits ausgeführt soll dabei auf eine evolutionstheoretische Perspektive Bezug genommen werden, da sie viel versprechende Anknüp-
fungspunkte für die Erklärung diskontinuierlicher Entwicklungsverläufe bietet.
Dafür werden neuere Einschätzungen zum Forschungsstand und der Erklärungskraft evolutionstheoretischer Ansätze in der Organisationstheorie und ihrer empirischen Forschungen einbezogen (vgl. Aldrich 1999, Staber 2002; Beck 2001, S.
91ff.).

Im weiteren Verlauf wird dann auf das bereits an anderer Stelle ausgeführte Konzept der konstruktiven Destruktion von Organisationen zurückgegriffen (vgl.
Deeg/Weibler 2000). Dieses Konzept basiert auf der Idee und dem Begriff einer
„schöpferischen Zerstörung" (Schumpeter 1980, S. 138), die der modernen, kapitalistischen Wirtschafts- und Sozialordnung und damit auch den Unternehmen als
zentralen Agenturen dieser Ordnung inhärent ist (vgl. dazu auch Gross 1994, S.

---

[38]   Damit folgt dieses Vorhaben auch der (radikal-)konstruktivistischen Position, dass die Mög-
lichkeit der Identifikation von Ursachen (hier der Explikation von Diskontinuitäten) dem
Vorgang des Zusammensetzens von *unverbundenen* Elementen entspringt, also „aus der
Ordnung und Komposition von Elementen die bestimmte (kausal determinierte) Form des
Gegenstands entsteht (v. Glasersfeld 1995, S. 29)."

[39]   Eine solche (oft geforderte) Integration von Makrotheorien des Wandels (auf die Organisation bezogen) und Mikrotheorien des Wandels (auf Individuen bezogen) ist sowohl schwierig
wie auch bislang noch weitgehend unterwickelt (vgl. Scholl 1998, S. 2). Sie könnte durch eine zusätzliche Einbeziehung einer Mesoebene, die als intervenierende Ebene vermittelnd
wirkt und so den großen Sprung im Abstraktionsniveau und im Aggregationsgrad reduziert,
leichter gelingen. Trotzdem ist auch durch eine stark erhöhte Ebenendifferenzierung
möglich, Unterschiede und Gemeinsamkeiten konträrer Erklärungspositionen besser zu unterscheiden und trotzdem gleichzeitig die möglichen Verbindungen aufzuzeigen (vgl. auch
Van den Ven/Poole 1988, S. 31).

35ff.). Es stellt eine Weiterentwicklung und Rekonzeptionalisierung von populationsökologischen Ansätzen dar, die auf Basis der Identifikation konzeptioneller Schwächen der Ansätze, der Ableitung von Erfordernissen eines idealtypischen Wandelkonzepts und der Berücksichtigung von Erkenntnisfortschritten in der allgemeinen Evolutionstheorie im Rahmen eines Theorietransfers erfolgte. Da es auf kritische Phasen des Wandels abstellt, kommt ihm eine hohe methodische und erkenntnisleitende Bedeutung für die weitere Analyse zu. Denn eine solche Betrachtung kurzfristiger Wandelsequenzen lenkt die Aufmerksamkeit auf wichtige Weichenstellungen und Scheidepunkte der Entwicklung von Unternehmen, die langfristige Folgen beinhalten (vgl. grundlegend Giddens 1995, S. 187).

Das vorliegende Konzept der konstruktiven Destruktion von Organisation (vgl. Deeg/Weibler 2000, S. 163ff.) soll im Zusammenhang dieser Arbeit jedoch noch verschiedene Erweiterungen um die Barrieren des Wandels und das Lock In-Phänomen aus dem Change Management (vgl. Al-Ani 1996) erfahren. Hinzu kommen in geringem Umfang verschiedene zusätzliche Überlegungen zu Constraints aus der evolutionären Ökonomie und allgemeinen Wirtschaftstheorie (vgl. Vanberg 1996), Evolutionspsychologie (vgl. Nicholson 2001) sowie dem Controlling (vgl. dazu etwa Stein 1997, Fritsch 1998, Stoi/Kühnle 2002). Zudem werden einige Ergebnisse empirischer Arbeiten zur Rolle von Constraints in der organisationalen Evolution (vgl. Martin/Swaminathan/Mitchell 1998) berücksichtigt. Damit soll es möglich werden, die Rolle solcher konstruktionsbedingten organisationalen Limitationen im besonderen Kontext des diskontinuierlichen Wandels noch besser als bislang zu erfassen und zu modellieren.

Ferner werden neuere systemtheoretisch fundierte Überlegungen zum Veränderungsdruck und der Umweltkopplung von Organisationen (vgl. Meyer/Heimerl-Wagner 2000) in das bisherige Konzept mit einbezogen, um das Wechselspiel zwischen äußeren und inneren Selektionsprozessen differenzierter auszugestalten. Darüber hinaus wird die Modellierung des Wandelverlaufs als Prozess der durchbrochenen Gleichgewichte durch dilemmatheoretisch und (neo-)institutionalistisch geprägte Überlegungen zum komplexen Wechselspiel von externen und intraorganisationalen Beharrungs- und Veränderungskräften und den immanenten Prozessen der Erosion und des Aufbaus der Tiefenstrukturen von Ordnung ergänzt (vgl. Greenwood/Hinings 1996, Gebert 2000). Dadurch kann ein differenzierterer Blick auf die Struktur und Dynamik divergenter Veränderungskräfte in der Diskontinuität und den Möglichkeiten ihrer Balancierung (vgl. insbes. Gebert 2000, S. 12ff.) erreicht werden.

Das Konzept der konstruktiven Destruktion von Organisationen und ihren Strukturen berücksichtigt gleichzeitig die Tatsache, dass heutige Entwicklungen von der dauerhaften und untrennbaren Verschränkung von Konstruktion und Destruktion geprägt sind (vgl. auch Gross 1994, S. 75), von der die Unternehmenslandschaft keineswegs ausgenommen ist. Ferner gehört es zum Charakter von Diskontinuitäten, dass durch einen Prozess der Kombination bisher nicht miteinander verbundener Variablen Kreation und Destruktion Hand in Hand gehen (vgl. Perich 1992, S. 95). Damit bietet dieses Konzept günstige Ausgangsbedingungen für eine Verwendung im Rahmen der Analyse diskontinuierlicher Unternehmensveränderungen. Im Konzept der konstruktiven Destruktion von Organisationen wird dabei organisationaler Wandel allerdings als evolutionärer Prozess verstanden (vgl. Deeg/Weibler 2000, S. 146f.) und dazu an die Grundgedanken evolutionärer Ansätze angeknüpft. Dieser Rückgriff auf evolutionstheoretische Ansätze ermöglicht es, den zuvor vorgestellten Erfordernissen an Wandelmodelle in mehrfacher Hinsicht gerecht zu werden (vgl. dazu auch Deeg/Weibler 2000, S. 147): Da evolutionstheoretische Erklärungsmodelle auf eine Erklärung des Neuen aus dem Bestehenden abzielen, schließen sie sowohl Konstanz als auch Wandel in ihre Überlegungen mit ein. Ferner wird ihre Betrachtung von Wandel im Zeitablauf der historischen Dimension von Veränderungsprozessen besser gerecht. Sie berücksichtigen dabei im Unterschied zu anderen Erklärungsansätzen auch die Auswirkungen von bereits in der Vergangenheit vollzogenen Veränderungsschritten auf weitere Veränderungen (sog. Pfadabhängigkeit der Evolution). Schließlich sind durch ihre Kombination von systembedingten Zwängen und zufallsgesteuerten Ereignissen auch nicht-symmetrische Entwicklungen und das Auftreten von Ordnungsbrüchen ohne weiteres denkbar.

Das Konzept der konstruktiven Destruktion versteht ferner Wandel als Normalfall in der Entwicklung von Unternehmen, der jedoch im Zeitverlauf unterschiedliche Ausmaße annimmt. Es greift dabei aber die Momente des Strukturbruchs als kritische Abschnitte des Wandels auf. Diese Fokussierung auf solche besonderen Veränderungsphasen ergibt sich auch aus dem Kriterium der notwendigen Historizität von Wandelkonzeptionen. So treten bei einer historischen Betrachtung von Entwicklungsverläufen in Unternehmen insbesondere die Phasen des Umbruchs hervor (vgl. Bach 1998, S. 1). Die dabei entstehenden Strukturbrüche zählen zu den Hauptursachen bei den Schwierigkeiten der Modernisierung der Unternehmensorganisation (vgl. Balck 2003, S. 1203). Mit der im Konzept der konstruktiven Destruktion verankerten Vorstellung eines punktualistischen Wandelverlaufs sollen dabei die Phasen solcher kritischer Umbrüche genauer ins Auge gefasst werden und hinsichtlich ihrer Ursachen und Folgen näher beleuchtet werden. Damit trägt dieses Konzept auch der Tatsache Rechnung, dass moderne Formen der Unternehmensorganisation bereits durch ihre Konstruktionsprinzipien schon von vorneherein an Spaltungen und Brüchen leiden (vgl. Balck 2003, S. 1203) und damit Ansatzpunkte für tief greifende Veränderungen bieten. Den möglichen Bruchlinien von Ordnungen bzw. Strukturen wurde allerdings bislang weniger Aufmerksamkeit geschenkt. Diesen Aspekt der Diskontinuierung von Unternehmen greift das Konzept der konstruktiven Destruktion insofern auf, als dass mit dem Konzeptelement der Passung, mögliche Bruchlinien der organisationalen Diskontinuität offen gelegt werden.

Die mit einem Verständnis von organisationalem Wandel als Prozess der konstruktiven Destruktion verbundene evolutionäre Perspektive behandelt allerdings die Frage der Steuerungsmöglichkeiten von Wandel mit einer gewissen Skepsis: Zum einen betont die Evolutionstheorie generell die Zufallsabhängigkeit von Entwicklungen (vgl. etwa Sachs 1997, S. 92; Staber 2002, S. 123). Dafür werden vor allem die Grenzen rationalen Entscheidens in einer hochgradig mehrdeutigen und unvorhersehbaren Umwelt und die daraus resultierenden handlungsbezogenen Folgen (z.B. Irrtümer, Umwege, Sackgassen) sowie multiple Ergebnismöglichkeiten von Entscheidungen verantwortlich gemacht (vgl. Staber 2002, S. 122; Aldrich 1999, S. 34). Zum anderen sind evolutionstheoretische Positionen der Auffassung, dass der evolutionäre Prozess bei aller Indeterminiertheit der Ergebnisse dennoch von gewissen Zwängen in seinen Ablauf gekennzeichnet ist (vgl. Staber 2002, S. 120).[40] Damit folgt diese Perspektive der Ansicht, dass Wandel nur selten die ursprünglichen Absichten seiner Initiatoren befriedigen kann (vgl. March/Olsen 1989, S. 65), da sowohl durch zufallsgesteuerte Einflüsse ungeplante Abweichungen von vorherigen Ziele auftreten können als auch durch Restriktionen eine exakte Zielerreichung verhindert wird.

Insgesamt beurteilt eine evolutionstheoretische Perspektive deswegen den organisationalen Wandel oder genauer gesagt die Wandlungsfähigkeit von Organisationen generell recht pessimistisch (vgl. auch Stoeberl/Parker/Joo 1998, S. 537). Das Konzept der konstruktiven Destruktion sieht jedoch trotzdem gewisse, begrenzte Veränderungsmöglichkeiten in Organisationen angelegt (vgl. Deeg/Weibler 2000, S. 154). Dazu ist, wie Holtbrügge (2000, S. 107) anmerkt, in der Tat „die Idee einer zufallsgesteuerten, alleine auf externer Selektion beruhenden Dynamik organisationalen Wandels" wenigstens teilweise aufzugeben. Das populationsökologische Konzept der strukturellen Trägheit, nach dem organisationaler Wandel im Wesentlichen entweder ausgeschlossen ist oder stets unzeitig erfolgt (vgl. Hannan/Freeman 1989, S. 66ff.), wird dazu aufgegeben. An seine Stelle treten die zuvor erwähnten Barrieren und Restriktionen des Wandels, das Element einer inneren Selektion als Gegenstück zur äußeren Selektion und vor allem die Idee einer bewussten „schöpferischen Zerstörung" (vgl. Schumpeter 1980, S. 138) von Organisationen.

Damit wird gleichzeitig eine Abkehr vom weitgehenden Determinismus evolutionstheoretischer Positionen vollzogen und der Anschluss an die Position des gemäßigten Voluntarismus ermöglicht. Denn eine solche schöpferische Zerstörung ist als deskriptives wie normatives Moment eines diskontinuierlichen Unternehmenswandels zu verstehen, durch das Wandelrestriktionen punktuell durch indi-

---

[40] Diese ablaufbezogenen Zwänge können wie zuvor angedeutet als Barrieren oder Restriktionen (sog. constraints; vgl. Deeg/Weibler 2000, S. 169ff.; Vanberg 1996) bzw. Lock In-Phänomene (vgl. Al-Ani 1996, Al-Ani/Gattermeyer 2000, S. 12f.) oder Pfadabhängigkeit (vgl. Carroll/Harrison 1994, Aldrich 1999, S. 238f.; Garud/Karnøe 2001a) verstanden werden.

viduelles Handeln durchbrochen werden können. Fundamentaler und radikaler Wandel wird damit grundsätzlich möglich; er kann aber – wie auch andere Formen des Wandels – nicht präzise kontrolliert und gesteuert werden (vgl. auch March/Olsen 1989, S. 65). Damit verbindet sich insgesamt eine aktivere Rolle von Individuen im Prozess der organisationalen Evolution (vgl. Deeg/Weibler 2000, S. 183), während der kontingente Charakter von Veränderungsprozessen erhalten bleibt. Organisationaler Wandel kann über die rein externe Selektionslogik evolutionärer Positionen hinaus auch als ein Ereignis gesehen werden, dass von der Motivation, der Gelegenheit und der Fähigkeit zur Veränderung abhängt (vgl. Greve 1998, S. 58f.; Miller/Chen 1994, S. 3). Im weiteren Verlauf der Analyse ist dies allerdings unter Einbezug alternativer Erklärungsansätze noch genauer auszuleuchten und gegebenenfalls ebenenspezifisch zu modifizieren. Abschließend können zusätzlich die Makro- und Mikroprobleme der organisationswissenschaftlichen Theoriebildung (vgl. dazu Robins 1985, Hernes 1995, S. 87ff.), die gerade auch für Fragen des organisationalen Wandels von entscheidender Bedeutung sind, und ihre Konsequenzen für die Ausgestaltung der weiteren Analyseebenen beleuchtet werden. Auf diese Weise ist insgesamt ein fundierter Ausgangspunkt für die weitere Mikrobetrachtung des diskontinuierlichen Wandels geschaffen.

(2)   Mikroebene des Wandels: Personen und Personengruppen

Für das zweite Element eines integrativen Modells der Unternehmensdiskontinuität sollen anschließend die individuellen Beiträge zu einem diskontinuierlichen Unternehmenswandel, deren Möglichkeit zuvor schon skizziert wurde, eine eingehendere Berücksichtigung finden. Dies ist insofern ein notwendiger zweiter Schritt in der Konzeptionalisierung eines integrativen Modells, da jeder Wandel letztlich (auch) das Werk von Individuen ist (vgl. auch Nisbet 1972, S. 39; Eccles/Nohria/Berkley 1992, S. 193; Hernes 1995, S. 87) und Theorien des organisationalen Wandels somit stets auch die Rolle individuellen Handelns zu klären haben (vgl. Blackler 1992, S. 277). Weil Unternehmen als Organisationen zuallererst das Produkt des aufeinander bezogenen Handelns einer Mehrzahl von Menschen sind (vgl. Müller/Hurter 1999, S. 4; ähnlich Bach 1998, S. 2), ist die Rolle der im Unternehmen zusammengefassten Personen bzw. Personengruppen im Rahmen von Wandelprozessen stärker ins Auge zu fassen, um so den unternehmensinternen Verursachungen und Einflüssen von Wandel besser auf die Spur zu kommen (vgl. für diese Forderung auch Gebert 2000). Die Arbeit versteht sich im Anschluss daran auch als Beitrag zu einer notwendigen Re-Personalisierung der Wandeldebatte.

Dabei ist jedoch –anknüpfend an die bisherigen Überlegungen – das Spannungsfeld zwischen Individuum und Organisation vor dem Hintergrund des Wandels neu auszubalancieren. Einerseits verstellt vor allem das derzeit vorherrschende Paradigma des Organisationalen Lernens mit seiner weitgehenden Abstraktion vom Individuum oftmals den Blick auf die jeweils individuellen Verursachungen von Veränderungsprozessen. Andererseits überhöhen die personalistischen Beiträge zur Wandelthematik wie etwa die neocharismatischen Steuerungskonzepte oft die Einflussmöglichkeiten von Individuen und lassen wichtige Systemeffekte außer Acht (vgl. auch Weibler 1997). Deswegen bedarf es einer stärkeren Differenzierung zwischen verschiedenen Betrachtungsebenen und einer Klärung ihrer Zusammenhänge und Wechselwirkungen. Dabei treten dann auch die wechselseitigen Autonomie- und Abhängigkeitsbedingungen der Akteure bzw. Akteursgruppen deutlicher als bei Berücksichtung einer einzelnen Betrachtungsebene zu Tage und ermöglichen einen tiefer gehenderen Blick in die vielschichtigen Veränderungsprozesse von Unternehmen.

Als ein viel versprechender Weg für eine stärker personen- bzw. akteursbezogene Sicht von organisationalem Wandel bietet sich eine (mikro-)politische Sichtweise an. Dies ist für die betriebswirtschaftliche Organisationsforschung grundsätzlich zwar kein Neuland (vgl. Schirmer 2000, S. 5; siehe für ein solches Vorgehen bei Reorganisationsaspekten etwa Kreuter 1996, Picot/Freudenberger/Gassner 1999), aber der Einbezug politischer Aspekte geschieht trotzdem immer noch recht fragmentarisch und unsystematisch. Dabei bietet gerade dieser Standpunkt zahlreiche, nicht zu unterschätzende Erklärungsangebote für den organisationalen Kontext, denn es ist vor allem eine Frage der Adäquatheit theoretischer Ideen, ob beobachtbare Ereignisse in einen Sinn- und Ordnungszusammenhang überführt werden können (vgl. Weick 1976, S. 9). So hilft ein mikropolitisches Verständnis die oft konfus erscheinende Realität in Organisationen mit ihrer Gleichzeitigkeit von vielfältigen Ereignissen – wie sie gerade auch Veränderungsprozessen festzustellen ist – besser zu verstehen (vgl. auch Bogumil/Schmid 2001, S. 69). Deswegen sind mikropolitische Sichtweisen im Zusammenhang mit der Beobachtung und Analyse von Veränderungsprozessen zunehmend in den Vordergrund gerückt (vgl. insbesondere Hennig 1998, Schirmer 2000).

Dies hängt vor allem damit zusammen, dass ihre konzeptionellen Prämissen in besonderer Weise zu den Gegebenheiten von Veränderungsprozessen passen:[41] So verzichten mikropolitische Analysen auf die Aufstellung von Patentrezepten und reflektieren stattdessen strukturelle Handlungsbedingungen der Akteure von Veränderungsprozessen (vgl. Ortmann 1995, S. 69). Sie folgen damit der Erkenntnis, dass Organisationsveränderungen in hohem Maße von der Wahrnehmung und den Interessen dieser Akteure geprägt sind (vgl. Hennig 1998, S. 5).

---

[41] Es sprechen aber auch die Fakten der Veränderungssituation für diese Perspektive. So weisen Unternehmen im Wandel alle Charakteristika einer Situation auf, die Akteure zu einem politischen Handeln verleitet (vgl. Hauser 1999, S. 75), da Ressourcen knapp sind, Abhängigkeiten bestehen, Ziele unklar oder widersprüchlich sind und Kausalzusammenhänge zwischen Ursachen und Wirkungen mehrdeutig erscheinen. Eine solche Situation bildet eine ausgezeichnete Grundlage für zahlreiche Interessens- und Meinungsverschiedenheiten sowie (Macht-) Konflikte, die mittels politischer Handlungen ausgetragen werden können.

Organisationaler Wandel wird von diesem theoretischen Standpunkt her als ein Aushandlungsprozess gesehen (vgl. Arnold 1997, S. 284; Gioia/Chittipeddi 1991, S. 446), der ergebnisoffen ist. Zudem erbringen politische Prozesse in ihren Ergebnissen nur temporäre Sortierungen („temporal sorting"; vgl. March/Olsen 1989, S. 11), die eine Revidierung bei Verschiebungen im komplexen Machtgefüge ermöglichen. Dies wird der grundlegende Indeterminiertheit von Prozessen organisationalen Wandels, wie sie insbesondere auch eine evolutionäre Perspektive betont (vgl. Aldrich 1999, S. 33), eher gerecht. Gleichzeitig lassen sich damit auch die Unwägbarkeiten diskontinuierlicher Veränderungsprozesse besser ins Auge fassen.

Die Stärke einer mikropolitische Sichtweise kann – gerade mit Blick auf das zuvorstehende erste Konzeptelement eines Modells diskontinuierlichen Unternehmenswandels – folglich vor allem darin gesehen werden, dass sie den Blick auf Akteure in Organisationen richtet (vgl. Ridder 1999, S. 593; sowie auch Küpper/Ortmann 1986, S. 598ff.; Küpper/Felsch 2000, S. 154). Dadurch kann die im vorherigen Konzeptelement schon angelegte aktivere Rolle von Individuen im Prozess der diskontinuierlichen Veränderung von Unternehmen näher ausgeführt werden. Der evolutionäre Kontext bietet für die Einbettung mikropolitischer Erklärungsansätze in die Analyse organisationalen Wandels dabei einen neuartigen, fruchtbaren Rahmen. Anschließend an ein evolutionäres Verständnis der begrenzten Gestaltbarkeit von Veränderungsprozessen vermag eine mikropolitische Sichtweise ebenfalls eine realistischere Sicht[42] von den Möglichkeiten organisationalen Wandels zu vermitteln (vgl. auch Schirmer 2000, S. 9; Bogumil/Schmid 2001, S. 55), da sie gleichermaßen die hochgradige Kontingenz von organisationalem Wandel berücksichtigt (vgl. Hennig 1998, S. 15). Sie kann auf diese Weise einen weiteren wichtigen Beitrag zur notwendigen Vorbeugung gegen „Kontrollillusionen" des Managements (vgl. dazu Kanter/Jick/Stein 1992, S. 391ff.) leisten und stärkt so die angestrebte Position des gemäßigten Voluntarismus.

Dem Umstand, dass Wandel durch individuelle Akteure vermittelt ist, vermag eine politische Sichtweise aufgrund ihres geringeren Aggregationsgrades hingegen besser als ein evolutionärer Standpunkt Rechnung zu tragen. Da aus einer politischen Perspektive Organisationen gleichzeitig als Muster sozialer Ordnungen verstanden werden können, die von ihren Mitgliedern immer wieder neu (re-)konstruiert werden (vgl. Ridder 1999, S. 611), ergibt sich die Möglichkeit einer fruchtbaren Verbindung mit dem Konzept der konstruktiven Destruktion aus dem vorherigen Element des integrativen Wandelmodells. Auch können die zuvor angedachten Fragen nach der Motivation, Gelegenheit und Fähigkeit zur Veränderung unter Einbezug des politischen Geschehens in Veränderungsprozessen noch differenzierter angegangen werden. Denn die Ansätze der Mikropolitik fragen

---

[42] Siehe dazu auch Friedberg (1995, S. 99f.), der mit der „Politisierung der Organisationstheorie" einen größeren theoretischen Realismus erreicht sieht.

stets auch nach den individuellen Interessen der handelnden Akteure (vgl. etwa Sandner 1990, S. 69), die sich nachhaltig auf den Verlauf des organisationalen Wandels auswirken.

Ein wichtiger Schlüssel zum Verständnis organisationaler Geschehnisse ist die Fokussierung politischer Perspektiven auf den Faktor der Macht (vgl. Pfeffer 1981, S. 7), der auch für eine Untersuchung organisationaler Veränderungsprozesse von entscheidender Bedeutung ist (vgl. March 1990, S. 190f.). Denn organisationaler Wandel ist ohne den Einfluss von Macht ein letztlich nur schwer vorstellbarer Vorgang (vgl. Schwan 2003, S. 253). Folglich sind die Machtressourcen politischer Akteure zentrale Erklärungsvariabeln des organisationalen Wandels und bedürfen deswegen einer angemessenen Berücksichtigung (vgl. Lang 1999, S. 327). Denn im Zuge von Veränderungsprozessen werden durch die damit in der Regel verbundenen Umverteilungen oder Kürzungen von Ressourcen die individuellen Interessen von Organisationsmitgliedern nachhaltig tangiert (vgl. Kieser/Hegele/Klimmer 1998, S. 200; Schirmer 2000, S. 5). Dazu ist der Blick allerdings viel stärker auf die möglichen Akteurskoalitionen zu richten, die einen entscheidenden Einfluss auf dem Ausgang von Veränderungsprozessen nehmen (vgl. etwa Kanter 1988). Mit diesem strukturellen Blick auf die personellen Konstellationen des Wandels ergibt sich dann die Möglichkeit einer Rückbindung der an Personen und Personengruppen orientierten Mikroebene des Wandels an die Makroebene der Veränderung von Strukturen.

Ein tragfähiges Fundament dafür stellen so genannte akteurstheoretische Konzepte und Modelle der Politik in Organisationen dar (vgl. grundlegend Crozier/Friedberg 1979; für den organisationalen Wandel Schirmer 2000), auf die für den Entwurf eines integrativen Modells diskontinuierlichen Unternehmenswandels deswegen Bezug genommen werden soll. Dabei soll insbesondere ansatzweise aufgezeigt werden, wie durch Akteurhandeln Diskontinuitäten aufgeworfen, verdeckt, verstärkt oder verzögert werden. Die Kenntnisse über die Dynamik politischer Prozesse können damit helfen, die Funktionsweise von Organisationen in Verlauf ihrer Entwicklung zu konkretisieren (vgl. auch Ridder 1999, S. 589). Sie erweitern zudem den eher deterministisch angelegten historischen Aspekt von evolutionären Wandelanalysen, um den wichtigen Aspekt voluntativer Einflüsse.[43] Die politische Perspektive auf den organisationalen Wandel stellt deswegen eine aus methodischer wie inhaltlicher Sicht wichtige Ergänzung der evolutionstheoretischen Position der strukturellen Erscheinungsformen von diskontinuierlichem Wandel dar.

---

[43] Auf die Notwendigkeit einer solchen Ergänzung wurde schon früher aufmerksam gemacht: „Die Überwindung eines ahistorischen Denkens in der Organisationstheorie ist mit allen Kräften zu unterstützen; die Erkenntnisse werden aber mager bleiben, wenn man hierbei eine apolitische Perspektive wählt (Becker/Küpper/Ortmann 1992, S. 102)."

Da evolutionstheoretische Erklärungsversuchen auf dem Prinzip der Betrachtung von Aggregaten basieren (vgl. Deeg/Weibler 2000, S. 149), geraten die handelnden Individuen in Organisationen und ihre Beiträge zu Veränderungsprozesse zu sehr aus dem Blickfeld: „Ein evolutionstheoretischer Ansatz, der von den großen und kleinen Akteuren mit ihren wechselnden Strategien und Rationalitäten, vom machtpolitischen Spiel in und zwischen Organisationen absieht, läuft Gefahr, das deterministische Kontingenzdenken nicht zu überwinden, sondern lediglich auf der Zeitachse der Geschichte zu verlängern..." (Becker/Küpper/Ortmann 1992, S. 102). Rein makrotheoretische Erklärungsversuche, die Akteurshandeln allein aus den Veränderungen der Strukturvariablen einer Organisation erklären wollen, sind deswegen wenig hilfreich (vgl. Hennig 1998, S. 14). Mit dem Einbezug einer akteurstheoretischen Perspektive lässt sich die Evolution von Organisationen dagegen zutreffender als Ergebnis des Zusammenwirkens von einer Vielzahl von Akteuren mit unterschiedlichen Interessen und Ressourcen, inkonsistenten Zielen und verschiedene Interpretationsmustern und Reaktionen in der organisationalen Realität auffassen (vgl. Staber 2002, S. 118).

Zur Erhellung dieses Zusammenhangs behandelt die Betrachtungsebene der Personen die bislang eher selten untersuchten endogenen Ursachen des Wandels und versucht darzulegen, wie sich ein „Wandel von Innen" gestaltet. Dabei soll auf dieser Betrachtungsebene angenommen werden, dass sich jeder Wandel in (mikro-)politischen Prozessen vollzieht. Dieser politisch gesteuerte Wandel ergibt sich aus dem komplexen Gefüge politischer Akteure bzw. aus den wechselnden Akteurskoalitionen und ihrem Ringen um die Macht in Organisationen. Ausgangspunkt dieser Perspektive ist die Auffassung, dass das Unternehmen naturgemäß ein politisches Gebilde darstellt (vgl. grundlegend Burns 1961, March 1962). Es kann damit als Koalition von zahlreichen, untereinander in Konflikt stehenden Interessengruppen[44] begriffen werden, die über Organisations- und Individualziele ständig aufgrund dauerhafter ungelöster Divergenzen (Zielkonflikte) verhandeln (vgl. auch Cyert/March 1963; sowie Bogumil/Schmid 2001, S. 42f.). Jede Interessengruppe bringt dabei unterschiedliche Interessen in den politischen Prozess der Zielfindung ein und trägt so zur Variabilität von Veränderungsvorgängen bei.

Eine solche binnenorganisatorische Betrachtung von Aushandlungsprozessen führt direkt zu einer (mikro-)politischen Analyse von Organisationen, bei der ein politischer Entscheidungsmodus das Organisationsgeschehen dominiert (vgl. Bogumil/Schmid 2001, S. 25). Eine solche Sichtweise setzt dabei die Existenz von gewissen Handlungsfreiheiten wie auch Entscheidungsspielräumen schon voraus (vgl. auch Neuberger 2002, S. 682). Sie vertritt zudem eine polyzentrische Auffassung, nach der jede Position in Organisationen Quelle wie auch Ziel von Einflüssen ist (vgl. Neuberger 2002, S. 681). Damit bietet sie einen geeigneten Aus-

---

[44] Vgl. Burns (1961, S. 257); March (1962, S. 672)

gangspunkt für die angestrebte voluntaristische Sicht auf Prozesse des diskontinuierlichen Wandels als Kontrastierung und Ergänzung vorwiegend deterministischer Positionen, um letztlich zu einem gemäßigten Voluntarismus zu kommen.
Für den bislang noch wenig ausgearbeiteten Versuch einer Anwendung politischer Analysen auf Fälle der diskontinuierlichen Veränderung, bedarf es allerdings zunächst einer Erweiterung der politischen Perspektiven gegenüber herkömmlichen Erklärungsansätzen. Denn die zuvor erwähnten akteurstheoretischen
Konzepte wie etwa die strategische Organisationsanalyse[45] von Crozier/Friedberg
(1979) schenken der Rolle der (Organisations-)Struktur zu wenig Aufmerksamkeit (vgl. Bogumil/Schmid 2001, S. 64).

Im Zusammenhang einer Arbeit, die die Analyse diskontinuierlicher Veränderungen von Unternehmen als genuines Organisationsproblem auffasst, muss deswegen der organisationale Rahmen von Akteurhandlungen eine dezidiertere Berücksichtigung erfahren. Im Anschluss an Positionen des so genannten neuen Institutionalismus (vgl. etwa March/Olsen 1984, 1989; Mayntz/Scharpf 1995; sowie Göh-
ler/Kühn 1999, Jansen 2000), wird das Akteurhandeln als in einem institutionellen Kontext eingebunden konzipiert (vgl. dazu Wienecke 2001, S. 33ff.) und so
die institutionelle Sichtweise auf das Unternehmen[46] konsequent weitergeführt.
Für diese Absicht ist ein Rückgriff auf das Verständnis von Organisation als reflexive Strukturation (vgl. dazu Ortmann/Sydow/Windeler 1997) notwendig.
Denn Strukturen liefern dem individuellen Handeln von organisationalen Akteuren durch die mit ihnen verknüpften Regeln und Ressourcen erst die Basis (vgl.
Holtgrewe 2000, S. 173). Organisationaler Wandel bildet vor diesem Hintergrund
folglich das Ergebnis von handelnden Akteuren unter bestimmten Rahmenbedingungen (vgl. Hennig 1998, S. 14).

Für diesen genaueren Rekurs auf die strukturellen Bedingungen von politischen
Prozessen folgt die Arbeit der Idee des akteurorientierten Institutionalismus (vgl.
dazu Wienecke 2001, S. 27ff.). Danach ist das Handeln von Akteuren im Unternehmen in ganz entscheidenden Maß durch den institutionellen Kontext bestimmt. Er legt die Möglichkeiten und Grenzen von Interessenartikulation und -
durchsetzung fest. Dabei wird von der Prämisse ausgegangen, dass der institutionelle Kontext das Handeln der Akteure gleichermaßen ermöglicht wie begrenzt,
aber nicht determiniert (vgl. auch Mayntz/Scharpf 1995, S. 45). Mit den solcher-
maßen konzipierten Handlungsspielräumen wird auf diese Weise umgekehrt auch
ein Wandel der Institution bzw. Organisation denkbar (vgl. March/Olsen 1989, S.
166ff.), der allerdings sehr differenzierte Ausformungen annehmen kann. Um diese Ausformungen noch etwas näher zu konkretisieren sollen in Anlehnung an politikwissenschaftliche Analysen zwei gängige idealtypische Konfigurationen des

---

[45] Vgl. dazu auch ausführlich Küpper/Felsch (2000, S. 15ff.)

[46] Vgl. Kapitel 2.2

politischen Akteurshandelns differenziert und auf den diskontinuierlichen Unternehmenswandel bezogen werden. Mit diesen Überlegungen zum personenbezogenen Gestaltwandel schließt der Integrationsversuch und ermöglicht gleichzeitig eine Rückbindung der Mikroebene an die Makroebene über die Struktur als Differenzierungskriterium der Analyse. Die einzelnen Betrachtungsebenen können nun hinsichtlich der auf die Kräftekomponente bezogenen Ausrichtung ihrer Erklärungsangebote wie folgt positioniert und zueinander in Beziehung gesetzt werden:[47]

Die erste Betrachtungsebene mit dem evolutionstheoretisch fundierten Konzept der konstruktiven Destruktion von Organisation (Makroebene) rechnet überwiegend zur Position des Determinismus (vgl. auch Astley/Van de Ven 1983, S. 247 u. 249f.). So zählen die für dieses Konzept verwendeten evolutionstheoretischen und populationsökologischen Überlegungen auf Grund ihrer Betonung der Einflusskräfte der Umwelt prinzipiell zum so genannten Außendeterminismus (vgl. dazu Perich 1992, S. 191), jedoch in einer probabilistischen Variante (vgl. Deeg/Weibler 2000, S. 155). Die Organisation ist in dieser Sichtweise eher ein „Spielball von Umweltkräften" (Perich 1992, S. 191) und Zufällen als absichtsvoll von ihrem Management gelenkt. Die Konzeptelemente der konstruktiven Destruktion selbst bewegen sich dagegen stärker auf der Position des so genannten Innendeterminismus (vgl. dazu Perich 1992, S. 192). Denn hierbei werden im Gegensatz zur evolutionstheoretischen Ausgangsbasis mit der Priorität von organisationalen Konstruktionsbedingungen gegenüber den Handlungsoptionen der Gestaltung, der starken Wirkung von Barrieren der Veränderung und der Pfadabhängigkeit von Entwicklungen die organisationsinternen Einflusskräfte des Wandels betont (vgl. ausführlich Deeg/Weibler 2000). Organisationaler Wandel ist aus dieser Sicht das Ergebnis von systembedingten Zwängen und der Eigenlogik von Wirkungsgeflechten, hinter dem die durchaus vorhandenen Einflussbemühungen von Individuen oft zurückbleiben.

Die zweite Ebene der politischen Prozesse (Mikroebene) nimmt hingegen zum großen Teil die Position des Voluntarismus bzw. der Intentionalität (vgl. dazu Astley/Van de Ven 1983, S. 247 u. 251; Sandner 1990, S. 69; Servatius 1991, S. 83; Perich 1992, S. 189) ein.[48] Denn politisches Handeln bedarf neben der Neigung vor allem eines (politischen) Willens[49] sich in politischen Prozessen zu engagieren (vgl. Ammeter et al. 2002, S. 760). Zudem machen sich politische Ak-

---

[47] Siehe für die Kriterien der Einordnung Kapitel 2.3. Kritisch zu einer solchen Verknüpfung der Determinismus-Voluntarismus-Dimension mit bestimmten Analyseebenen äußert sich Wiegand (1996, S. 52).

[48] Anders dazu Küpper/Felsch (2000, S. 13). Insbesondere Sandner (1990, S. 69) besteht allerdings auf dem Kriterium der Intentionalität für das politische Handeln, um begriffliche Beliebigkeiten zu vermeiden.

[49] Vgl. dazu auch House/Baetz (1979, S. 461), Mintzberg (1983, S. 25), Schwan (2003, S. 11).

teure regelmäßig die Organisation als Instrument zur Durchsetzung ihrer persönlichen, egoistischen (Karriere- und Gewinn-)Interessen absichtsvoll zunutze (vgl. auch Schirmer 2000, S. 30). Dabei werden gegebenenfalls auch moralisch fragwürdige oder illegale Mittel eingesetzt (vgl. Perich 1992, S. 189), um den eigenen Willen und die individuellen Vorstellungen durchzusetzen. Unter anderem mit Hilfe eines umfangreichen Arsenals mikropolitischer Taktiken (vgl. dazu genauer Neuberger 1995, 134ff.) nehmen politische Akteure nachhaltigen Einfluss auf Entscheidungsprozesse und damit auch auf anstehende Veränderungen, da gerade hier relativ viel Spielraum für eine Durchsetzung individueller Interessen besteht (vgl. Schirmer 2000, S. 12). Das Handeln der Akteure ist dabei zwar begrenzt, aber eben nicht determiniert (vgl. auch Mayntz/Scharpf 1995, S. 45). Organisationaler Wandel ist aus der politischen Perspektive das Ergebnis aktiver Verhandlungs- und Definitionsprozesse begleitet von politischen Manövern, Kompromissen und Tauschgeschäften (vgl. auch Astley/Van de Ven 1983, S. 251). Die vielfach unterstellte Zweckrationalität der Organisation tritt so hinter die interessengeleiteten Interventionen, Aushandlungsprozesse und Konflikte mit jeweils nur temporären Problemlösungen zurück (vgl. Türk 1990, S. 70) und macht subjektiven Vorstellungen von angemessenen Lösungen Platz.

Auf diese Weise werden die zuvor angeführten Objekt-, Kräfte und Bewegungskomponenten des Wandels in einem integrativen Modell auf neuartige Weise zusammengeführt und erlauben so eine veränderte Sicht auf Wandelprozesse in und von Unternehmen. Da die einzelnen Analyseebenen mit zudem mit unterschiedlichen Erklärungsansätzen angegangen werden, besteht die eingangs erwähnte Möglichkeit einer gegenseitigen Aufhellung blinder Flecken im Rahmen eines multitheoretischen Ansatzes. Die damit realisierte ebenenspezifische Perspektivierung von Wandel entspricht der zuvor geäußerten Absicht eines paralogischen Vorgehens, bei dem die Pluralitäten verschiedener Erklärungsversuche bewusst genutzt und damit verbundene Spannungen in Kauf genommen werden sollen, ohne auf Integrationspotenziale zu verzichten. In einer solchen differenzierten Kontrastierung können dann durch die besser erkennbaren Überlappungsbereiche und Gemeinsamkeiten beträchtliche analytische Gewinne erreicht werden.

Ein solches methodische Vorgehen folgt dabei dem Postulat einer „quasi-natural organization science" von McKelvey (1997), bei der voluntaristische (intentionale) mit deterministischen (natürliche) Theorieelementen kombiniert werden sollen, um dem idiosynkratischen Charakter von Organisationen besser gerecht zu werden (vgl. McKelvey 1997, S. 353). Eine solche Kombination gelingt mit der mit Hilfe von Transitionsphänomenen („transitional phenomena")[50] allerdings

---

[50] Diese Möglichkeit der Kommunikation zwischen verschiedenen Paradigmen haben Gioia/Pitré (1990, S. 591) schon angedacht, indem sie „Transitionsbereiche" zwischen Paradigmen als Verständigungsbrücken über inkommensurable Positionen hinweg für möglich hielten.

möglicherweise leichter. Die Führung in Organisationen könnte dabei als ein solches Transitionsphänomen im Sinne der „quasi-natural organization science" angesehen werden, da sie zwischen den natürlichen/deterministischen und den voluntaristischen/intentionalen Organisationsphänomenen liegt. So ist Führung einerseits eine intentionale Form der Verhaltensausrichtung (vgl. Weibler 2001, S. 36) und andererseits durch gegebene Aspekte der Führungssituation und der Führungsbeziehung determiniert. Damit läge gerade in der Perspektive der Führung die Chance einer Integration der divergenten theoretischen Erklärungsbeiträge zum diskontinuierlichen Wandel und somit die Möglichkeit als Brücke zwischen paralogischen Positionen zu fungieren.[51]

Dieser Versuch die Integration durch eine vermittelnde Betrachtungsebene der Führung zu unterstützen, kann im Rahmen dieser Arbeit jedoch aus verschiedenen Gründen nicht in Gänze unternommen werden. So soll vor allem das Primat der Organisationsperspektive zugunsten der Geschlossenheit des Integrationsversuchs nicht zu weit aufgegeben werden. Da in der Führungslehre der Bezug von Führung zum Organisationskontext und die sich hieraus ergebenden Konsequenzen zudem in der Regel nicht ausreichend berücksichtigt werden (vgl. Zaccaro/Klimoski 2001, S. 12) und umgekehrt klassische Organisationsverständnisse auch keinen Raum für Führung lassen (vgl. Hosking 1997, S. 236), bedürfte es zusätzlich einer weitgehend neuen Konzeption von Führung.[52] Ein solches Unterfangen einer Re-Definition des Führungsverständnisses im Kontext des diskontinuierlichen Wandels und der Konsequenzen seiner Wirkungen für Führungsbeziehungen reicht jedoch weit über das Erkenntnisinteresse dieser Arbeit hinaus. Und schließlich stellen auch die zahlreichen Rück- und Wechselwirkungen einer weiteren Betrachtungsebene ein überaus schwieriges Abbildungsproblem dar. Deswegen soll der Integrationsversuch im Rahmen dieser Arbeit auf einen Makro-/Mikro-Fall beschränkt werden.

2.5 Zusammenfassende Beurteilung

In Anbetracht der erheblichen Komplexität des Phänomens der Unternehmensdiskontinuität wurde als erster Schritt auf dem längeren Erkenntnisweg ein theoretisches Fundament für das anspruchsvolle Vorhaben eines integrativen Erklärungsmodells erarbeitet. Dazu wurde das Vorhaben wissenschaftstheoretisch reflektiert und positioniert, um der Art und Qualität der zu erwartenden Erkenntnisse der Arbeit im Vorfeld zu klären. Dabei wurden vorrangig mit dem Anschluss an bestimmte paradigmatische Positionen verbundene, implizite Wertvorstellun-

---

[51] Anders Scholl (1998), der Politik als vermittelnde Variable im Sinne einer Mesoebene des Wandels sieht.

[52] Es darf jedoch nicht unerwähnt bleiben, dass mit einer engeren Anknüpfung der Führung an den Organisationskontext die methodischen Probleme eines solchen Vorgehens verringert werden könnten. Dazu könnte ein Verständnis von Führung als Prozess des Organisierens entwickelt werden (vgl. für diese u.a. Sichtweise Hosking 1997, Ridder 1999, S. 512ff.).

gen thematisiert und offen gelegt, um nicht die Qualität der Erklärung unnötig zu beeinträchtigen. Im Sinne des Integrationsgedankens schließt sich die Arbeit jedoch keinem einzelnen Paradigma an. Die Annahme einer vollständigen Inkommensurabilität paradigmatischer Positionen wird folglich zugunsten einer vermittelnden Position verworfen. Dadurch wird es möglich, den kaum je unternommenen Versuch einer Transzendierung der bislang vorherrschenden Subjektivismus-Objektivismus-Dualität anzugehen, die gerade auch das Forschungsfeld zum organisationalen Wandel ganz entscheidend geprägt hat. Hieraus lassen sich vermutlich wichtige Impulse für den weiteren Verlauf und die Richtung der Diskussion sowie für die Exploration von Strategien zur Überwindung dieser Spaltung ziehen.

Zur Erhellung des Phänomens diskontinuierlichen Unternehmenswandels möchte die Arbeit vor allem Erkenntnisse der Organisationswissenschaft bzw. der Organisationstheorie heranziehen. Sie vertritt angesichts einer dort vorherrschenden Methodenpluralität die Position eines methodologischen Instrumentalismus. Die Generierung von Gestaltungsempfehlungen wird zudem als nachrangiges Ziel angesehen und die Untersuchung in Anbetracht der bislang geringen analytischen Durchdringung der Unternehmensdiskontinuität auf die Entwicklung eines differenzierteren Erklärungsmodells beschränkt. Da vieles Erklärungswissen aber schon den Keim potenzieller Anwendung in sich trägt, erlaubt eine fundierte Erklärung oftmals auch gleichzeitig Rückschlüsse auf Möglichkeiten der Veränderung. Die praktische Verwendbarkeit von Aussagen, die aus Erklärungsversuchen abgeleitet werden können, ist jedoch keineswegs automatisch gegeben. Deswegen kommt gestaltungsorientierten Folgerungen[53] im Rahmen dieser Arbeit nur ein nachrangiger Stellenwert zu.

Im Rahmen der verschiedenen konzeptionellen Vorüberlegungen zur Modelbildung und Integration wurde zunächst eine begriffliche Basis für die weiteren Überlegungen geschaffen. Die dabei gewählte institutionelle Sichtweise vereint verschiedene Organisationsverständnisse in sich und ist für den Integrationsversuch geeigneter als funktionale oder instrumentelle Begriffsfassungen. Sie eröffnet zudem auch die Möglichkeit mehrere Analyseebenen in Betracht zu ziehen, um so der beobachtbaren Vielschichtigkeit des Unternehmensgeschehens besser gerecht zu werden. Ein institutioneller Zugang zum Veränderungsgeschehen behandelt diskontinuierlichen Wandel allerdings schon von sich aus als eher selten und beschränkt durch vorherige Entscheidungen und den bereits zurückgelegten Entwicklungspfad (vgl. auch March/Olsen 1989, S. 171; Windhoff-Héritier/Czada 1991, S. 17). Solche eher seltenen Veränderungen verlaufen dann notwendigerweise dramatisch und revolutionär, damit die akkumulierten Strukturanachronismen überhaupt überwunden werden können (vgl. Miller/Friesen 1984, S. 217).

---

[53] Vgl. dazu insbesondere auch Kapitel 6.3

Mit einem institutionellen Ansatz sind damit im Sinne der unausweichlichen Aspektselektivität aller wissenschaftlichen Zugänge also schon bestimmte normative geprägte Vorentscheidungen verbunden, die an dieser Stelle nicht verschwiegen werden dürfen.

Auf der Basis einer institutionellen Sichtweise soll der diskontinuierliche Unternehmenswandel zudem als Mehrebenen-Phänomen angesehen werden. Denn das entscheidende Merkmal jeder Art von Wandel als Organisationsphänomen ist, dass hierbei Prozesse auf unterschiedlichen Betrachtungsebenen aufs Engste miteinander verknüpft sind. Mit diesem besonderen methodischen Zugang wird es gleichzeitig möglich, die heterogenen Anforderungen an ein integratives Modell des Wandels einzulösen. Denn eine Mehrebenen-Analyse erlaubt die Integration divergierender und paradoxer Erkenntnisse durch eine ebenenspezifische Differenzierung. Sie stellt damit einen geeigneten Weg dar, das angestrebte paralogische Vorgehen in der explikativen Analyse im weiteren Verlauf der Arbeit konkret umzusetzen. Dadurch können paradigmatisch begründete Differenzen auch als solche bestehen bleiben und für eine Kontrastierung genutzt werden, da eine vollständige inhaltliche Zusammenführung von Erklärungsbeiträgen für eine solche Methodik grundsätzlich nicht erforderlich ist. Indem die verbleibenden Widersprüche damit die Basis für einen lebendigen Diskurs bilden, wirken sie letztlich Erkenntnis fördernd.

Durch den methodischen Zugang einer Mehrebenen-Analyse konnten anschließend die Dimensionen und Analyseebenen einer integrativen Sichtweise von Unternehmensdiskontinuitäten näher bestimmt werden. Das integrative Modell beinhaltet dabei zwei Dimensionen des Wandels, die unterschiedliche Perspektiven zu den Ansatzpunkten und Ursachen des Wandels (d.h. die Objekt- und Kräftekomponente des Wandels) repräsentieren. Gleichzeitig wurde eine inhaltliche Konkretisierung vorgenommen, bei der die Makroebene der Strukturen mit einem evolutionstheoretischen Erklärungsansatz verbunden wurde, während die Mikroebene der Personen und Personengruppen mit dem politikwissenschaftlichen Deutungskonzept eines akteurorientierten Institutionalismus. Dazu wird ein Makro-Mikro-Zusammenhang mit folgenden indirekten Wirkungseffekten angenommen (vgl. dazu Esser 1993, S. 98; Schneider 1998, S. 29; Neuberger 2002, S. 684 sowie Grothe 1997, S. 77ff.): Makrophänomene (Organisationsstrukturen) strukturieren dabei Mikrophänomene (individuelles Handeln) die wiederum kollektive Effekte mit Rückwirkung auf die Makroebene hervorrufen. Die auch für den Wandel konstitutive Dualität zwischen Struktur und Handeln (vgl. Giddens 1988) kann so auf den vereinfachten Grundsatz „Handeln (re-)produziert Strukturen, die das Handeln (re-)produzieren" (Neuberger 2002, S. 684) gebracht werden.[54]

---

[54] Ein solcher Ansatz ermöglicht auch eine Rückbindung von Mikroerklärungen an eine Makroebene und vermeidet damit ein unidirektionales Denken und lässt fundmentalen Wandel ebenso wie fortlaufende Kontinuität zu (vgl. Walgenbach 2001, S. 372). Ob dabei neue Praktiken entstehen oder Handlungsroutinen fortgesetzt werden bleibt aber zunächst offen.

Dadurch wird gleichzeitig auch ein Wechselspiel zwischen den gegensätzlichen erkenntnistheoretischen Positionen des Erklärens und Verstehens[55] möglich. Denn mit der inhaltlichen Konkretisierung der Makroebene der Unternehmensdiskontinuität durch evolutionäre Ansätze liegt einerseits ein beschreibend-erklärender Zugang zu Organisationsphänomenen vor (vgl. dazu auch Weibler/Deeg 1999, S. 306), während der mikropolitische Ansatz auf der Mikroebene der Diskontinuität andererseits einen beschreibend-verstehenden Zugang zum Organisationsphänomen darstellt (vgl. in diesem Sinn etwa Neuberger 2002, S. 687). Die vorliegende explikative Analyse des Phänomens der Unternehmensdiskontinuität folgt damit im Grundsatz dem anerkannten Vorgehen eines verstehenden Erklärens nach Max Weber bzw. einer so genannten „Tiefenerklärung" (vgl. dazu Esser 1993, S. 98ff.), die eine ungünstige Verkürzung auf eine singuläre erkenntnistheoretische Position mit den entsprechenden Erkenntnisdefiziten vermeidet (vgl. auch Schneider 1998, S. 29).

Die Entwicklung eines derartigen, neuen Integrationsversuches, hat dafür aber zuvor eine umfassende Bestandsaufnahme bereits existenter Erkenntnisse nötig. Dabei wird davon ausgegangen, dass zur Erforschung des Neuen ein Rekurs auf bereits existierende Vorstellung stets hilfreich ist (vgl. Heinl 1996, S. 26). Überdies sind soziale Entitäten wie das Unternehmen nicht a priori gegeben, sondern entstehen erst durch gedankliche Rekonstruktion (vgl. Grothe 1997, S. 71).[56] Damit müssen theoretische Konzepte, die den Anspruch einer Neuartigkeit erheben, gleichwohl den Anschluss an etablierte Organisationstheorien suchen, da Entwicklungen des Neuen stets das Alte voraussetzen (vgl. Knyphausen 1988, S. 80).[57] Zudem ist es ihre Aufgabe, neue Modelle zur Rekonstruktion auf schon bekannten Elementen aufzubauen (vgl. auch Grothe 1997, S. 71). So hat insbesondere auch ein paralogisch verstandener Integrationsversuch die strenge Dichotomie des Alten und Neuen zu überwinden und beides als aufeinander bezogen zu denken, um sein dialektisches Potenzial zu nutzen. Erst dadurch wird eine eingehendere Exploration von paradigmatischen wie konzeptionellen Überlappungsbereichen und Gemeinsamkeiten in einem umfassenden Sinn möglich, die eine wesentliche Voraussetzung für eine gelingende Transzendierung bisheriger Dualitäten bildet.

---

[55] Vgl. Kap 1.3

[56] Grothe (1997) bezieht sich dabei auf die Überlegungen von F. A. von Hayek zu spontanen Ordnungen und seine Position des methodologischen Individualismus. Die Kontroverse zwischen dem Kollektivismus (Holismus) und dem methodologischen Individualismus zu kollektiven Phänomenen und Fragen der Ordnungsbildung soll an dieser Stelle aber nicht weiterverfolgt werden (vgl. im Detail dazu Grothe 1997, S. 70ff.).

[57] Das „absolut Neue" ist deswegen nach Knyphausen (1988, S. 14) gar nicht vorstellbar. Eine solche Auffassung ist deswegen für die Einschätzung des Erkenntnisbeitrags der vorliegenden Arbeit auch zu berücksichtigen.

3 Unternehmensdiskontinuitäten als Form der Unternehmensveränderung

Das folgende Kapitel will in das Phänomen diskontinuierlicher Entwicklungen im Kontext von Unternehmen einführen. Dazu werden zunächst der Begriff und die Bedeutung von Diskontinuitäten im Allgemeinen und im Unternehmensumfeld im Besonderen näher bestimmt (Kapitel 3.1). Anschließend werden mögliche Anzeichen und Ursachen als Ausgangspunkt für diskontinuierliche Entwicklungen erörtert (Kapitel 3.2). Da sich Unternehmensdiskontinuitäten stets in unterschiedlicher Weise manifestieren können, werden danach verschiedene Formen von Unternehmensdiskontinuitäten differenziert (Kapitel 3.3). Als nächstes werden mögliche Verläufe und Auswirkungen von Diskontinuitäten dargestellt (Kapitel 3.4). Des Weiteren werden einige Reaktionsmuster und Umgangsmöglichkeiten bei Diskontinuitäten kurz aufgezeigt (Kapitel 3.5). Abschließend werden die aus der Beschäftigung mit den bisherigen Überlegungen erreichten Erkenntnisse bilanziert (Kapitel 3.6), die die Basis für die weiteren Arbeitsschritte auf dem Weg zu einem integrativen Modell der Unternehmensdiskontinuität in den späteren Kapiteln der Arbeit bilden.

3.1 Begriff und Bedeutung von Diskontinuitäten

Das 21. Jahrhundert wird schon bei seinem Beginn als Zeitalter der Revolution, des Umbruchs und der Unruhe bezeichnet (vgl. z.B. Hamel 2001a, S. 15), mit dem zahlreiche tief greifende und folgenreiche Transformationen einhergehen. Mit dieser Entwicklung verbindet sich auch ein gehäuftes Auftreten von radikalen Diskontinuitäten, die an sich jedoch nichts grundlegend Neues oder völlig Überraschendes darstellen. Denn ihr Erscheinen kündigte sich schon im abgelaufenen 20. Jahrhundert an, dessen Ende schon als Anfang eines neuen Zeitalters der Diskontinuität angesehen wurde (vgl. Drucker 1969, S. 23). So proklamierte der amerikanische Managementexperte Peter F. Drucker bereits 1969 das „Ende der Kontinuität" im Wirtschaftsleben (vgl. Drucker 1969, S. 15ff.). Ganz im Einklang mit seiner Vorhersage war in den 70er Jahren dann tatsächlich eine Abnahme kontinuierlicher Entwicklungsmuster in Wirtschaft und Gesellschaft feststellbar, die schon damals zu nachhaltigen Trendbrüchen und einer erhöhten Umweltdynamik führten (vgl. Macharzina 1984, S. 4). Zahlreiche Anzeichen lassen aber mittlerweile darauf schließen, dass damit tatsächlich eine neue industrielle Ordnung Einzug gehalten hat, die sich in fundamentaler Weise von den bisherigen Gegebenheiten des Wirtschaftslebens unterscheidet (vgl. Hamel 2001a, S. 15ff.; ähnlich Pascale et al. 2002, S. 25).

Für diese neue Ordnung lässt sich mittlerweile eine ganze Reihe von Belegen anführen, von denen hier nur einige besonders augenfällige Entwicklungen exemplarisch angeführt werden sollen (vgl. im Einzelnen Strebel 1990, S. 434; Kaplan/Foster 2001, S. 10ff.; sowie Doppler/Lauterburg 2000, S. 21ff.; Bennis 2001, S. 4ff.; Pascale et al. 2002, S. 43):

62

- Die **Lebensdauer von Unternehmen** hat in den letzten Jahrzehnten dramatisch abgenommen: Während in den 20er und 30er Jahren des 20. Jahrhunderts die durchschnittliche Lebensdauer eines im S&P 90 Index aufgeführten amerikanischen Unternehmens noch 65 Jahre betrug und selbst Mitte der 70er noch ca. 30 Jahre betrug, ist die Rate zum Ende der 90er Jahre bis auf ungefähr 15 Jahre gesunken (bei gleichzeitigen Anstieg der Ausfallrate von 10% auf 36%). Im Jahr 2020 wird damit die geschätzte Lebensdauer eines S&P 500 Unternehmens voraussichtlich nur noch 10 Jahre betragen. Von den 100 größten U.S.-Unternehmen der „Forbes 100 List" des Jahres 1917 existierten im Jahr 1987 nur noch 39. Und lediglich 18 Unternehmen der Ursprungsliste zählten noch unverändert zu den 100 größten Unternehmen des Landes. In den wenigen Jahren um den Jahrtausendwechsel schuf und vernichtete überdies die so genannte neue „e-economy" unzählige von „dot-coms", deren Börsenwert ihr Anlagevermögen oftmals schnell um ein Vielfaches überstieg, deren Lebensdauer allerdings auch ungleich kürzer war als in vorherigen Gründungswellen.

- Der **Erfolg von Unternehmen** wird immer kurzlebiger: Bei der berühmten Zusammenstellung exzellenter Unternehmen von Peters/Waterman (1982) waren bereits zwei Jahre später 14 der 43 aufgeführten Unternehmen nicht länger exzellent, da sie grundlegende Marktveränderungen nicht realisiert hatten. Dieses Entwicklungsmuster zeigte sich auch in der Folge immer wieder. So verlor IBM in den 80er Jahren innerhalb kurzer Zeit seine marktbeherrschende Stellung in der Computerbranche, da das Unternehmen nicht rechtzeitig auf das Aufkommen von Computernetzwerken reagierte.[58] Zu Beginn der 90er Jahre ging der Pionier von sog. „junk bonds" die Firma Drexel, Burnham und Lambert bankrott, obwohl sich erst zwei Jahre zuvor der Anteil von junk bonds in kürzester Zeit verdreifacht hatte. Zwischen 1994 und 1999 hat sich schließlich die Zahl der weltweit verkauften Mobiltelefone mehr als verzehnfacht. Dennoch wurde der langjährige Marktführer Motorola dabei binnen kurzem von Nokia abgelöst. Ein bis dahin weitgehend unbekanntes Unternehmen, das sich zuvor auf die Produktion von Schneereifen und Gummistiefeln konzentriert hatte.

- Die **Leistungskraft von Unternehmen** verringert sich zusehends: Selbst Großunternehmen haben in den letzten Jahrzehnten im Wesentlichen nur noch den allgemeinen Wirtschaftzyklus nachvollzogen. Eine Ertragsentwicklung gegen den Trend oder über allgemeine Wachstumsraten hinaus gelingt hingegen kaum noch. Einzelne Branchen wie etwa die Luftfahrt

---

[58] Bennis (2001, S. 4) führt allerdings auch ein umgekehrtes Beispiel an. Vor zehn Jahren war die Firma AT&T noch am Rande des Untergangs während sie heute zu einem wendigen Großunternehmen auf den Geschäftsfelder des Kabelfernsehens und der Faseroptik geworden ist.

zeigen dabei sogar eine erkennbar unterdurchschnittliche Entwicklung über einen langen Zeitraum hinweg, ohne dass eine Trendwende sichtbar wird. Langlebigkeit garantiert im Gegensatz zu früheren Zeiten zudem keine hohen Erträge mehr für Shareholder. So erzielen im Gegenteil etablierte Unternehmen oft vergleichsweise bescheidene Renditen. Überdurchschnittliche Erträge gelingen in zumeist nur noch Branchenneueinsteigern. Doch die Periode einer hohen Ertragskraft dauert oft nicht mehr länger als zehn Jahre und diese Zeitspanne könnte in Zukunft noch weiter sinken. Dazu tragen die abnehmenden Produktlebenszyklen und ein verändertes Nachfrageverhalten ganz wesentlich bei.

Angesichts solcher Entwicklungen ist das charakteristische Schlagwort der heutigen Zeit für das gesamte Wirtschaftsleben und die Unternehmenstätigkeit im Besonderen deswegen der Wandel geworden. Dieser Wandel manifestiert sich dabei in zahlreichen einzelnen Veränderungen, wie sie unter anderem zuvor beispielhaft angeführt wurden. Unter solchen Veränderungen können wiederum jene konkreten Ereignisse und Momente verstanden werden, die in ihrem Verlauf bzw. Ergebnis zu einem Wandel führen. Es wird nun vielfach argumentiert, dass sich eben diese Veränderungsprozesse zunehmend diskontinuierlich gestalten. Dies bedeutet, dass sich Veränderungen stärker als zuvor in unabsehbarer und sprunghafter Form vollziehen (vgl. Strebel 1990, S. 434). Die Natur des Wandels verändert sich dadurch insofern grundlegend, als dass er sich immer weniger schrittweise und gleichzeitig auch nicht mehr in vorhersehbaren Bahnen bewegt. Die anstehenden Veränderungen vollziehen sich ganz im Gegenteil abrupt und umsturzartig, also diskontinuierlich (vgl. auch Nishida/Doshita 1987, S. 643). Dieser Wechsel im Ablaufmuster von Veränderungen bedeutet, dass in der Vergangenheit bewährtes Wissen, überkommene Routinen oder gewachsene Strukturen durch neue Anforderungen radikal infrage gestellt werden (vgl. auch Nadler/Tushman 1995b, S. 23; sowie D'Aveni 1995, S. 410ff.). Damit gestalten sich Veränderungsprozesse in ihrem Verlauf zunehmend nicht-linear und in ihrer Zielrichtung gleichermaßen inhalts- wie ergebnisoffen (vgl. auch Weick/Quinn 1999, S. 382).

Diskontinuität kann somit in einer ersten begrifflichen Eingrenzung als eine besondere Form des Wandels aufgefasst werden. Daher ist vom allgemeinen Begriff des Wandels der spezifische Begriff der Diskontinuität als eigenständige Veränderungsmuster abzugrenzen (vgl. etwa Kunz 2002, S. 14). Denn mit dem Begriff der Diskontinuität bezeichnet man gemeinhin den Ablauf von Veränderungen mit zeitlichen oder räumlichen Unterbrechungen.[59] Etwas genauer gesprochen, kann

---

[59] Die Diskontinuität (von lat. dis = auseinander, un-, entzwei, fort oder weg und continuus = zusammenhängend, ununterbrochen, unablässig) wird damit als Gegensatz von Kontinuität aufgefasst (vgl. dazu ausführlicher Nisbet 1972, S. 21ff.; ebenso Nishida/Doshita 1987, S. 643). So versteht Nisbet (1972, S. 21) Diskontinuität als eine Form des Wandels, bei der Veränderungen nicht in kumulativer und sequenzieller Art und Weise in kleinen Schritten über eine lange Zeitspanne hinweg auftreten.

64

man unter Diskontinuitäten „spezifische verhaltensdynamische Erscheinungen" (Zahn 1979, S. 119) verstehen, die sich in plötzlich auftretenden Veränderungen der Variablen einer beobachteten Entität bemerkbar machen. Dabei stellen häufig Krisen die Katalysatoren solcher Entwicklungen dar, bei denen sich sehr rasch viele zentrale Variablen ändern. Es kommt daraufhin zu einem deutlichen Bruch im Verlauf der bisherigen Entwicklung (vgl. Nadler/Tushman 1995b, S. 22). Dieser Entwicklungsbruch vollzieht sich vor allem, indem neuartige Qualitäten auftreten, die durch eine Kombination bisher unverbundener Variablen zustande kommen (vgl. Perich 1992, S. 95).

In diskontinuierlichen Entwicklungen ist deswegen das Neue charakteristischerweise oft nicht aus dem Vergangenen ableitbar (vgl. Welsch 1993, S. 139), so dass es keine zwingende kausale Notwendigkeit für ihre Ergebnisse gibt. Damit stellen Diskontinuitäten also ungleichförmige Veränderungen dar, die durch unterbrochene Verknüpfungen von Ereignissen und Handlungen gekennzeichnet sind (vgl. Perich 1992, S. 95). Sie verändern in ihrer Folge durch eine fehlende lineare Ursache-Wirkungsbeziehung schließlich auch bestimmte Handlungen oder Ereignisse nachhaltig (vgl. Perich 1992, S. 95). Für die Beschreibung solcher Veränderungsverläufe werden deswegen zuweilen auch die Begriffe der Unstetigkeit, Turbulenz[60], Instabilität, Nichtlinearität oder Sprung verwendet (vgl. Zahn 1984, S. 22; Perich 1992, S. 95). Damit wird der relativ hohe Grad an Dynamik zum Ausdruck gebracht, der diskontinuierlichen Veränderungen allgemein zu Eigen ist (vgl. auch Ansoff 1979, S. 58ff.; Ansoff/McDonnel 1990, S. 13).[61] Diese Dynamik kann dabei als das wesentliche, besondere Kennzeichen der Diskontinuität gelten.

Das Phänomen der Diskontinuität lässt sich grundsätzlich in vielen Bereichen der Wissenschaft beobachten (vgl. etwa Nisbet 1972, S. 23). Die Spanne seiner Verbreitung reicht dabei von biologischen oder technischen Systemen bis hin zu Sozial- oder Wirtschaftssystemen (vgl. Zahn 1979, S. 119). Insbesondere auch für die wirtschaftswissenschaftliche Modell- und Theoriebildung sind Phänomene der Diskontinuität deswegen prinzipiell keine völlig neuen Problemstellungen. So beschäftigt sich etwa die wirtschaftshistorisch fundierte Konjunkturzyklentheorie schon seit langem mit den (diskontinuierlichen) Schwankungen von Wirtschaftsprozessen. Hierbei wurde festgestellt, dass sich die langfristige Wirtschaftsentwicklung nicht als linearer Wachstumspfad darstellt, sondern zyklisch verläuft

---

[60] Anderenorts wird Turbulenz im Gegensatz dazu als eine Folge von Wandel aufgefasst (vgl. Chakravarty 1997, Volberda 1998; siehe Gagsch 2002, S. 53ff. für eine differenziertere Betrachtung der Unschärfen zwischen beiden Begriffen). Verschiedene Turbulenzgrade finden sich auch schon bei Aldrich (1979, S. 73) sowie bei Perich (1992, S. 75) und D'Aveni (1999, S. 131), bei denen teilweise Diskontinuität nur einem bestimmten Grad der Turbulenz bezeichnet.

[61] Ansoff (1979, S. 79) sieht allerdings eine überraschende Umweltturbulenz („surprising environmental turbulence") als noch dynamischer an.

(vgl. Borchardt 1977, S. 160). Wirtschaftliche Impulse wie Innovationen oder die Investitionstätigkeit treten dabei schubweise auf, so dass es zu einem beständigen Wechsel zwischen Phasen des raschen Wachstums mit Phasen des verlangsamten Wachstums kommt. Diese fundamentale Zyklizität von Wandelabläufen wurde mit dem Begriff der „langen Wellen" umschrieben (vgl. z.B. Kondratieff 1926, Spiethoff 1955, Schumpeter 1961).[62] Wirtschaftlicher Wandel wird dabei als Vorgang modelliert, in dem Phasen der relativen Stabilität mit Phasen der relativen Instabilität abwechseln. In den Übergängen zwischen solchen Phasen können fundamentale Diskontinuitäten auftreten, bei denen der langfristige Entwicklungspfad der Wirtschaft abrupt verlassen wird und eine Rückkehr zu alten Entwicklungsmustern nach solchen Störungen längere Zeit dauert (vgl. auch Borchardt 1977, S. 155ff.).

Aber nicht nur die von einzelnen Wissenschaftsdisziplinen behandelten Realphänomene sondern auch die Wissenschaftsentwicklung selbst lässt sich – gerade bei dem Versuch ihrer historischen Rekonstruktion – in der Kategorie der Diskontinuität beschreiben (vgl. etwa Foucault 1995, Kuhn 1972, Lyotard 1986).[63] Dabei zeigen sich im Zeitablauf verschiedene Veränderungen des Wissens, bei denen sich die Typik des neuen Wissens nicht aus der vorausgegangenen ableiten lässt (vgl. Nisbet 1972, S. 20f.). Es sind also offensichtlich immer wieder radikale Diskontinuitäten in der Wissensentwicklung aufgetreten, die nicht vorhersehbar gewesen waren (vgl. auch Lyotard 1986, S. 172f.). Der Begriff der Diskontinuität wurde damit aus der Selbstbetrachtung der Wissenschaft heraus zu einer der ganz zentralen Grundkategorien der postmodernen Weltsicht (vgl. Welsch 1993, S. 188).[64] Denn erst in der Postmoderne konnten diskontinuierliche Entwicklungen in einer viel breiteren Front in das Bewusstsein der Menschen dringen, da nun im Gegensatz zu vorherigen Zeitaltern aus erkenntnistheoretischen Gründen radikale Diskontinuitäten besser gedacht und abgebildet werden konnten (vgl. Boysen 2002, S. 97). Entscheidend ist schließlich dabei die postmoderne Erkenntnis, dass in der Diskontinuität vollständige Differenz und gleichzeitige Abhängigkeit der

---

[62] Daneben existieren auch so genannte kurze Wellen in einem Zyklus von vier bis sieben Jahren, die im Wesentlichen auf psychologischen Faktoren beruhen sollen, während die langen Wellen im Zyklus von vierzig bis sechzig Jahren vorwiegend durch technischen Fortschritt hervorgerufen werden und statt reinen konjunktureller Schwankungen Intensivierungen des wirtschaftlichen Fortschritts bedeuten (vgl. Ulrich 1994, S. 12). Von einem Wandel im Sinn der Diskussion zum organisationalen Wandel (vgl. Kapitel 4) kann bei allen Wachstumskurven und Konjunkturdarstellungen nach Ansicht von Ulrich (1994, S. 12) nur dann die Rede sein, wenn es sich um einen Trendbruch oder eine Trendumkehr des Wachstumspfads handelt bzw. mit anderen Worten eine wesentliche Änderung bei den Wachstumsursachen eingetreten ist.

[63] Schwan (2003, S. 8) bezeichnet z.B. auch den Entwicklungsverlauf der Organisationslehre und -praxis als diskontinuierlich.

[64] Jedoch haben schon die Vordenker der Moderne wie Durkheim und Weber erkannt, dass zahlreiche (soziale) Veränderungen nicht Resultate kontinuierlich-emergenter, sondern diskontinuierlicher Prozesse sind (vgl. ausführlicher Nisbet 1972, S. 24f.).

von ihrer veränderten Phänomene oder Entitäten herrschen. So ist das diskontinuierlich Veränderte nur in, durch und mit dem bisher Kontinuierlichen zu denken,
auch wenn sich beides diametral gegenüber steht (vgl. auch Nisbet 1972, S. 23ff.).
Im Prozess der Konstituierung des Neuen im Rahmen von Diskontinuitäten bedingen sich Differenz und Abhängigkeit also gegenseitig (vgl. Boysen 2002, S.
98). Eine differenzierte Analyse der Diskontinuität hat damit das Alte und das
Neue immer als aufeinander bezogen zu denken und seine immanente Dialektik
zu rekonstruieren. Dabei ist die Diskontinuität als Form der Veränderung immer
auch in Beziehung zur Stabilität bzw. Kontinuität zu sehen und eine mögliche
Kontinuität in der Diskontinuität mitzubedenken.

3.2 Anzeichen und Ursachen von Diskontinuitäten

Obwohl sich Diskontinuitäten nachweislich in den verschiedensten Realsystemen
zeigen, sind sie lange Zeit wenig erforscht worden (vgl. Zahn 1979, S. 124; Becker 1998, S. 147). Dies mag vor allem daran liegen, dass sie im Wesentlichen als
externe, stochastische Phänomene und somit als zufällig auftretende und nicht be-
einflussbare Störgrößen aufgefasst wurden (vgl. Zahn 1979, S. 124).[65] Die Frage
nach ihrer Kausalität stellte sich aufgrund dieser kategorialen Einordnung vermutlich lange nicht.[66] Der Charakter von Diskontinuitäten erschwert den Zugang zu
ihrer Erforschung allerdings auch in einem nicht unerheblichen Maß (vgl. Nishi-
da/Doshita 1987, S. 643). Denn in Fällen diskontinuierlicher Entwicklungen ist
das so genannte Prinzip der starken Kausalität, wonach ähnliche Ursachen auch
zu ähnlichen Wirkungen führen, offenbar außer Kraft gesetzt (vgl. Zahn 1984, S.
22).[67] Damit erweist sich die Bestimmung von Anzeichen und Ursachen auftre-
tender Diskontinuitäten als einigermaßen schwierig. Dennoch bedeutet das plötzliche Auftreten von Diskontinuitäten nicht, dass sie völlig unangekündigt erscheinen (vgl. auch Nisbet 1972, S. 23). Vielmehr besitzen sie eine Vorgeschich-

---

[65] Becker (1998, S. 147) macht beispielsweise für die Soziologie noch weitere Gründe für die
lange Vernachlässigung von diskontinuierlichen Veränderungen geltend. So spricht er von
ideologischen Barrieren (Positivismus), Mangel an verfügbaren Daten und Grenzen in der
Analysetechnik (Vernachlässigung von langfristigen Effekten).

[66] Eine andere Form des Umgangs mit Diskontinuitäten ist ein analytischer Zugang der diskontinuierliche Veränderungen einfach als schnell verlaufende kontinuierliche Veränderungen
modelliert (vgl. Nishida/Doshita 1987, S. 643).

[67] Eine Erkärung des Phänomens von Unternehmensdiskontinuitäten in einem strengen kausal-
analytischen Sinn erscheint damit einigermaßen fraglich. Zu sehr würde dadurch eine rein
strukturfunktionalistische Erklärung entstehen, die der Dualität von Strukturen und Handlungen nicht gerecht wird. So geben etwa Küpper/Felsch (2000) im Zusammenhang mit der
Frage des Institutionenwandels zu bedenken, dass ein reines Denken in Kausalkategorien
den Blick für Kontingenzen von Entwicklungsprozessen verstellt, die die Folge einer teilweisen Autonomie von individuellen oder kollektiven Akteuren sind. Die damit oft verbundene
Fokussierung auf den handlungsbeschränkenden Charakter von Systemen lässt die Hand-
lungspotentiale und -prozesse sowie die Relationen zwischen den Akteuren aus dem Blick
geraten. Die eingangs beabsichtige Flankierung des evolutionären Theorieelements für das
integrative Modell des diskontinuierlichen Unternehmenswandels durch entsprechende mikropolitische Elemente (vgl. Kapitel 2.4) ist deswegen vor diesem Hintergrund besonders ge-
rechtfertigt.

te, in deren Verlauf sie häufig undeutliche Anzeichen (so genannte „schwache Signale")[68] abgeben (vgl. Zahn 1984, S. 59). Somit lassen sich aus der sorgfältigen Analyse diskontinuierlicher Entwicklungen in der Vergangenheit durchaus gewisse Rückschlüsse auf mögliche kausale Ursachen ziehen. Da nun vermutet wird, dass Diskontinuitäten aus einer erhöhten Variabilität von Systemkonstellationen und aus dem Auftreten neuartiger überraschender Momente resultieren (vgl. Zahn 1984, S. 21), lässt sich schlussfolgern, dass sie sich in bestimmten Anzeichen der Systemkonstellation manifestieren. Bei einer Suche nach Anzeichen von Diskontinuitäten sind deswegen insbesondere Momente der erhöhten Variabilität eines Systems aufschlussreich, da sie eher als das Auftreten überraschender Effekte erkannt werden können.

Nach Zahn (1979, S. 119) lassen sich folgende drei mögliche Fälle von solchen Anzeichen diskontinuierlicher Entwicklungen unterscheiden:

- Wichtige Systemvariablen überschreiten gewisse Akzeptanzschwellen: Dabei wird die stetige Entwicklung eines Unternehmens zu einem ganz bestimmten Zeitpunkt durch das Über- oder Unterschreiten kritischer Werte unterbrochen.

- Es treten Übergangsphasen auf, in denen eine Form der Ordnung durch eine andere Form ersetzt wird: Die Ablösung der bisherigen Ordnung im Unternehmen lässt sich dabei häufig nicht reibungslos realisieren, da die Ausgestaltung der neuen Ordnung zumeist noch erhebliche Spielräume aufweist.

- Bestimmte Problemsituationen erzeugen Ratlosigkeit und Verwirrung: Dabei entstehen Zweifel und Verständnisschwierigkeiten, die einen Kontrollverlust nach sich ziehen können.

Für eine genauere Diagnose von Anzeichen diskontinuierlicher Entwicklungen ist es dabei notwendig, nach den Wendepunkten von (wirtschaftlichen) Entwicklungen Ausschau zu halten (vgl. Strebel 1990, S. 435). An solchen Wendepunkten wechselt eine Entwicklung mit steigender Wachstumsintensität entweder zu einem Aufschwung oder mit sinkender Wachstumsintensität zu einem Abschwung. Die Indikatoren eines Aufschwungs beinhalten üblicherweise neue Anreize, die die bisherigen Wachstumstreiber erweitern oder ersetzen (vgl. Strebel 1990, S. 435). Die Indikatoren eines Abschwungs umfassen hingegen Grenzen, die solche Wachstumstreiber in ihrer Wirkung dämpfen oder blockieren (vgl. Strebel 1990, S. 435). Diese Wendepunkte können einen entscheidenden Einfluss auf die Entwicklung von Unternehmen ausüben. Diskontinuitäten ergeben sich für einzelne

---

[68] Ein von Ansoff im Rahmen der präskriptiven Strategielehre geprägter Begriff für Informationen, die für eine vollständige Einschätzung einer Situation als Chance oder Risiko und die daraus resultierenden Konsequenzen für die Strategie nicht ausreichen (vgl. Becker 1996, S. 76; sowie Ansoff 1976, 1981).

Unternehmen vor allem dann, wenn sie sich den allgemeinen wirtschaftlichen Veränderungstendenzen an solchen Wendepunkten zu widersetzen versuchen (vgl. Strebel 1990, S. 437).

Für das Auftreten von unternehmensbezogenen Diskontinuitäten können als nächstes verschiedene Ursachen verantwortlich gemacht werden. Bei der Differenzierung solcher Ursachen unterscheidet Zahn (1979, S. 119) dabei zunächst grob zwischen externen und internen Ursachen von Diskontinuitäten:

- **Externe Ursachen** von Diskontinuitäten liegen in abrupten Änderungen der Umwelteinflüsse begründet.

- **Interne Ursachen** sind auf disproportionale Erscheinungen im Unternehmen selbst zurückzuführen.

Als typische Beispiele für externe Ursachen von Diskontinuitäten gelten unvermutete Erfindungen und Entdeckungen, Entwicklungssprünge bei Technologien, plötzliche auftretenden Ressourcenknappheiten, Währungsturbulenzen oder veränderte rechtliche Rahmenbedingungen (vgl. u.a. Drucker 1969, S. 15ff.; Macharzina 1984, S. 5; Zahn 1984, S. 20; Strebel 1990, S. 435; Kaplan/Foster 2001, S. 45). Interne Ursachen von Unternehmensdiskontinuitäten resultieren dagegen aus verspäteten Anpassungsreaktionen, überhasteten Strategiewechseln, Gratwanderungen im unternehmerischen Entscheidungsverhalten, Situationen der Ambivalenz und Konfusion oder Starrheiten der Unternehmenskompetenzen (vgl. Zahn 1984, S. 25 u. 38f.; Prahalad 1998, S. 14). Damit ist jedoch zunächst nur eine Reihe Einflussfaktoren benannt, die potenziell zu Diskontinuitäten führen können. Warum und wie diese Faktoren Diskontinuitäten genau auslösen, ist bislang nicht ausreichend geklärt. Ferner wird hierbei offensichtlich angenommen, dass Diskontinuitäten beim Vorliegen dieser Faktoren quasi zwangsläufig entstehen. Strebel (1990, S. 436ff.) vermutet hingegen, dass nur bestimmte Konstellationen im Kräftespiel zwischen Veränderungs- und Beharrungstendenzen als Ursache für das Auftreten von Diskontinuitäten anzusehen sind. Diskontinuitäten würden sich demzufolge nicht quasi naturgesetzlich im Fall des Vorliegens bestimmter Variablenveränderungen ergeben, sondern nur im Fall einer ganz bestimmten Konstellation von Entwicklungstendenzen bzw. aus deren Nettoeffekt heraus auftreten.

Kompliziert wird die Suche nach den Ursachen von Diskontinuitäten zusätzlich durch dem Umstand, dass falsche Reaktionen auf erste Anzeichen diskontinuierlicher Entwicklungen selbst zum Auslöser für weitaus größere (Folge-)Diskontinuitäten werden können. Dies kann etwa dadurch geschehen, dass statt Ursachen nur die Symptome von Fehlentwicklungen bekämpft werden und so das Ausmaß der sich abzeichnenden Krise letztendlich noch verschärft wird (vgl. Zahn 1979, S. 120). Ebenso können hoch riskante Strategien zur proaktiven Bewältigung von drohenden Veränderungen zu einer ungewollten Diskontinuität führen. Vor diesem Hintergrund erscheint es zudem nicht unplausibel, dass Diskontinuitäten auch durch ihre versuchte Antizipation potentiell selbst erzeugt oder wenigstens verstärkt werden können. Aufgrund der erheblichen Unsicherheit in der Bestimmung ihrer Ursachen können jedenfalls strenge Gesetzmäßigkeiten im Sinn der Naturwissenschaft auf Diskontinuitäten wohl nicht sinnvoll angewendet werden (vgl. Kunz 2002, S. 13f.). Damit bleibt die Vorhersage von möglichen Diskontinuitäten nach wie vor außerordentlich schwierig (vgl. Zahn 1984, S. 21; Kaplan/Foster 2001, S. 55).

3.3 Formen der Unternehmensdiskontinuität

Diskontinuitäten weisen nicht nur zahlreiche mögliche Anzeichen und Ursachen auf, sondern sie können auch in unterschiedlichen Formen auftreten. Im Zusammenhang mit dieser Arbeit interessieren dabei vorrangig die möglichen Ausformungen unternehmensbezogener Diskontinuitäten näher. Gemäß der analytisch häufig vorgenommenen Trennung zwischen Unternehmen und Umwelt[69] und der zuvor dargestellten Differenzierung in intern und extern verursache Diskontinuitäten[70] können nach Kunz (2002, S. 14ff.) dabei zwei grundlegende Formen der Unternehmensdiskontinuität unterschieden werden:

- Diskontinuitäten im Umfeld von Unternehmen

- Diskontinuitäten im Unternehmen

Dabei ist beiden Formen gemeinsam, dass sie eine bedeutsame handlungsbezogene Herausforderung für Unternehmen darstellen. Die konkreten Handlungsmuster des Umgangs mit solchen Diskontinuitäten können freilich höchst unterschiedlich sein, wie noch später zu zeigen sein wird.[71] Ferner können diese Formen der Unternehmensdiskontinuität sowohl in einer positiven wie in einer negativen Ausprägung vorliegen (vgl. auch Zahn 1979, S. 119; sowie Ansoff 1976, S. 129): Als positive Diskontinuitäten sind dabei Fortschritte wie z.B. Wachstumsschübe, Gewinnsprünge oder Innovationsrevolutionen anzusehen. Negative Diskontinuitäten bestehen dagegen in Krisen wie z.B. Liquiditätsengpässe, Umsatzeinbrüche oder massive Personalreduktionen.

3.3.1 Diskontinuität im Umfeld von Unternehmen

Das Umfeld von Unternehmen gilt vielen Autoren als eine der hauptsächlichen Quellen von Diskontinuität. Denn große Veränderungen im industriellen Umfeld sind in der Regel eng verbunden mit dem Auftreten von Diskontinuitäten für die in diesem Umfeld operierenden Unternehmen (vgl. Nadler/Tushman 1995b, S.

---

[69] Dies stellt eine für die Wandeldiskussion typische Vorgehensweise dar (vgl. z.B. Gagsch 2002, S. 7ff.).

[70] Diese Einteilung folgt der generellen Unterscheidung von extern und intern verursachtem Wandel (vgl. etwa Staehle 1999, S. 905; Bronner/Schwaab 1999, S. 23; siehe Kapitel 4.4).

[71] Vgl. Kapitel 3.5. Die Differenzierung der Handlungsmöglichkeiten hängt jedoch nicht notwendigerweise von der Form der Unternehmensdiskontinuität ab.

22). Aus diesem Grund finden sich in der Literatur zahlreiche, teilweise schon vor einer Reihe von Jahren entworfene Darstellungen zu den diskontinuierlichen Umweltveränderungen, die in ihren Auswirkungen mehr oder weniger detailliert auf Unternehmen bezogen werden.[72] So hat der amerikanische Managementexperte Peter F. Drucker bereits 1969 bei seiner Prognose der zunehmenden Entwicklungsdynamik folgende vier zentrale Bereiche von umweltbezogenen Diskontinuitäten identifiziert (vgl. Drucker 1969, S. 7ff.):[73]

- **Technische Diskontinuitäten:** Sie beruhen auf dem Auftreten neuer Technologien und daraus entstehender Industriezweige, die etablierte Unternehmen und Industrien überholen. Diese Technologieschübe werden dabei wesentlich von den Erkenntnisfortschritten verschiedener Wissenschaftsdisziplinen getragen.[74]

- **Wirtschaftliche Diskontinuitäten:** Sie entstehen durch das Aufkommen einer Weltwirtschaft mit einem einheitlichen Markt, in der gleiche Informationen weltumspannend gleiche Wünsche, Ziele und Bedürfnisse hervorbringen. Da jedoch entsprechende Steuerungs- und Regulierungskonzepte für eine globale Wirtschaft fehlen, kommt es zu ungleichen wirtschaftlichen Entwicklungen, die sich in zwischenstaatlichen Konflikten entladen.

- **Institutionelle Diskontinuitäten:** Sie zeigen sich im fundamentalen Wandel der politischen Grundstruktur des sozialen und wirtschaftlichen Lebens mit einer Pluralität von Institutionen. Dabei werden alle gesellschaftlichen Aufgaben großen Institutionen anvertraut. Dieses rasche institutionelle Wachstum erzeugt jedoch auch Ablehnung und Kritik, wodurch die Legitimität dieser Institutionen unterhöhlt wird und ihren abrupten Zusammenbruch herbeiführen kann.

- **Ressourciale Diskontinuitäten:** Sie entstehen dadurch, dass Wissen zur zentralen Unternehmensressource und damit sowohl zum Hauptkapital wie auch zum Hauptkostenfaktor wird. Diese neue Bedeutung des Wissens verändert in radikaler Weise die Arbeitswelt, die Ausbildung und die Politik.

Die inzwischen mehr als dreißig Jahre alten Aussagen von Drucker haben bis heute erstaunlicherweise nur wenig an Aktualität eingebüßt. Sie lassen sich ledig-

---

[72] Dies entspricht der in der Diskussion zum organisationalen Wandel häufig vorzufindenden Vorstellung, dass Veränderungen in den externen Kopplungen eines Unternehmens die Auslöser für interne Veränderungen als Konsequenz der veränderten Umweltkopplung bilden (vgl. etwa Krüger 1994b, S. 204ff.)

[73] Die Ausführungen von Drucker waren dabei nach Becker (1996, S. 65) ein wichtiger Impuls für die präskriptiven Strategietheorien von H. I. Ansoff (vgl. z.B. Ansoff 1979) und haben so auch das Strategische Management und die Planungslehre beeinflusst.

[74] Deren diskontinuierlich verlaufende Wissensentwicklung wurde bereits zuvor erwähnt (vgl. Kapitel 3.1). Es scheinen sich hierdurch – folgt man Druckers Auffassung – gleich geartete externe Effekte für Unternehmen zu ergeben.

lich um zahlreiche Entwicklungen im Detail erweitern. Diese hängen vor allem mit den mittlerweile realisierten technischen Entwicklungen und der immer weiter zunehmenden Globalisierung der Ökonomie zusammen, die aber in ihrem Kern schon von Drucker angesprochen worden sind. Vor dem Hintergrund einer zunehmend globalisierten und vernetzten Wirtschaft entwirft knapp 30 Jahre später Prahalad (1998) ein etwas differenziertes Bild der umweltbezogenen Diskontinuitäten und ihrer unternehmensbezogenen Konsequenzen. Er identifiziert und beschreibt dabei die folgenden acht Diskontinuitäten als Teil einer grundlegend neuen Wirtschaftsstruktur (vgl. Prahalad 1998, S. 14ff.):

- **Globalisierung:** Asymmetrische Wachstumsentwicklungen in verschiedenen Industriezonen der Welt führen zu dramatischen Kapital- und Ressourcenverschiebungen in den zunehmend multinational agierenden Unternehmen. Dies hat nachhaltige Veränderungen etwa in der Produktentwicklung, dem Human-Ressourcen-Management, der Personalstruktur oder der Kompetenzkonfiguration von Unternehmen zur Folge.

- **Deregulierung und Privatisierung:** Die fortschreitenden Prozesse der Entmonopolisierung und Liberalisierung verschiedenster Branchen führen zu veränderten Wettbewerbsbedingungen und verschärfen in der Folge den Zwang zu globalem Agieren. Deregulierte Unternehmen können sich dabei nicht länger auf lokale Märkte beschränken, sondern sind zur Expansion auch durch verstärkte Fusionen und Übernahmen gezwungen. Dies hat signifikante Veränderungen in den Strukturen der jeweiligen Branchen zur Folge und erzeugt nachhaltige makroökonomische Effekte.

- **Volatilität:** Die zunehmenden Schwankungen in der Nachfrage und die immer schneller auftretenden Trendänderungen in den Konsumgewohnheiten und Geschmacksmustern der Verbraucher verkürzen den Produktlebenszyklus und erzeugen einen hohen Innovationsdruck. Dies zwingt Unternehmen zu einer immer weitreichenderen Flexibilisierung ihrer Produktion und der grundlegenden Neugestaltung von Lieferanten- und Kundenbeziehungen.

- **Konvergenz:** Bislang getrenntes intellektuelles Kapitel muss für innovative Produkte auf intelligente Weise integriert werden. Dieses Vorgehen verlangt dabei ganz neue Formen des Managements. Darüber hinaus führt die fortschreitende Digitalisierung der Geschäftswelt zu neuen Herausforderungen, die dadurch zur Verfügung stehenden Informationstechnologien auch produktiv zu nutzen.

- **Branchenverschmelzung:** Bedingt durch die zuvor angesprochene Technologie- und Produktkonvergenz verändern sich die Abgrenzungen zwischen einzelnen Industriezweigen. Zuvor scharf getrennte Branchen wachsen mehr und mehr zusammen. Dabei entstehen völlig neue Ansatzpunkte für Geschäftschancen. Damit wird es zunehmend schwerer, relevante Konkurrenten zu identifizieren, viel versprechende Strategien zu entwerfen oder zukünftige Entwicklungsverläufe zuverlässig zu bestimmen.

- **Standardisierung:** Neue Industriezweige bringen immer wieder völlig neue Standards in wachsenden Märkten hervor. Dabei kann die aufwendige und teure Koexistenz unterschiedlicher Standards nach einiger Zeit rasch durch eine einzelne Problemlösung abgelöst werden. Dadurch entstehen ganz erhebliche Unsicherheiten, die Unternehmen zu einer verstärkten Zusammenarbeit zwingen und zudem komplexe Arrangements aus kooperativen und wettbewerblichen Elementen hervorrufen.

- **Disintermediation:** In den meisten Industriezweigen nimmt die Distanz zwischen dem Hersteller und dem Verbraucher immer mehr ab. Dies führt zu einer verkürzten Vertriebskette und neuen Vertriebswegen, wodurch sich gleichzeitig die Kostenstrukturen von Unternehmen nachhaltig verändern. Ferner entstehen dadurch auch gravierende Folgen für Produktbearbeitung oder die Lagerhaltung.

- **Ökosensitivität:** Die gestiegene Sensibilität für Umweltfragen führt zu einer veränderten Einstellung von Unternehmen gegenüber ökologischen Aspekten der Unternehmensführung. Der Standpunkt einer reinen Befolgung von Umweltstandards weicht dabei mehr und mehr der Einsicht in die zunehmenden Geschäftschancen von Umweltschutzaspekten.

Diese einzelnen, zuvor beschriebenen Diskontinuitäten ergeben zusammengenommen die so genannte „New Economy", d.h. die neue Wirtschaftsordnung der heutigen Zeit (vgl. Prahalad 1998, S. 18).

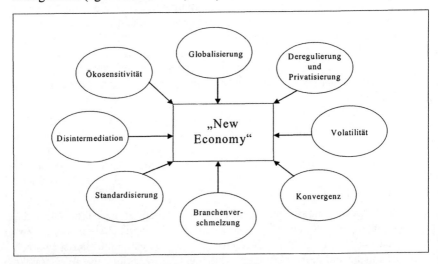

Abbildung 6: Die acht Diskontinuitäten der New Economy (vgl. Prahalad 1998, S. 17)

In einer etwas anderen Weise beschreibt der Soziologe Richard Sennett zur selben Zeit die Diskontinuität als Muster der Transformation des westlichen Wirtschaftssystems vom industriellen zum flexiblen Kapitalismus (vgl. Sennett 1998, S. 10). Die wesentlichen Charakteristika dieses flexiblen Kapitalismus sind (vgl. Sennett 1998, S. 59ff.):

- **Der diskontinuierliche Umbau von Institutionen:** Dies bedeutet den Abbau traditioneller Hierarchien. Unternehmen werden mehr und mehr in dezentralisierten, lockeren Netzwerken organisiert (vgl. Sennett 1998, S. 60). Dabei wird eine stetige Effizienzsteigerung durch professionell unterstütze Reengineeringprozesse erzielt, bei denen die festen Bindungen von Unternehmensbelegschaften aufgelöst werden.

- **Die flexible Spezialisierung der Produktion:** Sie ersetzt die feste und andauernde Bindung an eine genau definierte Produktpalette durch eine kurzfristige und schnell revidierbare Nischenstrategie. Die Hochtechnologie macht dabei eine jederzeitige Produktionsänderung möglich. Dadurch unterliegen die Aufgaben der Arbeitnehmer einem ständigen und abrupten Wechsel (vgl. Sennett 1998, S. 65).

- **Die Konzentration der Macht ohne Zentralisierung:** Dies meint den Abbau überkommener Machstrukturen. Entscheidungskompetenzen werden dabei auf untere Ebenen verlagert, in denen weitgehend selbständige Teams agieren. Gleichzeitig wird die Leistungserstellung örtlich verteilt und die Arbeitszeit flexibilisiert bis schließlich ein Mosaik individueller Zeitpläne ohne kommunikative Ausrichtung entsteht (vgl. Sennett 1998, S. 72). Damit wird die Macht der Konzernleitungen und Managementeliten jedoch nicht weniger, sondern lediglich unpersönlicher und abstrakter. Die Überwachung und Kontrolle durch Personen in Form der Vorgesetzten verliert an Bedeutung und wird durch elektronische Überwachungsformen ersetzt.

Sennett schlägt mit seinen Merkmalen der Diskontinuität damit einen etwas weiteren Bogen zwischen Veränderungen in der Form der Unternehmensorganisation und der Arbeitswelt und spezifiziert auch einzelne Folgen für die Beschäftigten. Die neue Wirtschaftsordnung ergibt sich seiner Ansicht nach aber eher durch einen grundlegenden Wechsel in der Wirtschaftsform moderner Gesellschaften als durch einzelne Trends im Wirtschaftssystem selbst.

Kaplan/Foster (2001, S. 13) machen schließlich folgende Faktoren für die von ihnen beschriebenen „Stürme der Diskontinuität" in modernen Wirtschaftssystemen[75] verantwortlich:

---

[75] Sie beziehen sich bei ihrer Analyse allerdings ausschließlich auf das amerikanische Wirtschaftssystem. Durch die Angleichung der Strukturprinzipien anderer Wirtschaftsysteme an amerikanische Verhältnisse dürfen ähnliche Entwicklungen aber dann auch dort verstärkt erwartet werden.

- Die **erhöhte Effizienz der Geschäftstätigkeit** durch dramatisch gesunkene Kapitalkosten. Der Umbau moderner Volkswirtschaften zur Dienstleistungsökonomie führte zu geringeren Transaktionskosten. Diese Kosten werden vor allem durch die Informationstechnologie und die ständig steigende Arbeitsproduktivität verringert.

- Die **erhöhte Effizienz der Kapitalmärkte** durch die gestiegene Genauigkeit und Transparenz der Daten zur Unternehmensperformance.

- Die **erhöhte Zahlungsfähigkeit der Unternehmen** durch eine verbesserte Unternehmensprofitabilität und eine breitere Eigenkapitalbasis.

- Die **erhöhte Wirkung des Finanzmanagements** durch das effektive Federal Reserve System und reduzierte Unternehmenssteuern.

Diese Faktoren ermöglichten ihrer Ansicht nach in den USA den raschen Aufbau von riesigen Unternehmensimperien wie etwa der Firma Microsoft genauso wie die rasante Zerstörung von altehrwürdigen Finanzinstitutionen wie der East River Savings Bank in der jüngsten Vergangenheit (vgl. Kaplan/Foster 2001, S. 14 u. 25ff.). Kaplan/Foster sehen dabei vor allem fundamentale finanzwirtschaftliche Kräfte als ursächlich für die diskontinuierliche Veränderung der (us-amerikanischen) Unternehmenslandschaft an. Aufgrund einer weitgehenden Aufhebung von Beschränkungen erzeugt vor allem der (immer weniger regulierte) Markt als Koordinationsmechanismus von wirtschaftlichen Leistungen eine zunehmende Diskontinuität (vgl. Kaplan/Foster 2001, S. 4f.). Er gibt das immer höhere Tempo und das größere Ausmaß des Wandels vor, dem Unternehmen dann zwangsläufig folgen müssen (vgl. Kaplan/Foster 2001, S. 60; sowie ähnlich Pascale et al. 2002, S. 25).

3.3.2 Diskontinuität im Unternehmen

Die zweite Form von Unternehmendiskontinuitäten stellen solche Diskontinuitäten dar, die im Unternehmen selbst auftreten. Sie können als rasche Reaktion auf einen lange aufgestauten Problemdruck verstanden werden (vgl. Kunz 2002, S. 16). Dabei wird eine längst überfällige Veränderung schlagartig vollzogen. Diese Transformation führt dabei im Extremfall auch zu einer völlig veränderten Identität des Unternehmens (vgl. Perich 1992, S. 95; Shaw 1995, S. 73). Sichtbar werden diese Diskontinuitäten vielfach in Entwicklungssprüngen von zentralen Leistungs- und Erfolgsgrößen von Unternehmen (vgl. Zahn 1979, S. 119). Dabei stellen oftmals Unternehmenskrisen die Katalysatoren solcher Entwicklungen dar, bei denen sich sehr rasch viele zentrale Variablen ändern. Solche internen Unternehmensdiskontinuitäten können in einer passiven wie auch in einer aktiven Form vorliegen. Zum einen ist es möglich, dass Unternehmen die Diskontinuierung ihrer Tätigkeiten und Strukturen als Reaktion auf eingetretene Entwicklungen betreiben müssen. Beispiele hierfür sind Sanierungs- und Turnaround-Fälle oder das Venture-Management (vgl. Zahn 1984, S. 25). Daneben werden zunehmend Inno-

Innovationsrevolutionen beobachtet, mit denen sich verlorenes Terrain auf um-kämpften oder stagnierenden Märkten wieder zurückerobern lässt (vgl. ausführ-lich Hamel 2001a).

Zum anderen können Unternehmen durch eine eigene, selbstinitiierte Diskontinu-ierung eine Vorreiterrolle in ihrer Branche übernehmen und damit verbundene strategische Vorteile nutzen. Gleichzeitig können hierdurch (externe) Diskonti-nuitäten im industriellen Umfeld und damit gegenüber ihren direkten Konkurren-ten hervorgerufen werden. Diese aktive Form der Diskontinuität findet sich je-doch im Vergleich zu der reaktiven Form wohl eher selten. Und wenn überhaupt geschieht eine aktive Diskontinuierung oft nur durch neu in den Markt eintretende Unternehmen. So lässt sich etwa empirisch nachweisen, dass Branchenneulinge immer mehr eine dominante Position übernehmen. In einer Umfrage des Gallup-Instituts („Competition 2000"; zitiert nach Hamel 2001a, S. 23) antworteten 60% von insgesamt 500 befragten CEOs, dass Neueinsteiger in den letzten Jahren die Branchenveränderungen ihrer jeweiligen Industriezweige am besten zu nutzen gewusst haben. Ferner wurde von 62% der Befragten ausgesagt, dass dieser Er-folg vor allem durch eine Veränderung der Branchenspielregeln und nicht durch eine bessere Umsetzung erzielt wurde. Offenbar gelingt es diesen neuen Unter-nehmen eher, die Grundlagen der Geschäftstätigkeit in einer Branche diskontinu-ierlich zu verändern.

Insgesamt verweisen diese Befunde aber auch auf den entscheidenden Umstand, dass das einzelne Unternehmen nie losgelöst von seinem eigenen industriellen Umfeld betrachtet werden kann. Diskontinuitäten sind vor dem Hintergrund des „Eingebettetseins" von Unternehmen in ein jeweils spezifisches Umfeld und ei-nen globalen Kontext also in zweierlei Hinsicht zu sehen (vgl. Kunz 2002, S. 17): Zum einen können Diskontinuitäten des Umfelds nachhaltig das Verhalten ein-zelner Industrieteilnehmer bestimmen. Zum anderen können wiederum diskonti-nuierliche Veränderungen eines Teilnehmers das Verhalten des ganzen Industrie-zweigs beeinflussen. Eine exakte Trennung zwischen externen und internen Un-ternehmensdiskontinuitäten ist damit lediglich aus analytischen Gründen möglich und sinnvoll, denn in der Unternehmensrealität bedingen und ergänzen sich hin-gegen beide Formen gegenseitig.[76] Dieses Wechselspiel stellt ein so genanntes „Adaptions-Reaktions-Gefüge" mit zirkulären Wirkungsbeziehungen dar, wie es für den Umweltzusammenhang von Unternehmen generell typisch ist (vgl. auch Ulrich/Probst 1995, S. 50; Gagsch 2002, S. 24). Aufgrund dieses Interaktionszu-sammenhangs können Veränderungen in der Umwelt zu Veränderungen im Un-ternehmen führen, die wiederum Veränderungen in der Umwelt bewirken (vgl.

---

[76] So verweist auch Staehle (1999, S. 905) darauf, dass eine Aufteilung von Prozessen des Wandels in extern induzierte und intern induzierte Formen rein analytischer Natur ist und in der Praxis stets Mischformen auftreten.

Zahn 1984, S. 20).[77] Eine integrative Analyse von Unternehmensdiskontinuitäten hat diesen Umstand deswegen auch in angemessener Weise zu reflektieren. Was dabei allerdings Ursache und Wirkung bzw. Ausgangs- und Endpunkt bildet, lässt sich schwerlich entscheiden. Dies macht die Notwendigkeit einer Abkehr von einem rein linearen Denken im Kontext von Unternehmensdiskontinuitäten aber erneut deutlich.

3.4 Verläufe und Auswirkungen von Diskontinuitäten

Auch wenn Diskontinuitäten generell von einer hohen Wandeldynamik gekennzeichnet sind, können sie dennoch völlig verschiedenartig verlaufen und so jeweils andere Auswirkungen nach sich ziehen. Diese Unterschiede können durch unterschiedliche Szenarien abgebildet werden. So unterscheidet Strebel (1990, S. 438f.) vier mögliche Szenarien von Diskontinuität, abhängig von dem zugrunde liegenden Kräftespiel zwischen Widerstands- und Trägheitskräften[78] und dem aufgetretenen Veränderungsdruck[79]:

- **Konversion:** Hierbei wird eine breit angelegte Diskontinuität dadurch weitgehend vermieden, dass sich Status-quo-Kräfte in Kräfte der Veränderung verwandeln. Sie passen sich dem herrschenden Veränderungsdruck allmählich an und reduzieren so das Ausmaß der Veränderung auf erträgliche Dimensionen. Die Diskontinuität fällt somit relativ klein aus und erzeugt nicht so traumatische Folgen. Als typisches Beispiel führt Strebel den aufkommenden Markt für Generika an. Pharmazeutische Großunternehmen ließen sich trotz anfänglichen Widerstands von der Notwendigkeit der Herstellung von Generika überzeugen, da kleinere Firmen mit ablaufenden Patenten von Medikamenten schnelle und leicht realisierbare Profite erzielten. Nach einigen Fehlstarts waren schließlich auch große Pharmaunternehmen mit generischen Ergänzungsprodukten erfolgreich.

- **Konquisition:** Steigender Veränderungsdruck wird in diesem Fall mit steigendem Veränderungswiderstand beantwortet. Dabei wird versucht, die inneren Veränderungsbestrebungen gegenüber den äußeren Veränderungstendenzen auszuspielen. In diesem Szenario reicht der Veränderungsdruck nicht aus, um große Strukturbrüche einzuleiten. Betroffenen Unternehmen ist es möglich, dem Veränderungsdruck auszuweichen oder sich ihn für die

---

[77] Vgl. für eine Untersuchung der Rückkopplung von Unternehmenswandel auf die Makroökonomie etwa Thesmar/Thoenig (2000).

[78] Ähnlich äußert sich auch Gebert (2000, S. 22), der das Wechselspiel von Stabilisatoren und Destabilisatoren als ursächlich für die Diskontinuität von Wandelverläufen ansieht. Siehe zudem auch das Fallbeispiel von Sears bei Pascale et al. (2002, S. 50ff.), das solche antagonistischen Kräfteverhältnisse der Bewahrung und Transformation im Wandel und ihre Konsequenzen anschaulich illustriert.

[79] Meyer/Heimerl-Wagner (2000) konzipieren diese Kräftekomponente in einer systemtheoretischen Fassung von Wandel beispielsweise als Umweltdruck.

Erhaltung des Status quo zunutze zu machen. Als Beispiel für solche Taktiken der Vermeidung und des Ausweichens führt Strebel ebenfalls Fälle aus der Pharmaindustrie an, bei denen Einfluss auf die Gesetzgebung genommen wurde. Durch den Einsatz von Expertenmacht und die Erzeugung von politischem Druck wurde dabei die Einführung von bestandsgefährdenden Konkurrenzprodukten eingeschränkt oder unterdrückt.

- **Kapitulation:** Die Konfrontation zwischen Status-quo-Kräften und Veränderungskräften wird hier durch eine plötzliche Aufgabe der Gegenwehr von Beharrungsbestrebungen entschieden. Der zunehmende Veränderungsdruck überwindet den Widerstand an einem gewissen Punkt ganz überraschend. Die Systembedingungen ändern sich damit schlagartig in fundamentaler Weise. Der hartnäckige und anhaltende Widerstand der Beharrungskräfte resultiert in einer besonders einschneidenden Veränderung der Systembedingungen. Unternehmen, die sich der Veränderung entgegenstellen sehen sich einem Wandel unter anhaltend sinkender Performance gegenüber. Diese Form von Diskontinuität führt deswegen häufig zu einem von den Shareholdern initiierten Managementwechsel oder einem Verkauf des Unternehmens an erfolgreichere Konkurrenten.

- **Kollaps:** Der Widerstand der Status-quo-Kräfte ist in diesem Fall so hoch, dass sie sich einem Kompromiss oder einer Kapitulation trotz überwältigenden Veränderungsdrucks gänzlich verschließen. Das System beginnt dann zu kollabieren, wenn der Druck der Veränderungskräfte die Kohäsionskapazität des Systems erheblich übersteigt. Damit ist aber gleichzeitig der Bestand der Akteure überhaupt akut gefährdet. Im Unternehmenskontext lassen sich bei dieser Form der Diskontinuität zumeist der rasche Zusammenbruch ganzer Märkte oder zahlreiche Insolvenz- und Liquidationsfälle beobachten.

Die möglichen Auswirkungen von Diskontinuitäten sind schließlich ebenso divers wie die Bandbreite ihres Auftretens (vgl. Zahn 1979, S. 119): Sie reichen von Zuständen der bloßen temporären Konfusion über abrupte und tief greifende Änderungen zeitabhängiger Entwicklungsverläufe bis hin zu Zuständen am Rande des Chaos[80]. Im wirtschaftlichen Kontext geht man häufig davon aus, dass Diskontinuitäten den gängigen Entwicklungspfad von ganzen Industriezweigen zerstören können und damit die ökonomischen Grundlagen der Geschäftstätigkeit völlig neu definieren (vgl. etwa Goldstein 1996, S. 12). Aus Kernkompetenzen können dadurch schnell „Kernstarrheiten" werden (vgl. Prahalad 1998, S. 14; ausführlich Leonard-Burton 1992), mit denen sich Wettbewerbsvorteile binnen kürzester Zeit

---

[80] Vgl. dazu besonders Pascale et al. (2002, S. 65ff.), die einen Zustand von Unternehmen am Rande des Chaos allerdings als geradezu ideal für produktive Veränderungen ansehen. Ein ähnlicher Standpunkt findet sich bei Brown/Eisenhardt (1998).

in Wettbewerbsnachteile verwandeln. Diskontinuitäten stellen so traditionelle Werthaltungen, bewährte Unternehmensgrundsätze und gängige Verhaltensweisen nachhaltig infrage (vgl. Zahn 1979, S. 123; Macharzina 1984, S. 6).

3.5 Reaktionsmuster und Umgangsmöglichkeiten bei Diskontinuitäten

Generell erwachsen Unternehmen aus dem Auftreten von Diskontinuitäten zahlreiche Reaktions- bzw. Anpassungsprobleme für die Unternehmensführung, die eine Vielzahl von Unternehmensbereichen betreffen können (vgl. Zahn 1984, S. 24). Der Charakter von Diskontinuitäten macht dabei eine zügige und zielorientierte Reaktion in der Regel überaus schwer. Dafür verantwortlich sind insbesondere die fehlenden Erfahrungswerte und die geringen Vorlaufzeiten für mögliche Gegenmaßnahmen zu sich abzeichnenden oder bereits eingetretenen diskontinuierlichen Entwicklungen (vgl. Macharzina 1984, S. 6). Durch die noch weitgehend unzureichenden Kenntnisse über die Ursachen von Unternehmensdiskontinuitäten und das komplexe Geflecht ihrer Entstehungsfaktoren aus dem facettenreichen Wechselspiel zwischen Unternehmen und Umwelt erwächst auch die Gefahr einer Fehlanpassung durch eine (zukünftig wohl noch zunehmende) mangelhafte Einschätzung unternehmensbezogener Entwicklungstrends (vgl. auch Kaplan/Foster 2001, S. 58f.).

Trotzdem existiert eine ganze Reihe von Reaktionsalternativen im Rahmen diskontinuierlicher Entwicklungen mit einem ganz erheblichen Spielraum in ihrer Ausgestaltung. Für eine genauere Differenzierung der möglichen Bandbreite von Umgangsformen mit Diskontinuitäten unterscheidet Strebel (1990, S. 440f.) folgende vier grundlegende Verhaltenskategorien:

- **Vermeidendes Verhalten:** Hierunter fällt zunächst die **Suche nach Schutz** vor möglichen Diskontinuitäten. Dies beinhaltet vor allem die Errichtung künstlicher Barrieren[81] mit Hilfe von Regierungen oder anderen relevanten Institutionen. Dies ist eine typische Umgangsform mit Diskontinuitäten in der europäischen Agrarindustrie, die im Rahmen des gemeinsamen Marktes in der Regel durch protektionistische Maßnahmen vor der internationalen Konkurrenz geschützt wird. Eine andere, funktionsfähigere Möglichkeit der Vermeidung von diskontinuierlichen Veränderungen stellt die **Schaffung von Nischen** dar. Dabei wird ein bestimmtes Marktsegment bearbeitet, das vor Diskontinuitäten besser geschützt ist, weil es nur für kleine oder hochspezialisierte Unternehmen profitabel ist. Typische Beispiele dafür sind unter anderem die Schweizer Uhrenindustrie im Segment

---

[81] Hierunter können etwa so genannte „transformational shields" d.h. spezielle institutionelle Verbindungen verstanden werden, die Unternehmen mit zusätzlichen Ressourcen und zusätzlicher Legitimität ausstatten (vgl. dazu Miner/Amburgey/Stearns 1990, Amburgey/Kelly/Barnett 1993). Ihre Empfindlichkeit gegenüber den dysfunktionalen Folgen von Wandel wird dadurch herabgesetzt.

von hochqualitativen Uhren oder der deutsche Mittelstand im Segment des hochspezialisierten Anlagen- oder Maschinenbaus.

- **Reaktives Verhalten:** Eine erste Möglichkeit der Reaktion auf Diskontinuitäten stellt die **Adaption der existierenden Unternehmensstrategie** an die neuen Gegebenheiten dar. Sie wird vorwiegend aus einer Sicherheitsorientierung heraus gewählt. So bieten nachfragebasierte Veränderungen zu einer höheren Produktwertigkeit hin oftmals Chancen, eine Niedrigpreisstrategie fortzusetzen und diese als Ausgangsbasis für neue Wertschöpfungsformen zu benutzen. Ein Beispiel hierfür ist die Firma Olivetti, der es in den 80er Jahren gelang, während den diskontinuierlichen Entwicklungen des Computermarkts eine Niedrigpreisstrategie aufrechtzuerhalten und gleichzeitig an neue technologische Entwicklungen der Hardware und der Computernetzwerke anzuknüpfen. Die zweite Reaktionsmöglichkeit auf diskontinuierliche Veränderungen bildet die **Schocktherapie.** Sie kommt meist dann zum Tragen, wenn nach langem Zögern die einzige Möglichkeit zur Rettung des Unternehmens in einer dramatischen Veränderung besteht. Der klassische Fall ist ein „Turnaround" des Unternehmens, bei dem drastische Kosteneinsparungen und radikale Veränderungen im Produktionsprogramm und der Markstrategie vorgenommen werden. Typische Beispiele hierfür sind spektakuläre Sanierungsfälle oder weitreichende Unternehmensumgestaltungen wie im Fall von Olivetti, Asea Brown Boveri oder Nokia.

- **Proaktives Verhalten:** Bei einer **Antizipation** von Diskontinuitäten geht es darum, wachsam gegenüber potentiellen Diskontinuitäten zu sein und Status-Quo-Kräfte rechtzeitig in Veränderungskräfte umzuwandeln. Als klassisches Beispiel gilt die Firma Nestlé, die fundamentale Veränderungen in der Nahrungsmittelindustrie vorhersah und durch einen höheren Anteil von Veränderungskräften im Unternehmen die Wendepunkte dieses Industriezweigs besser als andere Firmen zu nutzen wusste.[82] Die Strategie der **Initiative** besteht schließlich darin, Diskontinuitäten nicht nur gedanklich vorwegzunehmen, sondern selbst auszulösen, um andere Wettbewerber zu überholen. Ein solcher Umgang mit Diskontinuitäten ist allerdings recht risikoreich und vorrausetzungsvoll. Hamel (2001a, S. 85ff.) nennt als Beispiel die französische Kosmetikkette Sephora, die das typische Erfolgsmodell der Kosmetikbranche genau umgekehrt hat und dadurch beachtliche Erfolge am französischen und amerikanischen Markt erzielte.[83]

---

[82] Vgl. dazu auch Maucher (1994).

[83] So verzichtet Sephora z.B. auf die üblichen Zugaben beim Verkauf von Kosmetikprodukten, bietet mehrere verschiedene Marken an einem Verkaufstresen an und räumt dem Hersteller der Produkte keine Möglichkeit der Überwachung der Auslagen ein (vgl. Hamel 2001a, S. 86).

Etwas detaillierter und handlungsbezogener formuliert dagegen Prahalad (1998, S. 18) fünf präskriptive Konsequenzen aus der steigenden Unternehmensdiskontinuität, die einen angemessenen Umgang mit den eintretenden Entwicklungen aufzeigen sollen:

- **Globales Bewusstsein:** Unternehmen müssen sich zunehmend um vielfältige Lokalitäten, Kulturen, Kompetenzen und Geschäftsperspektiven kümmern.

- **Bedeutungszunahme temporärer Allianzen:** Allianzen und andere kooperative Arrangements zur Zusammenarbeit werden wegen ihrer Lernmöglichkeiten durch den Austausch von Kenntnissen und Fertigkeiten immer wichtiger.

- **Konzentration auf Geschwindigkeit:** Um wettbewerbsfähig zu bleiben, müssen Unternehmen nicht nur die Produktentwicklung sondern vor allem auch den Wissenstransfer beschleunigen und zur Repositionierung ihrer Geschäftätigkeit nutzen.

- **Neubewertung des Geschäftsmodells:** Konventionelle Kriterien der Kapitalintensität und der Profitorientierung verlieren in der „New Economy" an Bedeutung und machen die Entwicklung anderer, geeigneterer Kriterien erforderlich.

Offen bleibt bei allen diesen Ratschlägen allerdings stets, welche der zahlreichen Möglichkeiten im Einzelnen von einem Unternehmen verfolgt werden sollten und inwiefern sich hieraus Vorteile in der Bewältigung diskontinuierlicher Veränderungen ergeben. Zudem sind diese strategischen Antworten auf die erkennbaren Veränderungstrends auch nicht immer eindeutig auf die spezifische Situation der Diskontinuität ausgelegt, sondern in vielen Fällen eher allgemein gehalten und damit generell für Erhaltung der Wettbewerbsfähigkeit von Unternehmen zweckmäßig.

Auch wenn sich die Bestimmung angemessener und erfolgreicher Reaktionsmuster und Umgangsformen aufgrund der geringen Prognosemöglichkeiten und des ergebnisoffenen Charakters diskontinuierlicher Entwicklungen deswegen insgesamt als schwierig erweist, lassen sich dennoch verschiedene Grundzüge erkennen. Das augenfälligste Merkmal ist ein Versagen des Inkrementalismus als Handlungsstrategie im Angesicht von Diskontinuitäten (vgl. Kaplan/Foster 2001, S. 291).[84] So geriet etwa der japanische Automobilkonzern HONDA in den späten 80er Jahren trotz seines vielgerühmten inkrementellen Veränderungsvermögens gegenüber andern Konkurrenten ins Hintertreffen, weil eine radikale Repositionierung, die entsprechende Wettbewerbsvorsprünge ermöglicht hätte, nicht rea-

---

[84] Ähnlich Shaw/Walton (1995, S. 273), die die Ära erfolgreicher inkrementeller Veränderungen als beendet ansehen.

lisiert werden konnte (vgl. Strebel 1990, S. 441). Zudem sind die Chancen eines geplanten Wandels bei diskontinuierlichen Entwicklungen eher gering einzuschätzen (vgl. Zahn 1984, S. 21).

Damit verlieren die häufig für die Bewältigung von Wandelerfordernissen propagierten Konzepte des Organisationalen Lernens und des Wissensmanagements im Angesicht von Diskontinuitäten an Bedeutung, wie eingangs der Arbeit schon herausgestellt wurde.[85] Denn sie sind stärker auf die langfristige, planvolle Optimierung des Unternehmens als auf seine rasche und tief greifende Veränderung gerichtet (vgl. Hamel 2001a, S. 24). An den entscheidenden Wendepunkten von Entwicklungen sind Unternehmen aber letztlich wohl nur dann überdurchschnittlich erfolgreich, wenn sie Diskontinuitäten nicht nur managen können, sondern in ihrem Märkten zum Nachteil anderer Mitbewerber sogar selbst erzeugen können (vgl. Strebel 1990, S. 441). Für Unternehmen geht es deswegen zunehmend um den Entwurf neuer Handlungskonzepte über die rein kontinuierliche Verbesserung hinaus. Denn das verbesserte Wissen allein oder eine durch Lernprozesse erreichte Einsicht produziert offenbar keine neuen Werte mehr, sondern nur die Realisierung von Chancen einer diskontinuierlichen Innovation (vgl. auch Hamel 2001a, S. 24).

3.6 Zusammenfassende Beurteilung

Die vorangegangene Rekonstruktion des Begriffs und der Bedeutung von Diskontinuitäten, ihrer Anzeichen und Ursachen, ihrer Ausformungen, Verläufe und Auswirkungen sowie der verschiedenen Reaktionsmuster und Umgangsmöglichkeiten hat ein überaus facettenreiches und zugleich fragmentiertes Bild dieses Realphänomens ergeben. Deswegen ist es zunächst notwendig, eine Integration der partiellen Erkenntnisbestände herzustellen, bevor danach die theoretische Diskussion zu organisationalen Veränderungen im Allgemeinen entfaltet werden kann. In einem ersten Schritt ist dabei die begriffliche Basis für das weitere Vorgehen zu klären. So sollen im Rahmen dieser Arbeit Unternehmensdiskontinuitäten generell als Veränderungsvorgänge im Unternehmen verstanden werden, durch die sich zentrale Unternehmensvariablen und ihre Beziehungen (Interaktionen) durch Einflüsse aus dem Unternehmen und seinem Umfeld untereinander grundlegend verändern. Die Veränderung vollzieht sich dabei in der Regel unvorhergesehen, rasch und radikal. Ein solches Verständnis von Unternehmensdiskontinuitäten ermöglicht dabei den Anschluss an allgemeinere Theorien der Veränderung zur Erreichung des eingangs formulierten explikativen Erkenntnisziels. Vorrangig soll dabei aber in der Folge auf die theoretischen Vorstellungen zum organisationalen Wandel als spezielleren Veränderungstheorien Bezug genommen werden.[86]

---

[85] Vgl. Kapitel 1.1. In der Realität bleiben Lerneffekte und aktive Reaktionen trotz fundierten Wissens zudem oft aus, so dass eine Mobilisierung von Kräften zum Erhalt oder Überleben des Unternehmens nicht ausreichend gelingt (vgl. auch Pascale et al. 2002, S. 43).

[86] Vgl. Kapitel 4

Da sie sich im weitesten Sinn auf die Erklärung von Veränderungsphänomenen in strukturierten Sozialgebilden beziehen, können sie vergleichsweise einfacher auf die Unternehmung als dem vielleicht markantesten Kristallisationspunkt des Diskontinuitätsphänomens bezogen werden.

Diskontinuitäten existieren jedoch nicht nur bezogen auf Unternehmen, sondern bilden ein universelles Phänomen, das sich an zahlreichen einzelnen Realcbjekten manifestieren kann. Nicht zuletzt sind davon auch die Gesellschaft insgesamt und ihre bedeutsamen Partialsphären wie etwa die Wissenschaft und die Wirtschaft betroffen. Damit stellen Diskontinuitäten ohne Zweifel einen der ganz entscheidenden Umstände der heutigen Unternehmenstätigkeit dar. Dennoch sind sich bislang nur wenige Führungskräfte in Unternehmen bewusst, in welchem Ausmaß sie von der Tatsache berührt werden, dass nahezu jeder Wirtschaftszweig früher oder später von solchen diskontinuierlichen Veränderungen erfasst wird (vgl. auch Grove 1997, S. 13). Obwohl auf die Thematik diskontinuierlicher Entwicklungen schon seit längerem aufmerksam gemacht wird und ihre Aktualität und Relevanz nach wie vor ungebrochen ist, wird ihre Bedeutung für den Unternehmenskontext dennoch nicht immer richtig eingeschätzt. Eine Fortschreibung von bisherigen Erfolgsmustern unternehmerischen Handelns gerät dabei zusehends in Gefahr, denn es werden immer deutlicher Diskontinuitäten im Umfeld von Unternehmen erkennbar, die bisher geltende Handlungsprämissen ganz abrupt ungültig werden lassen (vgl. Bleicher 1992, S. 4).

Damit wächst der Druck auf Unternehmen, sich den Herausforderungen aus der Veränderung ihrer Umwelt und ihrer Handlungsbedingungen zu stellen und gleichermaßen rasche wie auch kreative Anpassungs- und Gestaltungsleistungen zu erbringen, um weiterhin profitabel, überlebensfähig oder attraktiv für Stock- und Stakeholder zu bleiben (vgl. u.a. Kanter/Stein/Jick 1992, D'Aveni 1995, Nadler 1998, Hauser 1999). Die Fähigkeit solche diskontinuierlichen Veränderungen schon im Vorfeld zu erkennen und handlungsbezogene Konsequenzen für ihre Bewältigung zu ziehen oder möglicherweise sogar eine innovative Diskontinuierung zentraler unternehmensinterner Prozesse für Unternehmen aktiv zu vollziehen, hat deswegen mittlerweile für zahlreiche Unternehmen schon den Stellenwert einer „conditio sine qua non" erlangt (vgl. Eberl/Koch/Dabitz 1999, S. 240; sowie Prahalad 1998, S. 14). Die theoretischen Überlegungen können mit dieser Entwicklung bislang allerdings noch nicht in Gänze Schritt halten, da die Diskussion zu Unternehmensdiskontinuitäten insgesamt noch ein deutliches Theorie- wie auch Integrationsdefizit erkennen lässt. Dennoch konnte die vorangegangene Analyse der Unternehmensdiskontinuität erste Konturen dieses überaus komplexen und facettenreichen Phänomens etwas genauer herausarbeiten und seine weitreichenden Konsequenzen aufzeigen.

Die vorangegangene Rekonstruktion des Begriffs und der Bedeutung von Diskontinuitäten zeigte dabei zunächst, dass diskontinuierliche Veränderungen keine zufälligen Ausnahmeerscheinungen mehr sind, sondern ein grundlegendes Merkmal der Wirtschaft und Gesellschaft der Postmoderne darstellen. Diskontinuitäten sind deswegen nicht nur für eine kurze Zeitspanne oder eine besondere Situation „Alltag" (vgl. etwa Steinbock 2000, S. 37), sondern werden neuerdings immer mehr zum allgegenwärtigen Dauerzustand („Kontinuität der Diskontinuität"). Erklärbar wird diese immanente Dynamik der Diskontinuität durch die Rekonstruktion der Genese der modernen Bewusstseinsstrukturen im Zuge der Säkularisierung des Weltbilds (Entzauberung der Welt) und der sich dadurch herausbildenden Gesellschaftssphären in der Moderne (vgl. Imhof 1996, S. 201f.): Moderne Ideensysteme sind demzufolge nicht mehr in der Lage eine hohe Kontingenz zu verarbeiten. Dies macht sie anfällig für die nicht intendierten Folgen von kollektiven Handlungen und die Effekte der Verunsicherung durch rasche soziale und ökonomische Veränderungen.

Trotz dieser gewaltigen immanenten Veränderungsdynamik bleibt allerdings zu bedenken, dass sich die relevanten Umwelten von Unternehmen nie in allen Aspekten, sondern nur in manchen ändern und in anderen gar stabil bleiben (vgl. Mintzberg 1994, S. 207). Das reale Ausmaß, in dem Unternehmen von Diskontinuitäten erfasst werden können, bleibt somit trotz aller grundsätzlichen Dramatik stets variabel.[87]Die wesentliche Ursache für die weitere Bedeutungszunahme von diskontinuierlichen Entwicklungen im Wirtschaftsleben ist in dem Umstand zu sehen, dass heutige Wirtschaftssysteme hochgradig vernetzt sind und so immer komplexer werden (vgl. Foster/Kaplan 2001, S. 55). Durch die zunehmende Deregulierung und Flexibilisierung der Wirtschaft darf außerdem ein verstärktes Auftreten diskontinuierlicher Entwicklungen in der Zukunft erwartet werden, da mögliche Hemmnisse für einen raschen Wandel der Systemvariablen durch diese Prozesse verringert werden. Denn der Abbau von Regulierungen und die Erhöhung der Flexibilität können zu einer erhöhten Variabilität von Systemkonstellationen, die in einem ursächlichen Zusammenhang mit der Entstehung von Diskontinuitäten steht, wesentlich beitragen und damit auch das Auftreten neuartiger überraschender Momente fördern.

Daraus ergibt sich insgesamt eine unkalkulierbare Eigendynamik von Diskontinuitäten, die deswegen in ihrem potentiellen Ausmaß und ihrer Wirkungsrichtung im Vorfeld nur unzureichend abschätzbar sind. Zu bedenken ist dabei die besondere Doppelrolle von Unternehmen als gleichzeitige Objekte wie Agenturen der Diskontinuität, da sie Diskontinuitäten sowohl passiv ausgesetzt sein

---

[87] So zeigt Storz (2002) anhand der japanischen Unternehmensorganisation auf, dass die hohe Stabilität von Institutionen keineswegs immer einen diskontinuierlichen Wandel provoziert, sondern dort eine entscheidende Voraussetzung für die Funktionsfähigkeit von Unternehmen darstellt und damit letztlich auch Kreativität und Dynamik ermöglicht.

können, wie auch selbst eine Diskontinuierung aktiv vollziehen können.[88] Damit bewegt diskontinuierlicher Wandel sich zumindest in Teilen außerhalb der Kontroll- und Einflussmöglichkeiten derjenigen, die ihn kontrollieren und beeinflussen möchten (vgl. Shaw/Walton 1995, S. 274). Dies stellt wiederum das etablierte Selbstbild des Managements der Fähigkeit zur Kontrolle äußerer Umstände nachhaltig infrage und sorgt für eine zunehmende Ratlosigkeit (vgl. Pascale et al. 2002, S. 9). Dadurch sind Führungskräfte gefordert, diesen Aspekten der Mehrdeutigkeit stärker als zuvor Rechnung zu tragen und Kompromisse für die Zwiespältigkeit einer solchen Führungssituation zu finden (vgl. auch Kasper 1988, S. 369).

So wie bei der Identifikation von Zyklen und Trends kommt es bei der Analyse von Diskontinuitäten zudem meist auf eine langfristige Perspektive an. Welche Entwicklungen im Unternehmen oder seinem Umfeld überhaupt als diskontinuierlich aufgefasst werden, ist abhängig von der Zeitspanne und dem Standpunkt der Beobachtung sowie von den Effekten sozialer Konstruktion (vgl. auch Mintzberg 1994, S. 209). Dabei kann ein zu kleiner Betrachtungsausschnitt eine Entwicklung als diskontinuierlich erscheinen lassen, die sich dagegen unter einer langfristigen Perspektive als lediglich geringfügige Abweichung von einem Trend erweist. Gleichfalls kann diejenige Entwicklung, die sich für ein Unternehmen als belastende Diskontinuität darstellt, für ein anderes eine günstige Gelegenheit bedeuten. Die Dynamik des diskontinuierlichen Wandels ist damit stets auch eine Frage der jeweiligen Perspektive und der subjektiven Wahrnehmung, über die nicht a priori entschieden werden kann.[89] Ganz im Gegenteil ist eine Diskontinuität vielfach erst ex post zu bemerken und so der Spielraum für Interpretationen aufgrund schon verarbeiteter und damit veränderter Informationen und Beobachtungen groß.

Eine pauschale Annahme der zunehmenden Turbulenz der Umwelt und umfassender Diskontinuität in allen Bereichen und auf allen Ebenen der Unternehmenstätigkeit, wie sie häufig in der Managementliteratur vorzufinden ist, ist deswegen durchaus kritisch zu sehen (vgl. Becker 1996, S. 67). Vor allem aber greift die recht häufig vorzufindende Perspektive, die Diskontinuitäten allein als exogenes Phänomen ansieht und lediglich in der Unternehmensumwelt nach Anzeichen diskontinuierlicher Veränderungen Ausschau hält, viel zu kurz. Die Rekonstruktion der Formen von Unternehmensdiskontinuitäten zeigte, dass eben auch bedeutende interne Gründe für das Auftreten diskontinuierlicher Veränderungsprozesse bestehen. Eine genauere Analyse dieser endogenen Quellen von Diskontinuitäten

---

[88] Dies soll in der vorliegenden Arbeit mit der Differenzierung der Begriffe „Diskontinuität" als erlebtes Ereignis eines passiven Zustandekommens und „Diskontinuierung" als gemachte Erfahrung eines aktiven Tuns verdeutlicht werden.

[89] So stellt z.B. nach Dörner (1993, S. 58ff.) auch die Komplexität von Entscheidungssituationen eine subjektive und keine objektive Größe dar (vgl. Becker 1996, S. 66).

und ihre Wechselspiel mit externen Faktoren steht aber bislang noch aus; sie wird deswegen in den späteren Kapiteln der Arbeit zum hauptsächlichen Gegenstand der Analyse gemacht.

Die genaue Diagnose von Unternehmensdiskontinuitäten und die Sicherung der Innovationsfähigkeit des Unternehmens werden mit Blick auf die weitere Zukunft zur großen Herausforderung für die Unternehmensführung und das (strategische) Management (vgl. Nadler/Tushman 1995a, S. 39; Becker 1996, S. 67; Prahalad 1998, S. 14). Dabei gilt es insbesondere mögliche Wendepunkte von Entwicklungen im Auge zu behalten (vgl. Strebel 1990, S. 435), um die ohnehin knapp bemessene Reaktionszeit nicht noch weiter zu verringern. Denn zum einen sind die Risiken einer nicht rechtzeitig erkannten diskontinuierlichen Veränderung potenziell sehr hoch und zum anderen die Chancen durch frühzeitige Reaktionen relativ gut (vgl. Nadler/Tushman 1995a, S. 39). Es hat sich allerdings gezeigt, dass Diskontinuitäten in ganz verschiedenem Ausmaß auftreten können. Nicht jede Diskontinuität bedroht somit gleichzeitig den Bestand des Unternehmens, aber allein schon eine vorübergehende Störung zentraler Prozesse ist bereits mit einschneidenden Konsequenzen verbunden (vgl. sehr anschaulich dazu Pascale et al. 2002, S. 50ff). Deswegen machen das unerwartete Auftreten und die weitreichenden Folgen von unternehmensbezogenen Diskontinuitäten den Umgang mit ihnen zu einem risikobehafteten, komplexen Managementproblem.

Dabei wird ganz besonders die vor dem Hintergrund von Diskontinuitäten oft erforderliche Neuausrichtung eines Unternehmens durch die Entwertung von bisher gültigen Erfahrungen und Wissensbeständen, das Fehlen von verwertbaren historischen Parallelen und die geringe Vorlaufzeit für die Konzeption von Reaktionsmaßnahmen ganz erheblich erschwert (vgl. auch Kunz 2002, S. 1). Hinzu kommt, dass die meisten Unternehmen in der Regel unerfahren im Umgang mit Diskontinuitäten sind (vgl. Prahalad 1998, S. 14). Auch erweist sich hierbei die diffizile Entscheidung zwischen reaktiven und proaktiven Handlungen als besonders virulentes Problem (vgl. Strebel 1990, S. 440). Denn ein falsches Eingreifen ins das komplizierte Kräftespiel in der Diskontinuität kann ungeahnte Folgen haben.[90] Ferner ergeben sich grundsätzliche Schwierigkeiten aus einer mangelnden Erfolgsaussicht geplanter Veränderungsabsichten und den Defiziten inkrementeller Veränderungsstrategien. Das in allen Wandelprozessen notwendige „Verän-

---

[90] Diskontinuitäten stehen dabei Heraklits Vorstellung von der so genannten Enantiodromie (vgl. dazu etwa Watzlawick 1995, S. 221), d.h. dem Umschlagen der Dinge in ihr Gegenteil, nahe. Dieses Phänomen kann generell als charakteristisch für Wandelprozesse angesehen werden. So scheitern in der Praxis des Wandels viele gut gemeinte Veränderungsvorhaben durch eine unzureichende Konzeption und mangelhaften Umsetzung, wobei die entstehenden Misserfolge oft durch erneute, ebenso untaugliche Veränderungsversuche noch vergrößert werden (vgl. Schwan 2003, S. 227). Eine solche „destruktiv fortschreitende organisatorische Veränderungspraktik" (Schwan 2003, S. 227) ruft nachhaltige Schäden hervor und verkehrt damit die eigentlichen Zielsetzungen der Veränderung (Steigerung der Wirksamkeit von Leistungsprozessen, Sicherung des langfristigen Erfolgs) in ihr Gegenteil.

dern des Veränderns" (Wimmer 1998, S. 119) wird im Kontext von Unternehmensdiskontinuitäten so besonders schwierig. Ganz gleich in welchem Ausmaß man die oft geschilderte Dramatik diskontinuierlicher Entwicklungen teilt oder wie man sie für konkrete Einzelfälle einschätzt, bleiben damit dennoch große Herausforderungen für die Gestaltung der Unternehmensorganisation verbunden (vgl. Schwan 2003, S. 6). Die verstärkte Emergenz von Unternehmensdiskontinuitäten verlangt deswegen letztlich die Entwicklung grundlegend neuer Organisations- und Managementfähigkeiten in den kommenden Jahren (vgl. Shaw/Walton 1995, S. 276).

Ganz besonders stehen dabei aus leicht nachvollziehbaren Gründen auch Führungsfragen zur Debatte, da gerade im Zeichen von diskontinuierlichen Entwicklungen der Ruf nach einer starken Führung laut wird (vgl. auch Kaplan/Foster 2001, S. 60). Doch selbst wenn es zum Charakter der Führung gehört, anderen den Weg zu weisen und sie auf ein gemeinsames Ziel hin auszurichten (vgl. etwa Weibler 2001, S. 28), sollte nicht vorschnell auf die Orientierungsleistung und Gestaltungskraft von Führung im Rahmen von unübersichtlichen oder unklaren Veränderungsprozessen im Unternehmen gesetzt werden. Denn auch die Führung befindet sich vor dem Hintergrund zunehmender Diskontinuitäten als ständiger Prozess des Führens selbst immer auf dem Weg und hat deswegen auch eigene Standortbestimmungen vorzunehmen (vgl. in diesem Sinn auch Kouzes/Posner 2001, S. 82). Das Spannungsfeld der Veränderung in Organisationen wirkt stets in das Führungsgeschehen hinein, so dass das organisational geprägte Führungshandeln in einer Parallele zum Organisieren ebenso stets ambivalent ist und bleibt (vgl. Kasper 1988, S. 369). Sichere Erfolgsrezepte können damit besonders im Vorfeld von organisationalen Veränderungsprozessen kaum gegeben werden. So hat diskontinuierlicher Wandel vermutlich letzten Endes doch mehr mit Improvisation als mit Management zu tun (vgl. Shaw/Walton 1995, S. 274; ähnlich Weick 2001, S. 96).[91] Dies hat eine zeitgemäße, intelligente Führung in der Diskontinuität in besonderer Weise zu beachten.

Insgesamt besteht aber kein Anlass für einen übertriebenen Pessimismus mit Blick auf die unternehmensbezogenen Herausforderungen von Diskontinuitäten. Denn die im Zusammenhang von Diskontinuitäten erkennbare Unsicherheit und Ungewissheit eröffnet stets auch Wahlmöglichkeiten und neue Spielräume für Unternehmen (vgl. Krainz/Simsa 1998, S. 16). So können gerade von der Unordnung in Zeiten des Umbruchs konstruktive und innovative Impulse ausgehen (vgl. Müller/Blickle 1994, S. 76), die für die Unternehmensentwicklung von großem Wert sein können. In diesem Sinn sind Diskontinuitäten auch stets als Chance zu verstehen, die Lösungen ermöglichen, die vorher gänzlich undenkbar waren (vgl. Steinbock 2000, S. 40). Solche Denk- und Handlungsmöglichkeiten entstehen aus

---

[91] In einem ähnlichen Sinn versteht Wimmer (1998, S. 119) das Verändern von Organisationen als „hypothesengeleitetes Experimentieren".

dem besonderen Charakter von Diskontinuitäten mit ihren umfangreichen Herausforderungen, die die menschliche Kreativität bis aufs Äußerste fordern (vgl. auch Bleicher 1996, S. 37). Dadurch können erst Veränderungsschritte realisiert werden, die bei rein linearen Entwicklungen nicht möglich gewesen wären (vgl. Steinbock 2000, S. 40).

Somit erwächst aus Diskontinuitäten nicht nur eine Reihe von Risiken sondern auch eine Fülle von Möglichkeiten (vgl. auch Bleicher 1996, S. 37). Als günstig erweisen sich dabei Grundbedingungen der Existenz von Unternehmen. So beschreibt Drucker (1969, S. 302) Wirtschaftsunternehmen als die anpassungsfähigsten und flexibelsten aller modernen Institutionen der Industriegesellschaften. Da ein Unternehmen potenziell untergehen kann, stellt es von Beginn an notwendigerweise eine wandlungsfähige Institution dar, die ihre Existenzberechtigung immer wieder nachweisen muss. Damit wird paradoxerweise die Möglichkeit des Verlusts und nicht so sehr die der Gewinnerzielung zu seiner entscheidenden Funktion (vgl. Drucker 1969, S. 302). Diskontinuitäten können Unternehmen also gleichermaßen mit dem Risiko des Ruins wie auch mit der Chance des Gewinns konfrontieren (vgl. Ansoff 1976, S. 129) und bilden so auch einen ganz neuen Maßstab für seinen wirtschaftlichen Erfolg. Welches Ergebnis sich im Einzelfall jeweils einstellt, ist dabei schwer vorherzusagen. Da sich Unternehmen von allen Institutionengebilden aber wohl am besten steuern und gestalten lassen, haben sie gleichzeitig auch die besten Aussichten, die richtige Balance im diskontinuierlichen Wandel zu finden und damit erfolgreich zu sein.

Resümiert man vor diesem Hintergrund nun den Erkenntnisfortschritt, der durch das vorangegangene Kapitel erreicht werden konnte, so ergibt sich ein zwiespältiger Eindruck: Unternehmensdiskontinuitäten sind als überaus markante Form der Veränderung von Unternehmen bereits seit einiger Zeit Gegenstand von theoretischen Überlegungen verschiedenster (wirtschafts-)wissenschaftlicher Teildisziplinen, auch wenn ihre eminente Bedeutung erst in jüngerer Zeit in den Mittelpunkt der Aufmerksamkeit gerückt ist. Die bisherige Analyse von Unternehmensdiskontinuitäten besteht aber aus recht verstreuten Diskussionsbeiträgen, die an dieser Stelle deswegen zuerst geordnet und systematisiert werden mussten. Trotzdem ergibt sich auch aus dieser Rekonstruktion kein klares und vollständiges Bild, das ein ausreichend fundiertes Verständnis ermöglichen würde. Denn die Diskussion stellt sich inhaltlich gesehen als ein recht heterogenes Gemisch von makroökonomischen, finanzwissenschaftlichen, unternehmensstrategischen, katastrophentheoretischen und gesellschaftssoziologischen Teilerkenntnissen dar, die sich nicht in einer passenden Weise ergänzen oder konsistent zusammensetzen lassen.

Dabei greifen viele dieser Erklärungsansätze insofern viel zu kurz, als dass sie nur bestimmte Aspekte des Unternehmens hervorheben und damit lediglich einige wenige Schlüsselvariablen für eine Erklärung aufgreifen. So fassen viele Modellierungen Unternehmensdiskontinuitäten als praktisch ausschließlich von externen ökonomischen Bewegungen motivierte Dynamik auf und führen sie auf die chronisch ungleichgewichtig gewordenen Märkte von Unternehmen zurück (vgl. dazu etwa Hanssen-Bauer/Snow 1996, S. 414). Dies stellt einen stark verkürzten Zugang zur realen Vielschichtigkeit der Unternehmensdiskontinuität dar, der für überaus heterogene Interpretationen und Erklärungsansätze offen ist und damit insgesamt eher unbefriedigend bleibt.

Bislang fehlt der Diskussion über Unternehmensdiskontinuitäten also ein einheitlicher konzeptioneller Zugang, der eine stimmige und breit genug angelegte Analyse ermöglicht. Der Ausgangspunkt einer solches Zugangs könnte dabei vor allem eine strukturelle Ebene sein. Denn Diskontinuitäten schlagen sich erkennbar in den Unternehmensstrukturen nieder. Aus diesen strukturellen Veränderungen ergibt sich dann als Konsequenz ein Wandel von Unternehmen, der im Fall eines raschen Verlaufs, einer großen Reichweite und tief gehender Wirkungen als diskontinuierlich bezeichnet werden kann. Mit dem organisationalen Wandel als einem zentralem Thema der Organisationsforschung liegt nun potenziell ein solches Konzept vor, mit dem Unternehmensdiskontinuitäten als Form der Veränderung von Unternehmen umfassender und konsistenter wahrgenommen, beschrieben, erklärt und gestaltet werden können. Deshalb ist im Folgenden dieses Konzept näher zu beleuchten und zu prüfen, welche verwertbaren Erkenntnisbestände bereits vorhanden sind und welche Schlussfolgerungen für eine integrative Betrachtung von Unternehmensdiskontinuitäten daraus gezogen werden können.

4 Organisationaler Wandel als Konzept der Unternehmensveränderung

In diesem Kapitel soll das komplexe Forschungsfeld des organisationalen Wandels und sein aktueller Diskussionstand in seinen wesentlichen Grundzügen aufgearbeitet werden. Dies geschieht vor dem Hintergrund der Auffassung, dass organisationaler Wandel als ein wesentliches Reaktionsmuster bzw. Konzept anzusehen ist, mit dessen Hilfe Unternehmen verschiedene Anpassungserfordernisse, die vornehmlich aus ihrer Umwelt resultieren, erfüllen können, indem sie sich selbst verändern (vgl. Deeg/Weibler 2000, S. 144). Dazu gehören auch die zuvor beschriebenen Herausforderungen, die sich aus der Diskontinuität als zunehmend verbreiteter Form der Veränderung von Unternehmen und ihrem Umfeld ergeben.[92] Die Ansätze organisationalen Wandels beschäftigen sich dabei aus dem Blickwinkel zahlreicher, höchst unterschiedlicher Perspektiven mit Veränderungen von und in Organisationen im Allgemeinen (vgl. Perich 1992, S. 120; Ringlstetter/Schuster 2001, S. 350). Sie können damit auch für diskontinuierliche Veränderungen aufschlussreich sein.

Die detailliertere Rekonstruktion dieses mittlerweile stark ausdifferenzierten Forschungsfelds soll deswegen zeigen, dass hier durch das Zusammenwirken unterschiedlichster Disziplinen ein reichhaltiger, aber gleichermaßen auch fragmentierter Erkenntnisstand erreicht wurde, der für die Zielsetzung eines integrativen Erklärungsansatzes der Unternehmensdiskontinuität eine durchaus brauchbare Ausgangsbasis bietet. Ferner soll nachgewiesen werden, dass sich hiermit eine umfangreiche, eigenständige Perspektive in der Management- und Organisationsforschung etabliert hat (vgl. Perich 1992, S. 120), die verschiedene bedenkenswerte Erklärungsangebote für Fragen des Unternehmensveränderung im allgemeinen und in seiner diskontinuierlichen Ausprägung im Besonderen bereithält. Dazu wird das breite Diskussionsfeld des Wandels auf verschiedene typische Aspekte und Kategorien von Wandel verengt[93] und dann die verschiedenen Erkenntnisse divergenter theoretischer Positionen synoptisch eingeordnet.

Mit dieser Ordnung und Systematisierung wird es möglich, das Phänomen des organisationalen Wandels auf eine systematischere und umfassendere Weise zu verstehen, als bei einer Darstellungsweise, die rein auf verschiedene, einzelne Konzepte des Wandels bezogen ist (vgl. auch Mintzberg/Westley 1992, S. 40). Als erster Schritt zu einer solchen integralen Sichtweise des Wandelgeschehens werden zunächst der Begriff und der Inhalt organisationalen Wandels näher bestimmt (Kapitel 4.1). Danach werden verschiedene Formen und Typen des Wandels differenziert (Kapitel 4.2), sowie die Häufigkeit und das Ausmaß von Verände-

---

[92] Vgl. Kapitel 3

[93] Dies geschieht in Anlehnung an Mintzberg/Westley (1992), die zwischen Inhalten und Ebenen, Mitteln und Wegen, Episoden und Stadien, sowie Abläufen und Mustern des Wandels unterscheiden.

rungserscheinungen beleuchtet (Kapitel 4.3). Daran schließt sich eine Analyse seiner Auslöser und Bestimmungsfaktoren (Kapitel 4.4) sowie der Möglichkeiten einer Planung und Steuerung (Kapitel 4.5) an. Nachfolgend werden die zentralen Prozesse und Akteure des Wandels (Kapitel 4.6) sowie die verschiedenen Ebenen und Perspektiven im Veränderungsgeschehen (Kapitel 4.7) erörtert. Abschließend werden die erreichten Erkenntnisse zusammengefasst und verschiedene Folgerungen für die weitere Analyse vorgestellt (Kapitel 4.8).

4.1 Begriff und Inhalt organisationalen Wandels

Eine differenzierte Auseinandersetzung mit dem breiten Forschungsfeld des organisationalen Wandels hat sich zunächst mit dem Begriff des Realphänomens auseinander zu setzen, der den wissenschaftlichen Erkenntnisbemühungen dazu zugrunde liegt. Der Begriff des organisationalen Wandels gehört dabei sicherlich mit zu den schillerndsten Begriffen der Organisationsforschung überhaupt. Einen besonders augenfälligen Ausdruck findet diese Tatsache in den zahlreichen unterschiedlichen Benennungen der Veränderungsthematik, die u.a. wahlweise als „Transformation, „Entwicklung", „Dynamik" oder „Change" bezeichnet wird (vgl. etwa Ulrich 1994, S. 6; Janes/Prammer/Schulte-Derne 2001, S. 3). Was mit diesen Bezeichnungen im Einzelnen gemeint ist, wird dabei nur allzu oft nicht genauer spezifiziert. Die fast unüberschaubar gewordenen Wortschöpfungen (so Strohm 2001, S. 61) dienen oftmals nur dazu, die besondere Tragweite und den wichtigen, grundlegenden und bedeutungsvollen Charakter der damit gemeinten Veränderungsprozesse nachhaltig hervorzuheben (vgl. Ulrich 1994, S. 6). Einfache Anpassungen werden deswegen oftmals nicht unter den Wandelbegriff subsumiert (vgl. etwa Rüegg-Stürm 2001, S. 263). Die hierdurch entstandene beträchtliche Unschärfe des Wandelbegriffs ist zu einem ganz fundamentalen Kennzeichen des Forschungsfelds zum organisationalen Wandel geworden (vgl. auch Bronner/Schwaab 1999, S. 14).

Weiterhin wird die Diskussion aber auch dadurch erschwert, dass über das Wandelphänomen schon seit sehr langer Zeit aus den verschiedensten Perspektiven heraus nachgedacht wurde, die ihren Niederschlag schließlich auch in der Organisationstheorie gefunden haben (vgl. Gagsch 2002, S. 26). Diese Ergebnisse sind in kumulativer Art und Weise in die Diskussion eingegangen, so dass sich zahlreiche individuelle Sichtweisen, Standpunkte und Akzente überlagern. Dies führt insgesamt zu zahlreichen, grundlegenden Missverständnissen, die oft nur mit einem sehr hohen Kommunikationsaufwand ausgeräumt werden können (vgl. Janes/Prammer/Schulte-Derne 2001, S. 4). Aus diesem Grund erscheint eine ausführlichere Rekonstruktion des Wandelbegriffs als erster Schritt hilfreich, wenn man sich dem komplexen Forschungsfeld des organisationalen Wandels angemessen nähern möchte. Dazu soll auch noch einmal Bezug auf die weiteren sozialwissenschaftlichen Zusammenhänge der vielschichtigen Veränderungsthematik genommen werden.

Der wesentliche Bestandteil des Begriffs des organisationalen Wandels ist zunächst einmal der allgemeine Begriff des Wandels, dessen Untersuchung eines der größten Themen der Sozialwissenschaften überhaupt darstellt (vgl. Pettigrew/Woodman/Cameron 2001, S. 697). Mit Wandel wird dabei eine Abfolge von Veränderungen im Zeitablauf bezeichnet (vgl. Nisbet 1972, S. 1).[94] Er ist somit ein Phänomen der Zeit, da er nur über eine bestimmte Periode der Betrachtung hinweg zu erkennen ist (vgl. auch Ford/Ford 1994, S. 759). Wandel ergibt sich dabei aus der (wahrgenommenen)[95] Veränderung von einem Zustand zu einem anderen Zustand (vgl. Ringlstetter/Schuster 2001, S. 350). Etwas genauer gesprochen ist Wandel somit der beobachtete Wechsel in (wenigstens) einer Merkmalsausprägung eines Objekts von Veränderungen an einem genauer spezifizierten (Veränderungs-)Ort im Vergleich zu einem vorherigen Zustand (vgl. u.a. Van de Ven/Poole 1995, S. 512; Gagsch 2002, S. 27).[96] Die ablaufenden Veränderungen können dabei gleichermaßen die Form oder Qualität des Veränderungsobjekts betreffen (vgl. Van de Ven/Poole 1995, S. 512). Damit wird versucht, Wandel gegenüber minimalen alltäglichen Variationen oder geringfügigen Abweichungen (in der Organisation) abzugrenzen (vgl. auch Ulrich 1994, S. 6; sowie Maucher 1995, S. 90), um so den Veränderungsbegriff nicht zu einer allumfassenden Leerformel werden zu lassen (vgl. Meyer/Heimerl-Wagner 2000, S. 172).

Als Beobachtungspunkt des Wandels wird dabei regelmäßig die bestehende Ordnung gewählt und so Wandel als eine Störung dieser Ordnung aufgefasst (vgl. Giesen 1995, S. 229). Problematisch erscheint allerdings, dass dem Wandelbegriff oftmals eine fast ausschließlich positive Konnotation zugeschrieben wird und die mit ihm einhergehenden Veränderungen deswegen regelmäßig als Fortschritt, Erneuerung, Höherentwicklung oder Modernisierung verstanden werden (vgl.

---

[94] Der deutsche Begriff des Wandels steht dabei für die in der anglo-amerikanischen Diskussion verwendete Bezeichnung „change", die auch mit Veränderung übersetzt werden könnte (vgl. Ulrich 1994, S. 6). Zur Hervorhebung der Bedeutung von Veränderungsproblemen wurde wohl der Wandelbegriff in der Literatur vorgezogen. Teile der deutschsprachigen Diskussion zum organisationalen Wandel verwenden aber neuerdings den (neudeutschen) Begriff „Change" zur besonderen Abgrenzung gegenüber älteren Konzepten des Wandels (vgl. insbesondere die Literatur zum so genannten Change Management wie etwa Kleingarn 1997, Reiß 1997, Doppler/Lauterburg 2000, Krüger 2000a).

[95] So ist die Frage der Wahrnehmung im Zusammenhang des Wandels von großer Bedeutung (vgl. dazu ausführlicher Gagsch 2002, S. 28ff.; sowie Ulrich 1994, S. 22ff.). Dabei ist jedoch umstritten, ob Wandel anhand objektiver Kriterien festgemacht werden kann oder ob individuelle Wahrnehmungen und subjektive Einschätzungen über ihn entscheiden (vgl. auch Reiß 1997, S. 13). Vieles spricht jedoch dafür, dass er eine selektiv konstruierte Wirklichkeit darstellt (vgl. Ulrich 1994, S. 24 sowie ähnlich Meyer/Heimerl-Wagner 2000, S. 172f.).

[96] Diese Bedingung kann mit Türk (1989, S. 52) auch als Differenz in dem beobachteten Merkmal verstanden werden. Gleiches gilt umgekehrt nach v. Glasersfeld (1995, S. 31) auch für den Fall der Konstanz, die nur auf Grundlage eines Vergleichs festgestellt werden kann. Dabei werden Erlebnisse zueinander in Beziehung gesetzt, um die Differenz bzw. Nicht-Differenz festzustellen. Reine Bewegung oder Aktivität ist beispielsweise aber noch keineswegs ein Wandel, auch wenn sie eine Voraussetzung dafür darstellt (vgl. Van de Ven/Poole 1988, S. 36).

Gagsch 2002, S. 27). Jeder Wandel (insbesondere der von Organisationen) enthält aber auch Momente des Verfalls sowie der Zerstörung und schließt so auch den Niedergang als mögliche Entwicklungsrichtung ein (vgl. dazu Hambrick/D'Aveni 1988, McKinley 1993, Freeman/Cameron 1993).[97] Die Veränderungsrichtung von Wandel muss deswegen keineswegs aufwärts gerichtet sein. Ein vertieftes Verständnis von Wandel begreift ihn deswegen vielmehr als Auf- und Ab-Bewegung auf (vgl. etwa Reiß 1997, S. 7).

Obwohl der Wandel vermutlich ein ständiger Begleiter der menschlichen Existenz seit ihrem Beginn war, ist er doch erst in der jüngeren Zeit verstärkt in den Mittelpunkt vor allem des (wirtschafts-)wissenschaftlichen Interesses gerückt (vgl. Wunderer 1994, S. 234; Gagsch 2002, S. 27). So nimmt die Wandelthematik insbesondere in der aktuellen Managementliteratur stets einen breiten Raum ein (vgl. etwa Staehle 1999, Doppler/Lauterburg 2000), gleichgültig ob es um einen Wandel des Unternehmens oder seines Umfelds geht. Ebenso ist die Frage, warum und wie Organisationen sich überhaupt verändern, Gegenstand einer anhaltenden und intensiven Suche nach Erklärungsansätzen in der Managementlehre und in zahlreichen anderen verwandten Disziplinen geworden (vgl. Van de Ven/Poole 1995, S. 510). Greenwood/Hinings (1996, S. 1022) sind sogar der Ansicht, dass organisationaler Wandel mittlerweile zum zentralen Thema in der Organisationsforschung überhaupt geworden ist. Die Diskussion zum organisationalen Wandel begreift dabei in einer etwas anderen Akzentsetzung und einem erweiterten Betrachtungsfokus als die reinen Positionen zum Unternehmenswandel alle Formen von Organisationen im weitesten Sinn als Objekt von Veränderungen. Da organisationaler Wandel in diesem Verständnis aus allen organisationalen Veränderungsvorgängen resultiert, lässt er demzufolge sich – wie auch das Organisationsphänomen selbst – in zweierlei Hinsicht betrachten (vgl. auch Deeg/Weibler 2000, S. 147; ähnlich Van de Veen/Poole 1995, S. 512): Zum einen ist Wandel eine ex-post beobachtete, eingetretene Veränderung (Zustandsperspektive). Zum anderen ist Wandel der sich im Moment der Beobachtung vollziehende Prozess der Veränderung[98] (Prozessperspektive). Der Wandelbegriff stellt in dieser Hinsicht somit eine Art Globalkategorie dar, die das Ergebnis von Veränderungen ebenso wie ihren Ablauf repräsentiert.

Um ein vertieftes Verständnis des Wandels zu gewinnen, ist neben der grundsätzlichen Begriffsklärung auch eine Bestimmung des Inhalts von Wandel, d.h. seiner Objekte und Gegenstände, notwendig. Denn ein Wandel ohne eine Referenz zu bestimmten Objekten der Veränderung wäre bedeutungslos (vgl. etwa Van de Veen/Poole 1988, S. 36). Diese inhaltliche Komponente des organisationalen Wandels beschreibt dabei, welche Elemente oder Bereiche innerhalb einer Orga-

---

[97] So umfasst beispielsweise ein differenziertes Konzept der Evolution von Organisationen auch retardierende Abläufe im Sinne einer „Devolution" (vgl. Weibler/Deeg 1999, S. 304).

[98] Vgl. dazu näher Kapitel 4.6

nisation von den Veränderungen des Wandelgeschehens im Einzelnen genau betroffen sind (vgl. Pettigrew/Ferlie/McKee 1992, S. 7; Ringlstetter/Schuster 2001, S. 351). Dabei können bestimmte gegenständliche Bezüge (Systemsphären und Ansatzpunkte des Wandels) sowie ebenenspezifische Gegenstände (Objekte und Felder des Wandels) differenziert werden (vgl. auch Mintzberg/Westley 1992, Van de Ven/Poole 1995). In einer ersten groben Unterscheidung der Inhalte des Wandels können zunächst totale von lokalen Veränderungen mit den verschiedensten Veränderungsobjekten abgegrenzt werden (vgl. Ringlstetter/Schuster 2001, S. 351, siehe auch Reiß 1997, S. 7ff.): Totale Veränderungen betreffen dabei die ganze Organisation, lokale Veränderungen hingegen nur Teilbereiche der Organisation. Im ersteren Fall sind also alle Elemente der Organisation Gegenstand eines Wandels, im letzteren Fall sind es nur ausgewählte Elemente.

Für die Kategorisierung der gegenständlichen Bezüge des Wandel als erste Form der Differenzierung von Objekten des Wandels unterscheiden Mintzberg/Westley (1992, S. 40) zwei grundlegende Sphären des Wandels: Die eine Sphäre betrifft die Organisation bzw. den grundlegenden Zustand, die andere betrifft dagegen die Strategie bzw. die Richtung der Veränderungskraft mit jeweils spezifischen Ausprägungen. Der abstrakteste Gegenstand von Wandel sind demzufolge die Kultur und die entsprechenden Visionen, die sich beide auf die grundlegenden Wahrnehmungen der Organisationsmitglieder und ihre kollektive Mentalität beziehen. Etwas weniger abstrakt sind Veränderungen in der Struktur und dem Portfolio strategischer Positionen (Geschäftszweige, Produkte, Märkte). Darauf folgen als relativ konkrete Gegenstände die Systeme mit ihren Verfahrensweisen und die strategischen Programme. Den konkretesten Gegenstand von Wandel bilden schließlich die Personen mit ihren Stellen und die Ausstattungen (Maschinen, Räumlichkeiten). Das Spektrum der möglichen Inhalte organisationalen Wandel reicht damit von Veränderungen in der Verwendung von Arbeitsgeräten bis hin zur Erschließung neuer Tätigkeitsfelder der Organisation (vgl. Mintzberg/Westley 1992, S. 40).

	Wandel der Organisation (Zustand)	Wandel der Strategie (Richtung)
Eher konzeptionell (Gedanken)	Kultur	Visionen
	Struktur	Positionen
Eher konkret (Handlungen)	Systeme	Programme
	Menschen	Ausstattungen

Abbildung 7: Inhalte organisationalen Wandels (vgl. Mintzberg/Westley 1992, S. 40)

Neben einer solchen Unterscheidung von Systemsphären für die Kategorisierung von Wandelinhalten können auch verschiedene Ansatzpunkte des Wandels benannt werden. Dabei wird angenommen, dass Veränderungsprozesse an den unterschiedlichen abstrakten und materiellen Schichten einer Organisation ansetzen. Perich (1992, S. 151ff.) unterscheidet dazu folgende Schichten als mögliche Ansatzpunkte von Wandel:

- **Funktionale Prozesse** bilden die äußerste Schicht einer Organisation. Sie beziehen sich auf die direkt beobachtbaren Manifestationen des Organisationsgeschehens. Sie beinhalten alle formalen Regelungen zur Arbeitsteilung und Koordination (Strukturen und Systeme), sowie die Ausgestaltung der einzelnen Produktionsfaktoren (Realisationspotentiale).

- **Zwecke und Ziele** stellen die nachfolgende Schicht dar. Sie betreffen die Strategie der Organisation und umfassen Aussagen zum allgemeinen Organisationszweck, den grundlegenden Leitideen und den spezifischen Aktionsprogramme.

- **Soziale Prozesse** repräsentieren die explizite Kulturebene mit dem verfügbaren Wissen und Können und den verhaltenswirksamen Werthaltungen der Organisation. Sie umfassen typische Verhaltensweisen der Organisationsmitglieder, wie das Kommunikationsverhalten, politische Umgangsformen, Gebräuche, symbolische Handlungen, Zeremonien, Einfluss- und Gefühlsausdrücke etc.

- **Prädispositionen** als innerste Schicht stellen grundlegende kognitive und emotionale Bezugsrahmen dar. Sie umfassen die impliziten Kulturmerkmale der Organisation. Sie beinhalten den erfahrungsbasierten Pool des kollektiven Wissens und der geteilten Wertvorstellungen. Hier sind grundlegende Vorstellungen (interpretative Schemata) über das Wesen der Organisation und ihre Funktionsweise niedergelegt. Sie umschließen dabei auch die **Identität**[99] als innersten Kern der Organisation.

Aus diesen einzelnen Ansatzpunkten ergibt sich insgesamt das folgende Schichtenmodell der Organisation bzw. des organisationalen Wandels (vgl. Perich 1992, S. 151; Abbildung 8). Eine eindeutige, theoretisch fundierte Trennschärfe zwischen den einzelnen Schichten besteht dabei nicht; vielmehr zielt das Modell darauf ab, die Problematik unterschiedlicher Inhaltsbereiche des Wandels und ihre hierarchische Abhängigkeiten besser zu verdeutlichen (vgl. Perich 1992, S. 154).

---

[99] Vgl. zum Konzept der organisationalen Identität und deren Dynamik ausführlich Krafft (1998).

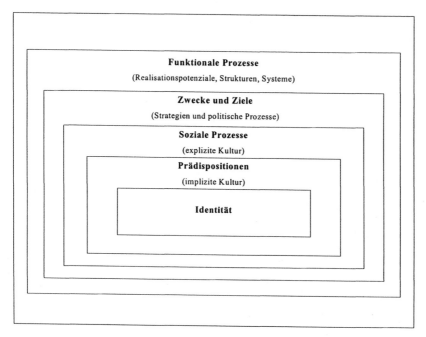

Abbildung 8: Schichtenmodell der Organisation (vgl. Perich 1992, S. 151)

Versucht man schließlich die einzelnen möglichen Objekte des Wandels im Sinne der ebenenspezifischen Gegenstände etwas näher zu fassen, so können diese in einem ersten Schritt in einen geistigen und einen materiellen Bereich unterteilt werden (vgl. auch Ulrich 1994, S. 15).[100] Der geistige Bereich umfasst „die Welt des Denkens und Fühlens von Menschen" (Ulrich 1994, S. 15), ihre Werturteile und Bedeutungszuweisungen sowie die damit verbundenen Planungen und Entscheidungen. Der materielle Bereich des Wandels umfasst alle Objekte außerhalb des Menschen sowie seine Handlungen als „Verwirklichung des Vorgedachten und Vorgeplanten" (Ulrich 1994, S. 15). Beide Bereiche sind insofern unauflösbar miteinander verbunden, als dass Gedanken und Gefühle das menschliche Handeln bestimmen, das Handeln gleichzeitig die Umwelt verändert und diese wiederum Einfluss auf das Denken und Fühlen nimmt (vgl. Ulrich 1994, S. 15).

Diese Objekte des Wandels können zudem noch auf verschiedenen Organisationsebenen[101] angesiedelt werden (vgl. dazu auch Van de Ven/Poole 1988, S. 29). Dabei werden eine Makroebene der Gesamtorganisation, eine Mesoebene der Kollektive (Gruppen) und eine Mikroebene der Individuen und ihrer kognitiven

---

[100] Ulrich (1994) spricht deswegen auch von einem geistigen und einem materiellen Wandel.

[101] Vgl. zu den Ebenen des Wandels ausführlich Kapitel 4.7.

96

Strukturen unterschieden werden (vgl. etwa Steinle 1985, S. 35ff.). Materielle Objekte der Makroebene sind vor allem die Organisationsstruktur, der Produktmix, die Technologie, der Standort und die Strategie, während normative Zweckvorstellungen, die Kultur, die Anpassungs-, Reaktions- und Innovationsfähigkeit (Lernfähigkeit) der geistigen Sphäre angehören. (vgl. auch Steinle 1985, S. 36; Krüger 1994b, S. 206). Die Mesoebene umfasst im geistigen Bereich das gemeinsame Wertsystem und geteilte Symbole der beteiligten Individuen bzw. Gruppen sowie im materiellen Bereich gemeinsame Aktivitäten und Verhaltensweisen im Rahmen von Austauschhandeln und reflexiven Interaktionsbeziehungen und die Effizienz der Humanressourcenkombination (vgl. auch Steinle 1985, S. 36; Krüger 1994b, S. 208).[102] Auf der Mikroebene sind die Arbeitsmotivation, Wertinhalte, entscheidungsbezogene Aspekte und individuelle Fähigkeiten und Kompetenzen Teil der geistigen Sphäre (vgl. Steinle 1985, S. 36; Krüger 1994b, S. 210). Die materielle Sphäre auf dieser Ebene umfasst schließlich vor allem ökonomische Anreize und die Arbeitsgestaltung (vgl. Steinle 1985, S. 36).

Eine solche Differenzierung der Wandelobjekte in „Hard facts" (materielle Objekte) und „Soft facts" (geistige Objekte) kann auch ebenenübergreifend in vier Schichten dargestellt werden (vgl. Krüger 1994b, S. 210), deren Transformation sich in verschiedenen Prozessdimensionen vollzieht. Diesen Zusammenhang zwischen Objekten und Prozessdimensionen zeigt die nachfolgende Abbildung:

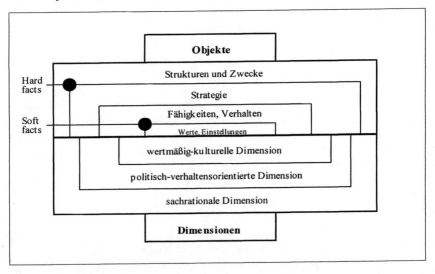

Abbildung 9: Objekte und Dimensionen des Wandels (in Anlehnung an Krüger 1994b, S. 211)

---

[102] Vgl. zum Wandel von Gruppen näher Okhuysen (2001).

Eine etwas andere Sichtweise auf die Inhalte oder Objekte von Wandel besteht als letztes in dem Versuch, verschiedene Einzelobjekte der Veränderung zu so genannten Feldern des Wandels zusammenzufassen (vgl. dazu u.a. Tichy 1983, French/Bell 1994, Bleicher 1992, Hahn 1999). Die Überlegungen hierzu sind überaus vielfältig (vor allem in ihren Benennungen der einzelnen Felder), aber dennoch decken sich die Entwürfe in inhaltlicher Hinsicht letztlich weitestgehend. Zusammenfassend lassen sich die folgenden vier zentralen Felder des Wandels differenzieren (vgl. Gagsch 2002, S. 63ff.):

- **Wandel der Struktur:** Dieses Feld des Wandels beinhaltet vor allem Veränderungen in der Aufbau- und Ablaufstruktur eines Unternehmens (wie etwa Abbau von Hierarchiestufen, Veränderungen der Geschäftsprozesse, Divisionalisierung, Modulbildung, Outsourcing, Akquisitionen etc.) sowie der strukturellen Vernetzungen im Rahmen von Unternehmenskooperationen (vgl. Reiß 1997, S. 8).

- **Wandel der Strategie:** In diesem Feld geht es um Veränderungen in der strategischen Ausrichtung des Unternehmens. Darunter fallen etwa die Aufgabe alter und die Entwicklung neuer Geschäftsfelder, die Bildung strategischer Partnerschaften, die Realisierung von Innovationen im Produktprogramm oder die strategische Ausrichtung wie etwa durch eine Internationalisierung, die Kundenorientierung oder die Konzentration auf ein Kerngeschäft (vgl. Krüger 1994b, S. 211; Reiß 1997, S. 7).[103]

- **Wandel der Ressourcen:** Den Ansatzpunkt des Ressourcenwandels bilden die Veränderungen in den technologischen und ökologischen Ressourcen des Unternehmens. Dabei geht es vor allem um technologisch begründete Veränderungen durch die Informations- und Kommunikationstechnologie und eine ökologische Ausrichtung der Unternehmensführung aufgrund veränderter Einstellungen und Umgangsformen mit natürlichen Ressourcen im betrieblichen Wertschöpfungsprozess (vgl. Reiß 1997, S. 8; Prahalad 1998, S. 17).[104]

- **Wandel der Mitarbeiter:** Dieses Feld des Wandels bezieht sich schließlich auf die Menschen im Unternehmen Es umfasst alle Veränderungen im Denken, Wahrnehmen und Erleben im Sinne veränderter Wertvorstellungen und Normen (vgl. auch v. Rosenstiel 1997, S. 192). Ferner fallen darunter die hieraus folgenden Veränderungen im Verhalten und Handeln der Mitarbeiter durch neue Einsichten, neues Wissen oder neue Fertigkeiten

---

[103] Veränderungen an diesen Wandelobjekten werden auch unter dem Typus der Reorientierung zusammengefasst (vgl. Krüger 1994a, S. 360; siehe auch Kapitel 4.2).

[104] Siehe dazu auch Kapitel 3.3.1.

und Fähigkeiten. Denn Veränderungen im Denken und Handeln der Mitarbeiter beeinflussen letzten Endes alle anderen Felder des Wandels. Dadurch können Wandelprozesse letztlich im Wesentlichen auf veränderte Denkweisen zurückgeführt werden.[105]

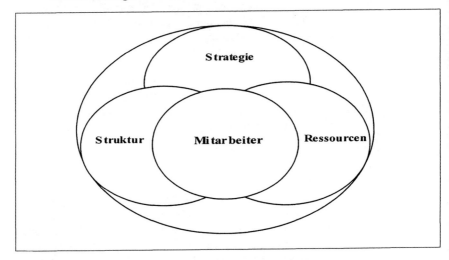

Abbildung 10: Felder des Wandels (vgl. Gagsch 2002, S. 63, gekürzt)

Aufgrund der Interdependenz dieser verschiedenen Felder kann ein Wandel in einem Feld zu gegenläufigen oder verstärkenden Wandelprozessen in anderen Feldern führen (vgl. Staehle 1999, S. 900ff.). Damit wird ebenso wie zuvor bei den Ansatzpunkten und nachfolgend bei den Typen des Wandels eine weitreichende Verknüpfung angenommen, um dem Facettenreichtum und der Komplexität des Wandels auf diese Weise besonderen Ausdruck zu verleihen.

4.2 Formen und Typen organisationalen Wandels

Aus der vorangegangen Auseinandersetzung mit dem Begriff und Inhalt von organisationalem Wandel wurde bereits deutlich, dass dieses Phänomen zahlreiche Facetten aufweist, die zu den unterschiedlichsten Benennungen und inhaltlichen Bezugspunkten geführt haben. Als nicht weniger vielgestaltig erweisen sich auch die Aussagen zu den Formen und Typen des organisationalen Wandels. Dazu ist zunächst näher zwischen der Form des Wandels und seinen möglichen Typen zu unterscheiden. Unter der Form des Wandels kann die Art und Weise, wie sich Veränderungen grundsätzlich vollziehen, verstanden werden. Eng verbunden mit der Frage der Ausformungen des Veränderungsgeschehens ist dann die Unter-

---

[105] Der geistige Wandel in den Köpfen der Mitarbeiter bestimmt somit weitgehend den materiellen Wandel im Unternehmen und seiner Umwelt (vgl. dazu auch Ulrich 1994, S. 15f.).

scheidung bestimmter grundlegender Typen des Wandels. Solche Typen differenzieren unterschiedliche, idealisierte Gestalten[106] der Veränderung. Hierbei wird versucht, in sich stimmige Muster von Veränderungsabläufen zu identifizieren und auf dieser Basis Idealtypen des Wandels herauszufiltern, die die Komplexität des Veränderungsgeschehens auf ein handhabbares Maß reduzieren und eine vereinfachtere Wahrnehmung und Darstellung ermöglichen.

Die Bandbreite möglicher Formen des Wandels ist wegen seiner vielgestaltigen Natur entsprechend groß. So finden sich in der Literatur zahllose Darstellungen meist dichotomisch konzipierter Formen des Wandels, aus denen hier nur ein relativ kleiner Ausschnitt vorgestellt werden kann. Zur Strukturierung der Darstellung sollen dabei als grundlegende Dimensionen des Wandels die Veränderungssteuerung, die Veränderungsrichtung, das Veränderungsniveau und der Veränderungsrhythmus herangezogen werden (vgl. dazu auch Bronner/Schwaab 1999, S. 17ff.). Je nach dem Grad bewusster Steuerung kann so erstens zwischen *ungeplantem und geplantem Wandel* (vgl. Bea/Göbel 1999, S. 415ff.; Staehle 1999, S. 899f.; Ringlstetter/Schuster 2001, S. 351), je nach Veränderungsrichtung des Wandels von konzeptionell-abstrakten zu konkreten Bereichen zweitens zwischen *deduktivem und induktivem Wandel* (vgl. Mintzberg/Westley 1992, S. 41f.), je nach Veränderungsniveau der Neuordnung drittens zwischen *Wandel 1. Ordnung (evolutionärer Wandel) und 2. Ordnung (revolutionärer Wandel)* (vgl. Levy/Merry 1986, S. 9) und je nach Gleichmäßigkeit der Veränderung viertens zwischen *kontinuierlichem und diskontinuierlichem Wandel* (vgl. Ulrich 1994, S. 10f.; sowie Gagsch 2002, S. 43) unterschieden werden. Daneben sind noch zahlreiche weitere Gegensatzpaare des Wandels in teilweise sehr ähnlichen oder sich gar überschneidenden Benennungen Gegenstand der stark ausdifferenzierten Diskussion, die – sofern sie sich auf die weiteren Kategorien der Analyse beziehen lassen – im Folgenden noch berücksichtigt werden.

Ungeplanter organisationaler Wandel[107] („unmanaged change") als erste Ausformung der Dimension Veränderungssteuerung entsteht ohne bewusste Eingriffe in das Organisationsgebilde (vgl. Müller-Stewens/Lechner 2001, S. 377; Connor/Lake/Stackman 2003, S. 4) und resultiert aus den nicht intendierten Handlungsfolgen und der Eigendynamik des Organisationssystems (vgl. Bea/Göbel

---

[106] Vgl. zum Gestaltbegriff und seinen zahlreichen Facetten ausführlich Wolf (2000), S. 17ff.

[107] Ungeplanter Wandel wird in der Regel nicht als geeignete oder ausreichende Form der Veränderung von Unternehmen angesehen (vgl. etwa Connor/Lake/Stackman 2003, S. 6) und somit auch nur von wenigen Organisationskonzepten angestrebt. Mögliche Referenzmodelle zu seiner Beschreibung sind vor allem evolutionstheoretische und lernbasierte Ansätze (vgl. Bea/Göbel 1999, S. 418f.). Ein Management des ungeplanten Wandels beruft sich vor allem auf die Idee einer „gelenkten Evolution" (vgl. Bea/Göbel 1999, S. 433ff.) durch Selbstorganisationsprozesse, Selbstentwicklung der Führungskräfte und Gestaltung von Lernkontexten (vgl. z.B. Probst 1987, Servatius 1991, Königswieser/Lutz 1992, Probst/Naujoks 1995). Die Nähe zu evolutorischen Überlegungen kommt dabei besonders im Begriff des „natural change" (Connor/Lake/Stackman 2003, S. 4) zum Ausdruck.

1999, S. 419). Als dynamisches Gebilde sind Organisationen ständig in Prozessen des Wandels und der Veränderung begriffen (vgl. auch Staehle 1999, S. 898; Müller-Stewens/Lechner 2001, S. 377), aber viele dieser Veränderungsprozesse sind nicht direkt beabsichtigt, sondern ergeben sich eher zufällig und bleiben dementsprechend mehr oder weniger unbemerkt (vgl. Staehle 1999, S. 899). Auch können außerordentliche Wandlungsvorgänge durch spontan veränderte Verhaltensweisen, wie z.b. durch experimentelles Ausbrechen aus Routinen oder Improvisationen, ungewollt entstehen (vgl. auch Schwan 2003, S. 221). Der ungeplante organisationale Wandel stellt damit ein emergentes Phänomen des Organisationsalltags besonders in informellen Zusammenhängen der organisierten Zusammenarbeit dar (vgl. auch Mintzberg/Westley 1992, S. 43). Um nicht in einem passiv-abwartenden oder bloß statisch-reaktiv handelnden Verhalten zu verharren, sind ungeplante Wandlungsprozesse oft notwendig. Sie entziehen sich jedoch weitgehend einer systematischen Regelung und Bewertung.

Geplanter organisationaler Wandel[108] („managed change") als zweite Ausformung der Dimension Veränderungssteuerung ist hingegen das gewollte oder ungewollte Ergebnis eines gezielten Eingriffs (Intervention) in das Organisationsgebilde (vgl. Müller-Stewens/Lechner 2001, S. 377; Connor/Lake/Stackman 2003, S. 6f.). Der Eingriff umfasst dabei alle absichtlichen, gesteuerten und kontrollierten Anstrengungen einer vorwegnehmenden und zielgerichteten Gestaltung der Organisation (vgl. Staehle 1999, S. 899). Eine solche formale Managementintervention vollzieht sich oftmals im Rahmen eines strukturierten Veränderungsprogramms („formaler Wandel", vgl. Mintzberg/Westley 1992, S. 42). Je nach Absicht der Veränderung kann dabei das Ausmaß der Intervention in die Organisation erheblich differieren (vgl. Müller-Stewens/Lechner 2001, S. 377). Der geplante Wandel versucht dabei, möglichen Effektivitätsverlusten schon präventiv entgegenzutreten und zielt auf der Steigerung der Wirksamkeit von organisationalen Leistungsprozessen zur Sicherung des langfristigen Erfolgs ab (vgl. auch Kleingarn 1997, S. 42; Bea/Göbel 1999, S. 415). Ein geplanter Wandel ermöglicht es im Gegensatz zum ungeplanten Wandel schließlich auch, sich auf bestimmte Situationen im Voraus besser einzustellen und gegebenenfalls weitere Maßnahmen zur Ausweitung oder Absicherung der Veränderung einzuleiten (vgl. Ford/Ford 1995, S. 543).

Neben dem Aspekt der Steuerung eines organisationalen Wandels, kann die Frage der Veränderungsrichtung von Wandelprozessen als Grundlage für eine Unterscheidung von zentralen Wandelformen verwendet werden. Denn Veränderungsprozesse können sich in Organisationen einerseits von außen nach innen und an-

---

[108] Diese Form des Wandels wird regelmäßig von den Konzepten der Reorganisation (vgl. z.B. Picot/Freudenberg/Gassner 1999), des Change-Managements (vgl. z.B. Doppler/Lauterburg 2000) oder der Organisationsentwicklung (vgl. z.B. French/Bell 1994) angestrebt (vgl. Bea/Göbel 1999, S. 415ff.; sowie umfassend dazu Kirsch/Esser/Gabele 1979).

101

dererseits von innen nach außen vollziehen (vgl. Mintzberg/Westley 1992, S. 41). Dementsprechend kann zwischen einer deduktiven und einer induktiven Form des Wandels unterschieden werden. Ein *deduktiver Wandel* vollzieht sich von der konzeptionellen Ebene her zu den konkreten Aspekten der Organisation; er nimmt also seinen Ausgang von gedanklichen Vorstellungen und geht dann zu konkreten Handlungen über (vgl. Mintzberg/Westley 1992, S. 41). Aus den breit angelegten Veränderungen von Konzepten oder Wahrnehmungen werden dabei greifbare Manifestationen der Veränderung abgeleitet (deduktives Vorgehen). Diese Form des Wandels wird häufig im Strategischen Management beschrieben (sog. „design school" und „planning school"; vgl. Mintzberg 1990, S. 108).[109] Eine veränderte Unternehmensstrategie gibt dabei Veränderungen in der strategischen Positionierung und der Unternehmensstruktur vor und schlägt sich schließlich auch in veränderten Ausstattungen und Personalkonfigurationen nieder. *Induktiver Wandel* vollzieht sich hingegen vom Konkreten zum Abstrakten (vgl. Mintzberg/Westley 1992, S. 41). Dabei werden die Bedeutungen greifbarer Veränderungen auf eine breitere Basis generalisiert (induktives Vorgehen; sog. „learning school", vgl. Mintzberg 1990, S. 108).[110] Dies kann sowohl in absichtsvoller und überlegter Weise wie auch emergent erfolgen. So kann etwa eine Entdeckung in einem Entwicklungslabor eines Unternehmens zu einer veränderten strategischen Position und dadurch im weiteren zu einem Wandel der Vision und Kultur führen. Schließlich können beide Formen des Wandels auch noch in einer kombinierten Form als gleichzeitig deduktiver und induktiver Wandel vorliegen (vgl. Mintzberg/Westley 1992, S. 41).[111]

Hinsichtlich des Veränderungsniveaus der Wandelprozesse kann zwischen einem Wandel 1. und 2. Ordnung unterschieden werden. Ein *Wandel 1. Ordnung* beinhaltet lediglich schrittweise Modifikationen der Arbeitsweise einer Organisation, ohne dass davon die Gesamtordnung oder die Interpretationsschemata berührt werden (vgl. Staehle 1999, S. 900). Dieser Wandel stellt eine evolutionäre und fortdauernde Anpassung im Rahmen der allgemeinen Unternehmensentwicklung (z.B. Wachstumsprozesse) dar und kann sich auf einzelne Abteilungen oder Organisationseinheiten beschränken. Somit bleiben die Komplexität und Intensität der Veränderungen überschaubar. Dahingegen stellt ein *Wandel 2. Ordnung* eine radikale Veränderung der „Verfasstheit" und der Verfahren einer gesamten Organisation dar. Ein lange angestauter Veränderungsdruck auf „verkrustete" oder

---

[109] Nach der so genannten „design school" verläuft die Strategiebildung als konzeptioneller Prozess, nach der „planning school" als formaler Prozess (vgl. Mintzberg 1990, S. 108, sowie v.d.Oelsnitz 1999, S. 103).

[110] Nach der so genannten „learning school" stellt die Strategiebildung einen emergenten Prozess dar (vgl. Mintzberg 1990, S. 108, sowie v.d.Oelsnitz 1999, S. 103).

[111] Als Beispiel dafür nennen Mintzberg/Westley (1992, S. 41) das sogenannte „middle-up-down-management" im Wissensmanagement (vgl. dazu Nonaka 1988; Nonaka/Takeuchi 1997, S. 141f.).

„chaotisch" gewordene Organisationsstrukturen entlädt sich dabei in revolutionären Veränderungen. Um einen neuen und effizienteren Ablauf der Organisationsaktivitäten zu ermöglichen ist eine schnelle, umfassende und tief greifende Veränderung von Strukturen notwendig. Ein Wandel 2. Ordnung gestaltet sich meist sprunghaft und führt zu einem Bruch mit der Vergangenheit oder Traditionen. Als ein „second-order-change" betrifft er alle Ebenen der Organisation und schließt Verhaltens- und Strukturänderungen, einen Wandel in den grundlegenden Strategien sowie insbesondere Änderungen der dem Handeln zugrunde liegenden Weltbildern, Werten und Grundannahmen ein (vgl. auch Staehle 1999, S. 900f.).

Wandel 1. Ordnung	Wandel 2. Ordnung
Beschränkt auf einzelne Dimensionen	Mehrdimensional
Beschränkt auf einzelne Ebenen	Umfasst alle Ebenen
Quantitativer Wandel	Qualitativer Wandel
Kontinuität, gleiche Richtung	Diskontinuität, neue Richtung
Inkremental	Revolutionär
Ohne Paradigmenwechsel	Mit Paradigmenwechsel

Abbildung 11: Wandel 1. und 2. Ordnung (in Anlehnung an Levy/Merry 1986, S. 9)

In Bezug auf die Gleichmäßigkeit der Veränderung kann als letztes noch zwischen einem kontinuierlichen und einem diskontinuierlichen Wandel unterschieden werden: Ein *kontinuierlicher Wandel* bezeichnet einen ununterbrochen verlaufenden Veränderungsprozess, bei dem sich neue Zustände praktisch nahtlos an vorhergehende anschließen (vgl. Ulrich 1994, S. 10). Dabei kann das Veränderungstempo variieren und deswegen der kontinuierliche Wandel ebenso einen langsamen wie auch einem zügigen Veränderungsprozess umfassen. Hingegen bedeutet *diskontinuierlicher Wandel*, dass Veränderungsprozesse plötzlich abbrechen und völlig neuartige Vorgänge auftreten, die scheinbar keinen Zusammenhang mit dem Vergangenen haben (vgl. Ulrich 1994, S. 10). Dabei können die Veränderungen sowohl vom Unternehmen bzw. seinem Management bewirkt werden (z.B. durch Innovationen), als auch – vornehmlich aus der Außenwelt des Unternehmens kommend – ungewollt und ohne besonderes Zutun auftreten. Dabei stellt gerade die letztere Form eine besondere Herausforderung für das Unternehmen dar, da sich eine konkrete Bestimmung von Strategien und Maßnahmen im Vorfeld äußerst schwierig gestaltet (vgl. Ulrich 1994, S. 11).

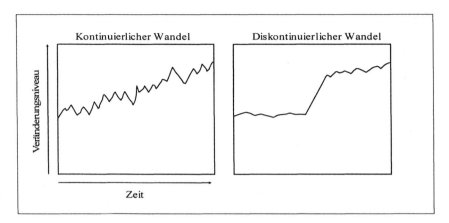

Abbildung 12: Kontinuierlicher versus diskontinuierlicher Wandel (vgl. auch Nadler/Tushman 1995b, S. 23

Neben den vielfältigen Formen des Wandels werden in der Literatur auch zahlreiche Typen des Wandels unterschieden. Das komplexe Wandelgeschehen wird dabei auf einige prägnante Gestalten verengt, um die Ausprägungen und Folgen der Veränderungsprozesse darzustellen. Ein vielzitiertes Typenschema basiert auf der Ableitung von Idealtypen des Wandels aus seinen Ansatzpunkten[112] (Schichten der Organisation). Dabei werden folgende vier Typen des Wandels unterschieden, die auf vielfältige Weise sachlogisch und prozessual miteinander verflochten sind (vgl. Krüger 1994a, S. 358f., 1994b, S. 210ff.; Müller-Stewens/Lechner 2001, S. 284):[113]

- **Restrukturierung:** Hierunter ist die formale Veränderung von Prozessen, Systemen und Strukturen und deren Realisationspotenzialen zu verstehen (z.b. durch Hierarchieabbau, Modernisierung von Produktionsanlagen, Wechsel der Organisationsstrukturform). Dabei geht es sowohl um eine Neugestaltung der Ablaufprozesse des Unternehmens als auch der Aufbauorganisation. Eine Restrukturierung ist dabei stets eine notwendige Folge oder Begleiterscheinung eines tief greifenden Wandels.

- **Reorientierung:** Sie stellt einen Wechsel der Strategie bzw. eine Neuausrichtung des strategischen Unternehmensportfolios dar (z.b. Entwicklung neuer Geschäftsfelder oder Produkte, Transfer vorhandener Kernkompetenzen, Eingehen strategischer Partnerschaften). Ein solcher grundlegender

---

[112] Vgl. dazu Kapitel 4.1; Abbildung 9

[113] Müller-Stewens/Lechner (2001, S. 460) führen als einen fünften Typ noch die Repositionierung an. Hierunter ist eine Neuausrichtung des Unternehmens gegenüber einem oder mehreren Stakeholdern gemeint (z.b. Besetzung anderer Marksegmente, veränderte Lieferantenpolitik) um die strategische Position der Geschäftsfelder in ihrem Stakeholder-Umfeld zu verändern.

Strategiewechsel ist oft eine notwendige Voraussetzung für andere transformative Prozesse. Er kann dabei sowohl in innere wie auch äußere Schichten des Unternehmens ausstrahlen und damit gleichermaßen einen Umbau von Strukturen wie auch einen Erwerb neuer Fähigkeiten auslösen.

- **Revitalisierung:** Damit ist ein Wandlungstyp gemeint, der bei den Trägern bzw. personellen Komponenten der Realisationspotenziale ansetzt. Er beinhaltet Änderungen bestehender oder den Erwerb neuer Kompetenzen und Verhaltensweisen (z.B. Partizipation oder größere Handlungsspielräume für Mitarbeiter, Änderung des Führungsstils oder Kooperationsverhaltens, Förderung von Kreativität und unternehmerischem Denken), die auch auf die Interaktionen mit der Umwelt (insbesondere die Kunden) gerichtet sind (z.B. Kundennähe).

- **Remodellierung:** Dieser Typus des Wandels stellt den vergleichsweise tiefgehendsten Eingriff in das organisationale Geschehen dar. Denn mit ihm gehen eine Veränderung von grundlegenden Werten und Überzeugung der Organisation und ihrer Mitglieder einher. Dadurch wandeln sich das Selbstverständnis und die Interpretationsschemata einer Organisation (z.B. Wechsel von einem Industrie- zu einem Dienstleistungsunternehmen, Entwicklung zu einer lernenden Organisation).

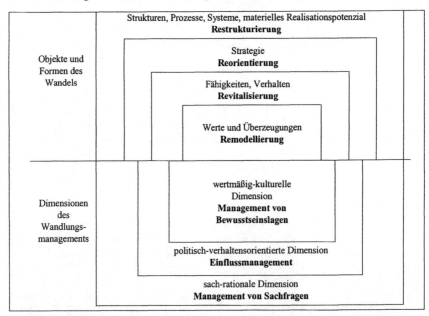

Abbildung 13: Schichtenmodell der Formen des Wandels (in Anlehnung an Krüger 1994a, S. 359; Perich 1992, S. 151)

Die Abbildung zeigt diese verschiedenen, zuvor beschriebenen Typen des Wandels im Überblick und stellt dabei gleichzeitig die Verbindung zu den diversen Objekten des Wandels wie auch zu seinen managementorientierten Dimensionen her.

Eine andere Möglichkeit als die Bildung von Typen des Wandels durch einen Bezug auf die einzelnen Schichten des Wandels und seine Dimensionen bzw. Objekte stellt eine Differenzierung zwischen dem unternehmerischen Verhalten gegenüber Veränderungen (reaktiv/proaktiv) und der Art der Vorgehensweise bei der Veränderung (taktisch bzw. inkremental/strategisch bzw. diskontinuierlich)[114] dar (vgl. Nadler 1988, S. 71). Dabei bezieht sich die erste Unterscheidung auf die zeitliche Dimension des Wandels (vgl. Nadler/Tushman 1995b, S. 23), während die letztere sich auf den Verlauf (bzw. das Prozessmuster) des Wandels bezieht (vgl. Nadler/Tushman 1995b, S. 20f.). Nadler/Tushman (1995b, S. 24ff.) kommen dadurch zu den folgenden vier Typen des Wandels (vgl. auch Nadler 1988, S. 71ff.; Hinterhuber/Popp 1994, S. 115ff.):[115]

- **Tuning:** In diesem Fall wird ein inkrementaler Wandel als Antizipation von Umweltereignissen oder auf der Suche nach einer verbesserten Effizienz oder Effektivität ausgelöst, ohne dass ein Erfordernis zu einer Veränderung vorhanden wäre. Mit Hilfe von Tuning wird der Fit zwischen Strategie und der Organisation aufrechterhalten oder die Kongruenz der Organisationselemente verbessert. Die Veränderungsaktivitäten sind dabei zeitlich begrenzt.

- **Adaptation:** Im Gegensatz zum Tuning wird dieser Typus von Wandel nicht intern verursacht, sondern resultiert aus externen Umweltbedingungen, die eine Anpassung erforderlich machen. Es handelt sich dabei gleichfalls um inkrementale, aber reaktive Veränderungen. In den meisten Fällen besteht dabei ein definitives Wandelerfordernis, um negative, jedoch nicht bestandsgefährdende Konsequenzen zu verhindern.

- **Reorientation:** Darunter ist ein Wandel zu verstehen, der zwar diskontinuierlich verläuft, aber aktiv ausgelöst wurde, um einer Veränderung des industriellen Umfeld gerecht zu werden. Er beinhaltet eine grundlegende Neudefinition des gesamten Unternehmens (insbesondere seiner Identität, seiner Vision, seiner Strategie und seiner Werte). Eine Reorientierung wird eingeleitet noch bevor ein Erfordernis zur grundlegenden Veränderung ein-

---

[114] Während bei Nadler (1988) die letztere Ausprägung der Dimension noch als „strategisch" bezeichnet wird, firmiert sie einige Jahre später bei Nadler/Tushman (1995b) überraschenderweise unter der Bezeichnung „diskontinuierlich". Hinterhuber/Popp (1994) sprechen hingegen bezogen auf dieselbe Ausprägung auch von einer „ganzheitlichen Vorgehensweise".

[115] Hinterhuber/Popp (1994, S. 115) übersetzen die vier Typen mit Feinabstimmung (Tuning), Anpassung (Adaptation); Neuorientierung (Reorientation) und Neuschöpfung (Recreation).

getreten ist. Die Veränderungen werden begonnen, weil ein bevorstehender Umweltwandel wahrgenommen wurde oder eine Vorreiterrolle in der eigenen Branche angestrebt wird.

- **Recreation:** Wenn eine Organisation nicht in der Lage ist, Umweltveränderungen rechzeitig vorwegzunehmen, dann ist eine diskontinuierliche Veränderung notwendig, da in der Regel weitreichende Krisen oder externe Bedingungen eine solche Reaktion erfordern. Eine rein inkrementale Veränderung reicht dabei nicht aus um das Überleben und die Prosperität des Unternehmens zu sichern. Zudem besteht weder die Zeit noch die Möglichkeit einer sorgfältigen Reorientierung, so dass buchstäblich eine entschiedene, zügige und umfassende Neuschöpfung des Unternehmens erforderlich ist. Die Veränderungen verlaufen dabei rasch und betreffen gleichzeitig alle Organisationselemente. Dabei werden im Gegensatz zur Reorientierung insbesondere die grundlegenden Werte dramatisch verändert.

Die nachfolgende Abbildung zeigt den Zusammenhang zwischen den von Nadler/Tushman (1995b) zugrunde gelegten Dimensionen und den einzelnen Typen des Wandels auf:

	Art der Vorgehensweise	
Unternehmerisches Verhalten	Inkrementale Veränderung	Diskontinuierliche Veränderung
Antizipatives (proaktives) Verhalten	*Tuning*	*Reorientation*
Reaktives Verhalten	*Adaptation*	*Recreation*

Abbildung 14: Vier Typen organisationalen Wandels (vgl. Nadler 1988, S. 71; Nadler/Tushman 1995b, S. 24; Bronner/Schwaab 1999, S. 25)

Diese vier Typen können ferner dazu verwendet werden, die *Intensität des Wandels* näher zu beschreiben (vgl. Nadler 1988, S. 72f.): Unter Intensität wird dabei der Grad an Stärke oder Schwere des Wandels verstanden, worunter auch eventuelle eintretende Schocks, Traumata, Brüche oder Sprünge (Diskontinuitäten) gefasst werden. Dabei besitzen reaktive Veränderungen mehr Wandelintensität als antizipatorische Veränderungen, da in ihrem Fall mehr Veränderungsaktivitäten in einem Zeitabschnitt enthalten sind, ohne dass die Möglichkeit besteht, die beteiligten Personen auf Folgen der Veränderung vorzubereiten oder größere Korrekturen vorzunehmen (vgl. Nadler 1988, S. 72). Ferner sind strategische Veränderungen intensiver als inkrementale Veränderungen, da letztere zumeist ohne größere Auswirkungen für die grundlegenden Managementprozesse der Organisation bleiben (vgl. Nadler 1988, S. 72). Die Intensität des Wandels nimmt somit vom Tuning, über Adaptation, Reorientation bis zur Recreation zu, die die höchste Wandelintensität besitzt (vgl. Nadler 1988, S. 73).

4.3 Häufigkeit und Ausmaß organisationalen Wandels

Organisationen verändern sich zwar laufend, jedoch sind sie durch zahllose Zustände und Prozesse charakterisiert, die sich nicht alle mit der gleichen Häufigkeit und in gleichem Ausmaß verändern (vgl. Ulrich 1994, S. 17). Damit ist eine Unterscheidung zwischen der Häufigkeit und dem Ausmaß des Wandels und den verschiedenen Graden ihrer jeweiligen Ausprägung zu treffen: Unter der Häufigkeit des Wandels kann dabei die Rate des Auftretens von Veränderungserscheinungen verstanden. Treten Veränderungen vielfach in kurzen Zeitabständen auf, lässt sich von einer hohen Häufigkeit des Wandels sprechen. Sind Veränderungen hingegen nur selten und mit langem zeitlichem Abstand zu beobachten, ist entsprechend eine geringe Häufigkeit des Wandels festzustellen. Unter dem Ausmaß organisationalen Wandels kann schließlich die Reichweite der Veränderungen verstanden werden, die sich in der Organisation vollziehen. Dabei bestimmt sowohl die Breite dieser Veränderungen wie auch ihre Tiefe das Ausmaß an organisationalem Wandel (vgl. dazu auch Krüger 1994a, S. 358). Die Breite von Veränderungen gibt in diesem Zusammenhang an, welche Systemsphären der Organisation von Veränderungen betroffen sind, während die Tiefe anzeigt, welchen Grad der Einwirkung die Veränderungen erreicht haben.[116]

Die Frage nach der Häufigkeit des Wandels berührt das fundamentale Verhältnis zwischen Stabilität bzw. Kontinuität einerseits und Instabilität bzw. Veränderung andererseits (vgl. auch Pettigrew/Woodman/Cameron 2001, S. 700).[117] Dominiert die Stabilität, dann treten Veränderungen nur selten auf; ist dagegen vorwiegend Instabilität vorzufinden, ergeben sich häufig Veränderungen. Damit verbunden ist schließlich auch die Frage nach den grundsätzlichen Veränderungsmöglichkeiten und der Veränderungsfähigkeit von Organisationen als solchen. Um die Häufigkeit von Wandel näher zu bestimmen, unterscheiden Weick/Quinn (1999, S. 365ff.) zwischen einem *episodischen Wandel* und einem *kontinuierlichen Wandel*.[118] Ein episodischer Wandel umfasst dabei Veränderungsprozesse, die gele-

---

[116] Connor/Lake/Stackman (2003, S. 171) schlagen zudem vor, die Anzahl der von Veränderungen betroffenen organisationalen Elemente und Personen als Gradmesser des Ausmaßes anzusehen.

[117] Siehe dazu auch grundlegend Van de Ven/Poole (1988, S. 48ff.).

[118] Siehe dazu auch Pettigrew/Woodman/Cameron (2001, S. 704f.). Ganz ähnlich unterscheiden Schreyögg/Noss (2000) zwischen einer episodischen und prozesshaften Sicht von Wandel.

gentlich, diskontinuierlich und absichtsvoll geschehen (vgl. Weick/Quinn 1999, S. 365). Er tritt dann auf, wenn sich Organisationen von gleichgewichtigen Bedingungen entfernen (vgl. Weick/Quinn 1999, S. 365). Die Bezeichnung „episodisch" soll dabei zum Ausdruck bringen, dass Veränderungen nur in bestimmten, klar umrissenen Zeitabschnitten und nur in einem begrenzten Rahmen auftreten (vgl. Mintzberg/Westley 1992, S. 46; Weick/Quinn 1999, S. 365; Schreyögg/Noss 2000, S. 53). Wandel wird somit als eine (vorübergehende) Ausnahme vom Regelfall gesehen („Sonderstatus des Wandels", vgl. Schreyögg/Noss 2000, S. 53).

Ein kontinuierlicher Wandel umfasst hingegen fortlaufende, evolvierende und kumulative Veränderungsprozesse (vgl. Weick/Quinn 1999, S. 375). Die Veränderungen vollziehen sich emergent, da neue Muster des Organisierens ohne explizite Absichten im Vorfeld verwirklicht werden (vgl. auch Pettigrew/Woodman/Cameron 2001, S. 704). Wandel ist dabei eine bloße Verbesserung in den laufenden Arbeitsprozessen, die im Wesentlichen durch Variationen und Experimente entsteht (vgl. Weick/Quinn 1999, S. 375). Indem eine Vielzahl kleiner Veränderungsschritte wiederholt, mit anderen geteilt, verstärkt und schließlich beibehalten wird, ergibt sich durch kumulative Effekte ganz allmählich ein erkennbarer und substantieller Wandel der gesamten Organisation (vgl. auch Pettigrew/Woodman/Cameron 2001, S. 704). Die Bezeichnung „kontinuierlich" meint zudem eine Integration des Wandels in die fortlaufenden Systemprozesse der Organisation (vgl. Weick/Quinn 1999, S. 375; Schreyögg/Noss 2000, S. 53). Wandel ist damit der Regelfall in Organisationen („Regelstatus des Wandels", vgl. Schreyögg/Noss 2000, S. 53).

	Episodischer Wandel	**Kontinuierlicher Wandel**
Organisationsmetapher	Organisationen sind träge und der Wandel tritt nur selten auf. Er vollzieht sich diskontinuierlich und ist intentionaler Art.	Organisationen sind emergent und selbstorganisierend und der Wandel geschieht konstant. Er vollzieht sich evolvierend und ist kumulativer Art.
Analytischer Bezugsrahmen	Wandel ist eine gelegentliche Unterbrechung oder Abweichung von einem Gleichgewichtszustand. Er neigt dazu, ein dramatisches Ausmaß anzunehmen und ist extern verursacht. Seine Entstehung ist dem Versagen der Organisation, ihre Tiefenstruktur an veränderte Umweltbedingungen anzupassen, zuzuschreiben.	Wandel ist ein Muster endloser Modifikationen von Arbeitsprozessen und sozialen Praktiken. Er wird durch organisationale Instabilität und rasche Reaktionen auf tägliche Kontingenzen angetrieben. Viele kleine Anpassungen kumulieren und verstärken sich dabei.

	Perspektive des Wandels: Makrosichtweise, aus der Distanz, globaler Blickwinkel	*Perspektive des Wandels:* Mikrosichtweise, aus der Nähe, lokaler Blickwinkel
	Schwerpunkt des Wandels: kurzfristige Anpassung	*Schwerpunkt des Wandels:* langfristige Anpassung
	Schlüsselkonzepte: Trägheit, Tiefenstruktur miteinander verknüpfter Teile, Auswechslung, Ersetzung, Diskontinuität, Revolution	*Schlüsselkonzepte:* regelmäßig wiederkehrende Interaktionen, wechselnde Autoritäten, Antwortrepertoires, emergente Muster, Improvisation, Lernen

Abbildung 15: Kontinuierlicher versus episodischer Wandel (vgl. Weick/Quinn 1999, S. 366; übersetzt und gekürzt)

Wie zuvor schon bei der Frage nach den Inhalten von organisationalen Wandel erwähnt[119], lässt sich hinsichtlich des Ausmaßes von organisationalem Wandel im Sinne der Breite von Veränderungen zunächst ein *totaler Wandel* (globaler Wandel) von einem *lokalen Wandel* abgrenzen (vgl. Hornberger 2000, S. 243; Ringlstetter/Schuster 2001, S. 351).[120] Ein totaler Wandel betrifft dabei die ganze Organisation, während ein lokaler Wandel nur Veränderungen in einzelnen Teilbereichen der Organisation bedeutet. Die Veränderungstiefe kann hingegen durch eine Unterscheidung zwischen einer so genannten Oberflächen- und Tiefenstruktur[121] der Organisation (vgl. dazu etwa Müller-Stewens/Lechner 2001, S. 398ff.) näher bestimmt werden. Die Oberflächenstruktur umfasst dabei materielle und sichtbare Gegenstände (z.B. Pläne, Vorschriften, Technologien; vgl. Müller-Stewens/Lechner 2001, S. 398). Die Tiefenstruktur der Organisation beinhaltet die Regel- und Normwerke, aus denen sich die Oberflächenstruktur ergibt (z.B. Werte, Einstellungen, Interessen, Erwartungen; vgl. Müller-Stewens/Lechner 2001, S. 399). Berühren Veränderungsprozesse lediglich die materiellen und sichtbaren Aspekte der Organisation, kann von einem geringen Ausmaß des Wandels gesprochen werden (*Oberflächenwandel*). Wird hingegen auch die Tiefenstruktur der Organisation verändert (*Tiefenwandel*), kann das Ausmaß des Wandels als groß bezeichnet werden.

Auf eine etwas andere Weise kann das Ausmaß des Wandels schließlich noch durch einen Bezug auf die Größe der Veränderungsschritte bestimmt werden. Dazu wird zwischen einer reproduktiven und einer transformativen Form des Wandels unterschieden (vgl. Krüger 1994a, S. 358). Ein *reproduktiver Wandel* meint

---

[119] Siehe Kapitel 4.1.

[120] Ähnlich Cummings/Worley (1993, S. 522), die zwischen „total system" und „subsystem" unterscheiden.

[121] Vgl. zur Tiefenstruktur auch Kapitel 5.1.3.1

dabei laufende, geringfügige Verbesserungen der organisationalen Strukturen, Prozesse und Systeme innerhalb eines Entwicklungsstadiums der Organisation. Ein *transformativer Wandel* umfasst hingegen tief greifende und weitreichende Veränderungen im Rahmen des Übergangs von einem Stadium der Unternehmensentwicklung zu einem anderen. Die unterschiedliche Größe der Veränderungsschritte ist dabei typisch für verschiene Stadien der Unternehmensentwicklung. Während reproduktiver Wandel Veränderungsprozesse innerhalb eines Entwicklungsstadiums beschreibt, ist transformativer Wandel kennzeichnend für den Übergang von einem Entwicklungsstadium zu einem anderen (vgl. Krüger 1994a, S. 358).

Genauer bestimmt werden kann das Ausmaß der Veränderungen durch das Schichtenmodell des Wandels (vgl. Krüger 1994a, S. 358ff.).[122] Den Schichten des Wandels können dabei spezifische thematische Dimensionen des Wandels zugeordnet werden, die die jeweilige Veränderungstiefe angeben. So beziehen sich die Typen der Restrukturierung und Reorientierung lediglich auf eine sachlich-rationale Dimension des Wandels (z.b. über formalisierte Regelungen). Hingegen betreffen die Reorientierung und die Revitalisierung zudem politisch verhaltensorientierte Aspekte, bei denen auch Interessens-, Entscheidungs- und Verhandlungsprozesse über Zwecke und Ziele berücksichtigt werden. Darüber hinaus betreffen die Revitalisierung und in stärkerem Maß die Remodellierung die wertmäßig-kulturelle Dimension des Wandels, also die kognitiven und emotionalen Grundlagen. Dabei ist zu beachten, dass politische oder kulturelle Prozesse häufig als Förderer oder Blockierer von sachlich-, formalen Veränderungsprozessen wirken (vgl. Perich 1992, S. 157). Damit zeigt das Schichtenmodell der Formen von Wandel die unterschiedliche Wirkungstiefe einzelner Wandelformen auf, indem es einen Zusammenhang zwischen Formen, Inhalten und Ausmaß des Wandels herstellt.

Eine weitere Möglichkeit zur Festlegung des Ausmaßes von Wandel ist darüber hinaus die häufig vorgenommene Unterscheidung zwischen inkrementalem und fundamentalem Wandel (vgl. z.B. Müller Stewens/Lechner 2001, S. 387f.): *Inkrementaler Wandel* stellt eine Optimierung der Organisation im Rahmen der herrschenden Logik dar. Problemlösungen werden innerhalb bestehender Problemlösungsmuster gefunden. Die Veränderungen erfordern dabei in vielen Fällen keine Intervention, sondern geschehen autonom und selbstorganisierend. *Fundamentaler Wandel* stellt dagegen einen längere Zeit dauernden Prozess des Übergangs von alten zu neuen Problemlösungsmustern dar. Dabei macht ein Anpassungsstau oder eine Kumulation von Problemen grundsätzlichere Veränderungen notwendig. Im Gegensatz zum inkrementalen Wandel gilt er als vergleichsweise seltenes Phänomen im Unternehmen (vgl. Gomez/Müller-Stewens 1994, S. 137).

---

[122] Vgl. Kapitel 4.2

Er kann außerdem sowohl in evolutionärer wie auch in revolutionärer Form erfolgen (vgl. Müller-Stewens/Lechner 2001, S. 389). In etwas anderer Weise unterscheiden schließlich noch Mintzberg/Westley (1992, S. 41f.) abhängig davon, wie umfassend die Veränderungen in einen Wandelprozess ausfallen, schließlich vier unterschiedliche Typen des Wandelausmaßes: *Revolutionärer Wandel* ist eine alles umfassende Veränderung der gesamten Organisation. *Stückweiser Wandel* verändert unterschiedliche Elemente der Organisation unabhängig voneinander. *Fokussierter Wandel* umfasst zwar unterschiedliche Ebenen der Organisation, betrifft aber nur bestimmte Organisationsteile (d.h. einzelne Funktionen, Abteilungen oder Niederlassungen). *Isolierter Wandel* ist sehr spezifischer Art und vollzieht sich nur auf den unteren Ebenen der Organisation.[123]

4.4 Auslöser und Bestimmungsfaktoren organisationalen Wandels

Die genauere Untersuchung von Auslösern und Bestimmungsfaktoren des Wandels beschäftigt die Organisationsforschung schon lange. Denn für eine rechtzeitige und richtige Umsetzung veränderter Leistungsanforderungen im Rahmen des Wandels sind genauere Kenntnisse über die Quellen und Kräfte dieser Veränderung erforderlich, damit ein genaueres Verständnis der Möglichkeiten einer Lenkung von Veränderungsprozessen gewonnen werden kann (vgl. Zahn/Bullinger/Gagsch 2003, S. 255). Dies gestaltet sich jedoch in der Unternehmensrealität insofern schwierig, als dass die Zahl der potenziellen Verursachungsfaktoren sehr hoch ist (vgl. Bronner/Schwaab 1999, S. 23). Nicht jede Ursache des Wandels führt aber tatsächlich zu einem Wandel, denn Wandlungsursachen erzeugen lediglich eine Notwendigkeit des Wandels bzw. einem Wandelbedarf (vgl. Krüger 1998, S. 229). Hierbei spielen individuelle Wahrnehmungs- und Beurteilungsprozesse eine ganz entscheidende Rolle, da sie beispielsweise die jeweils eigenen kritischen Schwellenwerte für eine Reaktion auf Veränderungsdruck aus der Umwelt bestimmen (vgl. Gagsch 2002, S. 30; Meyer-Heimerl-Wagner 2000, S. 169).

Damit muss zu einer potenziell wirkungsvollen Ursache sowohl ein gebotener Bedarf an Wandel als quasi objektiver Notwendigkeit wie auch ein erkanntes Bedürfnis als quasi subjektiver Wahrnehmung kommen, damit sich Veränderungen tatsächlich aufgrund anhaltend wirkender Faktoren ergeben bzw. eingeleitet werden (vgl. in ähnlichem Sinn Krüger 2000c, S. 18ff.). Die Auslöser stellen im Kontext des Wandels diejenigen ursächlichen Faktoren dar, die beobachtbare Veränderungen letztlich erzeugen (vgl. auch Bronner/Schwaab 1999, S. 22).[124] Dabei

---

[123] Mintzberg/Westley (1992, S. 42) sprechen an anderer Stelle von „abgetrennten Enklaven" des Wandels.

[124] Bronner/Schwaab (1999, S. 22) unterscheiden dabei noch näher zwischen Ursachen und Auslösern. Die Ursache soll danach in einem kausalen Sinn tatsächlich für Veränderungen verantwortlich sein, während ein Auslöser lediglich einen sekundären Impulsgeber für Veränderungen darstellt. Angesichts der Problematik einer eingeschränkten Gültigkeit von Kausalitätsprinzipien gerade im Fall der Unternehmensdiskontinuität (vgl. Kapitel 3.2) soll dieser Unterscheidung hier aber nicht gefolgt werden.

werden sowohl Faktoren in der Organisation wie auch außerhalb der Organisation in Betracht gezogen. Gemäß der in der Wandeldiskussion häufig vorzufinden analytischen Trennung zwischen Unternehmen und Umwelt, kann so von einem extern und einem intern induzierten Wandel gesprochen werden (vgl. Bronner/Schwaab 1999, S. 23). Demzufolge wird zwischen externen und internen Auslösern des Wandels unterschieden (vgl. u.a. Pettigrew/Ferlie/McKee 1992, S. 7; Kleingarn 1997, S. 43; Ringlstetter/Schuster 2001, S. 351; Connor/Lake/Stackman 2003, S. 23): Bei externen Auslösern von Wandel werden Veränderungen im Unternehmen durch Reaktionen des Unternehmens auf Umweltveränderungen bzw. durch ihre Antizipation verursacht (vgl. u.a. Kleingarn 1997, S. 43ff.; Kieser/Hegele/Klimmer 1998, S. 7; Doppler/Lauterburg 2000, S. 21ff.; Krüger 2000c, S. 19; Picot/Fiedler 2002, S. 242). Wandel kann aber auch von innen her verursacht sein (vgl. Krüger 2000c, S. 19), wenn neue Ziele gesetzt oder neue Möglichkeiten genutzt und erkannt werden. Eine solche proaktive Gestaltung aus dem Unternehmen selbst kann allerdings durch äußere Ursachen verstärkt oder gefördert werden.

Auf jeden Fall ist wegen der großen Anzahl von kausalen Ursachen von einer multifaktoriellen Bedingtheit von Wandel auszugehen (vgl. Steinle 1985, S. 425). So treten in der Realität zumeist mehrere Auslöser von Wandel simultan auf, die sich gegenseitig verstärken oder widersprechen (vgl. Kleingarn 1997, S. 43). Eine Prognose des Nettoeffekts solcher additiven oder antagonistischen Wirkungen fällt überaus schwer (vgl. auch Müller-Stewens/Lechner 2001, S. 467). Auch die genaue inhaltliche Bestimmung von externen und internen Auslöser des Wandels gestaltet sich schon überaus schwierig. So finden sich in der Literatur zahlreiche, höchst selektive enumerative Darstellungen von möglichen Auslösern, auf deren Wiedergabe in allen Details an dieser Stelle verzichtet werden soll. Sinnvoller erscheint es hingegen, die Vielzahl einzelner Quellen des Wandel zu Ursachenfeldern zusammenzufassen und darunter einzelne Veränderungstrends näher zu fassen (vgl. Connor/Lake/Stackman 2003, S. 23ff.).

Externe Quellen	Interne Quellen
Soziale Veränderungen	Professionelle Veränderungen
Politische und rechtliche Veränderungen	Zielbezogene Veränderungen
Ökonomische Veränderungen	Ressourciale Veränderungen
Technologische Veränderungen	

Abbildung 16: Externe und interne Quellen des Wandels (vgl. Conner/Lake/Stackman 2003, S. 23ff.; übersetzt und adaptiert)

Neben den auslösenden Momenten von Wandel sind aber auch die Impulse zu seiner Aufrechterhaltung und Weiterführung zu betrachten. Unter den Bestimmungsfaktoren sollen deswegen im Gegensatz zu den Auslösern diejenigen energetischen Kräfte verstanden werden, die Wandel antreiben bzw. Wandelimpulse aufrechterhalten und eine Richtung der Veränderung bestimmen (so genannte „Treiber des Wandels", vgl. Müller-Stewens/Lechner 2001, S. 378). Als wesentliche Bestimmungsfaktoren des Wandels können dabei Veränderungen in der Umweltkopplung der Unternehmung angesehen werden, aus denen sich einzelne (externe) Wandelerfordernisse ergeben (vgl. Krüger 1994b, S. 204ff., sowie Krüger 2000c, S. 19):

- **Marktinterdependenzen:** Hierunter sind Veränderungen der Absatzmarktbeziehungen zu Kunden und Konkurrenten (z.b. durch Globalisierung und Regionalisierung) sowie das Entstehen neuer Absatzwege (elektronische Märkte) zu verstehen.

- **Ressourceninterdependenzen:** Durch den Einsatz neuer Basistechnologien und Entstehen neuer Werkstoffe, aus denen grundlegende Produktänderungen erwachsen.

- **Regulative Interdependenzen:** Politische Entscheidungen und Gesetzgebung, sowie Einflussnahme von Interessenverbänden führen etwa zur Veränderungen in den Märkten oder Marktstrukturen (z.B. Deregulierung), prägen neue Exportbeziehungen oder verändern den Produktmix (z.B. durch Konversionsprozesse).

- **Sozio-kulturelle Interdependenzen:** Gesellschaftliche Anspruchsgruppen und die Medien nehmen zunehmend Einfluss auf die Unternehmensführung und sind so für Veränderungen in Strategien, Entscheidungsprozessen oder Reaktionsmustern verantwortlich.

Müller-Stewens/Lechner (2001, S. 378) identifizieren in Anlehnung an Tichy (1983) hingegen folgende Treiber des Wandels:

- **Umfeld:** Hierunter fallen Faktoren wie wirtschaftliche Einbrüche, Wettbewerbsdruck oder Veränderungen in der Gesetzgebung.

- **Wettbewerberstruktur:** Dazu zählen Akquisitionen und Kooperationen oder vertikale Verknüpfungen in der Wertschöpfungskette.

- **Technologien:** Sie beinhalten insbesondere Weiterentwicklung der Verfahrens- oder Produkttechnik des Unternehmens.

- **Mitarbeiter:** Dieser Treiber des Wandels umfasst Veränderungen der Personenzusammensetzung im Unternehmen (z.B. Wechsel im Top-Management) ebenso wie veränderte Wahrnehmungen und Prioritätensetzungen dieser Personen.

114

Lenkt man den Blick stärker in das Innere des Unternehmens, dann können die folgenden gegensätzlichen Kräfte des Wandels Veränderungsprozesse vorantreiben bzw. verzögern (vgl. Gagsch 2002, S. 66ff.):[125]

- „**Driving forces**": Sie bestehen aus den Faktoren der Unterstützung, der Motivation und der Verantwortung und sorgen für ein Voranschreiten von Veränderungsprozessen. Im Falle ihrer andauernden Dominanz kommt es zu einem permanenten Wandel sowie aufgrund innerer Unsicherheit zu einer permanenten Instabilität.

- „**Restraining forces**": Hierunter fallen die Faktoren der Überforderung, des Widerstands und der Frustration, die eine Hemmung die Veränderungsdynamik bewirken. Sind sie übermächtig, erfolgen Veränderungen aufgrund von Widerständen zu spät oder bleiben ganz aus.

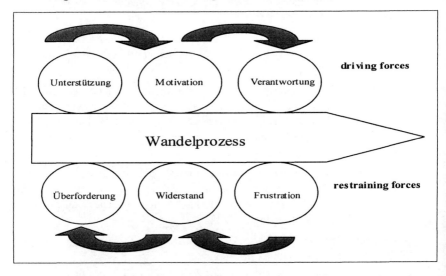

Abbildung 17: Kräfte des Wandels (vgl. Scharfenberg 1998, S. 33; Gagsch 2002, S. 74, gekürzt)

Die Wirkung der beiden Kräfte ist dabei gegensätzlich (vgl. Gagsch 2002, S. 73): So ermöglichen die driving forces den Wandel bzw. beschleunigen seinen Fortschritt. Die restraining forces behindern dagegen den Wandel als Reaktion auf einen Versuch der Veränderung des Status Quo und verlangsamen seinen Fortschritt. Entscheidend für den Fortgang des Wandels ist dabei der Nettoeffekt aus beiden einander widerstrebenden Kräften. Die Veränderungsrichtung ist dabei allerdings nicht näher bestimmt.

---

[125] Vgl. auch Kapitel 4.6, Abbildung 19

4.5 Planung und Steuerung organisationalen Wandels

Die Planung und Steuerung von Wandel (auch Management des Wandels oder Change Management)[126] ist insbesondere für die betriebswirtschaftliche Perspektive im facettenreichen Forschungsfeld des organisationalen Wandels von zentraler Bedeutung. Denn für Unternehmen geht es darum, die Auswirkungen des Wandels nicht dem Zufall zu überlassen, sondern sich Veränderungen gezielt zu nutze zu machen, indem sie einer sorgfältigen Planung und Steuerung (bzw. einem Management des Wandels) unterworfen werden (vgl. dazu insbesondere Kirsch/Esser/Gabele 1979). Dadurch sollen letztlich Verbesserungen in zentralen Leistungsvariablen der Unternehmenstätigkeit erreicht werden. So besteht das Ziel von organisationalem Wandel für Unternehmen vornehmlich in der Erhöhung der organisatorischen Effektivität oder Effizienz (vgl. Kleingarn 1997, S. 42; Bronner/Schwaab 1999, S. 16), womit Veränderungsvorhaben eine instrumentelle Qualität bekommen.

Wie zuvor ausgeführt kann von einer absichtsvollen Planung und Steuerung des Wandels im Wesentlichen dabei nur im Zusammenhang eines geplanten Wandels die Rede sein.[127] Denn ein ungeplanter Wandel entzieht sich weitgehend den Versuchen seiner Steuerung. Ferner besteht ein gewisser Zusammenhang zwischen den Formen und dem Ausmaß eines Wandels, da eine Planung und Steuerung sich umso schwieriger gestaltet, je umfassender, tief greifender und revolutionärer die Veränderungen sind (vgl. Bronner/Schwaab 1999, S. 20). Zudem befindet sich ein solches Management des Wandels in einem dualen Spannungsfeld von Umwelt und Inwelt des Unternehmens einerseits und Vergangenheits- und Zukunftsorientierung andererseits (vgl. Perich 1992, S. 469; Krüger 1994b, S. 213). Damit ist insgesamt die Wahrscheinlichkeit eher gering, dass Veränderungspläne auch wirklich so implementiert werden, wie sie zu Beginn entworfen wurden (vgl. Müller-Stewens/Lechner 2001, S. 467). Die Eigendynamik des Wandels zwingt also häufig auch zu Anpassungen in den ursprünglichen Absichten oder gar zu einer Revision der Veränderungsziele. Das „Verändern des Veränderns" (Wimmer 1998, S. 119) ist somit jedem Wandelprozess notwendigerweise inhärent und Teil des Ablaufs von Veränderungsvorgängen.

Gleichzeitig kann ein geplanter Wandel nicht von einem ungeplanten Wandel völlig isoliert gesehen werden. Denn der Ablauf eines geplanten Wandels führt zu Nebeneffekten, aus denen sich wiederum ein ungeplanter Wandel ergeben kann. Aus diesen Gründen gibt es darüber, ob tatsächlich ein Wandel vollständig bewusst geplant, eingeleitet und überwacht werden kann, höchst unterschiedliche

---

[126] Jedes Management des Wandels setzt gleichzeitig voraus, dass zumindest eine teilweise Planung, Steuerung und Kontrolle des Veränderungsprozesses gewährleistet ist (vgl. Bronner/Schwaab 1999, S. 19).

[127] Vgl. Kapitel 4.1

116

Auffassungen (vgl. Perich 1992, S. 184; Gagsch 2002, S. 76).[128] Die Skepsis gegen eine planvolle Gestaltung des Wandels reicht in Teilen sogar soweit, dass eine Planbarkeit von Wandel abgelehnt wird und organisationale Veränderungen als reine hypothesengeleitete Experimente angesehen werden (vgl. Wimmer 1998, S. 119). Zumeist wird allerdings immerhin angenommen, dass Wandel bedingt planbar ist (vgl. etwa Bronner/Schwaab 1999, S. 38). Wegen solchen unterschiedlichen Positionen und real verschiedenen Veränderungsmöglichkeiten werden in der Literatur häufig verschiedene Grade der Planbarkeit oder Prognostizierbarkeit von Wandel angenommen.

So unterscheiden Zahn/Dillerup (1995, S. 37) etwa zwischen einem *sicheren Wandel*, einem *abschätzbaren Wandel* und einem *offenen Wandel*:[129] Bei einem sicheren Wandel sind die Konsequenzen der gegenwärtigen Veränderungsereignisse und -handlungen nahezu vollständig im Voraus berechenbar. Denn da sie nur eine Wiederholung bereits bekannter Veränderungsprozesse sind, sind ihre Ursachen und Wirkungen hinlänglich bekannt. Ein abschätzbarer Wandel liegt dann vor, wenn kaum Erfahrungen zu den Veränderungen vorliegen. Ihre Folgen können somit auch nicht exakt prognostiziert werden, da die über die Ursachen und Wirkungen dieser anders gearteten Veränderungen nur Wahrscheinlichkeiten bekannt sind. Um einen offenen Wandel handelt es sich schließlich, wenn völlig neuartige Veränderungsereignisse und -handlungen vorkommen, deren Konsequenzen nicht prognostiziert werden können. Seine Bewältigung kann letztlich nur über situative Erfahrungswerte und kollektive Lernprozesse, aber nicht durch rationale und formale Analysen gelingen (vgl. Zahn/Bullinger/Gagsch 2003, S. 256).

Ähnlich wie die Planbarkeit des Wandels wird auch seine Steuerbarkeit höchst unterschiedlich eingeschätzt. Auch hier gilt vorwiegend eine bedingte Steuerbarkeit als realistisch (vgl. Bronner/Schwaab 1999, S. 38), woraus sich wiederum graduelle Unterschiede in der Steuerung ableiten lassen. Einen besonders prägnanten Ausdruck finden diese divergenten Grade der Steuerbarkeit des Wandels in der Unterscheidung zwischen *adaptivem* und *selektivem Wandel* bzw. zwischen Adaptions- und Selektionsmodellen des Wandels (vgl. etwa v.d.Oelsnitz 1999, S.

---

[128] Hinter diesen unterschiedlichen Auffassungen stehen dabei die grundlegenden paradigmatischen Positionen des Voluntarismus und Determinismus (vgl. Gagsch 2002, S. 76; siehe Kapitel 2.3). Wird die Struktur und das Verhalten in voluntaristischer Weise auf den Willen die Fähigkeiten der Unternehmensführung zurückgeführt, kann die Frage eher bejaht werden; macht man dagegen in deterministischer Sicht unsichtbare (Umwelt-)Kräfte und vorherbestimmte Entwicklungspfade für Wandel verantwortlich, dann wird die Frage eher verneint werden. Gleiches gilt auch für die Steuerung des Wandels.

[129] Ähnlich Stacey (1991, S. 28ff.). Zahn/Bullinger/Gagsch (2003, S. 256) gehen zudem davon aus, dass bereits in naher Zukunft, der offene Wandel zum vorherrschenden Typ der Veränderungsdynamik wird. Eine der prägnantesten Ausformungen eines solchen offenen Wandel ist wiederum die Diskontinuität.

64f.; Türk 1989, S. 55ff.; Holtbrügge 2000, S. 103ff.; Gagsch 2022, S. 36ff.).[130]
Sie definieren das jeweils unterschiedliche Maß an Wandlungsautonomie näher,
durch das sich letztlich die Handlungs- bzw. Steuerungsmöglichkeiten der Subjekte des Wandels bestimmen. Abhängig sind diese Möglichkeiten letztlich von
den grundlegenden Annahmen über das Kräftespiel im Wandel bestehend aus internen wie externen Kräften der Veränderung und deterministischen wie voluntaristischen Entfaltungsmöglichkeiten der Veränderungsprozesse (vgl. Gagsch
2002, S. 33; v.d.Oelsnitz 1999, S. 68).[131]

Adaptionsmodelle sehen organisationale Veränderungen als das Ergebnis einer
absichtsvollen Anpassung an das Umfeld, das selbst durch organisationale Einflüsse beeinflusst werden kann (vgl. Gagsch 2002, S. 38). Ein adaptiver Wandel
ist demzufolge von willentlichen Entscheidungen veranlasst und sein Erfolg liegt
damit in den Händen der Organisation (vgl. v.d.Oelsnitz 1999, S. 64f.). Defizite in
der funktionalen Übereinstimmung (Passung/Fit) zwischen internen und externen
Leistungsanforderungen treiben dabei den Wandel voran (vgl. v.d.Oelsnitz 1999,
S. 65). Für die Organisation ergeben sich daraus sowohl die Pflicht als auch die
Möglichkeit, diese Unstimmigkeiten durch eine passiv-reaktive oder proaktive
Anpassung zu beseitigen (vgl. v.d.Oelsnitz 1999, S. 65; Gagsch 2002, S. 38). Dabei wird insgesamt ein mittlerer Grad an Wandlungsautonomie angenommen. Selektionsmodelle sehen organisationale Veränderungen dagegen als Ergebnis von
umweltbezogenen „Bewährungs- bzw. Aussonderungsprozessen" an (vgl. Türk
1989, S. 80). Ein selektiver Wandel ist damit sowohl von der Umwelt veranlasst
(umweltinduziert) als auch in seinem Ergebnis von der Umwelt (mit-)beeinflusst
(umweltdeterminiert). Wettbewerb um knappe Ressourcen und Erfolgsorientie-
rung sind die wesentlichen Triebkräfte des selektiven Wandels (vgl. Türk 1989, S.
59). Sie bewirken neben den Umweltzwängen die Entwicklung von Variationen
als Kern von Veränderungsprozessen und sorgen für eine Reproduktion der in externen Selektionsprozessen bewährten Varianten (vgl. Türk 1989, S. 56). Die
Wandlungsautonomie von Organisationen ist damit insgesamt relativ gering.

---

[130] Neben diesen beiden Formen existieren noch zahlreiche andere Vorstellungen und Benennungen, wie etwa die Entwicklungsmodelle und die Lernmodelle bei Türk (1989, S. 55ff. u.
57f.). Gagsch (2002, S. 33ff.) unterscheidet ebenfalls noch Entwicklungsmodelle und sieht
graduelle Unterschiede in der Dominanz von internen vs. externen Kräften der Veränderung
bei den jeweiligen Vorstellungen. Holtbrügge (2000, S. 103ff.) erwähnt auch noch mechani-
sche Ansätze und Selbstorganisationsansätze. Die Zuordnung einzelner Literaturpositionen,
Theorierichtungen und Denktraditionen zu diesen Meta-Vorstellungen von Wandel fällt zudem sehr unterschiedlich aus. In Anlehnung an v.d.Oelsnitz (1999, S. 64) sollen hier nur die
adaptiven und selektiven Modelle in einer „idealtypischen Polarisierung" als Basismodelle
zur Bestimmung des Grades an Wandlungsautonomie bzw. Steuerbarkeit der Veränderungen
herangezogen werden.

[131] Zudem spielen auch teleologische und dialektische Entwicklungspfade des Wandels eine
gewisse Rolle bei der Frage nach den Steuerungsmöglichkeiten auf lange Sicht (vgl. dazu
auch Van de Ven/Poole 1995).

In sehr ähnlicher Weise unterscheiden Van de Ven/Poole (1995, S. 522ff.) zwischen einem *präskribierten* und einem *konstruktiven Wandel* als zwei gegensätzlichen Arten möglicherweise erreichbarer Veränderungsergebnisse. Im Fall eines präskribierten Wandels bewegt sich die Entwicklung von Organisationen in einer vorher genauer spezifizierbaren Richtung, bei der auf stabile und vorhersagbare Weise die bestehende Organisationsform aufrechterhalten wird und nur schrittweise Anpassungen erfährt. Aus vielen kleinen Veränderungsschritten entsteht durch kumulative Effekte allmählich eine größere Veränderung in quantitativer oder qualitativer Hinsicht. Damit verbunden ist eine tendenziell geringe Unsicherheit, da die Kontinuität in einem ausreichenden Maß erkennbar und die Richtung des Wandels abschätzbar bleibt. Die grundsätzliche Steuerbarkeit eines solchen Wandels kann als relativ hoch angesehen werden. Ein konstruktiver Wandel führt hingegen zu noch nie dagewesenen, neuen Formen, die oftmals diskontinuierliche und unvorhersagbare Abweichungen vom Vergangenen darstellen. Dabei wird mit den vormaligen grundlegenden Annahmen in einer solch tief greifenden Weise gebrochen, dass hochgradig neuartige Merkmale der Organisation entstehen. Dadurch entsteht eine hohe Unsicherheit, weil das Ergebnis sich nicht aus der Vergangenheit ableiten lässt und nicht zuverlässig vorhergesagt werden kann. Die prinzipielle Steuerbarkeit eines solchen Wandels muss deswegen eher gering veranschlagt werden.

Neben der Klärung der Frage der grundsätzlichen Steuerbarkeit des Wandels lassen sich generelle Handlungsoptionen im Wandel identifizieren. Für ihre Bestimmung ist angesichts der möglichen Vielfalt eine Typologisierung hilfreich. In einem ersten Schritt lassen sich als möglichen Handlungsoptionen der Gestaltung des Wandels ein *reaktiver* und ein *proaktiver Wandel* unterscheiden (vgl. Krüger 2000c, S. 19; Zahn/Bullinger/Gagsch 2003, S. 255). Ein reaktiver Wandel geschieht vorwiegend aufgrund äußerer Zwänge und stellt eine Antwort auf bereits eingetretene Anpassungserfordernisse dar. Dagegen bilden im proaktiven Wandel eigenständig gefasste Ideen und Vorstellungen die Basis für eine gezielte Fortentwicklung. Neben solchen dichotomisch konzipierten Optionsbestimmungen auch können komplexere Typologien gebildet werden. Müller-Stewens/Lechner (2001, S. 392) verwenden dazu die Dimensionen Systemzustand und Systemstruktur, die jeweils eine stabile/instabile bzw. einfache/komplexe Ausprägung annehmen können. Stabilität des Systemzustands bedeutet dabei eine regelhafte Entwicklung; eine Instabilität meint hingegen Fälle, in denen eine Eigendynamik des Systems entsteht, die Vorhersagen erschwert und eine geplante Optimierung unmöglich macht. Eine Einfachheit der Systemstruktur ist gegeben, wenn die Anzahl seiner Einflussfaktoren noch überschaubar ist. Eine Komplexität liegt hingegen vor, wenn ein unüberschaubares Ausmaß von Einflussfaktoren besteht, dass eine kontraintuitive Dynamik entfaltet und linear-kausale Logiken außer Kraft setzt. Für eine Steuerung des Wandels lassen sich auf dieser Basis folgende vier grundlegende alternative Handlungsstrategien für die Steuerung von Wandel ableiten (vgl. Müller-Stewens/Lechner 2001, S. 393):[132]

- **Steuerung:** Ziele lassen sich durch einfache Handlungsautomatismen erreichen. Veränderungsprozesse folgen kausal-linearen Ketten.

- **Regelung:** Bestehende Regelwerke und rational-logisches Handeln ermöglichen mit Hilfe von Soll-Ist-Vergleichen eine flexible Kursanpassung. Veränderungsprozesse folgen negativen Rückkopplungen.

- **Reagieren:** Entwicklungen sind nicht mehr vorhersehbar und es erfolgt ein situatives Handeln aufgrund verschiedener denkbarer Szenarien. Veränderungsprozesse folgen dem Versuch- und Irrtums-Prinzip.

- **Selbstorganisation:** Aufgrund mangelnder Anhaltspunkte bilden Intuitionen und Visionen die Richtschnur des Handelns. Dazu ist eine sensible Signalwahrnehmung und hohe Aufmerksamkeit notwendig, bei der alle zur Verfügung stehenden Interpretationsmuster zum Einsatz kommen. Die Kursbestimmung entsteht aus dem permanenten Abgleich verschiedenster Faktoren und erfordert ein hohes Maß an Flexibilität und Bereitwilligkeit. Veränderungsprozesse folgen damit den Mustern einer eigendynamischen Ordnungsbildung.

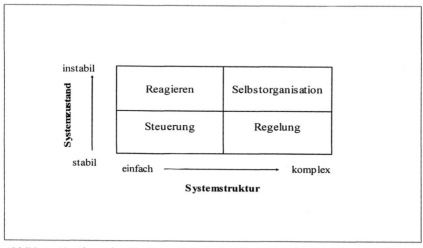

Abbildung 18: Alternative Handlungsstrategien im Wandel (vgl. Müller-Stewens/Lechner 2001, S. 392)

---

[132] Müller-Stewens/Lechner verwenden zur Erläuterung der Handlungsoptionen dabei die Metapher eines Segelschiffs und beziehen sich dabei auf nautische Navigationsprobleme. Zur besseren Verständlichkeit im Kontext dieses Kapitels wurde ihre Metaphorik in abstrakte und allgemeine Aussagen überführt und teilweise adaptiert.

120

Etwas genauer lassen sich die möglichen Ansatzpunkte einer Steuerung von Veränderungsprozessen durch einen Bezug auf die unterschiedlichen Kräfte des Wandels[133] ableiten und zu drei verschiedenen Strategien bündeln (vgl. Gagsch 2002, S. 74):

- **Verstärkung der „driving forces"** z.b. durch Beratung, Anreizgestaltung, Vertrauensbildung

- **Verminderung der „restraining forces"** z.b. durch Kompetenzstärkung, Reduzierung von Widerstand, Abbau von hemmenden Rahmenbedingungen

- **Umkehr der Richtung von „restraining forces"** z.b. durch Überzeugungsarbeit, Aufdeckung von Abwehrreaktionen, Umwandlung von Widerstandsengagement

Die Risiken einer unbedachten Verstärkung von driving forces sind allerdings hoch, weil hierdurch wichtige gegenläufige Interessen übergangen werden können und konstruktive Problemlösungsverfahren erschwert werden (vgl. Gagsch 2002, S. 74). Deswegen wird häufig der hauptsächliche Schwerpunkt für eine Steuerung des Wandels in der Verminderung der restraining forces und damit vor allem im Abbau von Widerstand gesehen (vgl. auch Staehle 1999, S. 592). Insgesamt bleibt die Frage nach der tatsächlichen Steuerbarkeit des Wandels jedoch weithin offen, wenngleich erkennbar ist, dass jedwedes Management von Wandelprozessen im Form der Realisierung und Durchsetzung von Veränderungen im Unternehmen am Kräftespiel des Wandels anzusetzen hat (vgl. Gagsch 2002, S. 75). Ob dies besser und Erfolg versprechender durch eine Einwirkung auf bereits vorhandene Kräfte oder die Erzeugung neuer Kräfte geschehen sollte, lässt sich aber im Vorfeld nicht ohne weiteres entscheiden.

Die weit verbreiteten Bestrebungen, zielorientierte Anpassungsbemühungen in das „Reich der Unzweckmäßigkeit und/oder Undurchführbarkeit" zu verweisen (vgl. v.d.Oelsnitz 1999, S. 67) sowie vor allem fundamentale Veränderungen dem Bereich der Mythen und Wunschbilder zuzurechnen (vgl. dazu Wiegand 1996, S. 82), sind bei aller Skepsis in Bezug auf die Gestaltungsmöglichkeiten von Veränderungsprozessen aber wenig hilfreich. Ein solch pauschaler Umgang mit der Gestaltungsproblematik ist vor allem deswegen abzulehnen, da die Planungs- und Steuerungsoptionen je nach Ebene, Betrachtungsweise und Inhalt des Wandels zu differenzieren sind (vgl. Deeg/Weibler 2000, S. 183). Hinzu kommen unterschiedliche Ausmaße in der Betroffenheit von Veränderungen und die Notwendigkeit der Berücksichtigung von vielfältigen Wechselwirkungen zwischen den verschiedenen Ebenen und Feldern des Wandels (vgl. auch Gagsch 2002, S. 75). Und schließlich hat eine Planung von Veränderungen bei allen Abweichungen in

---

[133] Siehe Kapitel 4.6, Abbildung 19

ihrer Umsetzung auch insofern einen Sinn, als dass sie ein wichtiges Instrument für Lern- und Reflexionsprozesse im Wandel darstellen können (vgl. Müller-Stewens/Lechner 2001, S. 467). Damit manifestiert sich auch an den Fragen der Planung und Steuerung erneut die große Vielschichtigkeit des Wandelphänomens, das sich einer einfachen Zugangsweise entzieht.

4.6 Prozesse und Akteure des organisationalen Wandels

Das Veränderungsgeschehen in Organisationen beruht in der Regel nicht auf einem einzigen Ereignis, sondern auf einer ganzen Serie von Ereignissen (vgl. Connor/Lake/Stackman 2003, S. 140). Organisationaler Wandel stellt damit ohne Frage einen komplizierten Prozess dar, der in bei genauerer Betrachtung in zahlreiche Phasen und Einzelaktivitäten zerfällt (vgl. Mohr 1997, S. 72). Eine solche prozessuale Sicht des Wandels setzt dabei die Annahme eines Geschehens von Veränderungsschritten in einer zeitlichen Abfolge voraus und trifft so Unterscheidungen zwischen Vergangenheit, Gegenwart und Zukunft (vgl. Ulrich 1994, S. 7). Der Prozess selbst besteht aus einer Reihe von aufeinander folgenden Veränderungsschritten, die erst in ihrer Summe eine qualitative Veränderung der betrachteten Entität ergeben (vgl. auch Nisbet 1972, S. 2; Connor/Lake/Stackman 2003, S. 140). Er beinhaltet ganz allgemein gesprochen die unterschiedlichen Aktionen, Reaktionen und Interaktionen der am Veränderungsgeschehen beteiligten Faktoren und Personen (vgl. Pettigrew/Ferlie/McKee 1992, S. 7).

Inwiefern sich dabei ein Prozessschritt aus einem vorherigen ergibt, ist allerdings strittig. Zahlreiche prozessuale Betrachtungen des organisationalen Wandels suggerieren zwar eine solche zwangsläufige Abfolge von Veränderungsschritten, bleiben einen fundierten Nachweis dafür aber in der Regel schuldig. Ferner können die prozessualen Betrachtungen des Veränderungsgeschehens höchst unterschiedlich konzipiert werden. So kann sich eine Betrachtung der Prozesse des Wandels sowohl auf den zeitlich-dynamische Überlegungen (Tempo des Wandels)[134], abfolgeorientierte Aspekte von Wandel im Sinne des Verlaufs von Veränderungsprozessen (Phasenschemata) oder inhaltliche Strukturen des Ablaufs (Prozessmuster) beziehen. Die zeitlich-dynamische Betrachtung von Prozessen des Wandels kann zunächst die Dauer von Veränderungsprozessen an sich thematisieren. So können sich Veränderungsprozesse prinzipiell unterschiedlich schnell vollziehen.

Dazu kann zwischen einem rasch ablaufenden, kurzfristig wirkenden und intensiven Wandel (*schneller Wandel*) einerseits und einem allmählichen, auf lange Sicht wirksamen und extensiven (*langsamer Wandel*) andererseits unterschieden werden (vgl. Ulrich 1994, S. 9f.). Ein langsamer Wandel ist dabei zumeist Gegenstand einer strategischen Neuausrichtung von Unternehmen, die naturgemäß

---

[134] Weick/Quinn (1999, S. 365) verstehen unter dem Tempo des Wandels die charakteristische Rate bzw. den Rhythmus der Veränderung.

122

nicht in kurzer Zeit realisiert werden kann (vgl. Ulrich 1994, S. 9). Ein schneller Wandel ist dagegen häufig im Rahmen von Unternehmenskrisen (vgl. dazu näher Krystek 1987) erforderlich, die zu raschen Reaktionen zwingen. Zu bedenken ist bei einer solchen zeitlich-dynamischen Betrachtung von Prozessen des Wandels schließlich noch, dass es eine merkliche Diskrepanz in den Prozesstempi des Unternehmenswandels und der Veränderungsrate seiner Umwelt geben kann (vgl. Bleicher 1989, S. 169f. u. 1992, S. 26). So kann die Umwelt ein höheres Veränderungstempo verlangen, als das Unternehmen zu erreichen in der Lage ist (vgl. Pettigrew/Woodman/Cameron 2001, S. 699).[135] Hierdurch kann recht schnell ein ganz erheblicher Anpassungsrückstand entstehen, der dann wiederum diskontinuierliche Entwicklungen nach sich zieht.

Zur Abfolge von Veränderungsschritten des Wandels in Form von Phasenschemata findet sich in der Literatur eine unübersehbare Fülle von idealtypischen Darstellungen (vgl. Mohr 1997, S. 72).[136] Sie beruhen alle auf der Annahme, dass sich das komplexe Veränderungsgeschehen in verschiedener Phasen differenzieren lässt, wobei typischerweise eine Einstiegsphase, eine Phase der Überwindung von Widerstand oder Beharrungskräften und eine Phase der Verfestigung von erreichten Veränderungen modelliert wird (vgl. auch Müller-Stewens/Lechner 2001, S. 408). Als Ausgangsbasis der Konzeption von solchen Phasenschemata dient zumeist die von K. Lewin entworfene Triade organisationaler Veränderungen, die ein viel zitiertes verhaltenswissenschaftliches Modell des Wandels einer Organisation darstellt (vgl. auch Krüger 2000b, S. 283; Schreyögg/Noss 2000, S. 36; Müller-Stewens/Lechner 2001, S. 408). Dabei werden die drei Schritte der Auflockerung (unfreezing), der Veränderung (moving) und Stabilisierung (refreezing) unterschieden (vgl. Lewin 1958, S. 210f.).[137]

Hintergrund dieses Phasenschemas ist die Annahme, dass es in jeder Situation Kräfte gibt, die auf Wandel drängen (driving forces), und Kräfte, die Wandel behindern (restraining forces) (vgl. Gagsch 2002, S. 33). Sind die antreibenden, progressiven Kräfte gleich groß wie die zurückdrängenden, stabilisierenden Kräfte ergibt sich ein Gleichgewicht, das dem Status quo einer Organisation entspricht. Zur Realisierung von Veränderungen muss die Organisation das bisherige Gleichgewicht aufgeben und eine Bereitschaft zur Veränderung erzeugen (vgl.

---

[135] Ein solches Auseinanderklaffen von externen Wandelerfordernissen und internen Wandelanstrengungen wird in populationsökologischen Ansätzen regelmäßig für die geringen Erfolgschancen von Veränderungsbemühungen verantwortlich gemacht (vgl. etwa Hannan/Freeman 1989, S. 70). Dabei liegen Asymmetrien in den miteinander verflochtenen Veränderungsprozessen vor, die eine jeweils Stoßkraft, ein eigenes Schritttempo und eine eigene Verlaufsbahn haben (vgl. Pettigrew/Woodman/Cameron 2001, S. 699).

[136] So führen Müller-Stewens/Lechner (2001, S. 408) allein acht verschiedene Beispiele für solche Phasenkonzepte an.

[137] Siehe auch Kanter/Stein/Jick (1992, S. 376) für eine Übersicht der an Lewins Triade der Veränderungsphasen angelehnten Wandelmodelle.

Schreyögg/Noss 2000, S.37). Dazu ist als erstes der gegenwärtige (Gleichgewichts-)Zustand aufzubrechen (Phase des „Unfreezing"), um Veränderungen in die gewünschte Richtung einzuleiten (Phase des „Moving") und dann die durchgeführten Veränderungen zu stabilisieren (Phase des „Refreezing"), um ihren Bestand zu sichern. Ein Wandel ist somit nur eine vorübergehende ungleichgewichtige Ausnahmeerscheinung im Rahmen einer ansonsten stabilen Organisationsrealität. Die Organisation kehrt folglich nach Veränderungsphasen immer in einen Gleichgewichtszustand zurück.

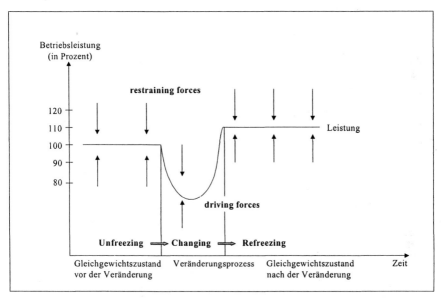

Abbildung 19: Die Triade organisationaler Veränderungen (vgl. auch Lewin 1963, S. 207f.)

Als ein weiteres moderneres Beispiel für ein Phasenschema organisationalen Wandels soll hier ein präskriptives Modell für den Ablauf von Transformationsprozessen in Unternehmen (vgl. Krüger 2000b, S. 275) vorgestellt werden. Dabei werden bestimmte aufeinander folgende Phasen eines geplanten Wandels mit einzelnen Aufgaben des Wandelmanagements verknüpft (vgl. Krüger 2000b, S. 275ff.):

- *Phase I (Initialisierung):*In der erste Phase geht es um die Identifikation eines Wandelbedarfs und die Aktivierung von möglichen Trägern des Wandels.

- *Phase II (Konzipierung):* In der zweiten Phase sollen danach die Richtung des Wandels festgelegt werden und Maßnahmenprogramme zu Erreichung des Wandelsziel entworfen werden.

124

- *Phase III (Mobilisierung):* In der dritten Phase geht um die Sicherung der Akzeptanz gegenüber den Veränderungsmaßnahmen durch Kommunikationsprozesse und Gestaltung der Wandelbedingungen.

- *Phase IV (Umsetzung):* In der vierten Phasen soll das Veränderungsvorhaben umgesetzt werden, indem verschiedene prioritäre Vorhaben (Basisprojekte) und daraus abzuleitenden Folgeprojekte durchgeführt werden, um den Wandel zu bewirken.

- *Phase V (Verstetigung):* In der fünften und letzten Phase soll schließlich durch einen Einstellungs- und Bewusstseinswandel aller Beteiligten des Veränderungsprozesses versucht werden, die Wandlungsbereitschaft für weitere Veränderungsvorhaben aufrecht zu erhalten und die erworbenen Fähigkeiten für einen permanenten Wandel in der Zukunft zu nutzen.

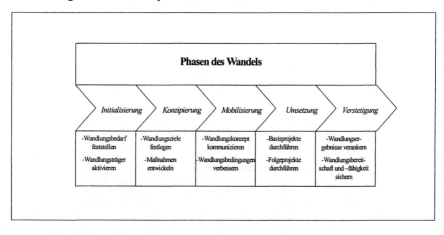

Abbildung 20: Prozessphasen des Wandels (vgl. Krüger 2000b, S. 276; gekürzt)

Neben der Konzipierung von verschiedenen Phasenschemata des Wandels werden in der Literatur auch inhaltliche Strukturen des Wandels immer wieder zur Grundlage einer Differenzierung von Prozessen des Wandels gemacht. So können etwa evolutionäre (inkrementelle, schrittweise) Veränderungsmuster von Prozessen des Wandels von punktuellen (umsturzartigen, sprunghaften) Veränderungsmustern unterschieden werden (vgl. etwa Miller/Friesen 1984, S. 220ff.; Krüger 1994a, S. 370ff.; v.d.Oelsnitz 1999, S. 66ff.).[138]

---

[138] Die Bezeichnungen für diese Prozessmuster des Wandels differieren dabei und vermischen sich mit den Formen und dem Ausmaß von Wandel. So sprechen Miller/Friesen (1984, S. 222f.) von Evolution in kleinen Schritten und Revolution in großem Ausmaß. Bei Krüger (1994a, S. 371) finden sich die Prozessmuster als Umbruchs- und Evolutionsmodell der Transformation wieder. Ferner bezeichnet v.d.Oelsnitz (1999, S. 66) die sprunghaften Prozessmuster des Wandel auch als dialektisch-revolutionäre Sichtweise.

Evolutionäre Prozesse des Wandels sind dabei durch die langsame Akkumulation aufeinander folgender Variationen gekennzeichnet, die zu kleinen Veränderungsschritten führen (vgl. Miller/Friesen 1984, S. 222; v.d.Oelsnitz 1999, S. 68). Dabei wird das Prozessmuster von situativen Variablen bestimmt, die den Zyklus der Variation, Selektion und Retention steuern (vgl. auch Van de Ven/Poole 1995, S. 518). Die Ungleichgewichte stellen einen Normalzustand der Organisation dar (vgl. v.d.Oelsnitz 1999, S. 67). *Revolutionäre Prozesse des Wandels* verlaufen hingegen überwiegend diskontinuierlich. Dabei wechseln sich dauerhafte Phasen des relativen Gleichgewichts mit kurzen, heftigen Momenten des Wandels ab (vgl. v.d.Oelsnitz 1999, S. 66). Der organisationale Gleichgewichtszustand wird dialektischer Weise abwechselnd verlassen und wieder erreicht. Dabei entstehen die dialektischen Bewegungen durch die Konfrontation und den Konflikt gegensätzlicher Faktoren (vgl. Van de Ven/Poole 1995, S. 521). Das Wechselspiel zwischen Wandel und Stabilität wird somit durch das fragile Machtgleichgewicht zwischen den gegensätzlichen Kräften bestimmt (vgl. Van de Ven 1992, S. 178). Stabilität herrscht dann, wenn nur geringfügige Änderungen und Anpassungen geschehen, die den Status quo nicht gefährden. Wandel entsteht hingegen, wenn die Balance zwischen den gegensätzlichen Kräften verloren geht.

In einer geringfügig veränderten Diktion lassen sich diese evolutionären und revolutionären Prozessmuster auch als Umbruchs- und Evolutionsmodell bezeichnen (vgl. Krüger 1994a, S. 371). Die nachfolgende Abbildung zeigt die Grundideen, die Charakteristika und die Logik dieser Positionen im Überblick:

	Umbruchsmodell	**Evolutionsmodell**
Grundidee	Erheblicher Druck ist nötig, um Wandlungsbarrieren in Organisationen zu überwinden	Zu viel Wandel auf einmal lässt das System nicht zu
Charakteristik des Wandels	Tiefgreifender und umfassender Wandel („Quantensprung") von begrenzter Dauer, diskontinuierlicher Prozess	Entwicklung in kleinen Schritten, dauerhafter Lernvorgang, kontinuierlicher Prozess
Transformationslogik	Synoptisches Vorgehen, einheitliche Fremdregelung. Vorgehen nach Plan	Inkrementelles Vorgehen, vielfältige Selbstregulierung, erfahrungsgestütztes Lernen

Abbildung 21: Prozessmodelle des Wandels (in Anlehnung an Krüger 1994a, S. 371; Perich 1992, S. 456ff.; gekürzt)

Eng verknüpft mit der Thematik der Prozesse des Wandels ist die Frage nach seinen Akteuren, die solche prozessualen Veränderungen initiieren, unterstützen oder (mit-)gestalten und die einzelnen Veränderungsphasen und ihre Übergänge

126

begleiten (vgl. dazu auch Connor/Lake/Stackman 2003, S. 140f.). Denn Wandel vollzieht sich aufgrund bestehender Trägheiten und limitierender Kräfte nur selten ganz von selbst und bedarf deswegen vielfach eines gezielten Anstoßes und einer dauerhaften Aufrechterhaltung (vgl. auch Schwan 2003, S. 11). Dies kann sowohl durch individuelle Kräfte geschehen, die dem Aktionsraum von Einzelpersonen entspringen, als auch durch kollektive Kräfte, die aus den sozialen Interaktionen resultieren (vgl. Müller-Stewens/Lechner 2001, S. 466). Zudem geschehen gerade in Organisationen Veränderungen nicht rein um der Veränderung willen, sondern können als Ausdruck eines absichtsvollen Verhaltens von Individuen bzw. Kollektiven begriffen werden (vgl. auch Doppler/Lauterburg 2000, S. 63). Würde man das Handeln der am Wandel beteiligten Personen nicht in diesem Sinn interpretieren, ergäbe sich als gravierendes Folgeproblem die Irrelevanz aller Versuche einer zielgerichteten Einwirkung (d.h. Managements) von Organisationen auf der Basis von professioneller Ausbildung, Beratung und Forschung (vgl. Van de Veen/Poole 1988, S. 20).

Ein Akteurstatus im Rahmen von Veränderungsprozessen setzt somit das Moment eines überlegten Handelns sowie den aktiven Eingriff in das Veränderungsgeschehen wenigstens in Teilen voraus. Unter den Akteuren des Wandels sind deswegen diejenigen Personen zu verstehen, die entweder tatsächlich aktiv in das Veränderungsgeschehen (v.a. in Form einer absichtsvollen Intervention) eingreifen oder dies zumindest potentiell können (vgl. auch Schwan 2003, S. 11). Dabei ist eine Vielzahl von Personen am Wandel beteiligt oder von ihm betroffen, die zudem die unterschiedlichsten Rollen und Aufgaben einnehmen können (vgl. Mohr 1997, S. 98) und ebenso miteinander wie gegeneinander wirken können (vgl. Müller-Stewens/Lechner 2001, S. 467). Als Akteure des Wandels sind demzufolge auch nicht nur einzelne Personen oder bestimmte Positionsinhaber im Hierarchiegefüge einer Organisation anzusehen. So kann Wandel ebenso von einem fokalen Akteur, wie von einem Team oder einer Gruppe vorangebracht werden, wobei die Personen grundsätzlich sowohl zum Top-Management als auch zum mittleren Management oder der operativen Ebene gehören können (vgl. Mintzberg/Westley 1992, S. 42; Connor/Lake/Stackman 2003, S. 144).

Für den besonderen Personenkreis dieser aktiven Akteure des Wandels hat sich in der Literatur der Begriff der Change Agents[139] eingebürgert (vgl. Mohr 1997, S. 98). Sie werden oft als „helfende Profis" verstanden, die den organisationalen Wandel anregen, einführen und stabilisieren sollen (vgl. Kirsch/Esser/Gabele 1979, S. 279; sowie Kanter/Stein/Jick 1992, S. 375f.). Solche Change Agents

---

[139] Die Bezeichnung „Change Agent" hat dabei das National Training Laboratory 1947 eingeführt, um die Diskussion über berufsmäßige Helfer im Rahmen geplanten organisationalen Wandels durch einen einheitlichen Begriff zu erleichtern (vgl. Kirsch/Esser/Gabele 1979, S. 278f.; Mohr 1997, S. 98). Der Begriff des Change Agent hat dabei andere Bezeichnungen (wie etwa „Advocat of Change") im Lauf der Zeit verdrängt (vgl. Kirsch/Esser/Gabele 1979, S. 279) und selbst einen nachhaltigen inhaltlichen Wandel erfahren.

werden als aktive Befürworter der Veränderung vorwiegend für die „driving forces" des Wandels verantwortlich gemacht (vgl. Gagsch 2002, S. 73), mit deren Hilfe der Status quo der Organisation verändert werden soll (vgl. Connor/Lake/Stackman 2003, S. 139). Sie können dabei so unterschiedliche Rollen wie die der Katalysatoren, Moderatoren, Motivatoren, Konfliktmanager oder Promotoren des Wandels einnehmen und damit ganz verschiedenartige Aufgaben erfüllen (vgl. Gagsch 2002, S. 73; Connor/Lake/Stackman 2003, S. 140). Die hohe Bedeutung dieses Personenkreises für den Erfolg von Veränderungsvorhaben hat dabei zahlreiche Versuche zu ihrer Beschreibung und Typologisierung angeregt (vgl. Staehle 1999, S. 974), die an dieser Stelle nicht referiert werden sollen (vgl. dazu näher Mohr 1997, S. 101ff.).

Es macht jedoch durchaus Sinn, das breite Spektrum der Change Agents in zwei große Gruppe nach ihrer jeweiligen Stellung im Veränderungsprozess und der Art und Weise ihre Bestimmung aufteilen. (vgl. Mohr 1997, S. 100):[140] Als Change Agent im weiteren Sinn ist jedes Organisationsmitglied zu verstehen, das in irgendeiner Weise am Prozess der Veränderung beteiligt oder wenigstens davon betroffen ist. Ein Change Agent im engeren Sinn stellt dagegen ein interner oder externer professioneller Berater dar, der die Organisation oder eine Organisationseinheit bei einem Veränderungsprozess helfend unterstützt. Weiterhin kann zwischen spontanen und designierten Change-Agenten unterschieden werden (vgl. Connor/Lake/Stackman 2003, S. 143f.): Spontane Change-Agenten nehmen ihre Rolle von selbst ein und entscheiden autonom, wann sie den Status quo verändern möchten. Designierte Change-Agenten werden hingegen fremdbestimmt ernannt und werden deswegen im Auftrag anderer tätig. Beide Gruppen können im Rahmen von Veränderungsprozessen auch zusammenwirken.

Wandel kann jedoch nicht allein von den Change Agents bewerkstelligt werden. Denn wenn die übrigen Organisationsmitglieder Wandel nicht wenigstens akzeptieren, lassen sich Veränderungen zwar planen und vorgeben, aber nicht implementieren (vgl. Jick 1993, S. 323). Damit spielen die so genannten „Rezipienten des Wandels", die Veränderungen der Organisation mit eigenen Veränderungen eine ganz entscheidende Rolle (vgl. Connor/Lake/Stackman 2003, S. 149). Sie entscheiden mit ihrem Verhalten, ob eingeleitete Veränderungsmaßnahmen greifen oder nicht (vgl. Müller-Stewens/Lechner 2001, S. 469). Damit geben gerade die Rezipienten des Wandels dem Veränderungsprozess seine letztendliche Gestalt und Dauerhaftigkeit (vgl. Kanter/Stein/Jick 1992, S. 377). Einen ganz wichtigen Einflussfaktor stellen dabei die Bereitschaft und Fähigkeit zum Wandel dar (vgl. Krüger 2000c, S. ff.), die sich in den Einstellungen und Verhaltensweisen sowie dem Wissen und Können der relevanten Personen und organisatorischen

---

[140] In ähnlicher Weise wird im geplanten Wandel zwischen Beratern und Klienten (vgl. Staehle 1999, S. 970f.) bzw. zwischen externen und internen Akteuren (vgl. Connor/Lake/Stackman 2003, S. 145ff.) unterschieden.

Einheiten im Unternehmen manifestieren. Die Wandlungsbereitschaft teilt die weiteren Akteure des Wandels in Befürworter des Wandels (Promotoren), Gegner (Opponenten) und Unentschlossene (Indifferente) auf (vgl. Krüger 2000c, S. 21), die zudem in den verschiedenen Phasen der Veränderung unterschiedliche Bedeutungen haben können (vgl. in diesem Sinn auch Kanter/Stein/Jick 1992, S. 381). Neben der Kreativität und dem Willen der Akteure sind aber auch ressourciale Möglichkeiten und Handlungsfreiheiten notwendig, damit der Wandelprozess durch ein Akteurhandeln wenigstens teilweise beeinflusst werden kann (vgl. Gagsch 2002, S. 72f.; Schwan 2003, S. 11).

Ein anderer Zugang in der Differenzierung der Personenkreise im Kontext des Wandels besteht in der Analyse der Einbringung eigener Werturteile und nicht hinterfragter Annahmen in den Veränderungsprozess. So unterscheidet Staehle (1999, S. 974f.) zwischen normativen und deskriptiven „Aktoren": Dabei gestalten normative Aktoren die organisationale Realität aufgrund bestimmter vorgefasster Werte und Meinungen. Deskriptive Aktoren beeinflussen den Veränderungsprozess hingegen aufgrund der konkret vorgefundenen Realität. Die Personenkreise in nur zwei distinkte Gruppen einzuteilen stellt jedoch eine allzu große Vereinfachung dar (vgl. auch Kanter/Stein/Jick 1992, S. 377). Eine differenzierte Charakterisierung hat deswegen neben den Werthaltungen und Annahmen auch weitere Kategorien wie persönliche Merkmale, bevorzugte Veränderungstechniken oder tatsächlich gezeigtes Verhalten der Akteure zu berücksichtigen (vgl. Staehle 1999, S. 975; Müller-Stewens-Lechner 2001, S. 470). Dabei sind besonders die Wahrnehmungen und Erfahrungen der Akteure einzubeziehen (vgl. Kanter/Stein/Jick 1992, S. 380).

Prozesse des organisationalen Wandels werden somit ohne Zweifel ganz entscheidend von der (jeweils spezifischen) Kombination der Akteure im Veränderungsgeschehen beeinflusst, die jedoch eine sehr heterogene Personengruppe darstellen (vgl. Kanter/Kick/Stein 1992, S. 376). Dabei überwiegt zahlenmäßig oft eine Mehrheit relativ inaktiver oder ablehnend eingestellter Akteure (vgl. auch Müller-Stewens/Lechner 2001, S. 469), die es nicht eben leicht machen, Veränderungsvorhaben zu realisieren und einmal angestoßene Wandelprozesse erfolgreich abzuschließen. Die zahlreichen möglichen individuellen und strukturellen Hemmnisse und Widerstände gegen Veränderungen sowie die zahlreichen involvierten Interessengruppen und deren Annahmen, Sichtweisen und Präferenzen sorgen zusätzlich für eine permanente Instabilität des Wandels (vgl. Kanter/Stein/Jick 1992, S. 376; Müller-Stewens/Lechner 2001, S. 467). Umstritten bleibt die Frage, ob sich die Akteure des Wandels für das Gelingen von Veränderungsvorhaben stets zunächst selbst verändern müssen (vgl. Wimmer 1998, S. 107) oder ob individuelle Veränderungen der Akteure lediglich das Ergebnis von abgelaufenen organisationalen Veränderungen sind (vgl. Connor/Lake/Stackman 2003, S. 149). Dies zeigt abschließend erneut die enge Verflochtenheit von prozessualen und personalen Aspekten des organisationalen Wandels und verweist auf die Möglichkeit, Veränderungsvorgänge in Organisationen auf verschiedenen Ebenen zu betrachten und damit unterschiedliche Perspektiven auf das Wandelphänomen einzunehmen.

4.7 Perspektiven und Ebenen des organisationalen Wandels

Die Perspektiven des Wandels stellen die verschiedenen möglichen Blickwinkel der Betrachtung von Veränderungsprozessen dar. Sie haben fundamentale Konsequenzen für die Frage nach den Auslösern, Ansatzpunkten und Steuerungspotenzialen von Veränderungsprozessen (vgl. Bronner/Schwaab 1999, S. 19). Nach Weick/Quinn (1999, S. 366) lassen sich zunächst eine Makroperspektive und eine Mikroperspektive auf Wandel unterscheiden: Eine Makroperspektive nimmt dabei eine Position der Distanz zum Veränderungsgeschehen ein und versucht die Organisation aus einem globalen Blickwinkel zu betrachten. Eine Mikroperspektive ist hingegen durch die relative Nähe zum Veränderungsgeschehen gekennzeichnet und versucht dementsprechend mit einem lokalen Blickwinkel Veränderungen in der Organisation nachzugehen. Es ist offensichtlich, dass beide Perspektiven dadurch jeweils unterschiedliche Facetten und Aspekte von Wandel hervorheben bzw. umgekehrt vernachlässigen so wie auch jede theoretische Perspektive ganz unvermeidlich nur einen Ausschnitt des komplexen Wandelphänomens behandelt (vgl. auch Van de Ven/Poole 1995, S. 511).

Eine andere Differenzierung der Perspektiven von Wandel setzt an der Frage der Wahrnehmung des Wandels von den durch ihn betroffenen Individuen an, die sich wahlweise als Objekte oder Akteure[141] des Wandels verstehen können (vgl. dazu Gagsch 2002, S. 31): Wandel erscheint aus der passiven Perspektive eines Objekts von Wandel als eine extern gegebene Bedingung (vgl. auch Reiß 1997, S. 13), die nicht beeinflussbar ist und damit hingenommen werden muss. Veränderungen vollziehen sich in dieser Sichtweise fremdbestimmt und geschehen ohne Mitwirkung des Individuums. Ihre Gründe oder ihre Notwendigkeit bleiben ihm unklar. Hingegen beinhaltet die aktive Perspektive des Akteurs von Wandel ein Bewusstsein der Veränderungsprozesse mit einer Einsicht in ihre Notwendigkeit und Sinnhaftigkeit. Veränderungen sind ein zu erreichendes Ziel (vgl. auch Reiß 1997, S. 13), an dem aktiv mitgewirkt werden kann. Sie sind vom Einzelnen selbstbestimmt und können durch ihn vorangetrieben werden. So nimmt er als aktiver Gestalter Einfluss auf die Breite, Tiefe und das Tempo des Wandels. Welche Perspektive von den Individuen im Wandel wahrgenommen wird hängt vor allem damit zusammen, ob Wandel extern oder intern angestoßen wird (vgl. Osterhold 1996, S. 14) und wie die Systemgrenzen von Individuen gezogen werden (vgl. Gagsch 2002, S. 32).

---

[141] Vgl. zur Thematik der Akteure des Wandels auch Kapitel 4.6

130

Ferner variieren die wahrgenommenen Aspekte des Wandels mit seiner Betrachtungsebene (vgl. auch Weick/Quinn 1999, S. 362; Pettigrew/Woodman/Cameron 2001, S. 698f.).[142] Wandel kann sich dabei von der weitesten und abstrakten Ebene (der Überzeugungen und Kulturen) bis hin zur engsten und konkretesten Ebene (der Ausstattungen und Stellen) bewegen (vgl. Mintzberg/Westley 1992, S. 40).[143] Aufbauend auf den Überlegungen von Mintzberg/Westley (1992) und Perich (1992) unterscheidet v.d.Oelsnitz (2000, S. 194) aufgrund einer etwas anderen Zugangsweise eine Ebene der Strukturen und Führungssysteme, der Strategie, der persönlichen Fähigkeiten und Orientierungen sowie der Werte und Grundüberzeugungen.

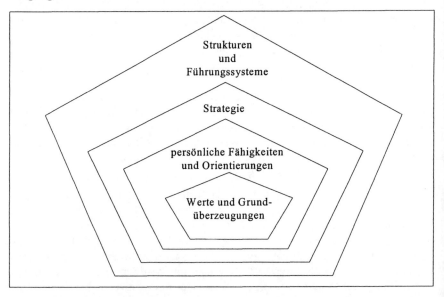

Abbildung 22: Ebenen des organisationalen Wandels (vgl. v.d.Oelsnitz 2000, S. 194)

Da das Organisationsphänomen im Bereich der Unternehmenstätigkeit in den verschiedensten Erscheinungsformen auftritt, kann das organisationale Geschehen deswegen auch auf verschiedenen Aggregationsebenen betrachtet werden (vgl. Perich 1992, S. 133).[144] Diese Vorgehensweise kann auch auf das Wandelphäno-

---

[142] Hintergrund dieser Auffassung ist die Annahme, dass Organisationen bzw. Unternehmen mehrstufig aufgebaut sind, d.h. in vertikaler Perspektive aus mehreren Ebenen zusammengesetzt sind, die jeweils wiederum im Einzelnen aus verschiedenen Elementen bestehen (vgl. Gagsch 2002, S. 58). Jede dieser Ebenen weist dabei spezifische Eigenschaften auf (vgl. Ulrich/Probst 1995, S. 28), wobei die Eigenschaften der höheren Ebenen erst durch eine Integration der darunterliegenden Ebenen entstehen (vgl. Krüger 2000c, S. 21).

[143] Vgl. auch Kapitel 4.1, Abbildung 7

[144] Vgl. auch Kapitel 2.2, Abbildung 5

men bezogen werden. Hauser (1999, S. 75ff.) unterscheidet dazu zwischen der Ebene des Individuums, der Gruppe und der gesamten Organisation. Dabei interessiert auf der Ebene des Individuums vor allem wie die Fähigkeit und der Willen, Veränderungen mitzutragen, auf das Wandelgeschehen Einfluss nehmen (vgl. Hauser 1999, S. 65). Bei der Ebene der Gruppe geht es darum, wie Gruppenphänomene und die Intergruppenzusammenarbeit durch die soziale Interaktionen Veränderungsprozesse prägen (vgl. Hauser 1999, S. 72). Schließlich wird auf der Ebene der (Gesamt-)Organisation den aggregierten Wirkungen der anderen Ebenen und dem Zusammenhang mit politischen und kulturellen Phänomenen nachgegangen (vgl. Hauser 1999, S. 75).

In ähnlicher, aber noch etwas detaillierterer Weise können diese Aggregationsebenen wie folgt beschrieben werden (vgl. Gagsch 2002, S. 58ff. sowie Perich 1992, S. 125):

- **Ebene des Einzelnen:** Auf dieser Ebene werden vorwiegend die Dispositionen, Fähigkeiten, Wahrnehmungen und Verhaltensweisen des Individuums sowie seine Präferenzen, seine Motivation, und sein Wissen thematisiert. Ein Wandel auf dieser Ebene manifestiert sich dabei in Modifikationen dieser Elemente, deren Ursachen dabei auch außerhalb des Unternehmens zu finden sein können. Da jeder Wandel letztendlich auf Veränderungen von Individuen beruht, beeinflusst diese Ebene alle weiteren Ebenen.

- **Ebene der Gruppe:** Im Mittelpunkt der Betrachtung stehen bei dieser Ebene die intersubjektiven Beziehungsstrukturen und die Verhaltensweisen einer Mehrzahl von Organisationsmitgliedern. Dabei geht es im Wesentlichen um die Veränderungen in den Interessen und Zielen, der Zusammensetzung, der Beziehungsmuster und der Funktionsweise von diesen Gruppen. Der Wandel äußert sich dabei in typischen Gruppenentwicklungsverläufen.

- **Ebene des Unternehmensbereichs:** Diese Ebene konzentriert sich auf die Strukturen und Prozesse, sowie die Beziehungskonstellationen und Verhaltensmuster organisatorischer Subeinheiten oder funktionaler Komponenten der lateralen Kooperation im Unternehmen (z.B. Funktionsbereiche, Abteilungen, Geschäftseinheiten). Dabei werden sowohl Verschiebungen und Neugestaltungen der Austauschbeziehungen zwischen diesen Einheiten als auch deren Aufbau oder Zerfall betrachtet. Wandel entsteht dabei durch die Veränderung der organisatorischen Einheiten selbst oder ihrer Beziehungen untereinander.

- **Ebene des Gesamtunternehmens:** Bei dieser Ebene geht es um eine Betrachtung des Unternehmens als Gesamtheit bzw. Entität in Form eines weitgehend homogenen Handlungsträgers, der sich in seinen Wesensmerkmalen und Verhaltensweisen verändert. Dabei richtet sich das Interesse vor allem auf die Strukturkonfiguration, das strategische Verhalten, die kulturellen Normen und die kollektiven Kognitionen. Wandel beinhaltet auf dieser Ebene Veränderungen in den formalen Regelungen, gemeinschaftlichen Verhaltensweisen und tief verankerten Bewusstseinsstrukturen.

Entscheidend bei einer solchen Ebenendifferenzierung ist dabei der Umstand, dass die Prozesse des Wandels zwar grundlegende Gemeinsamkeiten auf allen Ebenen besitzen, jedoch auf jeder Ebene unterschiedliche Inhalte des Wandels vorherrschen (vgl. Perich 1992, S. 128; Gagsch 2002, S. 61f.). Eine Analyse von nur einer Ebene des Wandel greift dabei insofern zu kurz, als dass hierdurch die Vielschichtigkeit von Veränderungsprozessen nicht zutreffend erfasst und angemessen abgebildet werden kann (vgl. Gagsch 2002, S. 62). Als besonders bedeutsam wird dabei mehr denn je die Ebene des Einzelnen angesehen (vgl. Tsoukas/Chia 2002, S. 567), da organisationaler Wandel mit der Veränderung der in der Organisation tätigen Menschen in enger Verbindung gesehen wird (vgl. etwa Mohr 1997, S. 114). Denn gerade vor dem Hintergrund einer neuen Wirtschaftsordnung mit raschen und weitreichenden Veränderungen, erscheint es für das Überleben von Unternehmen notwendig, dass alle Individuen mit ihren Wahrnehmungen, Gefühlen und Gedanken am Prozess des Wandels beteiligt werden (vgl. Pascale et al. 2002, S. 25).

4.8 Zusammenfassende Beurteilung

Veränderungsprozesse bilden seit jeher eine feste Größe im menschlichen Dasein (vgl. Schubert 1998, S. 1). So ist schon seit der Antike die Vorstellung verbreitet, dass sich alles in Bewegung oder im Fluss befindet und somit nichts wirklich stabil ist. Als das einzig Beständige aus dieser Sicht ist der Wandel anzusehen und jede (scheinbare) Stabilität ist nur ein Zustand, dessen Veränderung (noch) nicht erkannt wurde (vgl. auch Doppler/Lauterburg 2000, S. 62). Daraus leitet sich auch die Auffassung von Veränderung als einem Normalzustand für Organisationen ab (vgl. etwa Schwan 2003, S. V und S. 7). Jedoch verändert sich gerade im Kontext von Organisationen eben nicht alles und damit ist auch nicht alles im Wandel begriffen (vgl. Nisbet 1972, S. 6). Denn ohne ein beträchtliches Maß an Dauerhaftigkeit wäre jede Art sozialer Organisation schlechterdings unmöglich und das menschliche Dasein unerträglich (vgl. Moore 1972, S. 72). Zudem setzt allein schon die Beobachtung einer Veränderung die Konstanz in anderen Bereichen voraus, denn eine Veränderung kann im Zeitablauf nur anhand von gleich gebliebenen Referenzgrößen bemerkt werden (vgl. auch Meyer/Heimerl-Wagner 2000, S. 172).

Allerdings ist die Zahl der Dinge, die sich im organisationalen Geschehen ändern können, immerhin groß genug, um kaum noch überblickt werden zu können und sie scheint überdies noch weiter zuzunehmen (vgl. Ulrich 1994, S. 17). Organisationaler Wandel stellt sich damit als ein insgesamt überaus vielschichtiges und inhaltlich nur schwer bestimmbares Phänomen dar. Dazu kommen seine inneren Widersprüche und höchst divergenten Wirkungen. Dies entspricht allerdings in hohem Maße der grundlegenden Erkenntnis, dass jede Form der Organisierung ohnehin mit fundamentalen Ambivalenzen verbunden ist (vgl. Kasper 1988, S. 368). Eine Veränderung der Muster des Organisierens kann daher auch kaum von ambivalenten Aspekten ausgenommen sein. Deswegen ist das Gegensatzpaar von Sicherheit und Entwicklung mit seinen inhärenten Wechselwirkungen und Spannungen kennzeichnend für den Wandel von Organisationen (vgl. Kasper 1988, S. 368).

Diese Ambivalenz des Phänomens zeigt sich auch darin, dass Wandel Spannungen und Unsicherheiten ebenso erzeugt wie er sie gleichzeitig wieder zu beseitigen vermag (vgl. Moore 1972, S. 72). So stellt organisationaler Wandel letztlich einen einigermaßen paradoxen Vorgang dar, da durch ihn eine energetisierende und stärkende, aber auch inhomogene und unsichere Kraft in der Organisation wirksam wird (vgl. Connor/Lake/Stackman 2003, S. 169). Die chaotische, destabilisierende Wirkung dieser Energie wird für eine Erschütterung und Revision des Status Quo gebraucht und muss doch gleichzeitig zielgerichtet für eine nachhaltige Erneuerung sowie für Restabilisierung der neuen Ordnung genutzt werden. Jede Form der Veränderung ist damit von recht widersprüchlichen Faktoren wie Unsicherheit, Neuigkeit und Konflikten zur selben Zeit gekennzeichnet (vgl. Kasper 1988, S. 368). Dies hält die Wege und Ergebnisse von Veränderungsprozessen in hohem Maße offen. Die Suche nach einem „one best way" des Veränderns hat sich deswegen auch als recht fruchtlos erwiesen und wurde durch eine Fülle sozialtechnologischer Instrumente zur Gestaltung des Wandels keineswegs erleichtert (vgl. Schirmer 2000, S. 359; sowie Kanter/Stein/Jick 1992, S. 391). So ist der heutige Wissensbestand zur Veränderung von Organisationen immer noch von vielen anekdotischen, spekulativen und teils sogar falschen Erkenntnissen beherrscht (vgl. Pascale et al. 2002, S. 273).

Darüber hinaus ist das grundlegende Wechselspiel zwischen Veränderung und Bewahrung noch weitgehend ungeklärt. Stabilität und Wandel werden in der Diskussion oft streng getrennt, mit einer naturgegebenen Gegensätzlichkeit angesehen und deswegen „eindimensional nebeneinander behandelt" (Steinle 1985, S. 21). Während lange Zeit Wandel als ein Ausnahmeereignis im kontinuierlichen Organisationsgeschehen gesehen wurde, passt nun umgekehrt die (lange verbreitete) Vorstellung einer überwiegenden Stabilität von Organisationen (vgl. Kasper 1988, S. 353) nicht mehr in die heutige Vorstellungswelt hinein (vgl. Steinmann/Schreyögg 2000, S. 462). Die Organisation von Wandel und der Wandel der Organisation wird stattdessen nun zur Daueraufgabe von Unternehmen (vgl. auch Krüger 2000c, S. 17f.). So sind permanenter Wandel und die kontinuierliche Bereitschaft zur Veränderung im Rahmen eines paradigmatischen Wechsels zum

Kennzeichen der heutigen Organisationstheorie und -praxis geworden (vgl. Schwan 2003, S. 200).[145] Ob jedoch Organisationen weitgehend ohne Stabilität auskommen können und wie Veränderung ohne dauerhaft Bestehendes gedacht und praktiziert werden kann, bleibt dabei erst einmal noch weitgehend offen (vgl. dazu näher Kornberger 2003, S. 125f.; sowie grundlegend zur Bewegung und Beharrung Rosa 1999). Damit bleibt der Erklärungsbeitrag zum Phänomen der Diskontinuität, die nur in, durch und mit dem bisher Kontinuierlichen zu denken ist (vgl. auch Nisbet 1972, S. 23ff.) notwendigerweise begrenzt.[146]

Der Paradigmenwechsel in der Organisationsforschung und -lehre hin zum Leitbild der Veränderung hat allerdings eine Vielzahl von Überlegungen stimuliert (vgl. dazu auch Kornberger 2003). Es verwundert daher nicht, dass das Forschungsfeld des organisationalen Wandels in hohem Maße von einer Pluralität konkurrierender, koexistierender und sich teils überlappender Erklärungsansätze gekennzeichnet ist, die in ihrem zahllosen Verästelungen inzwischen kaum noch zu überblicken sind (vgl. Schirmer 2000, S. 359). Dieser erkennbare Erklärungspluralismus hat ganz verschiedene Ursachen (vgl. Perich 1992, S. 122; Bronner/Schwaab 1999, S. 14): Als erstes vereint der recht unscharf konturierte Begriff des organisationalen Wandels in sich schon verschiedene Elemente, Konzepte, Betrachtungsebenen und Aggregationsniveaus organisationsbezogener Veränderungserscheinungen. Dies wird noch durch den Umstand verstärkt, dass sich Fragen des Wandels nur schwer losgelöst von explizitem oder impliziten Konzepten des Wandels thematisieren lassen, die ihrerseits wiederum gleichzeitig viele verschiedene Aspekte des Wandels umfassen. Zum zweiten lässt sich unter dem Begriff des organisationalen Wandels ein überaus breites Spektrum von realen Veränderungen fassen, da die Zahl der durch Organisationen zusammengefassten Entitäten oder Objekte, die einer Veränderung zugänglich sind oder unterliegen können, generell sehr groß ist (vgl. auch v. Rosenstiel 1989, S. 655).

Schon allein aus diesen Gründen herrscht kein Mangel an Versuchen der Bestimmung, was unter organisationalen Wandel zu verstehen sein soll (vgl. Schwan 2003, S. 191). Hinzu kommen vor allem entwicklungsgeschichtlich bedingte Schwerpunktsetzungen unterschiedlicher Theorietraditionen, die sich mit der Aufhellung des Wandelphänomens beschäftigen. Weiterhin ist auch die reale Dynamik des sozialen Gebildes „Organisation" ein Anlass für ein unentwegtes Nachdenken, das in vielen heterogenen Zugängen und Versuchen der Erkenntnisgewinnung mündet. Da Wandel aber immer nur in zeitlichen Änderungsraten der

---

[145] Diese Veränderungsbereitschaft betrifft dabei über den Organisationskontext hinaus mittlerweile das ganze menschliche Dasein, da Flexibilität zu einer der wichtigsten Eigenschaften der Zeit geworden ist, die längst nicht mehr nicht nur eine bloße Anpassungsfähigkeit von Individuen, Organisationen oder ganzen Gesellschaften meint, sondern die Möglichkeit einer radikalen Redefinition und Metamorphose zu völlig neuen Entitäten beinhaltet (vgl. Gabriel 2003, S. 171).

[146] Vgl. auch Kapitel 3.2

beobachteten Elemente sichtbar wird, kann er erst ex-post durch den Vergleich von Erlebtem und der Feststellung einer Differenz erfahren werden (vgl. dazu auch v. Glasersfeld 1995, S. 31; Meyer-Heimerl-Wagner 2000, S. 172). Eine solche Differenz stellt aber eine selektive Wahrnehmung höchst subjektiver Art dar (vgl. Ulrich 1994, S. 24). Dieser Umstand eröffnet zahlreiche, überaus unterschiedliche Möglichkeiten für seine Beobachtung und Beschreibung, aus denen sich jeweils ganz anders geartete Akzente ergeben. Nicht immer sind deswegen die erreichten Erkenntnisse für sich allein genommen zweckdienlich, um das Phänomen der Unternehmensdiskontinuität weiter zu erhellen.

Eine weitere Schwierigkeit ergibt sich aus dem höchst unterschiedlichen Fokus der Erklärungsbeiträge zum organisationalen Wandel. Deutlich ausgeprägte Veränderungsschübe stehen seit einiger Zeit wegen ihrer klar erkennbaren Differenz oftmals eher im Zentrum des Interesses, als nicht so auffällig verlaufende inkrementelle Entwicklungen (vgl. Schwan 2003, S. 200). Dies mag auch die gesteigerte Aufmerksamkeit von Wissenschaft und Praxis an fundamentalem, transformationalem oder diskontinuierlichen Wandel von Organisationen erklären. Da jedoch kleinere Veränderungsschritte weiterhin unverändert wirkungsvoll bleiben, lässt sich eine konsistente Sichtweise dieses Realphänomens bislang nur schwer ermitteln. Die Frage, wie kontinuierliche und diskontinuierliche Veränderungen miteinander in Beziehung stehen oder ineinander greifen, bleibt deswegen bislang weitgehend offen. Zudem kann die Vielzahl von Veränderungsfaktoren, die den organisationalen Wandel als Ganzes ausmachen, nicht von einem Individuum allein erfasst werden, sondern ist nur durch kollektive Informationen bzw. intersubjektive Konstruktionen möglich (vgl. Ulrich 1994, S. 22). Dieses Problem betrifft im Besonderen auch das Phänomen diskontinuierlichen Wandels, da allein schon die Frage welches Ausmaß an Veränderung überhaupt als diskontinuierlich bezeichnet werden kann, immer noch höchst strittig ist.[147]

Das breite Forschungsfeld des organisationalen Wandels weist damit insgesamt die typischen Stärken und Schwächen eines theoretischen Perspektivenpluralismus auf (vgl. dazu eingehend Schirmer 2000, 103ff.). Ein geschlossenes, konsistentes und klares Bild des organisationalen Wandels lässt aus den einzelnen Erklärungsbeiträgen des Forschungsfelds gerade auch aus diesem Grund zunächst einmal nicht zusammenfügen.[148] Die Literaturlage vermittelt eher verschiedene Bilder bzw. Realitätsausschnitte mit sehr unterschiedlichen Akzenten. Damit bleibt auch der zuvor unternommene Versuch einer synoptischen Darstellung zum organisationalen Wandel als Konzept der Unternehmensveränderung notgedrungen fragmentarisch und der Blick auf das Phänomen der Unternehmensdiskontinuität eher heterogen. Dennoch lassen sich einige Grundlinien in der Diskussion

---

[147] Vgl. Kapitel 3.6

[148] Dementsprechend verneinen Bronner/Schwaab (1999, S. 15) die Möglichkeit einer integrierten Betrachtungsweise des organisationalen Wandels.

ausmachen, an denen kontroverse Auffassungen und Standpunkte erkennbar werden und aus denen sich regelmäßig Missverständnisse und Konflikte ergeben, die auch die bisherigen, recht unterschiedlichen Überlegungen zur Diskontinuität einschließen.[149]

Die erste Diskussionslinie zwischen geplantem und ungeplantem Wandel setzt bereits im Vorfeld realer Wandelprozesse an der Frage an, ob Veränderungen bewusst und absichtsvoll herbeigeführt werden können oder ungelenkt und spontan entstehen. Die zweite Diskussionslinie zwischen adaptivem und selektivem Wandel thematisiert das Maß an Handlungsautonomie im Veränderungsprozess. Demzufolge kann Wandel eher voluntaristisch oder deterministisch angelegt sein.[150] Eine dritte Diskussionslinie zwischen kontinuierlichen und diskontinuierlichen Wandel wendet sich der Bewegung von Veränderungsprozessen bzw. dem Verlauf des Wandels zu. Vor dem Hintergrund einer veränderten Natur des Wandels ist dabei umstritten, ob Veränderungen eher gleichmäßig und graduell oder unregelmäßig und sprunghaft ablaufen. Die vierte Diskussionslinie zwischen reorganisatorischem und transformativem Wandel konzentriert sich dagegen auf das Ausmaß von (notwendigen) Veränderungen. Und schließlich stellt die letzte Diskussionslinie zwischen fundamentalem und peripherem Wandel die Tiefe von Veränderungen in den Mittelpunkt der Betrachtung. Dabei ist umstritten, ob Veränderungen bis in den innersten Kern einer Organisation reichen können bzw. müssen oder ob sie sich letztlich nur an ihrer Oberfläche bewegen.

Solche organisationalen Dualismen und Dichotomien wie sie in den zuvor herausgearbeiteten Diskussionslinien erkennbar sind, stellen aber in der Organisationsrealität keine wirklichen Entscheidungsalternativen dar, sondern sind vielmehr organisationsimmanente Effekte (vgl. Türk/Lemke/Bruch 2002, S. 12). Auf der theoretischen Ebene dieser Arbeit wird deswegen eine partielle Auflösung dieser Gegensätze durch ein paralogisches Vorgehen angestrebt.[151] Dabei darf aber nicht übersehen werden, dass dieser Umstand auf einer handlungspraktischen Ebene dagegen eher Kompromisse erfordert, da die gegensätzlichen Ansprüche prinzipiell nicht so leicht aufgelöst werden können (vgl. auch Kasper 1988, S. 369). Für die Frage gestaltungsbezogener Implikationen der Unternehmensdiskontinuität ist deswegen die Frage der Vermittlungsbedingungen und Transitionsmöglichkeiten in Teilen neu zu bedenken.[152]

---

[149] Wie v.d.Oelsnitz (1999, S. 158) ausführt, könnte die Ursache für solche Unstimmigkeiten rein durch unterschiedliche Ausgangsprämissen beim theoretischen Zugang zum komplexen Realphänomen des organisationalen Wandels liegen.

[150] Vgl. Kapitel 2.3

[151] Siehe Kapitel Kapitel 1.3; vgl. auch v.d.Oelsnitz (1999, S. 158ff.) für den Versuch einer Integration evolutionärer und revolutionärer Veränderungskonzepte für die Implementierung eines marktorientierten Unternehmenswandels

[152] Siehe dazu Kapitel 6.3 und Kapitel 7

Für die zukünftige Richtung der Veränderungsdiskussion scheint es in einer partiellen Auflösung der vorherigen Dichotomie geboten, sich auf einen gleichzeitig sprunghaften und tief greifenden Wandel zu konzentrieren, da eine Zunahme von häufigeren, fundamentalen und schnell verlaufenden Veränderungsprozessen zu beobachten ist (vgl. Buck 2003, 70; sowie zur Beschleunigung grundlegend Rosa 1999, S. 390ff.). Dies schließt andere Dimensionen und Faktoren des komplexen Veränderungsgeschehens aber keineswegs aus. Eine integrative Analyse des Wandels hat Kontinuität wie Veränderung, Handlung wie Struktur, endogene wie exogene Faktoren und Zwänge genauso wie Zufälle zu berücksichtigen (vgl. Pettigrew/Ferlie/McKee 1992, S. 8). Denn der Charakter von Wandelprozessen lässt sich eben nur dann besser verstehen, wenn man diese Dimensionen nicht als strenge Gegensatzpaare auffasst (vgl. Ulrich 1994, S. 17). Die Inhalte, Kontexte und Prozesse des Wandels sind also miteinander zu verbinden, damit die Erklärung unterschiedlicher Ergebnisse im Zielerreichungsgrad gelingt (vgl. Pettigrew/Ferlie/McKee 1992, S. 9). Dies entspricht der in der Arbeit beabsichtigten Verbindung von Objekte- und Kräftekomponente mit der Bewegungskomponente des Wandels.[153] Die vorangegangen Beschäftigung mit dem organisationalen Wandel als Forschungsfeld und Konzept der Unternehmensveränderung hat dabei die Einsicht in die zentrale Bedeutung dieser Zusammenhänge vertieft. Es bedarf jedoch – wie einleitend herausgestellt – eines neuen Zugangs zum Problemfeld der Unternehmensdiskontinuität.

Die Berücksichtigung des organisationalen Wandels als Konzept der Unternehmensveränderung hat sich – bei allen Defiziten – folglich als notwendig für das explikative Erkenntnisziel der Arbeit gezeigt. So thematisiert die Diskussion zum organisationalen Wandel Veränderungen in einem viel umfassenderen Sinn als dies in der Diskussion zu Unternehmensdiskontinuitäten bislang der Fall war. Die Überlegungen zur Konzeptionalisierung von organisationalem Wandel sind deswegen in Kombination mit den bisherigen Erkenntnissen zu Unternehmensdiskontinuitäten eine gute Grundlage für eine weitere Aufhellung der komplexen Diskontinuitätsproblematik. Als günstig erweist sich dabei der Umstand, dass schon zahlreiche Überschneidungen zwischen der Diskussion zu Unternehmensdiskontinuitäten und dem Forschungsfeld des organisationalen Wandel existieren, die eine Einbeziehung der Erkenntnisse in den nachfolgenden Versuch einer Integration gewinnbringend erscheinen lassen und ihn teilweise erleichtern. Die Zersplitterung der Diskussion wie auch die Fragmentierung der Organisationstheorie im Allgemeinen[154] machen jedoch ihre Erschließung zu einem anspruchsvollen Vorhaben. So ist das Forschungsfeld zum organisationalen Wandel – isoliert gesehen – insgesamt noch ein gutes Stück weit entfernt von einem profunden eigenen Verständnis der Dynamik und der Effekte von Zeit, dem Ablauf von Pro-

---

[153] Vgl. Kapitel 1.2

[154] Vgl. Kapitel 2.1

zessen, dem Auftreten von Diskontinuitäten und den Kontexten im Rahmen von Veränderungen (vgl. Pettigrew/Woodman/Cameron 2001, S. 697). Es vermag a-ber wichtige Impulse zu geben und erste partielle Einsichten zu vermitteln, auf deren Basis Unternehmensdiskontinuitäten – in Kombination mit weiteren Erkenntnisbausteinen und Wissenselementen – genauer zu analysieren sind.

Aus der ausführlichen Beschäftigung mit dem Forschungsfeld des organisationalen Wandel sind damit folgende Einsichten und Erkenntnisse für den anschließenden Integrationsversuch festzuhalten: Zunächst einmal können Unternehmensdiskontinuitäten ohne weiteres unter dem Begriff des organisationalen Wandels subsumiert werden. Es handelt sich bei ihnen in jedem Fall um beobachtbare Veränderungen der organisatorischen Dimension von Unternehmen im Zeitablauf, durch die beobachtbare Unterschiede gegenüber einem Ausgangszustand verursacht werden. Sie lassen sich damit als abrupte und unregelmäßige Auf- und Ab-Bewegung in der dynamischen Dimension von Unternehmen als organisierten Gebilden deuten und verstehen. Ihre Formen[155] sind mit den Begriffen und Kategorien der Inhalte von Wandel gut zu erfassen. Die Verläufe und Auswirkungen von Unternehmensdiskontinuitäten repräsentieren darüber hinaus in geradezu exemplarischer Weise das häufig thematisierte Kräftespiel zwischen Veränderungs- und Beharrungstendenzen sowie dem Veränderungsdruck, das für alle Wandelprozesse von grundlegender Bedeutung ist.[156]

Eine integrative Sichtweise von diskontinuierlichem Unternehmenswandel muss aber auch verschiedene Defizite der Diskussion zum organisationalen Wandel überwinden. So werden die Formen und Inhalte von Wandel oft sehr stark dichotomisch konzipiert, obwohl eine Verbindung vermutlich geeigneter wäre. Ebenso gehen geplante und ungeplante Veränderungsprozesse in der betrieblichen Realität entgegen der theoretischen Postulate wohl eher Hand in Hand und überlagern sich zudem teilweise.[157] Neben einer aktiven Diskontinuierung durch absichtsvolles Handeln ist deswegen genauso eine passiv erlebte Diskontinuität als Einwirkung oder Ergebnis mitzuberücksichtigen.[158] Gleichzeitig ist eine Kontinuität in der Diskontinuität einzubeziehen, da sich vermutlich nicht alle Dimensionen einer Organisation gleichzeitig verändern können. Damit schließen sich auch evolutionäre und revolutionäre Verlaufsformen von Wandel in der Diskontinuität keineswegs aus. Es kommt für eine integrative Sichtweise von Unternehmensdiskontinuitäten also darauf an, diese Verlaufsformen und Typen des Wandels wenigstens teilweise miteinander zu versöhnen.

---

[155] Vgl. Kapitel 3.3.1 und 3.3.2
[156] Vgl. Kapitel 4.6, Abbildung 19
[157] Vgl. Kapitel 4.5
[158] Vgl. Kapitel 3.6

Gerade diskontinuierliche Veränderungsprozesse sind überdies ohne einen Bezug zu den veränderten Gegenständen nur schwer zu modellieren. So verlangt auch eine Analyse des diskontinuierlichen Unternehmenswandels eine konkrete Differenzierung der Objekte des Wandels. Dabei sind neben sachrationalen Dimensionen im Wandel ganz besonders auch politisch-verhaltensorientierte Dimensionen zu berücksichtigen.[159] Damit geht es bei einer Gestaltung von Unternehmensdiskontinuitäten nicht nur um ein reines Strukturmanagement, sondern auch um ein Einflussmanagement. Der Integrationsversuch bedarf in Kenntnis der verschiedenen Schichten und Dimensionen der Organisation auch einer Ergänzung der strukturellen Ausgangsebene durch eine (mikro-)politische Betrachtung. Zusätzlich sind die Interdependenzen zwischen den Feldern des Wandels zu berücksichtigen, um Hemmnissen und Wechselwirkungen besser auf die Spur zu kommen. Dabei ist der episodische wie kontinuierliche Charakter von Veränderungen zu berücksichtigen und ebenenspezifisch zu modellieren.

Um der überzogenen Umweltfokussierung der bisherigen Betrachtungen zur Unternehmensdiskontinuität zu begegnen sind interne und externe Einflussfaktoren – so weit als möglich – gleichzeitig zu beachten, sowie Ursachen im strengen Sinn von Auslösern der Diskontinuität zu trennen. Dazu bedarf es der Berücksichtigung von Wahrnehmungen der Akteure, sowie eines Einbezugs von ungeplanten und unbeabsichtigten Effekten aus ihrer Interaktion untereinander. Dadurch ist wiederum eine Planung und Steuerung diskontinuierlicher Wandelprozesse nachhaltig eingeschränkt, so dass ein Management des Wandels in der Diskontinuität eine andere Bedeutung erlangt. Zudem sind die Planungs- und Steuerungsoptionen gerade bei diskontinuierlichen Veränderungen je nach Ebene und Inhalt des Wandels anders zu differenzieren und nicht mehr streng sequenziell zu sehen.[160] Deswegen bedürfen auch die Akteure des Wandels in der Diskontinuität einer teilweise neuen Betrachtung auf einer breiteren Basis.[161]

Dabei geht es vor allem darum, das prozessuale Geschehen mit dem Akteurshandeln enger zu verbinden, um den bislang eher lose konzipierten Zusammenhang zwischen der Wandeldynamik und den personellen Aspekten des Wandels besser zu erfassen. Gleichzeitig sollen die üblicherweise streng getrennte Makro- und die Mikroperspektive des Wandels durch die angestrebte Mehrebenenanalyse der Unternehmensdiskontinuität miteinander verbunden und so die intersubjektiven Beziehungsstrukturen und Verhaltensweisen der Organisationsmitglieder mit den

---

[159] Siehe Kapitel 4.2. Die wertmäßig-kulturelle Dimension und das damit verbundene Management von Bewusstseinslagen (vgl. Abbildung 13) sollen aus Gründen der Vereinfachung im Rahmen dieser Arbeit jedoch keine nähere Berücksichtigung erfahren.

[160] Vgl. zur Begründung einer Abkehr vom sequenziellen Denken auch Kapitel 5.1.2.1 und den dort vorgestellten Evolutionsmechanismus.

[161] So macht es beispielsweise von dem Hintergrund der veränderten Natur des Wandel keinen Sinn mehr, nur Führungskräfte und Organisationsberater der Kategorie der „change agents" zuzuordnen (vgl. Meyer/Heimerl-Wagner 2000, S. 168).

formalen organisatorischen Strukturkonfigurationen und dem strategischen Handeln der Gesamtorganisation verknüpft werden. Die Annahme eines rekursiven Zusammenhangs zwischen all diesen Aspekten wird dabei der Wechselseitigkeit der Veränderungsfaktoren – gerade auch in der Diskontinuität – gerecht.

Auch wenn vermutlich nicht alle dieser erwähnten Aspekte in gleichem Maße in einem ersten Integrationsversuch vollumfänglich berücksichtigt werden können, so ist die nachfolgende integrative Sichtweise doch von dem Bemühen getragen, möglichst viel von den erreichten Erkenntnisse aus dem Diskussionsfeld des organisationalen Wandels einzubeziehen und in der Modellierung umzusetzen. Ein Integrationsversuch muss für dieses Unterfangen deswegen ausreichend breit und umfassend angelegt sein. Dies bedeutet, dass bei entsprechendem Bedarf auch noch weitere theoretische Positionen außerhalb der Diskussion zum organisationalen Wandel hinsichtlich ihres Erklärungsbeitrags zu prüfen und gegebenenfalls partiell in die Überlegungen einbeziehen sind. Ferner sind die spezifischen Begriffe der divergenten Erklärungsansätze auf der jeweiligen Betrachtungsebene und ihre Bedeutungen zu präzisieren und zu reflektieren, um so eine terminologische Klarheit und Angemessenheit für das Phänomen der Unternehmensdiskontinuität zu gewährleisten. Als letztes ist noch auf die einzelnen Bezüge und Wechselwirkungen der Ebenen zur verweisen.

5 Unternehmensdiskontinuität als Mehrebenenwandel – Ein Versuch der Integration

Für den nunmehr an dieser Stelle zu unternehmenden Versuch einer Integration soll an den zuvor verschiedentlich identifizierten Defiziten bei der bisherigen Behandlung von diskontinuierlichem Unternehmenswandel sowie den Erkenntnissen aus der Rekonstruktion des Forschungsstands zu Veränderungsfragen angesetzt werden. Dazu sind sowohl die allgemeinen Überlegungen zur Integration (Kapitel 2), als auch die Folgerungen aus der Diskussion zum Phänomen der Unternehmensdiskontinuität als Form der Veränderung (Kapitel 3) zum organisationalen Wandel als Konzept der Veränderung (Kapitel 4) im Besonderen zu berücksichtigen. Der einleitenden Entfaltung der Integrationsabsichten folgte dabei bisher erst eine ausführliche Exploration der theoretischen Basis nach partiellen Erkenntnisbeständen, die für den Integrationsversuch möglicherweise von Nutzen sein konnten. Diese umfassende Abhandlung des „state of the art" stand im Dienst der explikativen Analyse des Phänomens der Unternehmensdiskontinuität. Da das Unternehmen ist als Entität nicht a priori gegeben ist, sondern auch in seiner Wandeldimension erst durch gedankliche Rekonstruktion entsteht, hat ein neues Modell zur integrativen Erfassung von Unternehmensdiskontinuitäten für diese Rekonstruktion auch auf den schon bekannten (Wissens-)Elementen aufzubauen hat (vgl. dazu auch Grothe 1997, S. 71).

Angesichts der vielfältigen Verkürzungen der Diskontinuitätsthematik spricht dabei nach der eingehenden Analyse des bisherigen Kenntnisstands vieles dafür, die Integration eher breit anzulegen. Das methodische und inhaltliche Vorgehen erfolgt nach dem Plan der Integration aus dem zweiten Kapitel der Arbeit. Demnach benötigt der Versuch einer Integration zunächst eine weitergehendere Differenzierung auf den einzelnen Betrachtungsebenen des Diskontinuitätsphänomens. Dazu soll zunächst das Unternehmen als evolutionäres Gebilde aufgefasst und der diskontinuierliche Wandel auf einer strukturellen Makroebene als evolutionärer Prozess konzipiert werden (Kapitel 5.1). Hierauf folgt eine Sicht, die das Unternehmen auf der Mikroebene der Personen und ihrer Gruppen als politische Koalition betrachtet und diskontinuierlichen Unternehmenswandel als politischen Prozess modelliert (Kapitel 5.2). In den jeweiligen kritischen Würdigungen zu diesen Aspekten geht es dabei nicht nur einem eine Einschätzung des Erklärungswerts der eingenommenen Perspektive auf der spezifischen Betrachtungsebene, sondern auch um die Klärung von verschiedenen Bezügen und Wechselwirkungen der beiden Perspektiven und Ebenen untereinander.

5.1 Makroebene der Diskontinuität: Wandel als evolutionärer Prozess

Das folgende Kapitel behandelt die erste Ebene eines integrativen Verständnisses diskontinuierlichen Unternehmenswandels. Dabei wird für die Frage der diskontinuierlichen Veränderung von Strukturen auf evolutionstheoretisch fundierte Konzepte des organisationalen Wandels Bezug genommen. Dazu werden zu-

142

nächst der Begriff und die Bedeutung der Evolution von Organisationen und ihre prinzipiellen Bezüge zur Wandelthematik dargelegt werden (Kapitel 5.1.1). Anschließend werden dann darauf aufbauend die wesentlichen Grundzüge eines evolutionären Wandels von Organisationen etwas genauer skizziert werden (Kapitel 5.1.2). Dazu wird zunächst der Mechanismus der Evolution in seiner Anwendung auf den Organisationskontext vorgestellt (Kapitel 5.1.2.1). Danach wird die Konzeptionalisierung des Wandels von evolutionstheoretischen Ansätzen näher beleuchtet und kritisch gewürdigt (Kapitel 5.1.2.2). Angesichts der großen Bandbreite und Verschiedenartigkeit von evolutionären Ansätzen in der Organisationstheorie beschränkt die Darstellung auf die weit verbreitete und empirisch gut fundierte Makroperspektive des Population-Ecology-Ansatzes. Die Strukturierung folgt hierbei den idealtypischen Elementen eines Wandelkonzepts (vgl. dazu Deeg/Weibler 2000, S. 145).

Aufbauend auf den daraus gewonnenen Erkenntnissen zu den Stärken und Schwächen einer makro-evolutionären Sichtweise wird anschließend das Konzept der konstruktiven Destruktion als Erklärungsansatz der strukturellen Perspektive der Unternehmensdiskontinuität dargelegt werden (Kapitel 5.1.3). Ein solcher transformationaler Ordnungsbruch stellt das typische Muster der diskontinuierlichen Evolution von Organisationen dar und erklärt die strukturellen Ereignisse im Veränderungsprozess der Unternehmensdiskontinuität. Dabei soll die ursprüngliche Konzeptfassung[162] um verschiedene Erweiterungen ergänzt, sowie ganz neu in Bezug zum diskontinuierlichen Wandelgeschehen gesetzt werden. Die abschließende kritische Würdigung (Kapitel 5.1.4) versucht dann den auf dieser Betrachtungsebene erreichten Erkenntnisfortschritt für die explikative Analyse des diskontinuierlichen Unternehmenswandels aufzuzeigen sowie den Anschluss an die folgende Betrachtungsebene des politischen Geschehens herzustellen.

5.1.1 Begriff und Bedeutung der Evolution von Organisationen

Die zahlreichen Fragen des Wandels und der Entwicklung von Organisationen ziehen die Aufmerksamkeit von vielen Organisationswissenschaftlern schon seit vielen Jahren in mannigfaltiger Weise auf sich und haben auf diese Weise ein überaus reichhaltiges Angebot an konkurrierenden Erklärungsangeboten hervorgebracht (vgl. Gersick 1991, S. 10; Meyer/Heimerl-Wagner 2000, S. 168; Beck 2001, S. 1). In der facettenreich geführten Diskussion zum organisationalen Wandel haben sich besonders die verschiedenen evolutionären Ansätze[163] in der Orga-

---

[162] Vgl. dazu Deeg/Weibler (2000, S. 163ff.)

[163] Der Begriff evolutionärer Ansatz wird in Anlehnung an Aldrich (1999, S. XII) hier als synonym mit den Begriffen der Evolutionstheorie und der evolutionären Perspektive verwendet, um ein breites Themenfeld evolutionären Denkens in den Sozialwissenschaften zu kennzeichnen, zu dem u.a. die evolutionäre Ökonomie, die Organisationsökologie oder die evolutionäre Managementlehre gehören.

nisationstheorie[164] die Erklärung solcher Phänomene zur Aufgabe gemacht und das Wandelphänomen auf höchst unterschiedliche Weise näher beleuchtet (vgl. zur Übersicht Semmel 1984, Segler 1985, Kieser 1992, Kieser/Woywode 2001). Auch wenn die Begriffe der Evolution und des Wandels vor diesem Hintergrund oftmals in einer undifferenzierten Weise als synonym angesehen werden, sind sie dennoch voneinander abzugrenzen (vgl. Deeg/Weibler 2000, S. 146). Der Begriff der Evolution beinhaltet nämlich ein spezifisches Verständnis von Wandel, das sich gegenüber anderen Begriffsfassungen deutlich abgrenzen lässt (vgl. dazu auch Wolf 2003, S. 289ff.).

Zunächst versuchen allgemein gesprochen fast alle Evolutionstheorien den Wandel eines bestimmten Gegenstandes im Zeitablauf zu erklären (vgl. Nelson 1995, S. 56). Sie stellen dabei auf eine dynamische Analyse ab (vgl. Wolf 2003, S. 290), die durch ihre Langfristbetrachtungen Phänomene zu Tage treten lässt, die v.a. bei statischen bzw. kurzfristigen Analysen sonst unentdeckt blieben. Die Erklärung für solche Veränderungsprozesse enthält meistens sowohl zufallsgesteuerte Einflussvariablen als auch systembedingte Zwänge; verschiedene Beharrungskräfte (inertial forces) garantieren dabei die Kontinuität einmal erreichter Entwicklungen. Diese Erklärungsbestandteile finden sich auch mehr oder weniger in allen evolutionäre Organisationstheorien, wobei die Unterschiede hauptsächlich in der Akzentuierung dieser Erklärungsvariablen bestehen. So hebt sich etwa der nachfolgend noch näher zu behandelnde Population-Ecology-Ansatz durch eine starke Betonung des Zufalls in organisationalen Prozessen und die Annahme einer starken strukturellen Trägheit (inertia) von Organisationen hervor (vgl. dazu näher Hannan/Freeman 1977, 1984; sowie Aldrich 1979, S. 197ff.; Kieser 1992, Sp. 1763; Wiegand 1996, S. 98ff.; Deeg/Weibler 2000, S. 151ff.).

Der wesentliche Vorteil evolutionärer Theorien, besonders im Sinne von Ungleichgewichtsmodellen, kann darin gesehen werden, dass sie der Komplexität realer Prozesse besser gerecht werden, als die in der Wandeldiskussion weit verbreiteten Gleichgewichtsmodelle (vgl. Nelson 1995, S. 85). Gerade durch die Einbeziehung zahlreicher, lose verknüpfter Variablen sind aber präzise Vorhersagen bisweilen nahezu unmöglich oder in hohem Maße von bestimmten Kontingenzen abhängig. So sind evolutionäre Theorien nicht nur komplexer als Gleichgewichtsmodelle, sondern auch weniger entschieden in ihren Erklärungen und Vorhersagen sowie vielfach mehrdeutig oder vage in ihren Implikationen. Der Grund hierfür liegt in der Annahme der Indeterminanz von Ergebnissen evolutio-

---

[164] Vgl. für eine umfassende Differenzierung Kieser (1992), der u.a. Ansätze der internen Evolution von Organisationen/Verhaltensevolution (z.B. Campbell 1969, Weick 1995a), Ansätze der langfristigen Organisationsevolution/makrosoziologischen Evolution (z.B. Lau 1981, Giesen 1995) und eklektizistische Ansätze der „Sankt Galler Schule" (z.B. Ulrich 1984, Probst 1987) und der „Münchner Schule" (z.B. Kirsch 1984, 1992, 1994; Knyphausen 1988) unterscheidet.

närer Entwicklungen[165], derzufolge Ergebnisse erst nach ihrem Eintreten erklärbar sind (vgl. Staber 2002, S. 137). Dies spricht jedoch umgekehrt nicht per se für die Richtigkeit einfacherer Erklärungsmodelle, denn deren anscheinende Erklärungsmacht kann eine weitgehende Illusion sein.

Evolutionäre Ansätze verzichten zudem auf eine apriorische Zuschreibung von Ausmaß, Inhalt und Richtung des Wandels (vgl. Deeg/Weibler 200, S. 147; ähnlich Aldrich 1999, S. 35)[166] und sind damit teleologischen oder dialektischen Erklärungsmodellen (vgl. dazu Van de Veen/Poole 1995) in diesem Punkt deutlich überlegen. Denn ist es ist fraglich, ob sich Wandel bzw. Veränderung tatsächlich nach einer höheren Logik vollzieht oder nur in dialektischen Bewegungen erschöpft (vgl. auch Fombrun 1988, S. 226). Die Vielzahl von Einflussfaktoren hält in evolutionären Modellen die Prozesse des Wandels außerdem ergebnisoffen (vgl. Deeg/Weibler 2000, S. 147; ähnlich Aldrich 1999, S. 33; Staber 2002, S. 137f.). Sie stellen dadurch auch die häufig vertretene Position einer erfolgreichen und einfachen Umgestaltung von Organisationen kritisch infrage (vgl. Beck 2001, S. 91). Mit dieser Offenheit können sie diskontinuierlichen Veränderungsprozessen, die aufgrund ihrer geringen Prognosemöglichkeiten einen ergebnisoffenen Charakter aufweisen[167], besser gerecht werden.

Für ihre Konzeptionalisierung von Wandel lehnen sich evolutionstheoretische Ansätze oftmals mehr oder minder explizit an das Vorbild der biologischen Evolutionstheorie an (vgl. Kieser/Woywode 2001, S. 253). So nimmt etwa der Population-Ecology-Ansatz einen vergleichsweise umfangreichen Theorietransfer aus der Evolutionsbiologie und verlagert in Anlehnung daran seine Betrachtung von Organisationen auf eine Makroebene (vgl. Weibler/Deeg 1999, S. 298). Ferner versucht er in Analogie zur biologischen Taxonomie gewisse gemeinsame Charakteristika von Organisationen zu bestimmen, um Populationen voneinander abgrenzen zu können (vgl. Beck 2001, S. 96).[168] Andere evolutionäre Ansätze in der Organisationstheorie oder der Managementlehre verwenden hingegen nur wenige oder gar keine evolutionsbiologischen Erkenntnisse und operieren dann zumeist auf der Ebene der Einzelorganisation (vgl. z.B. Weick 1995, Ferreira 1999; sowie dazu näher Wolf 2003, S. 303ff.). Jedoch ist allen Erklärungsansätzen der Gedanke gemeinsam, dass organisationale Entwicklungsmuster biologischen Entwick-

---

[165] Vgl. zur Indeterminanz der evolutionären Perspektive ausführlich Aldrich (1999, S. 33ff.)

[166] Nach Ansicht evolutionstheoretischer Ansätze sind insbesondere Informationsambiguitäten, Ressourcenunsicherheiten und endogene Verknüpfungen und Entwicklungen dafür verantwortlich, dass sich die Ergebnisse von Handlungen a priori nur schwer bestimmen lassen (vgl. Staber 2002, S. 138).

[167] Vgl. Kapitel 3.5

[168] Die Zugehörigkeit einer Organisation zu einer Population bestimmt sich dabei durch gewisse Ähnlichkeiten, die allen Mitgliedern der Population gemeinsam sind: „Populations of organizations must be alike in some respect, that is they must have some unit character (Hannan/Freeman 1977, S. 934)."

lungsprozessen ähneln und in beiden Bereichen gleiche Strukturen und Wirkungsprinzipien vorhanden sind (vgl. auch Wolf 2003, S. 290).

Astley/Van de Ven (1983, S. 247) nennen als ein weiteres wesentliches Unterscheidungsmerkmal eine überwiegend deterministische Orientierung in der Modellierung der Organisation-Umwelt-Beziehung, da evolutionstheoretische Ansätze der Umwelt einen erheblichen Einfluss auf Organisationen zugestehen (vgl. auch Semmel 1984, S. 137f.). Weiterhin sehen die Vertreter des Ansatzes im Gegensatz zu anderen Perspektiven die Umwelt von Organisationen im Wesentlichen als objektiv gegeben an (vgl. Semmel 1984, S. 141) und dem aktiven Einfluss und der Kontrolle von Organisationen weitestgehend entzogen (vgl. Ulrich/McKelvey 1983, S. 3; Robins 1985, S. 336f.). Daraus ergibt sich in Verbindung mit der begrenzten Rationalität organisationaler Akteure letztlich eine stark begrenzte Planbarkeit und Steuerbarkeit der organisationalen Entwicklung (vgl. Wolf 2003, S. 295f.). Weiterhin verbindet sich damit auch ein gewisser Skeptizismus hinsichtlich der gezielten Gestaltung von Organisationen, der sich gerade auch vor dem Gestaltungsproblem diskontinuierlichen Unternehmenswandels als realitätsnah erweist.

Der Transfer von Erkenntnissen aus einer anderen Wissenschaftsdisziplin – hier der Evolutionsbiologie – bildet aber keine absolute Ausnahme gegenüber anderen theoretischen Positionen. So existieren in der Geschichte der Wissenschaft viele Beispiele für eine Grenzüberschreitung und gegenseitige Befruchtung teils völlig unterschiedlicher wissenschaftlicher Teilbereiche. Denn auch wenn wissenschaftliche Disziplinen sich noch so sehr abzugrenzen versuchen, so bilden sie in kognitiver Hinsicht schwerlich geschlossene Systeme (vgl. Mayntz 1997, S. 312). Dies gestaltet sich zumeist schon durch die vielfältigen Aspekte des Untersuchungsgegenstandes schwierig, die eine Offenheit gegenüber anderen Disziplinen erforderlich machen. Für die Organisationsforschung und auch die Organisationstheorie gilt dies aufgrund der vielfältigen Gestalt von Organisationen und der großen Zahl von möglichen Wirkungseinflüssen in besonderer Weise. So sind sie traditionell stark interdisziplinär ausgerichtet und weisen damit eine Vielzahl konkurrierender Sichtweisen und Erklärungsmodelle auf (vgl. z.B. Reed/Hughes 1992, Burrell 1996, Clegg/Hardy 1996, McKelvey 1997).[169] Dabei werden vielfach noch mehr neue Sichtweisen gefordert (vgl. z.B. Canella/Paetzold 1994), um der „idiosynkratischen Natur" von Organisationen (vgl. dazu McKelvey 1997) gerecht zu werden.[170] Ein Transfer aus anderen Wissenschaftsdisziplinen kann dabei unter anderem helfen, völlig neue Zugänge zur vielgestaltigen Natur von Organisationen zu generieren.

---

[169] Siehe auch Kapitel 2.1

[170] Gelegentlich wird hingegen auch die Unübersichtlichkeit der vielfältigen Ansätze und die Dominanz einzelner Theorierichtungen beklagt (vgl. z.B. Pfeffer 1995).

Die evolutionstheoretischen Ansätze basieren im Gegensatz zu anderen Transferversuchen auf der besonderen Idee, dass aus der Beschäftigung mit der Evolutionsbiologie eine neue Perspektive für organisationale Phänomene geschaffen werden kann. Einer solchen Übertragung von biologischen Erkenntnissen in den sozialwissenschaftlichen Kontext liegt ganz allgemein die Prämisse zugrunde, dass es erstens Gemeinsamkeiten in der Evolution verschiedener Systeme gibt, worin Humansysteme wie Organisationen miteingeschlossen sind, und dass zweitens die wissenschaftliche Theoriebildung vom Vergleich der Erkenntnisse verschiedener Disziplinen profitieren kann. So ähneln Organisationen und Organismen sich etwa darin, dass sie gleichermaßen den Auswirkungen von Zeit und Zufall ausgesetzt sind. Das Konzept der Evolution bleibt nach einer solchen Auffassung nicht allein auf die Biologie beschränkt. Nach Campbell (1969, 1994) ermöglicht es durchaus, die Entstehung und Entwicklung von Kulturen, Wissen und sozialen Systemen zu erklären, auch wenn die Evolutionsmechanismen dabei für die verschiedenen Erklärungsobjekte jeweils anders konzipiert werden müssen (vgl. auch Staber 2002, S. 116). Es kann somit gleichsam als ein ontologisches Konzept angesehen werden, das auf ganz verschiedene Entitäten oder Prozesse angewandt werden kann (vgl. Mahner/Bunge 1997, S. 311).

Es bleibt dabei aber unberücksichtigt, dass die Verwendung eines Evolutionsbegriffes in den Sozialwissenschaften eigentlich eine normative Vorstellung darüber voraussetzt, wohin Evolution führen sollte. Denn in Bezug auf soziale Systeme bestehen keine wertneutral bestimmbaren Kriterien des Überlebens, wie in der Biologie (vgl. Sandner 1982, S. 86). Soziale Systeme zielen auf mehr als das reine Überleben ab. So bringen sie insbesondere eine spezifische Kultur hervor und fungieren als Institutionen der Sinnstiftung für die durch sie zusammengefassten Individuen. Evolutionstheoretische Perspektiven stehen aber der Emergenz und dem Verfall von ganzen Organisationen oder Organisationskollektiven mit jedoch einer eigentümlichen Gleichgültigkeit gegenüber. Sie beschränken sich zumeist auf eine reine Beobachterperspektive, ohne nach einem übergeordneten Sinn oder der Zielrichtung evolutionärer Prozesse zu fragen. Damit marginalisieren sie auch die produktiven Mikroanstrengungen der organisationalen Akteure und lassen Entwicklungen auf einer Makroebene als eher chaotisch erscheinen (vgl. Robins 1985, S. 340f.).

Da vielen Auffassungen von Evolution ein Konzept des quantitativen und qualitativen Wandels gemeinsam ist (vgl. etwa Mahner/Bunge 1997), wird mit dem Begriff Evolution dennoch oftmals eine Höherentwicklung (z.B. im Sinne von einer Komplexitätssteigerung) impliziert.[171] Dies kann für soziale Systeme zwar weit mehr als für Organismen gelten, ist jedoch keineswegs unproblematisch.

---

[171] So unterscheidet Quadagno (1979, S. 100) z.B. fünf Kernelemente von Evolutionstheorien. Neben den Bestandteilen „change", „order" und „direction", sind dies auch „progress" und „perfectibility".

Denn ein umfassender Evolutionsbegriff schließt immer auch retardierende Abläufe, Verfallsprozesse oder gar den Niedergang mit ein (vgl. dazu auch Weibler/Deeg 1999, S. 309). Im organisationalen Kontext wird Evolution zudem oftmals als Gegenbegriff zu Revolution verstanden.[172] Damit soll ausgedrückt werden, dass evolutionäre Prozesse grundsätzlich graduell bzw. inkrementalistisch verlaufen. Ein solches Verständnis von Evolution stellt allerdings eher eine spezifisch sozialwissenschaftliche Fassung des Evolutionsbegriffs dar und steht nicht unbedingt vollständig im Einklang mit der Auffassung der modernen Evolutionstheorie. Ein umfassenderes Evolutionsverständnis besteht vielmehr darin, Evolution als fundamentalen Veränderungsprozess sowohl inkrementaler (d.h. gradueller) als auch revolutionärer (d.h. punktueller) Art zu verstehen (vgl. Tushman/Romanelli 1985; siehe zu einer solchen Auffassung auch Hamel 2001b, S. 150).[173]

Eine nicht zu unterschätzende Gefahr evolutionärer Theorien besteht schließlich noch darin, dass sie als Rechtfertigungsideologien fungieren können (vgl. z.B. Back 1971). Das Bestehende wird hierbei durch den Verweis auf seine evolutionäre Entstehung legitimiert. Dies gilt insbesondere auch für den organisationalen Kontext: Der Vergleich von sozialen Systemen mit biologischen Systemen führt oftmals dazu, dass die Tatsache, dass Organisationen von Personen geschaffen werden und letztlich deren Zielen und Interessen dienen, stark vernachlässigt wird. Der Verweis auf quasi naturgesetzliche Prozesse lenkt zusätzlich von der Bedeutung menschlicher Entscheidungen und den Motiven für organisationalen Entwicklungen ab. Die Evolution von Organisationen erhält dadurch eine Aura von Natürlichkeit und damit von Unausweichlichkeit, die angesichts der Machtbestimmtheit der organisationalen Realität unangemessen erscheint. Dies auch durch die Tatsache begünstigt, dass evolutionstheoretische Erklärungsversuchen auf dem Prinzip der Betrachtung von Aggregaten basieren (vgl. Deeg/Weibler 2000, S. 149). Damit geraten jedoch die handelnden Individuen in Organisationen und ihre Beiträge zu Veränderungsprozessen zu sehr aus dem Blickfeld.[174] Evolutionstheoretische Ansätze laufen so Gefahr, das überholte Kontingenzdenken nicht zu überwinden, sondern nur zeitlich zu verlängern (vgl. Becker/Küpper/Ortmann 1992, S. 102).

Ingesamt spricht trotzdem aber vieles dafür, evolutionstheoretische Ansätze für eine Erklärung des Wandels von Organisationen heranzuziehen (vgl. Deeg/Weibler 2000, S. 147). Günstig vor dem Hintergrund des hier angestrebten integrati-

---

[172] Vgl. z.B. Greiner (1972), Miller/Friesen (1984) oder Abernathy/Utterback (1982), die zwischen „radical innovation" und „evolutionary innovation" unterscheiden.

[173] Siehe auch Kapitel 4.1

[174] Aus diesem Grund soll die evolutionstheoretische Perspektive zur Entwicklung eines integrativen Modells diskontinuierlichen Unternehmenswandels auch um (mikro-)politische Erklärungsansätze ergänzt werden (vgl. Kapitel 2.4).

ven Modells diskontinuierlichen Wandels ist insbesondere ihre ganzheitliche Betrachtung des Wandels unter Berücksichtigung vorangegangener Ereignisse. Dadurch wird es auch möglich, die Kontinuität in der Diskontinuität zu erkennen. Aufgrund ihrer Auffassung eine grundlegende Indeterminiertheit von Wandel anzunehmen (vgl. in diesem Sinn auch Aldrich 1999, S. 40), der stets unvorhergesehene und überraschende Momente sowie Qualitäten des „Andersseins" und der Einzigartigkeit enthält, lassen sich mit ihrer Hilfe diskontinuierliche Veränderungen zudem besser abbilden. Mit ihrer dynamischen und multiplen Konzeptionalisierung der Umwelt (vgl. auch Wholey/Brittain 1986, S. 529) werden sie zudem den vielfältigen internen und externen Verursachungen von Unternehmensdiskontinuitäten[175] eher gerecht. Da evolutionstheoretische Erklärungsbemühungen zunehmend im Zusammenhang mit anderen (Organisations-)Theorien und Perspektiven stehen, bilden sie quasi einen „ökumenischen Ansatz" (Staber 2002, S. 136) mit erheblichem Integrationspotential. Dieser Ansatz kann auch zu einem allgemeinen Theorierahmen für die Analyse des Wandels von und in Organisationen verwendet werden (vgl. auch Aldrich 1999, S. 346). Dadurch wird die hier angestrebte Integration partieller Erklärungsbestände zu diskontinuierlichem Unternehmenswandel wesentlich erleichtert.

5.1.2 Grundzüge eines evolutionären Wandels von Organisationen

Evolutionäre Ansätze der Organisationstheorie beruhen – wie zuvor erwähnt – auf der Ansicht, dass Organisationen und Organismen über gewisse Gemeinsamkeiten verfügen, die es erlauben die Erkenntnisse der biologischen Evolutionstheorie für die Erhellung organisationaler Phänomene zu nutzen (vgl. auch Weibler/Deeg 2000, S. 148). Da die Evolutionsbiologie typischerweise aber nicht Individuen bzw. den Einzelorganismus sondern Aggregate von Individuen bzw. Populationen von Organismen, die durch gemeinsame genetische und äußere Merkmale und durch reproduktive Isolation getrennt sind, betrachtet (vgl. Beck 2001, S. 95), führt dies zu einem fundamentalen Perspektivenwechsel. Nicht die einzelne Organisation, sondern Kollektive von Organisationen mit ähnlichen Umweltbedingungen und ähnlichen Selektionschancen rücken in den Mittelpunkt der Betrachtung (vgl. auch Beck 2001, S. 95). Damit operieren ihre Erklärungsbemühungen evolutionstheoretischer Ansätze zunächst einmal nur auf einer Makroebene der Organisationsanalyse und verzichten in ihrer Ursprungsfassung auch auf die Ableitung von Gestaltungsempfehlungen (vgl. Weibler/Deeg 2000, S. 149). Das Kernstück evolutionstheoretischer Überlegungen bildet in allen Ausformungen stets der Mechanismus der Evolution, der deswegen nachfolgend in seinem Bezug auf den Organisationskontext kurz skizziert werden soll.

---

[175] Vgl. dazu näher Kapitel 3.2

5.1.2.1 Der Mechanismus der organisationalen Evolution

Vor allem die Übertragung des Evolutionsmechanismus aus der biologischen E-volutionstheorie ermöglichte es den evolutionären Ansätzen in der Organisations-theorie, nicht nur die Entwicklung der Vielfalt von Organisationsformen sondern auch das Zustandekommen von Veränderungen auf der Makroebene von Organi-sationen in einer einzigartigen Weise zu erklären (vgl. Deeg/Weibler 2000, S. 149). Es wird dabei geltend gemacht, dass es sich bei den Faktoren des Evoluti-onsprozesses um generische Prinzipien handelt, die sich auf biologische Systeme genauso wie auch auf soziale Systeme anwenden lassen (vgl. Aldrich 1999, S. 21). Dabei wirken diese evolutionären Prozesse als Triebkräfte von Veränderun-gen in Organisationen bzw. Organisationspopulationen und erklären so in ihrem Zusammenspiel einen eingetretenen Wandel (vgl. Holtbrügge 2000, S. 106; Sta-ber 2002, S. 116). Der Evolutionsmechanismus besteht aus den drei Evolutions-schritten der Variation, der Selektion und der Retention (vgl. dazu etwa Aldrich 1999, S. 21ff.; Deeg/Weibler 2000, S. 149f.; Kieser/Woywode 2001, S. 257ff.; Staber 2002, S. 116ff.):

- **Variation:**[176] Der Zyklus des Evolutionsprozesses wird zunächst durch Varia-tionen ausgelöst (vgl. Kieser/Woywode 2001, S. 257). Sie stellen die Grund-voraussetzung für jeden evolutionären Prozess dar, denn jede spätere Selektion ist nur aufgrund bereits vorhandener Variationen denkbar. Variationen liefern somit also das Ausgangsmaterial für den Evolutionsprozess, insbesondere für die anschließende Selektion (vgl. Aldrich 1979, S. 28; Deeg/Weibler 2000, S. 149; Staber 2002, S. 116). Unter einer Variation wird zumeist jede Art von Veränderung in einer Organisation verstanden (vgl. etwa McKelvey/Aldrich 1983, S. 114).[177] Sie wird durch jede Abweichung von der Routine oder der Tradition erzeugt (vgl. Aldrich 1999, S. 22). Ob es sich bei aufgetretenen Va-riationen um absichtsvolle (geplante) oder zufällige (ungeplante) handelt, ist für den Evolutionsprozess letztlich unerheblich (vgl. Aldrich 1979, S. 28).[178] Absichtsvolle Variationen entstehen dann, wenn Organisationen aktiv versu-chen, Alternativen zu erzeugen und nach Lösungen für Probleme zu suchen

---

[176] In der Regel werden Variationen als erster Schritt des Evolutionszyklus aufgefasst, da sie einen nützlichen analytischen Ausgangspunkt bilden (vgl. Aldrich 1999, S. 22).

[177] Nach Ansicht mancher Vertreter evolutionärer Ansätze treten Variationen dabei vor allem bei Organisationsneugründungen auf (vgl. etwa Hannan/Freeman 1984, S. 150), indem etwa die Imitationsversuche der Gründer bereits durch geringfügige Kopierfehler zu Abweichun-gen führen (vgl. auch Kieser/Woywode 2001, S. 257).

[178] Umstritten ist dabei in welchem Verhältnis intentionale zu blinden Variationen stehen. So vertreten Campbell (1994) und Weick (1979) etwa die Auffassung, dass die meisten Variati-onen nicht-intentional sind. Andere Positionen machen geltend, dass die meisten Variationen in Organisationen (insbesondere die durch das Handeln von Managern erzeugten) absichts-voller Natur sind (vgl. z.B. Mintzberg 1974; March/Shapira 1987). Eine vermittelnde Positi-on nehmen Nelson/Winter (1982, S. 11) ein, die von einer Mischung und gegenseitigen Ver-knüpfung beider Formen ausgehen.

150

(vgl. Aldrich 1999, S. 22). Zufällige oder „blinde" Variationen ergeben sich vor allem durch (Un-)Glücksfälle, Konflikte, Fehler, Missverständnisse, Neugier und anderen nicht-intentionalen Antworten auf Anpassungsprobleme (vgl. Aldrich 1999, S. 23). Nach Aldrich (1999, S. 22) können weiterhin grundsätzlich zwei Typen von absichtsvollen Variationen unterschieden werden: Variation zwischen Organisationen und Variation innerhalb von Organisationen. Variation innerhalb von Organisationen entsteht hauptsächlich durch das Versagen von Kontrollmechanismen. Strukturen und Verfahrensweisen innerhalb von Organisationen variieren aufgrund der unvollständigen Verbreitung und Verinnerlichung (incorporation) von Richtlinien und Anweisungen in der gesamten Organisation (vgl. Pfeffer 1982, S. 184). Variation zwischen Organisationen resultiert hingegen hauptsächlich aus der Tatsache, dass verschiedene Organisationen zu verschiedenen Zeitpunkten gegründet werden und folglich unterschiedliche Voraussetzungen und Möglichkeiten besitzen. Variationen verbreiten sich zwischen Organisationen durch Diffusionsprozesse. Hauptsächlich geschieht dies durch die Fluktuation von Personal, z.B. durch den Wechsel von Personal aus älteren und größeren Organisationen zu neu gegründeten Organisationen (vgl. Brittain/Freeman 1980). Eine zweite Form der Diffusion bildet das sog. vikarische Lernen, bei dem Organisationsmitglieder außerhalb des Organisationskontextes Kenntnisse erlangen, die sie dann in die eigene Organisation einbringen (vgl. dazu auch Huber 1991, 90). Die Entstehung von Variationen wird von verschiedenen Faktoren wie strategische Abgrenzung von Rivalen, Kopierfehler bei Nachahmungsversuchen, oder Zufallsereignisse bestimmt (vgl. Staber 2002, S. 116).

- **Selektion:** Unter der Selektion versteht man die diskriminierende Elimination von bestimmten Typen von Variationen (vgl. Aldrich 1999, S. 22). Organisationale Variationen, die sich als vorteilhaft erweisen, werden positiv selektiert (vgl. Staber 2002, S. 117). Umstritten ist dabei die Selektionseinheit. So setzt die Selektion setzt nach Meinung der meisten Vertreter des Population-Ecology-Ansatzes dabei an ganzen Organisationen an. Die weniger tauglichen Organisationen werden eliminiert und nur die Organisationen, die eine relativ höhere Tauglichkeit (i.S. einer besseren Anpassung an die Umwelt) als andere aufweisen, überleben (vgl. auch McKelvey/Aldrich 1983, S. 115). Die Elimination von Organisationen erfolgt also nach dem Kriterium der Angepasstheit; individuelle Verursachungen von organisationalem Scheitern werden nicht berücksichtigt.[179] Außerdem optimiert die Selektion durch die Umwelt[180] die Or-

---

[179] Siehe auch Carroll (1984, S. 74)

[180] Der Umweltbegriff wird dabei oft recht weit gefasst und meint die Gesamtheit aller Faktoren, aus denen sich Beschränkungen für die Organisation ergeben (vgl. auch Kieser/Woywode 2001, S. 258). Organisationsinterne Beschränkungen als Bestimmungsfaktoren der Evolution bleiben dabei aber häufig außer Acht (vgl. dazu Kapitel 5.3.3).

151

ganisation und nicht etwa die Organisationsgestalter (vgl. Hannan/Freeman 1977, S. 939). Es können verschiedene externe und interne Selektionskriterien unterschieden werden (vgl. Staber 2002, S. 117): Externe Selektionskriterien ergeben sich aus den Wettbewerbskräften des Marktes, sowie der notwendigen Konformität der Organisation mit gesellschaftlichen Normen und gesetzlichen Regelungen. Interne Selektionskriterien entstehen durch den Drang zur Stabilität und Homogenität sowie dem Fortdauern von irrelevanten Entscheidungskriterien (vgl. Campbell 1969, S. 76). Dabei müssen interne Selektionskriterien nicht notwendigerweise mit externen Selektionskriterien übereinstimmen und können sogar in einem negativen Verhältnis[181] zueinander stehen (vgl. Staber 2002, S. 117).

- **Retention:** Die Mechanismen der Bewahrung und Reproduktion stellen das letzte Erfordernis für das Zustandekommen des evolutionären Prozesses dar. Organisationen müssen in der Lage sein, einmal erreichte Veränderungen bewahren und immer wieder reproduzieren zu können (vgl. Kieser/Woywode 2001, S. 259). Denn positiv selektierte Variationen können sich nur dann behaupten, wenn es abschließend Faktoren der Retention gibt (vgl. Staber 2002, S. 117). Die Objekte der Bewahrung sind vor allem die Wissensbestandteile und Fähigkeiten einer Organisation (vgl. McKelvey 1982, S. 238). Die Bewahrung positiv selektierter Variationen geschieht dabei über Regeln, Dokumente, Verfahrensrichtlinien, Programme und Strukturen (vgl. Aldrich 1999, S. 171; Staber 2002, S. 117). Ferner tragen die gesellschaftliche Institutionalisierung und die Herausbildung bürokratischer Routinen zum Erhalt von Variationen bei (vgl. etwa Aldrich 1979, S. 30). Indem etwa durch Routinen der Erfahrungsschatz einer Organisation konserviert wird, lässt er sich leichter weitergeben (vgl. Aldrich 1979, S. 31; sowie Nelson/Winter 1982).

Aus dem komplexen Zusammenspiel dieser Schritte ergeben sich Entwicklungen, die das Ergebnis bewährter Abweichungen darstellen. Die einzelnen Schritte verlaufen dabei aber nicht streng sequentiell, sondern simultan und sind über Feedbackschleifen miteinander vernetzt (vgl. Staber 2002, S. 118). Dabei differenzieren evolutionstheoretische Erklärungsmuster eigentlich zwischen Auslösern und Bestimmungsfaktoren des Wandels[182], da Veränderungen zwar stets intern durch Variation verursacht, jedoch extern durch die Umweltselektion bestimmt sind (vgl. Holtbrügge 2000, S. 109). Es mit anderen Worten also die Umwelt, die Organisationen optimiert und darüber entscheidet, welche organisationalen Problemlösungen nützlich sind und dauerhaft bestehen (vgl. Kieser/Woywode 2001, S.

---

[181] Im Fall der Abkopplung der internen von den externen Selektionskriterien spricht man von „verknöcherten" Organisationen bzw. „erfolgreich scheiternden" Organisationen (vgl. Meyer/Zucker 1989). Meyer/Zucker weisen dabei z.B. nach, dass Organisationen mit einer schlechten Performance keineswegs so rasch der Selektion zum Opfer fallen, wie anzunehmen wäre und zumindest mittelfristig Überlebenschancen haben.

[182] Vgl. dazu Kapitel 4.4

152

253). Folglich entwickeln sich Organisationen strukturell gesehen nicht so sehr entlang der rationalen Vorgaben ihrer Gestalter und deren Absichten, sondern zeigen sich vielfach eher resistent gegen geplante Veränderungsbemühungen (vgl. Ridder 1999, S. 249).

Dafür sind einerseits organisationale Beharrungstendenzen verantwortlich (vgl. Hannan/Freeman 1977, S. 931f.), die aus spezifischen Investitionen, Markteintrittsbarrieren oder intensiven personellen und ressourcialen Verflechtungen bestehen. Andererseits sorgen umweltbezogene Isolationsmechanismen für eine strikte und dauerhafte Trennung zwischen verschiedenen Organisationsformen. So verhindern beispielsweise Interessengruppen mit politischen Manövern oft notwendige Transformationen (vgl. Hannan/Freeman 1984, S. 151). Eine einmal gewählte Form bzw. Organisationsstruktur oder eine Strategie ist damit nur schwer veränderbar und rationale Anpassungen kaum möglich (vgl. Beck 2001, S. 95). Organisationen können sich deswegen nur in einem sehr begrenzten Maß verändern (vgl. Kieser/Woywode 2001, S. 256) oder müssen sehr bald nach realisierten Veränderungen feststellen, dass neue Umstände rasch einen erneuten Wandel erforderlich machen und die vermeintliche Adaptionsleistung damit umsonst war (vgl. Hannan/Freeman 1984, S. 151). Entscheidende Veränderungen oder Innovationen sind damit fast nur durch Neugründungen von Organisationen zu erwarten (vgl. Aldrich 1979, S. 36; Hannan/Freeman 1984, S. 150).

Die sichtbare Anpassung (Adaption) von Organisationen als Folge fortlaufender evolutionärer Zyklen der Variation, Selektion und Retention ist dabei nur auf eine passive Beschränkung des Möglichen, aber keineswegs auf eine aktive Auswahl des Besten zurückzuführen (vgl. auch v. Glasersfeld 1995, S. 21). Der Einfluss der Umwelt durch die natürliche Auslese reicht also nur dazu, nicht lebensfähige Varianten zu eliminieren, kann aber das Überleben nicht begründen.[183] Dies bedeutet auch, dass evolutionäre Entwicklungen keinesfalls allein zu einer Höherentwicklung führen. Denn ein in einem umfassenden Sinn verstandener Evolutionsbegriff schließt immer auch retardierende Abläufe, Verfallsprozesse sowie den Niedergang mit ein (vgl. auch Weibler/Deeg 1999, S. 309), so dass auch von einer „Devolution" gesprochen werden könnte. Denn Organisationen können ebenso wie Populationen oder Arten noch viel leichter ausgelöscht werden, als sich beständig fortzuentwickeln (vgl. Nicholson 2001, S. 390f.). Verantwortlich hierfür sind erfolglose Variationen, negative Selektion sowie gescheiterte Stabilisierungsversuche. All diese Faktoren führen zu Unterbrechungen in Entwicklungsverläufen, die Rückschritte oder gar einen Untergang zur Folge haben können.

---

[183] Das Ausgestorbene hat demnach nur den Bereich des Zulässigen überschritten und das Überlebende ist zum Zeitpunkt der Betrachtung nur das in der gegebenen Situation Zulässige (vgl. v. Glasersfeld 1995, S. 22).

Für die Analyse von Unternehmensdiskontinuitäten ist diese differenziertere Sicht der Evolution wegen ihrer höchst diversen Auswirkungen[184] besonders bedeutsam. Doch ob nun die evolutionären Mechanismen in ihrem Ergebnis zur Prosperität oder zum Untergang einer Organisation führen, ist für den Evolutionsprozess selbst gar nicht entscheidend, da die Entwicklung von Organisationen, gleich in welche Richtung sie führen mag, eine Grundbedingung für ihr (wenigstens temporäres) Überleben ist. Jedoch führt die erhebliche Eigenkomplexität von Organisationen und große inhaltliche Offenheit des Evolutionsprozesse stets dazu geplante Eingriffe in das Wandelgeschehen nicht zuverlässig zu erwünschten Ergebnissen führen (vgl. Kieser/Woywode 2001, S. 253). So können Veränderungen auch nicht streng nach hierarchischer Vorgabe umgesetzt werden, da die Entwicklungsgeschichte der Organisation und ihre interne Dynamik den Korridor möglicher Veränderungen definiert (vgl. auch Ridder 1999, S. 249). Aus dieser Logik heraus wird verständlich, dass evolutionäre Ansätze auch nicht unmittelbar die Generierung inhaltsreicher Gestaltungsempfehlungen anstreben (vgl. auch Weibler/Deeg 1999, S. 298). Sie ziehen sich dafür im Wesentlichen auf die Idee einer Selbstregulation zurück, wonach Normabweichungen von selbst gefährliche oder hemmende Zustände korrigieren (vgl. dazu auch Watzlawick 1995, S. 225). Damit ergibt sich gegenüber anderen Positionen eine überaus eigenständige Konzeptionalisierung des Wandels, die nachfolgend näher erörtert werden soll.

5.1.2.2 Die Konzeptionalisierung evolutionären Wandels

Einer der wohl stringentesten Versuche den Wandel von Organisationen auf der Basis evolutionstheoretischer Vorstellungen zu entwickeln, stellt der so genannte Population-Ecology-Ansatz dar (vgl. Ridder 1999, S. 246). Da er bei aller Skepsis gegenüber einer rationalen Veränderbarkeit von Organisationen in der letzten Zeit zunehmend offener geworden ist und sich mehr für Strukturen bzw. für ihren Wandel interessiert (vgl. Beck 2001, S. 91), soll er an dieser Stelle in seinen wesentlichen Grundzügen referiert werden. Dabei geht es vor allem darum, seinen Zugang zum Wandelphänomen herauszuarbeiten und seinen möglichen Erklärungsbeitrag zu einem diskontinuierlichen Unternehmenswandel in einem strukturellen Sinn zu prüfen. Zur Strukturierung dieser Untersuchung werden die Elemente eines idealtypischen Wandelkonzepts herangezogen (vgl. Deeg/Weibler 2000, S. 145), um eine konsistente Darstellung und eingehendere Prüfung zu ermöglichen.

Seinem Ursprung nach beruht der Population-Ecology-Ansatz dabei wie viele andere evolutionäre Ansätze auf der Ansicht, dass Organisationen und Organismen gewisse Ähnlichkeiten besitzen, und dass aus Erkenntnissen der biologischen Evolutionstheorie wichtige Einsichten für den organisationalen Kontext gewonnen

---

[184] Vgl. Kapitel 3.4

154

werden können (vgl. Weibler/Deeg 1999, S. 298). Mit Hilfe dieses besonderen Zugangs wollen seine Vertreter deswegen u.a. erklären, wie soziale, ökonomische und politische Bedingungen die Anzahl, die Verbreitung und die Verschiedenartigkeit von Organisationen beeinflussen (vgl. Weibler/Deeg 2001, S. 317). Sie versuchen dabei zu messen, wie sich dadurch die Zusammensetzung von Organisationsaggregaten (Populationen) im Zeitablauf verändert. Die Zugehörigkeit einer Organisation zu einer Population kann über eine gemeinsame Grundstruktur, die typisch für die Input-Output-Transformation ist, bestimmt werden. Damit operiert dieser organisationstheoretische Ansatz zunächst ausschließlich auf der Makro-Ebene der Organisationsbetrachtung (vgl. Weibler/Deeg 1999, S. 298) und gibt damit keine nähere Auskunft über die Vorgänge in Organisationen.

Konsequenterweise bilden damit auch nicht die einzelne Organisation und schon gar nicht das einzelne Organisationsmitglied seinen ursprünglichen Gegenstand der Betrachtung. Seine Ausgangsfrage zielte vielmehr auf die Gründe dafür ab, warum so viele verschiedene Organisationsformen existieren (vgl. Hannan/Freeman 1977, S. 936). Indem evolutionstheoretische Erkenntnisse für den organisationalen Kontext genutzt wurden, ließ sich diese Frage mit dem zuvor dargestellten Erklärungsmechanismus der Variation, Selektion und Retention beantworten (vgl. z.B. auch Aldrich 1979, McKelvey 1982). Fundiert wird diese Konzeption durch intensive Forschungsbemühungen, so dass zum Population-Ecology-Ansatz inzwischen zahlreiche empirische Untersuchungen vorliegen (vgl. zur Übersicht Baum 1996, Kieser/Woywode 2001). Den Schwerpunkt der empirischen Forschung, die hauptsächlich aus großzahligen Längsschnittanalysen organisationaler Wandelphänomene besteht, bilden Arbeiten zur Modellierung von Populationsprozessen, zum Aufbau einer Systematik von Organisationen und zur Ökologie von Organisationen (vgl. Weibler/Deeg 2001, S. 318). Im Einzelnen werden dazu Forschungen zur Gründung und dem Scheitern von Organisationen, zu den Wirkungen von Alterungs- und Wachstumseffekten auf den Organisationserfolg, zur Einwirkung institutioneller oder technologischer Veränderungen auf Organisationen bzw. Organisationspopulationen unternommen.

Obwohl der Population-Ecology-Ansatz dabei eigentlich nicht auf Erklärungen von Prozessen des organisationalen Wandels abzielte, hat er dennoch im Lauf der Zeit einen substantiellen und überaus originären Beitrag in die facettenreiche Diskussion zu Veränderungsfragen eingebracht (vgl. Deeg/Weibler 2000, S. 150) und selbst eine beachtliche Wandlungsfähigkeit bewiesen (vgl. Weibler/Deeg 2001, S. 318). Augenfällig ist dabei zunächst sein eigenwilliges Wandelverständnis, das ihn von vielen anderen Zugängen zur Veränderungsthematik unterscheidet. Denn mit seinem Konzept des strukturellen Beharrungsvermögens (inertia) hat er zunächst ein „Konzept des Nichtwandels" entworfen (vgl. Deeg/Weibler 2000, S. 151), das sich von dem vorherrschenden Veränderungs- und Gestaltungsoptimismus stark abhebt. Ursächlich für eine grundlegende Trägheit von Organisationen sind dabei externe wie interne Faktoren, die etwa in Markeintrittsbarrieren oder Widerstand gegen Veränderungen bestehen (vgl. Hannan/Freeman 1977, S. 931ff.). Dadurch bleibt das auch Ausmaß des Wandels insgesamt begrenzt, weil eine solche Trägheit im Wesentlichen nur inkrementelle Veränderungen zulässt (vgl. Deeg/Weibler 2000, S. 155).

Als ebenso eigenwillig erweist sich der Standpunkt populationsökologischer Ansätze in der Frage der Intentionalität von Wandel. Da eine einmal gewählte organisationale Form und Strategie nur schwer geändert werden kann, sind rationale Anpassungen an die Umwelt nach Auffassung populationsökologischer Positionen kaum möglich (vgl. Beck 2001, S. 95). Dabei ist allerdings der besondere Zugang dieses theoretischen Ansatzes zu beachten, denn die Analyse des Wandels will nicht einzelne Organisationen betrachten, sondern ganze Populationen von Organisationen (vgl. Kieser/Woywode 2001, S. 256). Während auf der Populationsebene durch die Aggregierung polyzentrischer Veränderungsbemühungen keine kollektiv-rationalen Anpassungsmuster erkennbar sind, ist eine einzelne Organisation durchaus in der Lage zweck- und zielgerichtet zu handeln und sich entsprechend an eine veränderte Umwelt anzupassen (vgl. Carroll/Hannan 1995, S. 23; Deeg/Weibler 2000, S. 155). Jedoch kommen die Wandelanstrengungen wegen der zuvor erwähnten Trägheit zumeist zu spät und entsprechen in ihrem Tempo nicht dem Fortschritt der Umweltveränderungen (vgl. auch Hannan/Freeman 1989, S. 70). Die hohe Kontingenz und Zufallsabhängigkeit von Wandel drückt sich somit in Form einer probabilistischen Relation von Umwelt und Organisation aus (vgl. Deeg/Weibler 2000, S. 155).

Die Häufigkeit des Wandels hängt nach den Überlegungen der populationsökologischen Perspektiven ganz wesentlich von der gewählten Betrachtungsebene ab (vgl. Deeg/Weibler 2000, S. 156): So ist die Populationsebene von einem unablässigen Veränderungsprozess gekennzeichnet, da einerseits ständig neue Organisationen gegründet werden und sich andererseits auch Organisationen auflösen. Sie ist damit von einer hohen Wandeldynamik gekennzeichnet. In Abhängigkeit von der Dichte der Population ergeben sich daraus typische Verlaufsmuster des Wandels mit steigenden oder fallenden Raten der Veränderung (vgl. Hannan/Freeman 1989; Hannan/Carroll 1992). Die einzelne Organisation wandelt sich hingegen aufgrund der beschriebenen Trägheitskräfte zumindest in ihren Kernmerkmalen kaum oder wenn überhaupt dann zu spät (vgl. Hannan/Freeman 1989, S. 74f.). Die überaus geringe Wandelhäufigkeit wird also mit den höchst beschränkten Veränderungsmöglichkeiten von Organisationen und seiner potenziellen Schädlichkeit begründet (vgl. dazu auch Levinthal 1994, S. 168; Barnett/Carroll 1995). Seltene Veränderungen in den Kernmerkmalen führen zu disruptiven Wandelprozessen, durch die Irritationen und Brüche im Struktur- und Interdependenzgefüge mit entsprechenden negativen Folgen für das Überleben entstehen (vgl. Kieser/Woywode 2001, S. 270; Amburgey/Kelley/Barnett 1993).

Den Betrachtungsfokus auf die dysfunktionalen Folgen von Wandel zu beschränken und erfolgreiche Veränderungen nur in peripheren Organisationsbereichen zuzulassen erscheint freilich höchst problematisch (vgl. Deeg/Weibler 2000, S. 153 u. 156).

Besonders unklar bleibt im Population-Ecology-Ansatz die Logik des Wandels, abgesehen von dem Faktum, dass sich die organisationale Evolution aus dem fortlaufenden Zusammenspiel der Evolutionsfaktoren ergibt (vgl. Deeg/Weibler 2000, S. 157). Dies liegt zunächst einmal vor allem daran, dass angesichts der Mehrebenensichtweise die Auslöser und Ursachen des Wandels nicht vollständig geklärt sind. Generell werden in evolutionstheoretisch begründeten Ansätzen vorwiegend Umweltfaktoren in den Mittelpunkt der Betrachtung gerückt, die zu einem erheblichen Moment der Zufälligkeit führen. Als weiterer Faktor wurde vom Population-Ecology-Ansatz lange Zeit die Neugründung von Organisationen bzw. ihr Absterben als wesentlicher Veränderungsimpuls (zumindest auf der Populationsebene) ausgemacht (vgl. Weibler/Deeg 1999, S. 299), was wegen dem geringen Nutzen für das Verständnis innerorganisationaler Veränderungen zu vehementer Kritik Anlass gab (vgl. insbesondere Kieser 1988). Überdies verursacht die strukturelle Trägheit durch mangelnde Adaptionsleistungen letztlich das Scheitern von Organisationen, wodurch sich wiederum Veränderungen in der Populationszusammensetzung ergeben. Dadurch entsteht eine paradox anmutende Erklärungslogik, dass der Nichtwandel bzw. das Unvermögen der einzelnen Organisation zur Quelle der Veränderung auf der Ebene der Population wird. Diese Argumentationsstruktur passt zwar teilweise zum durchaus paradoxen Charakter von Diskontinuitäten, bleibt aber hinsichtlich ihrer Generalisierbarkeit fragwürdig, zumal sich Unternehmen offenbar auch selbst diskontinuieren können.

Hinsichtlich einer konsequenten Operationalisierung des Wandel kommt dem Population-Ecology-Ansatz das schwer zu bestreitende Verdienst zu, dass er sich um klare und forschungspragmatische Operationalisierung seiner Ideen sowie eine fortlaufende und sehr umfassende empirische Überprüfung bemüht hat (vgl. Deeg/Weibler 2000, S. 156). Dabei richtete sich eine ganze Reihe von Forschungsarbeiten dezidiert auf das Phänomen des organisationalen Wandels (vgl. zur Übersicht Barnett/Carroll 1995), wobei vorwiegend sehr spezifische und überaus diverse Veränderungen betrachtet wurden (vgl. Deeg/Weibler 2000, S. 157). Jedoch konnten zentrale Annahmen entweder nicht gestützt werden (z.B. zur Trägheit, vgl. Aldrich 1992, S. 28) oder die Befunde erwiesen sich als widersprüchlich oder zumindest weit heterogener als zu erwarten war (vgl. Baum 1996, S. 101f.). Da im Wesentlichen eine vorwiegend quantitative Betrachtung des Wandels über die Zugänge und Abgänge zur Population erfolgt, verbleiben die empirischen Arbeiten insgesamt auch zu sehr an der Oberfläche des komplexen Wandelphänomens (vgl. ähnlich McKelvey 1997, S. 359). Es bleibt deswegen häufig bei einer bloßen Konstatierung eines eingetretenen Wandels anhand relativ leicht zu operationalisierenden Kriterien ohne dass der eigentliche Umfang oder die genauere Verursachung näner analysiert werden (vgl. auch Madsen/Mosakowski/Zaheer 1999). Die eigentliche Vielschichtigkeit von organisationalen Veränderungsprozessen ist damit nicht präzise identifizierbar (vgl. auch die Grundsatzkritik von Kieser 1988, Young 1988, Türk 1989).

Als überaus eigenwillig erweist sich der Population-Ecology-Ansatz in der Frage nach einer Steuerung des Wandels. Veränderungen sind von Organisationen seiner Meinung nach nicht zielgerichtet steuerbar (vgl. Deeg/Weibler 2000, S. 159). Eine rasche Reaktion auf veränderte Umweltanforderungen oder eine vorausschauende Planung von Veränderungen bzw. ein proaktives Handeln unter Antizipation möglicher zukünftiger Umweltzustände sind demnach kaum denkbar. Vielmehr fällt die Ausrichtung der „unsichtbaren Hand" selektiver Umwelteinflüsse zu, womit Organisationen und ihr Wandel eher getrieben als gesteuert sind. Denn es ist die Umwelt im Sinne der Gesamtheit aller limitierenden Faktoren, die Populationen durch die Selektion unpassender Varianten verändert und so Wandel herbeiführt (vgl. dazu auch Hannan/Freeman 1977, S. 939f.). Und auch wenn Organisationen darauf aufbauend als experimentierende Lernsysteme in der Umwelt aufgefasst werden (vgl. z.B. Mezias/Lant 1994), bleibt es bei einer Reproduktion von bisherigen Verhaltensmustern („repetitive momentum"; Amburgey/Kelley/Barnett 1993) mit wenig Spielraum für Neuartiges. Individuen als Akteure des Wandels sind in populationsökologischen Überlegungen weiterhin nur selten auszumachen, womit die Frage nach der Steuerung des Wandels immer noch nicht befriedigend beantwortet ist (vgl. auch Deeg/Weibler 2000, S. 160f.).

Insgesamt stellt der Population-Ecology-Ansatz dennoch eine vom Grundsatz her nützliche Denkrichtung zu Wandelprozessen von und in Organisationen auf einer Makro- und Mesoebene der Betrachtung dar (vgl. Weibler/Deeg 2001, S. 319). Seine Erklärungsbemühungen setzen dabei in weiten Teilen dort an, wo der Erklärungshorizont vieler anderer Ansätze des organisationalen Wandels aufhört. Zudem bildet er der umstrittenen Frage der Steuerbarkeit organisationalen Wandels ein bedeutsames Korrektiv zu der vielfach überzogen wirkenden Machbarkeitsorientierung der betriebswirtschaftlichen Organisationstheorie (vgl. Weibler/Deeg 1999, S. 309f.), das gerade vor dem Hintergrund der erheblichen Gestaltungsschwierigkeiten bei diskontinuierlichen Veränderungsprozessen an Relevanz gewinnt. Seine Auseinandersetzung mit dem Wandel einzelner Organisationen ist jedoch noch sehr fragmentarisch und nicht immer schlüssig (vgl. Deeg/Weibler 2000, S. 161f.). Viele der von ihm untersuchten Wandelprozesse sind zudem recht schlichter und viel zu genereller Natur (vgl. auch Carroll/Teo 1996, S. 625). Und schließlich stehen bislang noch zu sehr die Auswirkungen des Wandels anstatt seiner Ursachen im Vordergrund der Betrachtung (vgl. z.B. Barnett/Carroll 1995).

Damit sind populationsökologische Betrachtungen in ihrer bisherigen Form kein geeigneter Zugang, um den vielfältigen internen und externen Verursachungen von Unternehmensdiskontinuitäten näher auf die Spur zu kommen. Gleichwohl eröffnet aber ein evolutionstheoretischer Zugang eine produktive Verbindung der Makro- und Mesoebene der Betrachtung und stellt so eine begrüßenswerte Stoßrichtung dar (vgl. auch Scott 1998, S. 220). Damit sein erhebliches Potenzial ausgeschöpft werden kann, sind aber deutliche Veränderungen vorzunehmen (vgl. dazu auch Deeg/Weibler 2000, S. 164), die dann das Basiselement für die Konzeptionalisierung der strukturellen Komponente des diskontinuierlichen Unternehmenswandels ergeben:

Die Beschaffenheit von Unternehmensdiskontinuitäten erfordert es dabei zunächst, graduelle und inkrementelle Veränderungen in ein begründetes Verhältnis zu revolutionären und fundamentalen Veränderungen zu bringen. Dazu ist ein erneuter Bezug auf die eingangs der Arbeit erwähnte strukturationstheoretischen Position hilfreich. Danach ist es sowohl möglich, dass radikal neue Handlungspraktiken mit der Folge eines fundamentalen Wandels entstehen als auch routinisierte Handlungen mit stabilisierender Wirkung fortgesetzt werden (vgl. Walgenbach 2001, S. 372). Welche dieser Optionen realisiert werden kann, hängt nicht zuletzt von den vorhandenen Spielräumen ab. Angesichts der nicht zu leugnenden Begrenztheit von Veränderungsprozessen sind die Grenzen einer diskontinuierlichen Veränderung anders als bisher zu bestimmen und gleichzeitig eine Abkehr von rein inkrementellen Veränderungen auf der Ebene der Einzelorganisation einzuleiten. Dies soll im Folgenden mit Hilfe eines Rekurses auf die fundamentalen Konstruktionsbedingungen des organisatorischen Gebildes umgesetzt werden und durch die Verlaufsform des punktualistischen Wandels erklärt werden.

Als nächstes ist die Verursachung von Veränderungsprozessen differenzierter als in populationsökologischen Ansätzen anzugehen. Denn Selektionsprozesse begünstigen Unternehmen, die eine gleichermaßen hohe interne wie externe Konsistenz aufweisen (vgl. auch Tushman/Romanelli 1985, S. 195). Die bisherige Dominanz externer Erklärungsfaktoren konnte aber im Population-Ecology-Ansatz noch nicht ausreichend durch internale Erklärungsansätze flankiert werden. Vor allem ist dabei angesichts der externen wie internen Verursachungen von Diskontinuitäten die äußere Selektion durch die Umwelt (natürliche Selektion) durch eine innere Selektion (artifizielle Selektion) zu ergänzen. Dadurch werden die vielfältigen Gründe für eine endogene (Mit-)Verursachung von Diskontinuitäten näher beleuchtet und es wird gleichzeitig den individuellen Einflüssen auf den Evolutionsprozess Rechnung getragen. Denn Organisationen stellen keine rein umweltbestimmten Entitäten dar, sondern entfalten ein reiches Eigenleben mit einer losgelösten Binnenlogik. Damit muss auch der Blick auf die notwendige Abstimmung der beiden Selektionsprinzipien gerichtet werden (vgl. Deeg/Weibler 2000, S. 164), denn nur so können das komplizierte Wechselspiel zwischen internalen und externalen Dynamiken in der Diskontinuität besser verstanden und die für solche diskontinuierliche Entwicklungen ursächlichen Kräftekonstellationen bestimmt werden.

Des Weiteren geht es darum, wie die seltene zeitliche Parallelität zwischen Veränderungen in den Anforderungen an Organisationen und ihrem Reaktionsvermögen erklärt werden kann. Dazu bedarf es eines neuen Zugangs zur Modellierung der offenkundigen Begrenztheit von fundamentalen Wandel. Das populationsökologische Konzept der strukturellen Trägheit bietet dazu wegen seiner geringen empirischen Bewährung und seiner theoretischen Inkonsistenzen keine adäquate Basis, um die existenten Limitationen diskontinuierlicher Veränderungsprozesse näher zu bestimmen (vgl. Deeg/Weibler 2000, S. 164). Stattdessen soll auf die Idee so genannter „developmental constraints" zurückgegriffen werden, die organisationseigene, konstruktionsbedingte Zwänge und Restriktionen repräsentieren. Solche Constraints begrenzen durch ihre Beharrungskraft den Korridor möglicher Veränderungen und zwingen Organisationen bestimmte Entwicklungspfade einzuschlagen, die nur schwer wieder verlassen werden können. Damit kann das Wechselspiel der Triebkräfte von diskontinuierlichen Veränderungen genauer nachgezeichnet werden und durch die Identifikation von grundlegenden Wandelbarrieren die Bestimmung der Kontinuität in der Diskontinuität ermöglicht werden.

Schließlich ist zu klären, wie trotz aller Restriktionen ein fundamentaler Wandel in die Wege geleitet werden kann und wie hierdurch gegebenenfalls sogar eine aktive Diskontinuierung möglich wird. Populationsökologische Erklärungsmuster können hierauf keine zufrieden stellende Antwort geben, da sie eine rasche und weitreichende Anpassung des Unternehmens durch Wandelprozesse als kaum erreichbar ansehen (vgl. Deeg/Weibler 2000, S. 156). Um die nachweislich vorhandenen Möglichkeiten einer gestalterische Initiierung von diskontinuierlichem Wandel auszuloten, soll deswegen auf die aus der Makroökonomie stammende Idee der schöpferischen Zerstörung Bezug genommen werden, um so mit dem letzten Konzeptelement wieder an die Verlaufmuster und Zyklen des wirtschaftlichen Geschehens als wichtigem Impulsgeber für die Unternehmensentwicklung anzukoppeln. Durch eine konstruktive Destruktion der Organisation von Unternehmen können dabei vorhandene Restriktionen des Wandels punktuell durchbrochen werden, um veränderten (An-)Passungserfordernissen Rechnung zu tragen (vgl. Deeg/Weibler 2000, S. 164). Denn nur mit einer gleichermaßen raschen und großflächig-simultanen Veränderung gelingt es, die Wirkung von organisationalen Constraints nachhaltig aufzubrechen und gewünschte Ziele effektiv umzusetzen (vgl. auch Tushman/Newman/Romanelli 1986, S. 38f.). Gleichzeitig kann eine solche radikale eigene Veränderung dazu genutzt werden, eine Führungsrolle im Wettbewerb mit anderen relevanten Konkurrenten einzunehmen und so das Verhalten eines ganzen Industriezweigs aktiv zu bestimmen.

160

5.1.3 Die konstruktive Destruktion von Organisationen

Nachfolgend soll als Antwort auf die zuvor beschriebenen Defizite evolutionärer bzw. populationsökologischer Erklärungsmöglichkeiten diskontinuierlichen Unternehmenswandels die Idee einer konstruktiven Destruktion als Muster der diskontinuierlichen Evolution von Organisationen entworfen werden. Unter einer konstruktiven Destruktion ist dabei eine in kurzen Zeiträumen realisierte grundlegende und tief greifende Veränderung der Organisation zu verstehen, die sowohl kreative wie destruktive Elemente enthält. Sie richtet sich aber in letzter Konsequenz immer auf eine Neukonfiguration der Organisation und somit auf Aufbauprozesse und nicht auf einen reinen Abbau der Organisation bzw. Verfallsprozesse (wie etwa Downsizing; vgl. dazu Freeman/Cameron 1993). Gleichwohl erkennt eine solche Position die Notwendigkeit einer temporären Destruktion als instrumentellen Schritt für die Realisierung von Neukreationen an, da für Veränderungen alte Annahmen, Wirklichkeitssichten, Gewohnheiten, Praktiken und Strukturen außer Kraft gesetzt werden müssen (vgl. auch Nicholson 2001, S. 390). Dies bedeutet Zerstörung in einem schöpferischen Sinn als ersten Schritt einer umfassenden Veränderung aufzufassen. Das Alte und das Neue wird damit aufeinander bezogen und gleichzeitig das Element der Kontinuität in der Diskontinuität betont.

Eine solche schöpferische Zerstörung ist folglich als ebenso deskriptives wie normatives Moment eines diskontinuierlichen Unternehmenswandels zu verstehen, durch das vorhandene Wandelrestriktionen punktuell durchbrochen werden können (vgl. auch Deeg/Weibler 2000, S. 182). Dabei gelingen deswegen nur rein punktuelle Veränderungen, weil die konstruktionsbedingten Beschränkungen der Organisationsstruktur eben nur zeitweise außer Kraft gesetzt werden können. Eine solche gelegentliche, fundamentale Neukonfigurierung der Organisation ist allerdings ein unausweichlicher Schritt in der Unternehmensevolution (vgl. auch Tushman/Newman/Romanelli 1986, S. 43). Denn nur auf diese Weise kann eine verloren gegangene externe und/oder interne Passung wiederhergestellt werden und so eine Diskontinuität bzw. eine Diskontinuierung vollzogen werden.

5.1.3.1 Punktualismus

Unter dem Begriff Punktualismus bzw. punktuellen Wandel („punctuated equilibrium", vgl. Tushman/Romanelli 1985, S. 173ff.) versteht man ein primär gleichgewichtsorientiertes Phasen- oder Verlaufsmodell von organisationalen Veränderungen (vgl. Gebert 2000, S. 3). Das punktualistische Wandelverständnis (vgl. dazu vor allem Tushman/Romanelli 1985, Gersick 1991)[185] betrachtet radikalen Wandel von Organisationen auf einer makroanalytischen Betrachtungsebe-

---

[185] Zuvor haben schon Greiner (1972) und Miller/Friesen (1984) von dieser Wandellogik Gebrauch gemacht. An dieser Stelle wird jedoch vorwiegend auf das Modell von Tushman/Romanelli (1985) und die Weiterentwicklung von Gersick (1991) Bezug genommen.

ne unter der gleichzeitigen Berücksichtigung von Aufgabenumwelt und globaler Umwelt (vgl. auch Schreyögg/Noss 2000, S. 38). Mit der Bezeichnung „punktualistisch" wird dabei eine besonderes Veränderungsmuster bezeichnet, das umsturzartige, sprunghafte (punktuelle) Wandelereignisse umfasst. Das grundlegende Prinzip des punktualistischen Wandels wird nicht nur auf Unternehmen bezogen, sondern auch für die Beschreibung von Veränderungen politischer Institutionen verwendet und bildet dort eine Grundlage von Lernprozessen (vgl. etwa March/Olsen 1989, S. 170).

Das Modell des punktualistischen Wandels der Tiefenstruktur von Organisationen ist den so genannten durchbrochenen Gleichgewichten in der biologischen Evolution nachempfunden (vgl. Deeg/Weibler 2000, S. 165). Die Theorie der durchbrochenen Gleichgewichte modelliert in der Evolutionsbiologie die Veränderung bzw. Entstehung biologischer Arten als Verlaufsmodell zweier alternierender Entwicklungsphasen (vgl. Eldridge/Gould 1972). Im Gegensatz zum lange vorherrschenden inkrementalen Veränderungsmodell des Darwinismus geht sie dabei auch von einem plötzlichen, revolutionären Entwicklungsverlauf aus (vgl. auch Gersick 1991, S. 10f.). Die Evolution der Arten verläuft demnach in Schüben, so dass neben kontinuierlicher morphologischer Entwicklung auch ein diskontinuierlicher Entwicklungsprozess existiert (vgl. Sachs 2000, S. 171). Diese punktualistische Wandellogik aus der biologischen Evolution hat mittlerweile in zahlreiche andere wissenschaftliche Felder Eingang gefunden (vgl. Schreyögg/Noss 2000, S. 38). Ähnliche Modellierungen des schubweisen Wandels finden sich deswegen auch in der Psychologie oder Soziologie v.a. bei der Entwicklung von Gruppen (vgl. Gersick 1991), in der Physik (vgl. Prigogine/Stengers 1984) und selbst in der Wissenschaftstheorie (vgl. Kuhn 1988).

Das zentrale Element punktualistischer Wandelvorstellungen im organisationalen Kontext ist das Konstrukt der so genannten Tiefenstruktur, die als dauerhafte Ordnung die Organisation grundlegend prägt und den eigentlichen Gegenstand des radikalen Wandels bildet. Aus ihr erwachsen sowohl Beschränkungen für den Wandel wie auch Anlässe zur Transformation (vgl. Gersick 1991, S. 12). Denn die Tiefenstruktur repräsentiert relativ stabile, größtenteils implizite und unablässig wiederkehrende Prozesse und Muster, die den beobachtbaren Ereignissen und Handlungen zugrunde liegen und eine Richtung geben (vgl. Heracleous/Barrett 2001, S. 758). Die Tiefenstruktur kann dabei in die folgenden fünf Dimensionen unterteilt werden (vgl. Tushman/Romanelli 1985, S. 176; Gersick 1991, S. 15): 1) Grundüberzeugungen und Werthaltungen, 2) Produkt- und Marktstrategie, Technologie und Wettbewerbsfelder, 3) Machtverteilung, 4) Organisationsstruktur und 5) Kontrollsystem, aus denen sich zusammengenommen eine spezifische Konfiguration ergibt (vgl. Gebert 2000, S. 3). Sie bestimmt das Verhalten der Organisation im Wandel, wobei sie selbst eine inhärente Tendenz zur Stabilisierung aufweist (vgl. Schreyögg/Noss 2000, S. 39).

162

Das Konzept der Tiefenstruktur bzw. das Modell des punktualistischen Wandels bezieht sich vor allem auf die Veränderung von formalen Aspekten der Organisation und ihrer Struktur (vgl. auch Levinthal 1994, S. 175). Im Fokus der Aufmerksamkeit stehen nicht die Kompetenzen und Fähigkeiten der Organisation oder ihrer Mitglieder (vgl. Deeg/Weibler 2000, S. 165), sondern der Wandel der strategischen Orientierung eines Unternehmens (vgl. Tushman/Romanelli 1985, S. 209). Dabei wird postuliert, dass rein graduelle Veränderungen wegen ihres marginalen Beitrags nicht ausreichen, um die Leistungsfähigkeit und das organisationale Überleben sicher zu stellen (vgl. Deeg/Weibler 2000, S. 182). Vielmehr ist eine Transformation zur Erhaltung der Anpassung an einschneidende diskontinuierliche Veränderungen geknüpft, um die Trägheit der Organisation zu überwinden und ganz neue Leistungsniveaus zu erreichen (vgl. auch Gebert 2000, S. 4). Dies bedeutet jedoch keineswegs, dass graduelle Veränderungen nicht vorkommen bzw. keinen Platz in dieser Wandelvorstellung haben (vgl. Gersick 1991, S. 33). So befinden sich Organisationen im Gleichgewicht der Konvergenzphase keineswegs im Stillstand, sondern nehmen zahllose Feinjustierungen im Rahmen der unveränderten Basisorientierung vor (vgl. Schreyögg/Noss 2000, S. 38f.; Wolf 2000, S. 81).

Äußerer Leistungserfolg bestätigt die Richtigkeit der Tiefenstruktur und trägt damit ebenso zu ihrer Stabilisierung wie auch zum Aufkommen von strukturellen Rigiditäten bei (vgl. Tushman/Romanelli 1985, S. 181). Daraus ergibt sich insgesamt eine Vereinfachungstendenz, die den Blickwinkel von Unternehmen immer enger werden lässt und die Reaktionsfähigkeit und Innovationskraft vermindert (vgl. Schreyögg/Noss 2000, S. 39). Indem die Stabilität der Tiefenstruktur und die Trägheit der Organisation den labilen Gleichgewichtszustand der Konvergenzphase stützen, lassen sie vorübergehend nur einen inkrementellen Wandel zu (vgl. Gersick 1991, S. 20). Die hemmende Kraft der Tiefenstruktur gegenüber fundamentalen Anpassungen kann nur durch einen radikalen Wandel überwunden werden, der mit seiner explosiven Kraft einen Durchbruch schafft und so die Tiefenstruktur partiell oder in Gänze außer Kraft setzt (vgl. auch Schreyögg/Noss 2000, S. 39). Denn zur Wiederherstellung bereits verlorener Anpassungsvorteile sind unweigerlich tief greifende Veränderungen notwendig (vgl. Deeg/Weibler 2000, S. 182). Die destabilisierende Kraft und die zeitliche Dynamik des Wandels ergeben sich im punktualistischen Wandelverständnis somit durch sich wechselseitig bedingende Gegensätze (vgl. ähnlich Gebert 2000, S. 4).

Punktualistische Veränderungen weisen deswegen im Gegensatz zu rein inkrementellen Veränderungen auch keine glatten Übergänge auf, da eine spezifische Zusammensetzung der Organisation und der Regeln der Interaktion ihrer Elemente sich durch eine abrupte Unterbrechung gleichgewichtiger Zustände auf eine unvorhersehbare Weise verändern können (vgl. auch Schreyögg/Noss 2000, S. 39). Die Unternehmensentwicklung ist folglich nicht allein durch gleichförmige und stetige Veränderungen, sondern vor allem durch schubweise und nicht-stetige Veränderungen gekennzeichnet (vgl. auch Wolf 2000, S. 74). Diese besondere Wandeldynamik wird in einem Phasenmodell durch zwei gegensätzliche, aufeinander folgende Veränderungssequenzen als Evolution der Tiefenstruktur abgebildet (vgl. Gersick 1991, S. 12ff; Gebert 2000, S. 3; Deeg/Weibler 2000, S. 165): Länger andauernde Konvergenzperioden eines inkrementalen Wandels wechseln sich dabei mit relativ kurzen Reorientierungsphasen eines radikalen Wandels ab. Im Rahmen der Konvergenzphase sorgen inkrementell verlaufende, periphere Veränderungen für eine Festigung der strategischen Orientierung der Organisation (vgl. auch Tushman/Newman/Romanelli 1986, S. 32). Die Konsistenz in den Dimensionen der Tiefenstruktur wird dabei schrittweise erhöht. Die Reorientierungsphase ist dagegen durch einen dramatischen und fundamentalen Wandel gekennzeichnet, der eine Reaktion auf veränderte Umweltbedingungen bzw. strukturelle oder prozessuale Inkonsistenzen sowie Probleme der Abstimmung mit externen Erfordernissen darstellt (vgl. auch Tushman/Newman/Romanelli 1986, S. 36f.). Dabei wird in einer Art „Ausbruch" bzw. „revolutionärem Kraftakt" die Tiefenstruktur der Organisation tief greifend verändert oder ersetzt (vgl. Romanelli/Tushman 1994, S. 1141; Wolf 2000, S.75).

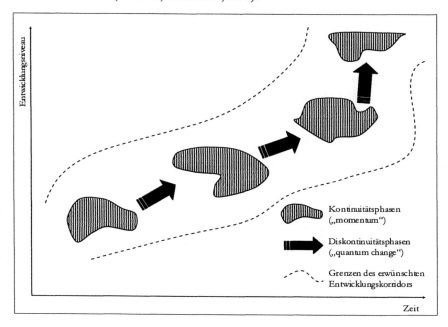

Abbildung 23: Punktualistischer Wandel (vgl. Tushman/Romanelli 1985, S. 171)

Organisationaler Wandel ist also durch abrupte Übergänge punktuiert, aus denen sich durch die Abfolge von Ruhephasen der Kontinuität (momentum) und Dynamikphasen der Diskontinuität (quantum change) eine Unternehmensentwicklung ergibt (vgl. auch Wolf 2000, S. 74). Inkrementaler Wandel besteht in kleineren Anpassungen innerhalb der Logik einer existenten Tiefenstruktur, transformationaler Wandel bezieht sich auf grundlegende Veränderungen der Tiefenstruktur bzw. die Ersetzung einer alten Tiefenstruktur durch eine neue (vgl. Gebert 2000, S. 3). Organisationen sind nach einem solchen Wandelverständnis in permanenter Veränderung begriffen, nur eben mit phasenweise wechselnden Tempi (vgl. auch Levy/Merry 1986, S. 262). In Anlehnung an die Strukturen des paradigmatischen Wandels der Wissenschaft von Kuhn (1988) kann dabei von einer Phase der Weiterentwicklung der Organisation im Rahmen eines bestehenden Paradigmas und von einer Phase der radikalen Veränderung durch die Herausbildung eines neuen Paradigmas gesprochen werden. Ein Wandel 1. und ein Wandel 2. Ordnung können damit Hand in Hand gehen. Es beinhaltet zudem einen adaptiven wie selektiven Wandel, denn in Konvergenzphasen überwiegt die Adaption und Reorientationsphasen die Selektion. Das Modell des punktualistischen Wandels trägt somit ganz wesentlich zur Integration von verschiedenen Sichtweisen des organisationalen Wandels bei (vgl. Deeg/Weibler 2000, S. 165), denn bislang isoliert betrachtet Zustände und Prozesse werden in eine gesamthafte Sicht überführt.

Insgesamt stellt der Punktualismus eine theoretisch fundierte wie empirisch gesicherte Position dar (vgl. Tushman/Newman/Romanelli 1986; Romanelli/Tushman 1994), die sich gerade für das Phänomen eines diskontinuierlichen Wandels als ebenso plausibel wie produktiv erweist. Dadurch kann verdeutlicht werden, wann ein diskontinuierlicher Wandel auftritt und wie er sich zu einem kontinuierlichen Wandel verhält. Das Konzept der Tiefenstruktur ermöglicht zudem eine Aufhebung der dichotomisch strengen Trennung von Wandelphasen, da bereits in Konvergenzphasen ein unsichtbarer und schleichender Erosionsprozess der Tiefenstruktur einsetzt, der den diskontinuierlichen Wandel vorbereitet (vgl. Gebert 2000, S. 23).[186] Aus welchen Gründen es aber genau zu einer solchen Erosion kommt und wie dadurch punktuelle Veränderungen entstehen, ist in einem nächsten Schritt zu klären. Dabei spielen spezifische Vorgänge im internen Milieu von Organisationen und die Relationen zu ihrer Umwelt eine Rolle, die für das plötzliche Aufbrechen transitorisch stabiler Ruhephasen verantwortlich gemacht werden können (vgl. Deeg/Weibler 2000, S. 166). Diese Zusammenhänge sollen im Folgenden mit dem Konzept der inneren Selektion beschrieben und erklärt werden.

---

[186] Rüegg-Stürm (2000, S. 213) spricht in ähnlicher Weise auch von „diffus wirksamen Friktionsherden" im Unternehmen, an denen sich dann Bruchstellen und Umbrüche manifestieren können.

5.1.3.2 Innere Selektion

Seit einiger Zeit findet zunehmend die Auffassung verschiedener Vertreter der organisationswissenschaftlichen Evolutionstheorie Zustimmung, dass nicht nur die Umwelt von Unternehmen sondern auch die Innenwelt von Unternehmen die Vielfalt organisationaler Variationen reduziert. Neben der Außenselektion existiert im Verlauf des Evolutionsprozesses also demnach auch eine Binnenselektion (vgl. Wolf 2003, S. 293). Dies meint, dass Institutionen interne Selektionskriterien hervorbringen (vgl. auch Lau 1981, S. 59), die über die Brauchbarkeit erzeugter Variationen innerhalb ihrer eigenen Grenzen entscheiden. Diese Idee einer inneren, „künstlichen" Selektion als Gegenstück einer äußeren, „natürlichen" Selektion[187] wurde im Wesentlichen von systemtheoretischen Ansätzen der Evolutionstheorie (vgl. z.B. Riedl 1975) in die Diskussion eingebracht und von ökonomischen Ansätzen zur Evolution von Institutionen aufgenommen und weiterentwickelt (vgl. etwa Vanberg 1996). Danach bestimmen die Systembedingungen evolutionärer Entitäten ebenso die Auswahl der Variationen wie die Umweltbedingungen. Deswegen ist nach dieser Vorstellung der Grad der Passung zwischen einzelnen Elementen der Organisation ebenso der Selektion ausgesetzt wie der Grad der Anpassung der Organisation an ihre Umwelt (vgl. Deeg/Weibler 2000, S. 166; Withauer 2000, S. 123f.).[188] Dabei müssen die jeweiligen Selektionslogiken keineswegs übereinstimmen, so dass eine reine Orientierung an *einer* Logik ein Unternehmen schnell in „evolutionäre Sackgassen" führen kann (vgl. dazu auch Weibler/Deeg 1999, S. 310).

Die innere Selektion manifestiert sich in der Regel an einer Reihe von Filtern (vgl. auch Grothe 1997, S. 258): Die Unternehmenskultur, Strategien, Mythen oder Gruppennormen sorgen dafür, dass die Wirklichkeit stark fokussiert und verzerrt wahrgenommen wird. Daraus ergibt sich eine Verengung der Wahrnehmung, die nur bestimmte Muster erkennbar werden lässt, während sie andere ausblendet. Dies führt zu einer bestimmten Verknüpfung der Organisationselemente und sorgt auch für die Beständigkeit der etablierten Ordnung im Unternehmen. Die Offenheit gegenüber externen Problemen ist stark herabgesetzt, so dass ihre Erkennung und angemessene Bewertung damit schwer fällt. Zusätzlich sind so genannte „sunk costs" und Routinen verantwortlich, dass ein schneller Richtungswechsel in der organisationalen Entwicklung nicht ohne weiteres erfolgen kann (vgl. Deeg/Weibler 2000, S. 166). Dies hat zur Folge, dass Organisationen

---

[187] Die natürliche Selektion vollzieht sich dabei im Wesentlichen unkontrolliert und unabhängig vom Willen der Akteure, während die künstliche Selektion eine geplante und zielgerichtete Auswahl gemäß den Absichten der Akteure darstellt (vgl. Schmid 1998, S. 281; ähnlich Vanberg 1996, S. 690).

[188] In den makrosoziologischen Varianten evolutionärer Ansätze wird dabei aber den externen Selektionskriterien der Vorrang eingeräumt, weil sie die Möglichkeit einer Zielkontrolle im Akteurhandeln eröffnen und so über das Schicksal von Institutionen bestimmen (vgl. Schmid 1998, S. 279).

166

sich häufig nur langsam an veränderte Umweltbedingungen anpassen (vgl. Miller/Friesen 1984, S. 207) und organisationaler Wandel damit nicht schnell genug erfolgt (vgl. Deeg/Weibler 2000, S. 166). Zudem werden Veränderungsprozesse zumeist aufgrund vorheriger Erfahrungen gestaltet, so dass wiederkehrende Handlungsmuster die Bandbreite von möglichen Transformationen weiter einschränken (Konzept des „repetitive momentum"; vgl. Amburgey/Miner 1992, Kelly/Amburgey 1991).[189] Organisationen können folglich neuartige Veränderungen nur geringem Umfang realisieren und bleiben größtenteils auf die Wiederholung von eingespielten Reaktionsmustern beschränkt (vgl. auch Deeg/Weibler 2000, S. 161).

Gravierende Probleme ergeben sich aus der Genese einer inneren Selektionslogik mit anderen Worten vor allem dann, wenn sich die Umweltanforderungen signifikant anders entwickeln als die organisationseigenen Handlungsrezepte und damit geschaffene Strukturen nicht mehr situativ angemessen sind. Hinzu kommt, dass die strukturellen Elemente einer Organisation nicht in völlig beliebiger Weise konfiguriert werden können, sondern in harmonischer Weise zueinander passen müssen (vgl. Miller/Friesen 1984, S. 211). Demzufolge stehen Organisationen vor der großen Herausforderung, eine Konsistenz in ihren inneren Merkmalen gleichzeitig mit einer Adaption an äußerliche Gegebenheiten ihres Kontexts realisieren zu müssen (vgl. Mintzberg 1991, S. 262). Dieser Imperativ einer gleichermaßen ausgeprägten Binnen- wie Außenorientierung kann mit dem Begriff der Passung beschrieben werden.[190] Gemäß der internen und externen Perspektive der Selektion und ihrer Stellung zueinander lassen sich dabei drei Formen der Passung unterscheiden (vgl. Deeg/Weibler 2000, S. 166f.; Siggelkow 2001, S. 839): Hierbei handelt es sich um die innere Passung und die äußerer Passung sowie um die Passung der inneren zur äußeren Passung.

Diese hier verwendete Triade der Passung geht über die herkömmlichen kontingenz- oder konsistenztheoretischen Fitkonzepte insofern hinaus, weil diese in der Regel höchstens zwei Dimensionen (Organisationsinwelt bzw. Organisationsumwelt) berücksichtigen. Dagegen kann nun mit der dritten Passungsform das komplexe Zusammenspiel zwischen der strukturellen Konfiguration der Organisation

---

[189] Unter „repetitive momentum" ist die Neigung von Organisationen zu verstehen gerade in Phasen der Veränderung die Richtung und Bedeutung von vorhergegangenen Handlungen aufrecht zu erhalten, indem Kenntnisse früherer Wandelereignisse reaktiviert werden (vgl. Deeg/Weibler 2000, S. 161). Je geringer dabei die zeitliche Distanz zu einer solchen Wandelepisode ausfällt, desto eher werden solche Kenntnisse wieder aufgegriffen.

[190] Im Gestaltansatz bzw. der Konfigurationsanalyse (vgl. auch Kapitel 5.2.2.2) sowie im Strategischen Management hat sich der dagegen der Begriff des „Fit" eingebürgert (vgl. zum Fit-Konzept ausführlich Wolf 2000, S. 39ff.). Da es in der Literatur jedoch zahlreiche Fit-Begriffe und Fit-Konstellationen gibt, die mit den hier vertretenen Evolutionsgedanken keineswegs immer kompatibel sind, soll an dieser Stelle zur terminologischen wie konzeptionellen Klarheit vorwiegend der systemisch-evolutionäre Begriff der Passung verwendet werden.

und der Verfasstheit ihrer Umwelt im Kontext der Diskontinuität modelliert werden. Die innere Passung bezeichnet dabei in dieser Begriffsfassung einen Zustand, in dem eine so hohe Kohärenz der Organisationsteile herrscht (vgl. Siggelkow 2001, S. 839), dass der Ressourcen- und Informationsfluss zwischen ihnen tendenziell friktionsfrei verläuft (vgl. Deeg/Weibler 2000, S. 167). Eine externe Passung ist dagegen dann gegeben, wenn die Konfiguration der Organisationsteile so ausfällt, dass sie den Umweltbedingungen der Organisation bestmöglich entspricht (vgl. Siggelkow 2001, S. 839) und auf diese Weise eine adäquate Ressourcenversorgung und eine hinreichende Legitimitätszuschreibung ermöglicht (vgl. Deeg/Weibler 2000, S. 176). Die einzelnen organisationalen Elemente können sich dadurch gegenseitig verstärken (vgl. Siggelkow 2002, S. 128). Die Passung der internen Passung zur externen Passung meint als Metakonzept schließlich eine derartige Abstimmung der ersten beiden Passungsarten, dass zwischen diesen keine gravierenden Konflikte entstehen (vgl. Deeg/Weibler 2000, S. 167). Ein solcher konfliktärer Fall läge beispielsweise dann vor, wenn ein Unternehmen eine solche Organisationsstruktur für seinen Vertrieb wählt, die zwar durch ihre reibungslosen Abläufe kosteneffizient, aber durch ihre gliederungsbedingte Intransparenz nicht kundenorientiert ist.

In den Begrifflichkeiten der evolutionstheoretischen Sichtweise gesprochen heißt dies nichts anderes, als dass überlebenstaugliche Organisationen eine interne Selektion aufweisen müssen, die zu den externen Selektionsfaktoren passt (vgl. Deeg/Weibler 2000, S. 167). Dem obigen Beispiel zufolge kann also weder eine reine Kosteneffizienz ohne Kundenorientierung noch eine reine Kundenorientierung ohne Kosteneffizienz das dauerhafte Überleben gewährleisten. Für einen Einklang dieser divergenten Abstimmungsprinzipien ist es erforderlich, innerhalb der Organisation vor allem solche Variationen hervorzubringen, die sich als funktional für den organisationalen Kontext im Sinne seiner Umwelt erweisen (vgl. auch Barnett/Burgelman 1996, S. 7). Dies gelingt aber in Organisationen zumeist deswegen kaum, weil das Verhalten der Organisationsmitglieder in einem politischen Sinn vorwiegend auf den eigenen Machterhalt und die partikuläre Interessendurchsetzung gerichtet ist und nicht so sehr auf die Maximierung des Umweltfits und der Erzielung einer hohen Performance (vgl. in diesem Sinn Hauser 2000, S. 187).

Eine Diskrepanz zwischen äußerer und innerer Passung besteht vor allem dann, wenn sich der eigentliche Organisationszweck nicht in adäquater Weise in den Organisationszielen widerspiegelt (vgl. Deeg/Weibler 2000, S. 180). Ein Defizit in dieser Hinsicht ist im Fall von hohem Umweltdruck regelmäßig der Anlass für eine abrupte Veränderung im Sinn der Diskontinuität. So werden Reorientierungen nach dem punktualistischen Wandelverständnis neben Defiziten in der Umweltanpassung und einem Mangel an interner Konsistenz gerade auch durch Diskrepanzen zwischen externen Anforderungen und internen Strukturen und Prozessen beruhen (vgl. Tushman/Romanelli 1985, S. 167). Damit fügt sich das Konzept der Passung nahtlos in das zuvor vertretene punktualistische Wandelverständnis ein und stellt damit einen ersten gelungenen Integrationsschritt dar.

Die Ursachen für eine abnehmende Passung sind in zweierlei Hinsicht zu sehen: Interne Passungsanstrengungen werden vor allem durch Gewöhnungs- oder Abnutzungseffekte zunichte gemacht (vgl. in diesem Sinn v.a. Meyer 1994), indem Organisationsmitglieder ihr Verhalten so an den internen Selektionserfordernissen ausrichten, dass sie sich diese in dysfunktionaler Weise für ihre Interessen zunutze machen und gleichzeitig die interne Konsistenz der Organisation verletzen (vgl. Deeg/Weibler S. 167). Ein Beispiel hierfür ist die vielfach zu beobachtende Anhäufung von organisationalem Slack in erfolgreichen Konvergenzperioden durch dominante Koalitionen in Organisationen, der im Wandel zum Gegenstand von Machtsicherungstaktiken wird (vgl. Hauser 2000, S. 186). Während der organisationale Slack als Überschuss an organisatorischen Ressourcen über das funktional erforderliche Maß hinaus normalerweise dazu verwendet wird, Flexibilitätsvorteile zu generieren (vgl. auch Staehle 1991, S. 314), kann er in einer krisenhaften Entwicklung eingesetzt werden, um trotz diagnostiziertem Bedarf Veränderungen hinauszuschieben (vgl. Siggelkow 2001, S. 839) oder die Formierung von neuen Bündnispartnern im Kampf um den Machterhalt zu ermöglichen. Dabei können Slack-Ressourcen genau dort abgezogen werden, wo sie eigentlich für eine Bewältigung von Transformationsherausforderungen gebraucht werden. Auch die Abnutzung von Kontrollinstrumenten und Anreizsystemen können die interne Passung unterminieren, wie etwa die Umdeutung und der Einsatz von organisationaler Beschränkungen entsprechend eigener Ziele oder Präferenzen (Deeg/Weibler 2000, S. 168) oder die Verdrängung der intrinsischen Motivation durch extrinsische Anreize (vgl. Weibler 2001, S. 221)

Aus Sicht der evolutionären Perspektiven auf Organisationen liegt die Hauptursache für externe Passungsdefizite somit in der Vergänglichkeit von Erfolgsrezepten, wodurch der Erfolg zur Keimzelle des Niedergangs wird (vgl. auch Weibler/Deeg 1999, S. 310). Hinzu kommt die Stabilisierungskraft der Tiefenstruktur, die zwar einerseits die organisationale Konfiguration gegenüber den Auflösungskräften aus dem Umwelt schützt, aber andererseits auch die parallele Umsetzung veränderter externer Anforderungen in der Organisation verhindert. Damit wird entweder keine Notwendigkeit einer Veränderung gesehen oder es fehlen der Wille und die Fähigkeit zu einer Veränderung (vgl. auch Tushman/Newman/Romanelli 1986, S. 29). Denn diejenigen Elemente der Tiefenstruktur, die für einen jahrelangen Erfolg verantwortlich waren, widersetzen sich ihrer Auflösung besonders stark und werden gerade auf diese Weise zur Quelle gefährlicher Selbstzufriedenheit als zentralem Ausgangspunkt eines Niedergangs bzw. der Devolution (vgl. auch Tushman/Newman/Romanelli 1986, S. 29). Aus Kernkompetenzen können im Lauf der Zeit also „Kernstarrheiten" werden (vgl.

Prahalad 1998, S. 14; ausführlich Leonard-Burton 1992), mit denen sich wiederum Wettbewerbsvorteile binnen kürzester Zeit in Wettbewerbsnachteile verwandeln können. Auf diese Weise kommt es oft zu einem scheinbar recht plötzlich eintretenden Verlust von externer Passung, dem jedoch meist schon eine längere Vernachlässigung der externen Selektionsanforderungen vorausgeht.[191] Dies zeigt erneut die schon angesprochene schleichende Erosion von Elementen der Tiefenstruktur als Antezedens für einen punktualistischen Wandel auf und verdeutlicht, dass auch Diskontinuitäten bei aller Unvermitteltheit ihres Auftretens eine lang zurückreichende Geschichte und sehr tief gehende Ursachen haben können.

Nicht jede Diskrepanz bildet jedoch eine unmittelbare Quelle des Wandels und muss damit auch nicht notwendigerweise zu Veränderungen führen (vgl. Hornberger 2000, S. 242). Denn auch aus einer evolutionären Sicht heraus ist zu bedenken, dass keine objektiven organisationalen Gegebenheiten in einem strengen Sinn existieren, da sich Organisation und Umwelt nicht losgelöst von der Wirklichkeitssicht und den Absichten der Organisationsmitglieder denken lassen (vgl. Deeg/Weibler 2000, S. 167f.). Individuelle Filter aus Erfahrungen, Erwartungen und Zielen formen deswegen gerade auch im Wandelgeschehen eine subjektiv wahrgenommene Wirklichkeit, die mit einer objektiven Wirklichkeit nur bedingt übereinstimmt (vgl. Gagsch 2002, S. 29). So wirken in der individuellen Verarbeitung der oft widersprüchlichen Veränderungsdynamik subjektive Stressoren, die eine Wahrnehmung von Passungsdefiziten/Misfits nachhaltig beeinflussen (vgl. Gebert 2000, S. 22). Dabei kann die subjektiv wahrgenommene Passung über lange Zeit objektiv vorhandene Passungsdefizite verdecken, bis schließlich die Wirkungen objektiver Einflussfaktoren spürbar überhand nehmen und die Fassade der subjektiven Stimmigkeit abrupt beseitigen.[192] In ähnlicher Weise befördern externe Vergleiche eine verstärkte Außenorientierung und damit ein Auseinanderfallen der externen und internen Passung bzw. eine Abnahme der Passung zwischen interner und externer Passung mit entsprechenden Veränderungsschüben oder Wandelsprüngen aufgrund kognitiver Verzerrungen (vgl. auch Wolf 2000, S. 78).

Als weiterer Einflussfaktor auf die Passungsverhältnisse kommt der umweltbezogene Veränderungsdruck hinzu. Hierbei ergänzt sich das evolutionär-systemische Konzept der Passung besonders gut mit dem systemtheoretischen Konzept der Kopplung als Ausdruck der dynamischen Verbindung zwischen Organisation und Umwelt (vgl. dazu auch Kasper/Mayrhofer/Meyer 1998, S. 609f.; Luhmann

---

[191] So lässt sich etwa empirisch nachweisen, dass vergangener Erfolg zu einem geringeren Informationsfluss beiträgt und die Annahme stützt, dass Umweltveränderungen ohne negative Folgen für die eigene Organisation bleiben (vgl. Siggelkow 2001, S. 839).

[192] Dies führt zumeist auch zu Verhaltenssprüngen, da Veränderungsdruck und Stress zu oftmals völlig überzogenen und überdimensionierten Reaktionen verleiten (vgl. Wolf 2000, S. 78).

2000).[193] Die Notwendigkeit zur Veränderung bzw. ein hoher Veränderungsdruck ergibt sich dabei vor allem dort, wo eine Organisationen an ein stark veränderliches Umweltsegment besonders eng gekoppelt ist (vgl. Meyer/Heimerl-Wagner 2000, S. 178). Diskontinuitäten sind bei einer solchen engen Relation dementsprechend eher zu erwarten als bei einer eher lockeren Verbindung. Denn lose an die Organisation gekoppelte Umwelten erzeugen nur einen geringen Veränderungsdruck auf Organisationen, da sie deren Freiheitsgrade nur wenig einzuschränken vermögen (vgl. Meyer/Heimerl-Wagner 2000, S. 178). Demzufolge muss die Relation zwischen internen und externen Anforderungen bzw. Selektionslogiken auch nicht in jeden Fall gleichgewichtig gestaltet werden, sondern kann je nach der speziellen Verflochtenheit einer Organisation mit ihrer Umwelt anders ausfallen (vgl. Deeg/Weibler 2000, S. 168). Dafür bilden aber Veränderungen in der Art der Kopplung einen eigenständigen Transformationsanlass für Organisationen (vgl. Meyer/Heimerl-Wagner 2000, S. 178), der aufgrund seiner existenziellen Bedeutung für tief greifende Veränderungen verantwortlich gemacht werden kann. Die im Rahmen der Formen von Unternehmensdiskontinuitäten beschriebenen Umweltveränderungen[194] können solche Veränderungen in der Kopplung verursachen und damit zum Auslöser eines diskontinuierlichen Strukturwandels im Unternehmen werden.

Vor dem Hintergrund des triadischen Passungs-Konzepts ist organisationaler Wandel ein – jedenfalls langfristig – unvermeidlicher Prozess, um Passungsdefizite wieder auszugleichen (vgl. Deeg/Weibler 2000, S. 168). Das Verhältnis von Passungsdefizit und Veränderungshäufigkeit ist aber keineswegs deterministisch zu sehen. In allen Fällen einer nicht ausreichenden Passung entsteht ein hoher Veränderungsdruck, der jedoch nicht zwangsläufig zu einem diskontinuierlichen Wandel führen muss (vgl. auch Deeg/Weibler 2000, S. 167; Hornberger 2000, S. 242). Die anachronistisch gewordenen Strukturen machen zwar einen dramatischen und revolutionären Wandel erforderlich, dieser kann aber aufgrund seines hohen Risikos und seiner erheblichen Kosten nicht gefahrlos beliebig oft unternommen werden (vgl. Miller/Friesen 1984, S. 217). Somit können sich schnell starke Gegenkräfte formieren, die den Status Quo mit dem Argument eines erfolgreichen Strukturkonservativismus (vgl. Türk 1989, S. 93; Hannan/Freeman 1984) verteidigen. Eine andere ähnliche Abwehrreaktion besteht in der Verleugnung von bzw. „Pseudo-Auseinandersetzung" mit Diskrepanzen, die Organisationen zu einer verstärkten Abschottung gegen Veränderungsdynamiken oder zu einem „kosmetischen Wandel" in Form marginaler Veränderungen bewegen (vgl. Hornberger 2000, S. 242). In welche Richtung sich die Kräfteverhältnisse zwischen Stabilisatoren und Destabilisatoren bewegen ist deswegen im Vorfeld nur

---

[193] Das Konzept der Kopllung beschreibt dabei das Ausmaß der Orientierung von Erwartungen an der Unternehmensumwelt. (vgl. Kasper/Mayrhofer/Meyer 1998, S. 609).

[194] Vgl. dazu Kapitel 3.3.1

schwer vorhersagbar (vgl. auch Gebert 2000, S. 22). Je größer aber generell der Rückstand an Passung ist, desto zerstörerischer und umfassender ist potenziell die Veränderung (vgl. Miller/Friesen 1984, S. 217). Denn eine graduelle Veränderung kann die erhebliche Passungslücke aufgrund der üblicherweise bestehenden zeitlichen Distanz zwischen Eintritt und Diagnose des Passungsverlusts nicht in gleichem Ausmaß beheben (vgl. Deeg/Weibler 2000, S. 168).

Folglich sind Diskontinuitäten in diesem Sinn das unvermeidliche Ergebnis lange ausgebliebener „Nachjustierung" (vgl. Gebert 2000, S. 22). Solche ständigen Feinabstimmungen bleiben eben deswegen oft aus, weil inkrementelle Veränderungen störende Diskrepanzen oder kostspielige Disharmonien in der Stimmigkeit der interdependenten Strukturelemente der Organisation verursachen, die bereits im Vorfeld die Folge einer notwendigen Rückkehr zur Ausgangsform oder einem abrupten Wechsel zu einer Neukonfiguration erkennen lassen (vgl. auch Miller/Friesen 1984, S. 208). Organisationen wohnt also eine gewisse Vermeidungstendenz inne, was ein ständiges Aufschieben von Anpassungen zur Folge hat (vgl. auch Wolf 2000, S. 76). Dennoch ist Wandel vor dem Hintergrund der Passungserfordernisse ein letztlich unvermeidliches Ereignis, da gerade der Fit zwischen der inneren und äußerer Passung nach einer Wiederherstellung verlangt (vgl. Deeg/Weibler, S. 168). Je länger dies aufgeschoben wird, desto größer ist der Veränderungsdruck und desto eher sind disruptive Modifikationen angebracht (vgl. auch Wolf 2000, S. 78). Damit steigt gleichzeitig die Wahrscheinlichkeit, dass eine solche Situation nur noch durch eine gleichzeitig tief greifende und abrupte Veränderung – also einen diskontinuierlichen Wandel – überwunden werden kann (vgl. Gersick 1991, S. 10; Romanelli/Tushman 1994, S. 1144). Denn allein eine besonders starke Wandelkraft und -dynamik ist in der Lage, die strukturellen Beschränkungen der Organisation zu überwinden und die Passung durch einen großen Veränderungssprung wieder herzustellen (vgl. in diesem Sinn auch Gebert 2000, S. 4).

Nachdem mit den Konzepten der inneren und äußeren Selektion sowie der internen und externen Passung nun die Auslöser von punktualistischem Wandel als Modellierung des tiefenstrukturellen Ablaufs von diskontinuierlichem Unternehmenswandel identifiziert wurden, bleibt als Nächstes die Frage zu klären, warum Unternehmen nicht durch kontinuierliche, inkrementelle Veränderungen gravierende Passungsdefizite schon im Vorfeld verhindern können. Dies soll im Folgenden durch den Bezug auf das Konzept der Constraints von Entwicklungen geschehen.

5.1.3.3 Constraints

Jeder Prozess der Veränderung ist in Unternehmen immer aufs Engste verknüpft mit den opponierenden Kräften der Beharrung (vgl. Siggelkow 2001, S. 839). Da eine Konzeptionalisierung solcher Beharrungskräfte für den diskontinuierlichen

Wandel aber mit der Konzept der strukturellen Trägheit nicht zufrieden stellend gelingen kann, soll statt dessen in diesem Zusammenhang auf das gelegentlich in der Literatur vorzufindende Konzept der so genannten „developmental constraints" (vgl. dazu insbesondere Kauffman 1993) Bezug genommen werden. Der Ausgangspunkt von solchen Entwicklungsbeschränkungen ist die Auffassung, dass Organisationen nicht von einer unüberwindbaren Trägheit aufgrund spezifischer Investitionen geprägt sind, sondern durch ihre eigene Evolution in ihren strukturellen Veränderungsmöglichkeiten eingeschränkt werden (vgl. Deeg/Weibler 2000, S. 169; Vanberg 1996, S. 693). Damit verbunden sind nicht nur Schwierigkeiten bei der raschen Erzeugung von Variationen, sondern vor allem auch Grenzen in der inhaltlichen Stoßrichtung eines Veränderungsprozesses. Dafür verantwortlich gemacht werden können hauptsächlich die tiefenstrukturellen Vorentscheidungen, die den Entwicklungspfad einer Organisation in hohem Maß mitbestimmen.

In der allgemeinen Evolutionstheorie wird schon seit einiger Zeit die Auffassung vertreten, dass Entitäten im Verlauf ihrer Evolution immer mehr Beschränkungen (so genannte developmental contraints) aus ihrer Form und ihren Funktionen erwachsen (vgl. etwa Kauffman 1993, S. 14f.). Constraints stellen in einem allgemeinen Sinn also entwicklungsgeschichtlich bedingte Handlungsbeschränkungen dar, die sich Auflösungsversuchen durch Veränderungsvorgänge beharrlich widersetzen (vgl. Deeg/Weibler 2000, S. 170). Mit anderen Worten handelt es sich dabei um verschiedenartige Beschränkungen der organisationalen Leistungsfähigkeit im Hinblick auf die Erreichung von bestimmten Zielen (vgl. Stoi/Kühnle 2002, S. 55).[195] Dadurch wird einerseits die Bandbreite möglicher Variationen in Organisationen eingeschränkt und andererseits auch der Spielraum der Anpassungsmöglichkeiten an äußere Gegebenheiten verringert (vgl. Deeg/Weibler 2000, S. 170). Beispielsweise vertragen sich die bestehenden Elemente der Organisation nicht ohne weiteres mit neuen Elementen (vgl. Siggelkow 2002, S. 149), so dass nicht alle möglichen Reaktionen auf Anpassungsdefizite oder Misfits in der Konfiguration auch tatsächlich umsetzbar sind. Im Zeitablauf der Unternehmensentwicklung sind damit der internen wie externen Passung immer engere Grenzen gesetzt (vgl. auch Deeg/Weibler 2000, S. 169), wodurch sich auch vermehrt gravierende Misfits in dem Verhältnis beider Passungen zueinander einstellen können.

---

[195] Bei der sogenannten „Theory of Constraints" aus dem Bereich des Unternehmenscontrolling, auf die hiermit zu heuristischen Zwecken Bezug genommen wird, handelt es sich um einen Ansatz zur Optimierung von Produktionsprozessen zur Erzielung eines maximalen Profits durch die Maximierung des Outputs (vgl. Fritzsch 1998, S. 85; grundlegend Goldratt/Cox 2001; Stein 1997). Eine effiziente Nutzung und Beseitigung von Engpässen entscheidet demzufolge nachhaltig über den Gesamterfolg des Unternehmens. Die (kurzfristig orientierten) Optimierungsbemühungen richten sich dabei auf das jeweils schwächste Glied in der Kette, womit das Gesamtergebnis verbessert werden soll (vgl. Stoi/Kühnle 2002, S. 55).

Für diese Tendenzen verantwortlich sind vor allem konstruktive Zwänge im Verlauf der Evolution, bei zunehmendem Erfolg ein Bauplan der strukturellen Ausgestaltung von Organisationen immer weiter verfestigt wird und so eine hohe Wandelresistenz besitzt (vgl. Deeg/Weibler 2000, S. 171). Mit anderen Worten handelt es sich hierbei um eine Stabilisierungstendenz in der Entwicklungsrichtung von Unternehmen, bei Veränderungen nur auf dem eingeschlagenen Entwicklungspfad fortgesetzt werden können (vgl. Wolf 2000, S. 82). Zusätzlich münden die dabei erreichten adaptiven Lernprozesse häufig in einer Kompetenzfalle (vgl. Deeg/Weibler 2000, S. 177), da steigende Kompetenzen in vorhandenen Fähigkeiten die Experimentierfreude für die Entwicklung neuer Fähigkeiten senken (vgl. Levinthal/March 1981, Levinthal 1994). So verwandeln sich kurzfristige Spezialisierungsvorteile langfristig gesehen in Constraints, weil der mit ihnen verbunden Erfolg eher zur Stabilität als zur Dynamik beiträgt (vgl. auch Nicholson 2001, S. 387). Weil an verfestigten Erfolgspfaden auch nach dem Verschwinden einer Erfolgsgrundlage noch festgehalten wird, erweist sich der vergangene Erfolg als Verursacher des künftigen Versagens (vgl. Schreyögg/Sydow/Koch 2003, S. 273). Dahinter steht die unzutreffende Annahme, dass gegenwärtige erfolgreiche Lösungen auch zukünftig erfolgreich bleiben werden (vgl. Al-Ani 1996, S. 512).

Im organisationalen Kontext kann zwischen externen und internen Constraints unterschieden werden (vgl. Deeg/Weibler 2000, S. 170; sowie auch Stoi/Kühnle 2002, S. 55): Externe Constraints sind in den Merkmalen der Organisationsumwelt begründet und sind damit der Kontrolle durch die Organisation weitgehend entzogen (z.B. Tragfähigkeit der Nische; vgl. Martin/Swaminathan/Mitchell 1998, S. 566). Sie behindern vor allem die äußere Expansion von Unternehmen wie etwa die Erschließung neuer Märkte (vgl. Martin/Swaminathan/Mitchell 1998, S. 567ff.). Interne Constraints ergeben sich hingegen aus dem spezifischen entwicklungsgeschichtlichen Verlauf und den Merkmalen der Organisation. Sie befinden sich damit eher im Einflussbereich einer Organisation, können aber trotzdem nicht ohne weiteres beseitigt werden. Von besonderer Bedeutung im Zusammenhang mit der internalen Verursachung von Unternehmensdiskontinuitäten sind die organisationsinternen Formen von Constraints (vgl. dazu Deeg/Weibler 2000, S. 170f.). Sie beschränken als internale Limitationen innovative Variabilität in den Bereichen von Form (Struktur) und Funktionen der Organisation sowie im Ressourcen- und Informationsfluss. Hierzu zählen etwa das Tätigkeitsfeld der Organisation, die daraus abgeleitete Struktur, die Kultur und der Personalbestand (vgl. Deeg/Weibler 2000, S. 170f.; sowie Romanelli/Tushman 1994, S. 1147). Sie besitzen unterschiedliche Rigiditäten (Festigkeitsgrade) und stehen in einem hierarchischen Zusammenhang untereinander, bei dem höherrangige Constraints nachrangige Constraints beeinflussen (vgl. Deeg/Weibler 2000, S. 171f.; Vanberg 1996, S. 693). Gerade diese Eigenschaften stehen vermutlich in einem engen ursächlichen Zusammenhang mit dem Ausmaß und der Schwere von diskontinuier-

174

lichen Unternehmensveränderungen und verdienen deshalb eine verstärkte Beachtung bei der zukünftigen Suche nach Auslösern und Bestimmungsfaktoren eines diskontinuierlichen organisationalen Wandels.

Die Entstehung von Constraints kann im Wesentlichen mit der vor allem im Kontext technologischer Entwicklungen entstandenen Idee der Pfadabhängigkeit erklärt werden (vgl. dazu v.a. David 1985; Garud/Karnøe 2001a). Pfade bezeichnen dabei kontingente Entwicklungsprozesse, durch Selbstverstärkungseffekte in sich geordnet und irreversibel auf ein sich im Prozessverlauf bildendes Ziel hinauslaufen (vgl. Windeler 2003, S. 298). Die Dynamik der institutionellen Entwicklung wird aus dieser Sicht durch selbstverstärkende Effekte (positive Rückkopplungen) geprägt (vgl. Ackermann 2003, S. 225). Unter der Pfadabhängigkeit versteht man demzufolge „die kausale Bedingtheit späterer Ereignisse in der Ereigniskette eines Prozessverlaufs durch frühere (Lehmann-Waffenschmidt/Reichel 2000, S. 342). Eine Pfadabhängigkeit in der Entwicklung ergibt sich demzufolge in einer Situation, bei der eine durch zufallsgesteuerte Selektion emergent ablaufende Ereignisabfolge einen sich selbstverstärkenden Prozess schafft, der dann später auf einen zu Beginn des Prozesse noch nicht absehbaren Endpunkt unausweichlich zusteuert (vgl. David 1985, S. 332; Windeler 2003, S. 299).[196] Ein organisationales Constraint stellt dann einen solchen Endpunkt einer Entwicklung dar, durch das zeitlich zurückliegende Ereignisse oder Entscheidungen fortwirken und das mit dieser intertemporalen kausalen Wirkung künftige Entwicklungsverläufe einschränkt (vgl. dazu auch David 1985, S. 332; Lehmann-Waffenschmidt/Reichel 2000, S. 342).

Die Wirkungen von (starken) Constraints können sehr gut mit dem Phänomen des „Lock-in" beschrieben werden (vgl. dazu u.a. Al-Ani 1996, Al-Ani/Gattermeyer 2000, S. 12f.; Lehmann-Waffenschmidt/Reichel 2000). Dabei erfolgt im Verlauf eines Entwicklungsprozesses eine Schließung des Entwicklungspfads, die kaum noch Alternativen bzw. Variationen zulässt und die Situation letztendlich weitgehend determiniert (vgl. Schreyögg/Sydow/Koch 2003, S. 272). Die selbstverstärkenden Mechanismen von Entscheidungen bewirken eine Verriegelung einer einmal gefundenen organisatorischen Lösung, die auch wegen hoher Einführung oder Fixkosten (sunk costs) nicht leicht bzw. nicht schnell genug aufgegeben werden kann (vgl. Al-Ani 1996, S. 510f.; Deeg/Weibler 2000, S. 166; Nicholson 2001, S. 390). Wegen steigender Erträge und der Irreversibilität von Entscheidungen bleibt rationalen Akteuren dabei gar keine oft keine andere Wahl, als dem Entwicklungspfad weiterhin zu folgen (vgl. Windeler 2003, S. 300). Allerdings führt das Lock-in zu einer sehr gefährlichen künstlichen Stabilität, die die Exis-

---

[196] So genanntes Historizitäts-Prinzip (auch Nonergodizitätsprinzip), demzufolge in einem Prozess mehrere Ergebnisse möglich sind und das eintretende Ergebnis sich aus der zeitlichen Entwicklung des Prozesses ergibt (David 1985, S. 332; Ackermann 2003, S. 229). Das Prinzip ist weder dem Determinismus noch der Zufallsabhägigkeit zuzurechnen sondern nimmt eine Zwischenstellung ein (vgl. Schreyögg/Sydow/Koch 2003, S. 261).

tenzgrundlage von Organisationen zerstören kann (vgl. Al-Ani 1996, S. 510). Mit anderen Worten erzeugt eine Lock-In-Situation auch eine Abkopplung der Organisation von der Dynamik ihres Umfelds, die zum Ausgangspunkt diskontinuierlicher Veränderungsprozesse aufgrund von Umweltdruck werden kann.

Das Konzept der organisationalen Constraints verdeutlicht insgesamt, dass ein Unternehmen aufgetretene Passungsdefizite durch strukturelle, personelle oder kulturelle Veränderungen nicht immer in dem Maß und dem Tempo ausgleichen kann, wie dies umweltbedingt notwendig sein kann (vgl. Deeg/Weibler 2000, S. 172). Der aufgestaute Veränderungsdruck kann sich dann nur in einem diskontinuierlichen Wandel entladen, der je nach dem Kräftespiel der einzelnen Faktoren einen ganz unterschiedlichen Verlauf nehmen kann (vgl. Strebel 1990, S. 68).[197] Die gezielte Gestaltbarkeit solcher Veränderungsprozesse erweist sich jedoch als sehr eingeschränkt, da die mit den Constraints verbundenen Limitationen die Bandbreite möglicher Reaktionen bereits von vornherein deutlich schmälern und so einen Korridor möglicher Veränderungen eingrenzen. Zusätzlich bleibt die Rigidität eines individuellen Constraints ohnehin für die Organisation gänzlich unbeeinflussbar. Und schließlich lassen sich Constraints auch nicht von vorneherein vermeiden, denn jede Herausbildung von Ordnungsmustern verstärkt getroffene Festlegungen und hemmt damit gleichzeitig andere Alternativen (vgl. in diesem Sinn auch Grothe 1997, S. 259). Nur gänzlich chaotische oder völlig spontane Organisationen, deren Prozesse keinen erkennbaren Mustern mehr folgen, wären damit nahezu frei von Beschränkungen. Der Preis hierfür wäre jedoch in einem völligen Verlust jeder Art von Steuerbarkeit zu sehen.

Insgesamt wurde aus dem Konzeptelement der Constraints somit deutlich, dass die prinzipiellen Möglichkeiten von Unternehmen, die in ihrer Evolution unausweichlich auftretenden Passungsdefizite durch Veränderungen in der Struktur oder anderen nachgeordneten Organisationsdimensionen in Form eines organisationalen Wandels zu beheben, nicht in dem Maß gegeben sind, wie dies bezüglich der unternehmerischen Situation und ihrer Dynamik erforderlich sein kann. Damit steigt die Gefahr, dass eine Diskrepanz in den Prozesstempi des Unternehmenswandels und der Veränderungsrate seiner Umwelt auftritt und die Umwelt ein höheres Veränderungstempo verlangt, als das Unternehmen erreichen kann (vgl. Hannan/Freeman 1989, S. 74f.).[198] Gleichzeitig folgt daraus aber auch, dass ein diskontinuierlicher Unternehmenswandel stets als begrenzt anzusehen ist und so auch keine beliebige Gestaltbarkeit gegeben ist. Dies heißt, dass ein Unternehmen sowohl an externen Veränderungserfordernissen zerbrechen kann, als auch durch interne Veränderungsnotwendigkeiten auseinander brechen kann. Zudem kann es eine eigene Veränderung im Lock-In-Zustand nur durch ein Aufbrechen der wirk-

---

[197] Siehe auch Kapitel 3.4

[198] Siehe auch Kapitel 4.6

176

samen Constraints bzw. eine Pfadbrechung erreichen (vgl. dazu auch Lehmann-Waffenschmidt/Reichel 2000, S. 343; Schreyögg/Sydow/Koch 2003, S. 273ff.). Wie dies im Einzelnen aussehen kann, soll nachfolgend mit dem Konzept der Schöpferischen Zerstörung beschrieben und erklärt werden.

5.1.3.4 Schöpferische Zerstörung

Die Idee der Passung folgt letztlich dem konsistenztheoretischen Argument, dass die Strukturvariablen der Organisation derart verknüpft sind, dass sie nur auf eine abgestimmte Weise bzw. konzertiert verändert werden können (vgl. Miller/Friesen 1984, S. 223). Ein partieller Wandel würde damit die Balance zerstören und komplementäre Wirkungen aufheben (vgl. Wolf 2000, S. 80). Um Disharmonien in bestehenden Konfigurationen zu verhindern, können also oftmals nur gänzlich neue Konfigurationsformen geschaffen werden. Dazu bedarf es aber wenigstens vorübergehend einer nachhaltigen und tief greifenden Störung, weil anders die komplexen Kräfterelationen zwischen Stabilisatoren und Destabilisatoren nicht entscheidend in die Richtung von Veränderungen bewegt werden können. Zudem kann die Wirkung von Constraints auch nur punktuell durch einen grundlegenden strukturellen Umbau der Organisation aufgebrochen werden (vgl. Deeg/Weibler 2000, S. 177). Ein solcher Prozess der innovativen Neukonfiguration einer Organisation zur Wiederherstellung ihrer Passung kann mit dem Begriff der schöpferischen Zerstörung umschrieben werden. Die Elemente der Schöpfung und Zerstörung können in der Form ihrer wechselseitigen Beziehung als ein generativer Mechanismus von Wandelprozessen verstanden werden (vgl. Deeg/Weibler 2000, S. 173), der auf vielfältige Veränderungsfragen angewendet werden kann.

Der in der wissenschaftlichen wie praxisbezogenen Unternehmensliteratur vielzitierte Begriff der schöpferischen Zerstörung stammt ursprünglich von dem Nationalökonomen Joseph A. Schumpeter. Er prägte ihn eigentlich in Zusammenhang mit seiner Analyse der Entwicklung von gesamten Volkswirtschaften (vgl. dazu etwa Bös/Stolper 1984, Hanusch 1988, Magnusson 1994, De Vecchi 1995 u.v.a.). Schumpeter war dabei der Auffassung, dass sich wirtschaftlicher Wandel als Entwicklung durch Strukturbrüche beschreiben lässt (vgl. Meißner 1984, S. 80). Bei dieser Entwicklung werden bereits existierende Strukturen zerstört um neuen Strukturen Platz zu machen. Schumpeter konnte zeigen, dass die Industriestruktur einer Volkswirtschaft durch in Perioden auftretende Wellen von neuen Produktionsmethoden tief greifend und nachhaltig verändert wird (vgl. Schumpeter 1980, S. 114). Dieses Verlaufsmuster der volkswirtschaftlichen Entwicklung bezeichnete er mit dem Begriff der schöpferischen Zerstörung (vgl. Schumpeter 1980, S. 138). Auch wenn dieser Begriff ursprünglich nicht für den Organisationskontext geprägt wurde, lässt sich dennoch eine fruchtbare Verbindung mit den evolutionären Ansätzen des Wandels herstellen, da Schumpeters Konzeptionalisierung von Wandelprozessen im Einzelnen zahlreichen Elementen evolutionärer Denkansätze ähnelt (vgl. im Einzelnen Deeg/Weibler 2000, S. 172f.; sowie Hodgson 1996, S.

146ff.).[199] Diese Idee erscheint mit dem Standpunkt, dass Selektionsprozesse im Rahmen des Evolutionsmodells keine glatt verlaufende Optimierung darstellen (vgl. Barnett/Burgelman 1996, S. 6), und dem punktualistischen Wandelverständnis der durchbrochenen Gleichgewichte zudem gut vereinbar.

Schumpeters Konzeptionalisierung von Wandel ergänzt außerdem das Modell der durchbrochenen Gleichgewichte, da er den Verlauf von Veränderungsprozessen nicht nur als diskontinuierlich, sondern auch als disharmonisch und eruptiv beschreibt und vor allem weitere innere Auslösefaktoren dazu benennt (vgl. Hodgson 1996, S. 146; Sachs 2000, S. 261). Ökonomischer Wandel stellt in seiner Sichtweise eine Entwicklung der Volkswirtschaft von innen heraus dar (inhärente Entwicklung; vgl. auch Dopfer 1994, S. 140). Die Notwendigkeit einer Veränderung ergibt sich aus internen Zwängen, wobei der Kapitalismus als Organisationsprinzip moderner Volkswirtschaften quasi von Natur aus eine Form oder Methode der Veränderung darstellt (vgl. Schumpeter 1980, S. 136). Somit kann in einer kapitalistisch verfassten Volkswirtschaft auch kein Gleichgewichtszustand auf Dauer erhalten werden, da systembedingt unaufhörlich Veränderungen im Wirtschaftsprozess eintreten (vgl. De Vecchi 1995, S. 3; Hodgson 1996, S. 147). Die fundamentalen Auslöser dieses unablässigen Wandels stellen für ihn Innovationen dar (vgl. auch Lazonick 1994, S. 245) und das Unternehmen stellt die wesentlichen Institution zur Erzeugung solcher Neuerungen dar (vgl. auch Sachs 2000, S. 261). Der Innovationsprozess verläuft zyklisch und führt regelmäßig zu empirisch nachweisbaren Innovationswellen (vgl. z.B. Stolper 1988, Kleinknecht 1990), die den evolutionären Charakter des Kapitalismus ausmachen (vgl. Schumpeter 1980, S. 137).

Schumpeter betont dabei die Rolle des kollektiven Unternehmertums für die Durchsetzung von Innovationen (vgl. Lazonick 1994, S. 252). Denn in seiner Vorstellung von Wandel müssen sich neue Kombinationen gegen bestehende I-deen durchsetzen, wobei sie zunächst nicht sofort an die Stelle der alten Ideen, sondern nur neben sie treten (vgl. Schumpeter 1993, S. 101).[200] Ihre Durchsetzung erfolgt hauptsächlich durch die Tätigkeit des Unternehmers, der sie aufnimmt und so weiterverbreitet (vgl. im Einzelnen De Vecchi 1995, S. 15ff.). Ihm kommt somit die zentrale Rolle eines Promotors von Innovationen im Prozess der Veränderung einzelner Unternehmen und der Entwicklung von ganzen Volkswirtschaften zu (vgl. auch Wunderer 1994, S. 250). Auch wenn dadurch das Unternehmertum vielleicht in einer etwas zu idealisierten Weise dargestellt wird, hat Schumpeter zu Recht darauf hingewiesen, dass neue Kombinationen (Innovationen) nicht qua-

---

[199] Nach Dopfer (1994, S. 141) kommt ihr zudem ein interdisziplinärer Status zu, da sie auch nicht-ökonomische Variablen betrachtet. Schumpeter zielte zudem auf die Modellierung eines Veränderungsmechanismus ab (vgl. Schumpeter 1993, S. 93 FN 3), der auch auf andere Veränderungsfragen übertragen werden kann.

[200] Vgl. ähnlich den Prozess der Erosion der Tiefenstruktur in Kapitel 5.1.3.1

178

si von selbst durch die unsichtbare Hand einer alles optimierenden Selektion im Evolutionsprozess entstehen können, sondern nur zielgerichtetes Handeln zu erreichen sind (vgl. Deeg/Weibler 2000, S. 176). Ferner scheint die neue Wirtschaftsordnung („new economy") des postindustriellen Zeitalters eine noch dramatischere Manifestation des Gedankens der schöpferischen Zerstörung darzustellen als dies Schumpeter selbst ahnen konnte (vgl. Foster/Kaplan 2001, S. 289). Die Geschwindigkeit des Wandels nimmt nicht ab und deswegen sind auch die revolutionären Erschütterungen keineswegs vorüber (vgl. Connor/Lake/Stackman 2003, S. 4).

Der Inkrementalismus als dominante Strategie der Veränderung scheint damit auf längere Sicht ungeeignet zu sein (vgl. Foster/Kaplan 2001, S. 291f.). Dies bedeutet jedoch nicht, dass inkrementale Veränderungen dadurch vollkommen obsolet werden würden. Denn radikale Veränderungen bleiben ohne anschließende inkrementelle Verbesserungen oftmals singulär und ohne weiteren Einfluss (vgl. Deeg/Weibler 2000, S. 175). Deswegen ist ganz im Gegenteil von einer Komplementarität inkrementeller und fundamentaler Veränderungen auszugehen. Unternehmensdiskontinuitäten stellen also stets nur Ausschnitte aus größeren und länger anhaltenden Wandelprozessen dar. Deswegen kommt es zumeist zu einer zeitlichen Parallelität von Kontinuität und Diskontinuität im Rahmen von längerfristigen Veränderungsprozessen. Neue Kombinationen ersetzen nach Schumpeters Auffassung auch nicht sofort die alten, sondern treten zunächst neben sie (vgl. Schumpeter 1993, S. 101). Damit beinhaltet die Idee der schöpferischen Zerstörung die zuvor schon geforderte Denkweise der Kontinuität in der Diskontinuität. Für die Durchsetzung neuer Kombinationen hat Schumpeter allerdings nahezu ausschließlich auf die Tätigkeit des Unternehmers gesetzt und ihm allein die Aufgabe eine Promotoren des Wandels zugewiesen (vgl. Deeg/Weibler 2000, S. 176). Dagegen hat die vorangegangene Auseinandersetzung mit dem Konzept des organisationalen Wandels gezeigt, dass vielfältige Akteure und Faktoren das Wandelgeschehen charakterisieren.[201]

Ganz entscheidend bleibt auch bei der Vorstellung von einer schöpferischen Zerstörung im Sinne einer innovativen Neukonfiguration von Unternehmen die Frage nach den Möglichkeiten einer zielgerichteten Einwirkung. Die Gestaltungsmöglichkeiten liegen dabei vor allem in einem Rearrangement von den zentralen Elementen der Tiefenstruktur begründet. So können Unternehmen an neuen Marktchancen ausgerichtet werden, indem Unternehmensteile hinzugefügt, abgetrennt, übertragen, abgebaut oder neu kombiniert werden (vgl. Siggelkow 2002, S. 140). Manager können so zu „evolutionary engineers" (vgl. Bruderer/Singh 1996, S. 1345) werden, die neue leistungsfähigere Organisationen (Organisationsformen) aus Teilen bereits existierender Organisationen „rekombinieren". Organisieren

---

[201] Vgl. Kapitel 4.6

heißt im Prozess der schöpferischen Zerstörung damit „lösen und verbinden, trennen und verknüpfen, teilen und vernetzen, scheiden und zusammenfügen" bzw. dekonstruieren und rekonstruieren (vgl. Kornberger 2003, S. 124). Von diesen beständigen Bewegungsmustern im Spannungsfeld zwischen Ordnung und Chaos hängt für die Entwicklung von Organisationen alles ab, denn Neues kann nur aus einer solchen Dynamik des Aufbaus und Abbaus entstehen. Es ist als dauerhafte Aufgabe der Versuch, produktive Irritationen zu erzeugen, indem Ordnung ins Chaos gebracht wird, die Regel im Zufall etabliert wird, sowie Festes verflüssigt und Flüssiges kristallisiert wird (vgl. Kornberger 2003, S. 124).

Eine schöpferische Zerstörung ist vor allem dann notwendig, wenn ein Unternehmen eine aktive Diskontinuierung betreiben möchte. Denn erst ein Strukturbruch macht in vielen Fällen eine Variabilität in dem Ausmaß möglich, dass auch radikale Veränderungen erreicht werden können. Denn nur wenn Tiefenstrukturen beseitigt sind, die die Bandbreite von Veränderung stark eingrenzen oder Veränderung überhaupt behindern, können ganz neue Entwicklungen ermöglicht werden (vgl. auch Gersick 1991, S. 19).[202] Eingetretene Diskontinuitäten repräsentieren deswegen oft ein Defizit an Flexibilisierungspotenzial und sind ein Ergebnis verspätet erfolgter Austarierungen dilemmatischer Anforderungen (vgl. Gebert 2000, S. 23). Im Fall der Beschränkung auf reaktives Verhalten führen bereits geschehene Diskontinuitäten im Umfeld des Unternehmens zu einer schöpferischen Zerstörung als Folge, die fast keinen voluntativen Gestaltungsspielraum der Unternehmensführung mehr enthält. Wenn es aber gelingt, Constraints punktuell außer Kraft zu setzen, dann rücken lange gewünschte Verbesserungen in greifbare Nähe und erzeugen den nötigen Schwung zur Veränderung ebenso wie ein positives Veränderungsklima (vgl. auch Tushman/Newman/Romanelli 1986, S. 39).

Es muss allerdings betont werden, dass eine schöpferische Zerstörung des Unternehmens einen in hohem Maße riskanten Vorgang bildet. Denn schließlich ist die empirisch nachweisbare Gefahr der „schöpferischen Selbstzerstörung" (vgl. Carroll/Teo 1996, S. 620f.) nicht von der Hand zu weisen. Dabei verfolgen Unternehmen in schwierigen Zeiten überaus riskante Wandelstrategien, die den Untergang des Unternehmens mit dem Versuch der Erzielung technologischer Innovationen oder der Verbesserung strategischer Positionen letztlich mehr beschleunigen als ihn aufzuhalten. Ein zusätzliches Risiko erwächst Unternehmen aus einer schöpferischen Zerstörung auch durch die Vernichtung von innovativen Potenzialen auf der personalen Ebene, indem durch die Rekombination von Unternehmensteilen gegebenenfalls wertvolle Mitarbeiter verloren gehen. Hierfür ist auch die folgenschwere Zusammenwirkung aus Abwanderung und Widerspruch als

---

[202] Aus einer politischen Perspektive heraus (vgl. dazu näher Kapitel 5.2) kann dies auch bedeuten, dass eine dominante politische Koalition, die eine bestehende Tiefenstruktur beschützt, erst entmachtet werden muss, damit ein radikaler Wandel möglich wird (vgl. Hauser 2000, S. 187).

180

Reaktion auf den eingetretenen Leistungsabfall der Organisation verantwortlich (vgl. Al-Ani/Gattermeyer 2000, S. 16). Dabei verlieren Organisation gerade die kreativsten und motiviertesten Mitarbeiter, die dann als Träger des Wandels nicht zur Verfügung stehen und wertvolle Widersprüche als Korrekturfaktoren der Veränderung nicht mehr äußern können. Dagegen verbleiben oftmals diejenigen Mitarbeiter in der Organisation, denen keine anderen Optionen zur Verfügung stehen („personelles Lock-in") und die durch diese Situation zu einer Verstetigung erfolgloser Unternehmensführung beitragen (vgl. Al-Ani/Gattermeyer 2000, S. 16f.). Gerade auch aus diesen Gründen sind längst nicht alle tief greifenden und radikalen Reorientierungen von Unternehmen wirklich erfolgreich (vgl. Tushman/Newman/Romanelli 1986, S. 39).

5.1.4 Zusammenfassende Beurteilung

Die Darstellung des evolutionstheoretischen Gedankenguts hat gezeigt, dass hierdurch eine differenzierte Betrachtungsweise bei der Untersuchung von organisationalen Phänomenen möglich wird und mit seiner genuin dynamischen Perspektive die Erfassung von Wandelphänomenen wesentlich erleichtert wird. Es gelingt dem evolutionären Ansatz dadurch vergleichsweise besser als anderen Ansätzen, diskontinuierliche Verläufe in der Entwicklung von Organisationen und Organisationsaggregaten zu erklären. Evolutionärer Wandel ist zudem wie die Diskontinuität selbst ein Mehrebenenphänomen und der Vorteil eines evolutionstheoretischen Zugangs zur Organisationsrealität besteht darin, dass verschiedene interne und externe Ebenen des Geschehens berücksichtigt und interaktiv miteinander verknüpft werden (vgl. Robins 1985, S. 341; Sachs 2000, S. 173). Dieses Vorgehen erweist sich insbesondere wegen der externen wie internen Ausformungen und Ursachen von Diskontinuität wie organisationalem Wandel gleichermaßen höchst vorteilhaft. Die evolutionstheoretische Perspektive konzipiert den organisationalen Wandel als bedingt-zufälligen Vorgang (vgl. Wolf 2003, S. 296). Sie kombiniert dazu zufällige wie absichtsvolle Faktoren und macht damit auch komplexe emergente Phänomene erklärbar (vgl. in diesem Sinn auch Sachs 2000, S. 243).

Auf dieser Basis sind fundamentale Veränderungen keineswegs unmöglich, sondern vielmehr hinsichtlich ihres Erfolgs ungewiss (vgl. Deeg/Weibler 2000, S. 178). Denn da die Beschaffenheit künftiger Umweltzustände ebenso ungewiss ist wie auftretende interne Dysfunktionen, können Wandelanstrengungen letzten Endes kaum in einer wirklich zielgerichteten Weise erfolgen (vgl. auch Hannan/Freeman 1984; Kaplan/Foster 2001, S. 290). Evolutionäre Erklärungsmuster suchen aber aufgrund der Historizität ihres Denkens stets nach Verbindungen zwischen Vergangenheit, Gegenwart und Zukunft (vgl. Sachs 2000, S. 244). Sie sind dabei der Auffassung, dass Entwicklungsrichtungen von Unternehmen oft weit in ihrer Vergangenheit begründet liegen (vgl. dazu auch Wolf 2000, S. 81f.). Einmal getroffene Entscheidungen verfestigen sich im Lauf der Zeit und schaffen

Pfadabhängigkeiten, die die Reichweite und die Grenzen unternehmerischen Handelns wesentlich prägen (vgl. Rühli/Sachs 1999, S. 225). Fundamentale Trägheitskräfte führen dann Unternehmen im Rahmen von Konvergenzprozessen zu einer spezifischen Konfiguration aus strategischer Positionierung am Markt und organisationaler Strukturform (vgl. Siggelkow 2001, S. 839), die nur noch pfadabhängige Entwicklungen zulässt. Damit können sich Unternehmen zunächst einmal nur noch analog zum eingeschlagenen Entwicklungspfad verändern (vgl. Wolf 2000, S. 82). Solche Pfadabhängigkeiten mit ihrer stabilisierenden Anreizwirkung zunehmender Erträge sind dann in besonderem Maß für selten auftretende, aber revolutionäre diskontinuierliche Veränderungen verantwortlich (vgl. North 1992, S. 120ff.). Denn einmal eingeschlagene Pfade der institutionellen Entwicklung können, wenn überhaupt, nur unter sehr großem Kraftaufwand verlassen werden. Diese schwierige Überwindung der Pfade beinhaltet aber eine hohe Ergebnisoffenheit, weil eine große Zahl neuer möglicher Pfade gleichzeitig wahrscheinlich ist (vgl. Prigogine/Stengers 1984, S. 176; Gersick 1991, S. 28). Die Diskontinuität hat damit gleichermaßen in vielfältiger Weise Herkunft wie Zukunft, was in der langfristigen Betrachtungsweise einer evolutionären Perspektive besser entdeckt werden kann (vgl. auch Rühli/Sachs 1999, S. 225).

Der Punktualismus hat sich dabei trotz aller jüngst an ihm geäußerten Kritik als ein überlegenes Erklärungsmuster für den genauen Verlauf von diskontinuierlichen Veränderungsprozessen in Unternehmen und der Klärung vergangenheitsbezogener Ursachen wie zukünftiger Folgen erwiesen. Der Entwicklungspfad punktualistischer Veränderungen kann als Sequenz von Perioden aufgefasst werden, in denen die Kernelemente der Organisation bzw. ihre Tiefenstruktur abwechselnd verfeinert oder verändert werden (vgl. Siggelkow 2002, S. 154). Das Konzept des punktualistischen Wandels verdeutlicht zudem, dass die treibenden wie hemmenden Faktoren des evolutionären Wandels in ihrem antagonistischen Wechselspiel für die Unternehmensentwicklung verantwortlich sind (vgl. Rühli/Sachs 1999, S. 225; Sachs 2000, S. 244). Mit anderen Worten entsteht die Veränderungsdynamik auch in der Diskontinuität ganz wesentlich durch das Kräfteverhältnis von Gegensätzen. Hinzu kommt der fundamentale unternehmerische Trade-off zwischen Effizienz und Adaptionsfähigkeit aus der zunehmenden Instabilität der Absatzmärkte (vgl. Thesmar/Thoenig 2000, S. 1202), der weitere Auswirkungen für Unternehmensentscheidungen wie auch für das unternehmerische Umfeld nach sich zieht und so das Kräftefeld des Wandels um weitere Einflussfaktoren zur schöpferischen Zerstörung bereichert.

Andere, eher individualpsychologisch orientierte Überlegungen zum Wechselspiel zwischen Stabilisation und Destabilisation in Wandel stützen zudem das Verlaufmuster des Punktualismus zusätzlich. Demnach neigen Individuen aus Angst vor dem Neuen und Unbekannten mit seinem Verlustpotenzial dazu, an einer gegenwärtigen Tiefenstruktur einer Organisation übermäßig lange festzuhalten (vgl. Gebert 2000, S. 20f.). So haben Führungskräfte in Konvergenzperioden eher den Eindruck, Herr der Lage zu sein (vgl. Miller/Chen 1994, S. 1; Wolf 2000, S. 76) und bewerten damit die existente Tiefenstruktur entsprechend positiv. Gleichzeitig werden vorhandene Nachteile der Tiefenstruktur subjektiv eher gering eingestuft und damit keine Veranlassung für eine Veränderung gesehen. Der subjektive Saldo aus Vor- und Nachteilen der Tiefenstruktur kann sich jedoch im Lauf der Zeit ändern, so dass ein organisationaler Wandel nicht nur aus externen Anlässen oder internen Absichten eingeleitet wird, sondern auch aus dem Ergebnis solcher Attraktivitätsverschiebungen gewünscht werden kann (vgl. dazu auch Ford/Ford 1994, S. 764ff.). Unter dem Eindruck zunehmender irritierender Ereignisse aus der sich immer deutlicher manifestierenden Erosion der Tiefenstruktur kann ein negativer Attraktivitätssaldo entstehen. Die Fassade der intrapsychischen Anpassungen, Beschönigungen der Realität und falschen Ursachenzuschreibungen fällt dann häufig schlagartig auf irreversible Weise in sich zusammen (vgl. auch Gebert 2000, S. 22) und damit wird der Weg für den Eintritt der Organisation in die Reorientierungsphase frei.

Diese fortlaufenden Attraktivitätsbilanzierungen bereiten also einen nachhaltigen Einstellungsumschwung vor und machen so gelegentlich einen abrupten und tief greifenden Eingriff in Form eines diskontinuierlichen Wandels in der Organisation ebenso erst möglich wie auch unumgänglich. Der zähe strukturelle wie individuelle Widerstand gegen Veränderung bricht immer wieder an einem bestimmten Punkt zusammen und macht den starken Treibern des Wandels Platz. Dabei wirkt sich als zusätzliche Verstärkung dieser inhärenten Dynamik der Umstand aus, dass durch den zunehmenden Veränderungsdruck Individuen leicht in Stress geraten und dann ganz im Gegensatz zu ihrer langen Beharrungstendenz zu überzogenen Handlungen neigen (vgl. Wolf 2000, S. 78). Die Dramatik der Veränderung ist deswegen eine Frage der Perspektive bzw. Betrachtungsebene des evolutionären Wandels (vgl. auch Sachs 2000, S. 244). Während auf einer strukturellen Ebene in der Phase der Konvergenz scheinbar keine größeren Veränderungen erkennbar sind und eine eingeschlagene Richtung inkremental weiterverfolgt wird (vgl. Miller/Chen 1994, S. 1ff.), kann sich dagegen auf der kognitiv-emotionalen Ebene zur selben Zeit durch einen Prozess der „Gärung" unter der Oberfläche bereits ein revolutionärer Richtungswechsel zugunsten einer neuen Tiefenstruktur andeuten (vgl. Gebert 2000, S. 21).

Unternehmen müssen interne und externe (An-)Passungserfordernisse gleichzeitig erkennen und in der Lage sein, auf veränderte Situationen in beiden Fällen rasch reagieren zu können. Dies verlangt die Aneignung neuen Wissens ebenso wie eine weitreichende Lernfähigkeit, um die organisationale Evolution als Balance zwischen innerer Konsistenz und äußeren Adaption zu gestalten (vgl. Sachs 2000, S. 243f.). Eine überzogene Furcht vor Veränderungen ist dabei wenig hilfreich, denn nur durch beständigen organisationalen Wandel kann letztlich die Konstanz des Unternehmens als Institution aufrechterhalten werden (vgl. in diesem Sinn auch Kornberger 2003, S. 125). Aus Sicht des Passungsgedankens ist folglich weniger der organisationale Wandel – es sei denn ein unpassender Wandel – die Quelle des Scheiterns von Unternehmen, sondern ausgebliebene Veränderungen („Nichtwandel") im Angesicht von Passungsdefiziten (vgl. Deeg/Weibler 2000, S. 168). Ob sich jedoch das eingegangene Wandelrisiko auszahlt, bleibt abgesehen von den immer virulenten Problemen einer internen Akzeptanz von Veränderungen auch durch eine externe Akzeptanz von Veränderungen durch die Umwelt offen (vgl. auch Meyer/Heimerl-Wagner 2000, S. 178). Hier besteht aufgrund der Rolle der Wahrnehmung in Veränderungsprozesse sowohl die Möglichkeit der Fehlkonstruktion der subjektiven Wirklichkeiten (vgl. Deeg/Weibler 2000, S. 168) als auch eine Ablehnung von Veränderung durch stabil gebliebene Umwelterwartungen (Meyer/Heimerl-Wagner 2000, S. 178).

Aus dem Element der Umweltkopplung folgt zudem, dass nicht jeder Veränderungsimpuls aus der Umwelt oder der Innenwelt des Unternehmens zu einem Wandel führt. Nur eine enge Kopplung führt auch zu einer Orientierung an Umwelterwartungen (vgl. Kasper/Mayrhofer/Meyer 1998, S. 609) und folglich zu entsprechenden Veränderungsbestrebungen. Damit müssen nicht alle exogenen Schocks unmittelbar in einer Unternehmensdiskontinuität münden. Organisationale Constraints verhindern also nur einen Wandel in der erforderlichen Weise nicht aber einen Wandel überhaupt (vgl. Deeg/Weibler 2000, S. 181). Sie schränken eine rechtzeitige Nachjustierung ein, verhindern sie aber nicht prinzipiell (vgl. dazu auch Gebert 2000, S. 23). Und umgekehrt kann ihre einengende und begrenzende Wirkung wiederum genau zu dem Druck führen, den Diskontinuitäten zur ihrer Entfaltung benötigen. Doch nicht jeder im Inneren des Unternehmens angestaute Veränderungsdruck muss sich in Diskontinuitäten entladen. Unternehmen sind als Organisationen komplexe konstellierte Gebilde, die sich trivialen Determinismen entziehen. Demzufolge ist nicht nur das Individuum im Unternehmen, sondern auch das System „Unternehmen" gleichzeitig eigenwillig und eigensinnig (vgl. Kasper/Mayrhofer/Meyer 1998, S. 614).

Jedoch sind Unternehmen deswegen nicht notwendigerweise als unüberwindlich träge anzusehen, sondern lediglich als den verschiedensten Beschränkungen in der Bandbreite ihrer Reaktionsmöglichkeiten und der Umsetzungsgeschwindigkeit unterworfen (vgl. auch Deeg/Weibler 2000, S. 181). Da aber interne wie externe (An-)Passungsbemühungen nur dann erfolgreich sind, wenn sie auch der Veränderungsdynamik in den Anforderungen an unternehmerische Problemlösungen entsprechen (vgl. Hannan/Freeman 1989, S. 74f.), entstehen immer wieder Defizite. Unternehmen können die an sie gerichteten Anforderungen nur mit einem oft zeitlichen Lag umsetzen, so dass realisierte organisationale Veränderungen vielfach zu spät kommen und die interne strukturelle Verfasstheit keineswegs immer den Anpassungserfordernissen aufgrund der Umweltgegebenheiten in der

184

gewünschten Aktualität oder dem notwendigem Umfang entspricht (vgl. auch Deeg/Weibler 2000, S. 153).[203]

Werden Constraints übermächtig, gerät das Unternehmen in die Situation des Lock-In, die als einzige Gestaltungsmöglichkeit nur das Aufbrechen des verfestigten Entwicklungspfads zugunsten völlig anderer Alternativen zulässt (vgl. Lehmann-Waffenschmidt/Reichel 2000, S. 343). Dieser Ordnungsbruch ermöglicht dann auch das Verlassen einer deterministisch bestimmten Situation durch einen voluntativen Akt der konstruktiven Destruktion. Das Konzept der schöpferischen Zerstörung setzt damit in gewisser Weise die evolutionäre Perspektive des Symmetriebruchs (vgl. Gersick 1991, S. 28f.; sowie Schlichting 1993, S. 9) fort, in der eine impulsive Regung oder Reaktion ein deterministisches Dilemma symmetrischer Alternativen produktiv auflöst. Jedoch sind die möglichen Bruchlinien in Organisationen bereits angelegt, da beispielsweise in jeder Tiefenstruktur Widersprüche immanent vorhanden sind, die einen Prozess ihrer schleichende Erosion von Beginn an fördern (vgl. Gebert 2000, S. 23). Deswegen leiden auch alle modernen Formen der Unternehmensorganisation durch ihre Konstruktionsprinzipien schon von vorneherein an Spaltungen und Brüchen (vgl. Balck 2003, S. 1203) und bieten damit Ansatzpunkte für tief greifende Veränderungen. Somit trägt jede erfolgreiche Strukturlösung bereits den Keim ihrer Zerstörung schon in sich (vgl. Deeg/Weibler 2000, S. 174). Diese Bruchlinien von Ordnungen bzw. Strukturen als Basis der Diskontinuierung von Unternehmen konnten mit dem Element der Passung im Konzept der konstruktiven Destruktion offen gelegt werden.

Die schöpferische Zerstörung verdeutlicht schließlich im besonderen Maße die willentliche, endogene Verursachung von diskontinuierlichem Unternehmenswandel auf einer strukturellen Ebene der Betrachtung und schlägt so eine konzeptionelle Brücke zur Perspektive des Voluntarismus. Sie dient in besonderer Weise dazu, die historisch argumentierende Position der Evolutionstheorie mit ihren entwicklungsgeschichtlich bedingten Irreversibilitäten und der gleichzeitigen Zukunftsoffenheit mit der Kreativität des Handelns, seinen Gestaltungspotenzialen und den dadurch nachweislich möglichen Innovationen zu versöhnen (vgl. zu dieser Forderung auch Küpper/Felsch 2000, S. 349) und so auf das zukünftige Werden auszurichten (vgl. für diese Sicht des Wandels als „organizational becoming" Tsoukas/Chia 2002). Organisationaler Wandel wird dabei in seiner diskontinuier-

---

[203] So haben Müller-Camen et al. (2001) in einer empirischen Studie bei europäischen Unternehmen festgestellt, dass diese sich neuen Organisationsmodellen nur zögerlich angenähert haben und die Entwicklung von zeitgemäßeren Formen der Organisation damit nicht so schnell und radikal voranschreitet wie dies wünschenswert wäre. Die Autoren machen für die Blockade gegen die Implementierung neuer Organisationsmodelle vor allem kulturelle und institutionelle Einflüsse geltend (vgl. Müller-Camen et al. 2001, S. 275f.). Ein Grund für das Festhalten an unpassenden Organisationsformen können aber auch deren ehemalige Implementierungskosten sein, die zunächst erst wieder beglichen werden müssen, bevor eine erneute Reorganisation möglich ist (vgl. Al-Ani 1996, S. 511).

lichen Ausprägung zum höchst voraussetzungsvollen und riskanten Ereignis; wenngleich er deswegen nicht unbedingt seltener auftreten muss, sondern nur sein effizientes Gelingen eher selten realisierbar ist (vgl. auch Connor/Lake/Stackman 2003, S. 4). Damit erfährt der Steuerungspessimismus der evolutionär-deterministischen Denkrichtung ebenso wie der Veränderungsoptimismus der managerial-voluntaristischen Denkrichtung in der konstruktiven Destruktion eine Relativierung durch die „Sensibilisierung für das Mögliche" als Ausdruck eines gemäßigten Voluntarismus (vgl. auch Boysen 2002, S. 246). Denn das Konzept der konstruktiven Destruktion verdeutlicht, dass ein geplanter Wandel aufgrund externer wie interner Rücksichtnahmeerfordernisse und Beschränkungen keineswegs in beliebiger Weise vorgenommen werden kann und dazu auch noch gegebenenfalls mit ungeplanten Nebeneffekten rechnen muss (vgl. Deeg/Weibler 2000, S. 181).

Das Konzept des organisationalen Wandels als konstruktiver Destruktion kann somit insgesamt als deskriptives wie normatives Konzept diskontinuierlichen Unternehmenswandel auf der strukturellen Betrachtungsebene verstanden werden (vgl. auch Deeg/Weibler 2000, S. 182): Es zeigt einerseits als deskriptives Konzept auf, wie Unternehmensdiskontinuitäten auf einer strukturellen Betrachtungsebene auftreten und warum sie entstehen und bildet andererseits als normatives Konzept eine Handlungsempfehlung, wie eine aktive Unternehmensdiskontinuierung von Strukturen zu erreichen ist. Wie alle evolutionstheoretischen Positionen modelliert es die Dynamik und Logik des Wandels durch ein Wechselspiel treibender und hemmender Faktoren (vgl. dazu auch Sachs 2000, S. 173). Organisationsstrukturen sind dabei kein stabiler Zustand mehr, sondern einem fortlaufenden Prozess der Produktion und Reproduktion ausgesetzt (vgl. Walgenbach 2000, S. 105).[204] Hieraus ergibt sich allerdings das Dilemma, dass etwas Existentes mit einem gewissen Nachweis der Bewährung und Sinnhaftigkeit zerstört werden muss, um etwas Neues zu schaffen, das im Moment des destruktiven Akts erst einmal nur als abstrakte Möglichkeit vorhanden ist (vgl. auch Wimmer 1998, S. 105f.). Zudem muss eine solche revolutionäre Veränderung nicht immer zu einer Verbesserung der Unternehmenssituation führen, sie kann auch eine Wende zum Schlechten bedeuten bzw. die Wahrscheinlichkeit des Niedergangs stark erhöhen (vgl. Tushman/Romanelli 1985, S. 206; Tushman/Newman/Romanelli 1986, S. 39; Gersick 1991, S. 31).

Das Konzept der konstruktiven Destruktion ist damit durchaus in der Lage, das Vorkommen von kontinuierlichen, transformationalem Wandel und von Transformationen ohne Umweltdruck, das in bisherigen punktualistischen Gleichgewichtsmodellen (vgl. Romanelli/Tushman 1994; Greenwood/Hinings 1996) nicht erklärbar war, auf eine befriedigende Weise zu modellieren. Während im ersten

---

[204] Damit knüpft die konstruktive Destruktion auch an allgemeinere, makrosoziologische Positionen an, denen zufolge alle sozialen Gebilde und Prozesse aus dem ständigen Zerfall und Neuaufbau ihrer Elemente bestehen (vgl. Esser 1993, S. 616).

Fall von einer schwachen Tiefenstruktur und wenigen Limitationen ausgegangen werden kann, erklärt sich der zweite Fall wahlweise als Ergebnis einer Fehlwahrnehmung oder als Überreaktion in Form einer schöpferischen Selbstzerstörung. Diskontinuität ist hingegen in praktisch allen Fällen das Ergebnis nicht rechtzeitig erfolgter Ausbalancierungen gegensätzlicher Anforderungen in organisationsinternen Prozessen (vgl. auch Gebert 2000, S. 23), die unter Berücksichtigung externer Erfordernisse später bei hohem Umweltdruck und starken Constraints zu hoher punktueller Wandeldynamik führt. Dabei gilt es für Unternehmen ein schwierige Gratwanderung zu meistern, denn eine (erneute) Passung erreichen Unternehmen nur, wenn sie eine wenigstens temporäre Balance zwischen Ordnung und Chaos finden (vgl. Sachs 2000, S. 173).

Erfolgreiche Unternehmen sind deswegen auch in der Lage, sowohl bei gegebener Passung ihre Tiefenstrukturen weiter zu perfektionieren als auch bei fehlender Passung zügig einen weitreichenden und tief greifenden Wandel einzuleiten und durchzuführen (vgl. auch Tushman/Newman/Romanelli 1986, S. 29). Dies heißt nichts anderes, als dass Unternehmen nicht nur einen inkrementellen, sondern auch einen sprunghaften Wandel beherrschen müssen (vgl. Tushman/O'Reilly 1998) bzw. evolutionäre und revolutionäre Veränderungen gleichermaßen benötigen (vgl. Hamel 2001b). Entscheidend ist die Frage, welcher dieser Wandeltypen in welchem Fall angebracht ist, denn auch eine Reorientierung oder Recreation[205] ist nicht unter allen Umständen eine angemessene Antwort auf umweltbezogene Herausforderungen bzw. interne Defizite (vgl. Tushman/Newman/Romanelli 1986, S. 39). Dennoch reichen eben kontinuierliche, aber letzten Endes doch marginale Veränderungen keineswegs immer aus, um das längerfristige Überleben von Unternehmen an den Scheidepunkten von Entwicklungspfaden, die durch fundamentale Veränderungen in den Anforderungen an unternehmerische Problemlösungen gekennzeichnet sind, zu gewährleisten (vgl. Deeg/Weibler 2000, S. 182). Zur Eigenlogik fundamentaler Transformationen gehört es hingegen auch, dass die Zerstörung einer integralen Struktur im Fall von losen Kopplungen die konstitutiven Teile einer neuen Struktur hervorbringt (vgl. dazu auch Hernes 1995, S. 130). Inkrementelle Veränderungsmuster mit ihrer Fortschreibung bereits existenter Strukturen sind zu solchen Emergenzen dagegen wohl nicht im selben Ausmaß fähig.

Vor diesem Hintergrund bleibt das Organisieren insgesamt dennoch ein prekärer Prozess, der nur gelingen kann, wenn sich eine Vielzahl von Faktoren auf produktive Weise verknüpfen lässt (vgl. Weiskopf 2003, S. 7). Organisationaler Wandel kann über die reine Selektionsperspektive hinaus auch als ein Ereignis gesehen werden, dass von der Motivation, der Gelegenheit und der Fähigkeit zur Veränderung abhängt (vgl. Greve 1998, S. 58f.; Miller/Chen 1994, S. 3). Das Organisieren

---

[205] Vgl. dazu Kapitel 4.3, Abbildung 14

bzw. das Management des Unternehmens stellt sich in der evolutionären Logik als mit höchstem Maße durch Unsicherheit behaftetes Handeln dar und bleibt damit mehr ein Ergebnis „umweltgeduldeteter Versuchs-Irrtums-Prozesse" (Wolf 2003, S. 287) als ein zielgerichtetes, geplantes und kontrolliertes Agieren. Auch wenn aus einer evolutionären Sicht die Gründe dafür auf der Hand liegen, ist dennoch mit der schöpferischen Zerstörung eine aktivere Rolle der Individuen im Evolutionsprozess verbunden (vgl. auch Withauer 2000, S. 121). Weil (strukturelle) Innovationen durch eine Nutzung der Potenziale von Organisationsmitgliedern realisiert werden können, sind Unternehmen nicht allein auf das Spiel des evolutionären Zufalls angewiesen (vgl. Brown/Eisenhardt 1998, S. 14). Sie können selbst Impulse in der Entwicklungsdynamik und -richtung setzen (vgl. auch Deeg/Weibler 2000, S. 183), weil diese Faktoren von der Mobilisierung von Ressourcen und der Modifikation von Handlungsmustern abhängen (vgl. dazu auch Smelser 1995, S. 63). Es ist also möglich, evolutionäre Prozesse bis zu einem gewissen Grad durch schöpferische und lenkende Einwirkungsversuche zu beeinflussen und dadurch gleichzeitig die interne wie auch die externe (An-)Passung des Unternehmens im Rahmen indirekter Interventionen zu verbessern („guided evolution"; vgl. Lovas/Goshal 2000, S. 876).[206]

Mit Hilfe einer evolutionären Perspektive können überdies Makro- und Mikroprobleme von diskontinuierlichem Wandel adressiert werden (vgl. zu deren Zusammenhang auch Hernes 1995, S. 87ff.). Das damit verbundene Vorgehen der Hierarchisierung von Analyseebenen und der Reduktion höherer Aggregationsstufen aus niedrigeren Stufen stellt eine Möglichkeit dar, wie das Makro-Mikro-Problem angegangen werden kann. Dabei führen evolutionstheoretische Erklärungsversuche Diskontinuitäten letztlich auf die Existenz von Schwellen zurück (vgl. dazu Stichweh 1999, S. 466): Diese Schwellen trennen zwei Erfahrungsbereiche voneinander, aus denen sich unterschiedliche Sichtweisen ergeben.[207] Damit können Ereignisse auf der einen Erfahrungsseite vom Standpunkt der anderen aus gesehen überraschend und unvorhersehbar wirken und sind nur mit der Kategorie des Zufalls rekonstruierbar. Die Zufälligkeit ergibt sich dabei aber allein aus einer fehlenden Makrosicht auf das Ereignis bzw. den entsprechenden Beobachtungsmöglichkeiten und Erklärungsfähigkeiten. Die Gesetzmäßigkeiten von Unternehmensdiskontinuitäten entziehen sich mit anderen Worten also bislang noch weitgehend den Erkenntnismöglichkeiten ihrer Beobachter, so dass sie nicht anders als zufällig begriffen werden können. Sofern es aber gelänge ihre interne Logik zu entschlüsseln, wären sie möglicherweise auch gestalterisch besser zu bewältigen. Hieran zeigt sich der schon zuvor erwähnte Zusammenhang

---

[206] Ähnlich argumentiert Hernes (1995, S. 85), derzufolge Handlungen die Entscheidungsparameter des Handelns verändern können und Zielverfolgungen die Restriktrionen aufheben.

[207] Aus der Sicht der Systemtheorie wären dies beispielsweise System/Umweltdifferenzen.

188

zwischen Erklärungs- und Gestaltungswissen[208] in besonders prägnanter Weise. Eine evolutionäre Perspektive weist somit trotz ihrer reinen Erklärungsabsichten und ihrer Annahme begrenzter Gestaltungsspielräume auch auf ganz neue Zugangsmöglichkeiten.

Insgesamt war es deswegen mit der hier vorgestellten, revidierten Evolutionstheorie möglich, ein in dieser Weise bislang nicht vorhandenes evolutionäres Erklärungsschema zu formulieren, das auch die in herkömmlichen Evolutionsansätzen noch offenen diskontinuierlichen Veränderungen im institutionellen Gefüge (vgl. Küpper/Felsch 2000, S. 338) verständlich machen kann. Diskontinuierlicher Unternehmenswandel ist damit als ein organisationsinterner Prozess anzusehen, der seine Wurzeln vor allem in einer nicht hinreichend bzw. rechtzeitig bewältigten Abstimmung zwischen widersprüchlichen Anpassungserfordernissen hat (vgl. auch Gebert 2000, S. 23). Gleichzeitig erlaubte es die evolutionäre Perspektive, verschiedenen Punkten der eingangs formulierten Anforderungen an ein integratives Wandelmodell in besonderer Weise gerecht zu werden. So konnten zunächst mit dem Verlaufsprinzip des Punktualismus die nicht-symmetrischen Entwicklungsverläufe von Unternehmensdiskontinuitäten berücksichtigt und genauer modelliert werden. Gleichzeitig traten dadurch die kritischen Phasen des radikalen Umbruchs stärker als bislang hervor. Mit dem Konzept der Inneren Selektion bzw. der Passung wurden exogene wie endogene Quellen des Wandels berücksichtigt und zueinander in Beziehung gesetzt. Die Historizität von Entwicklungen wurde mit Hilfe der Constraint-Idee und der daraus folgenden Pfadabhängigkeit aufgezeigt. Aus der Kombination beider Elemente können sowohl Konstanz wie Wandel analysiert werden. Der Einfluss von Akteuren wurde schließlich durch das Moment der schöpferischen Zerstörung schon ansatzweise in der evolutionären Perspektive der strukturellen Diskontinuität aufgezeigt. Die noch ausstehende genauere Bestimmung der Einflüsse des Akteurhandelns sowie eine Klärung der Autonomie- und Abhängigkeitsbeziehungen zwischen den Akteuren im Hinblick auf den Wandel soll nachfolgend auf der Mikroebene der Diskontinuität durch die politische Perspektive erfolgen.

5.2 Mikroebene der Diskontinuität: Wandel als politischer Prozess

Das folgende Kapitel stellt im Anschluss an die vorangegangenen Ausführungen Personen und Personengruppen in den Mittelpunkt der Betrachtung. Dabei soll der diskontinuierliche Unternehmenswandel durch einen Bezug auf akteurstheoretische Konzepte (mikro-)politischer Analysen als politischer Prozess aufgefasst werden. Dazu werden einleitend zunächst der Begriff und die Bedeutung von Politik in Organisationen erörtert und ihre Verbindung zum Wandelgeschehen aufgezeigt (Kapitel 5.2.1). Anschließend werden einige wesentliche Ansätze und Konzepte der Politik in Organisationen kurz skizziert (Kapitel 5.2.2). Vor dem

---

[208] Vgl. Kapitel 2.1

Hintergrund der unzureichenden Berücksichtigung struktureller Faktoren dieser herkömmlichen Erklärungsansätze des politischen Akteurshandelns soll anschließend eine Erweiterung der politischen Perspektive vorgenommen werden. Zu diesem Zweck wird auf das Konzept des akteurorientierten Institutionalismus zurückgegriffen, das in seinen wesentlichen Grundzügen dargestellt wird (Kapitel 5.2.3). Anschließend werden darauf aufbauend zwei idealtypische Akteurskonfigurationen im diskontinuierlichen Wandel differenziert und ihre Bedeutung für diskontinuierliche Veränderungsprozesse aufgezeigt (Kapitel 5.2.4). Dadurch wird es möglich, die endogenen personenbezogenen Quellen des diskontinuierlichen Wandels im Wechselspiel zwischen Personen und Strukturen systematisierter zu erfassen und dabei gleichzeitig die Zusammenhänge zwischen den verschiedenen Betrachtungsebenen von Veränderungsprozessen zu verdeutlichen.

5.2.1 Begriff und Bedeutung von Politik in Organisationen

Seit den 70er Jahren kann eine zunehmende Beschäftigung der Betriebswirtschaftslehre und der Organisationstheorie mit den Fragen der Politik und des Politischen in Unternehmen bzw. Organisationen festgestellt werden, die vor allem auf wahrgenommenen Ähnlichkeiten zwischen bestimmten Vorgängen in Organisationen und im Staat bzw. seinen politischen Institutionen beruht (vgl. Scholl 1992, Sp. 1993).[209] Denn Organisationen wenden ebenso wie der Staat bestimmte Formen der Herrschaft an, um Ordnung zwischen ihren Mitgliedern zu schaffen und zu erhalten (vgl. Morgan 1997, S. 206). Ferner haben insbesondere die Erfahrungen der Politikwissenschaft zur politischen Willensbildung im Rahmen legislativer Vorgänge einen nachhaltigen Einfluss auf die Konzeptionalisierungen von Politik im Kontext von Organisationen genommen (vgl. Schirmer 2000, S. 120), da sich auch hier Parallelen zur Unternehmensrealität finden. Eine politische Analyse des Organisationsgeschehens kann damit generell einen wertvollen Beitrag zum Verständnis von Organisationen leisten (vgl. Morgan 1997, S. 206), weil sie den bisherigen Perspektiven und Dimensionen der Betrachtung des facettenreichen Organisationsphänomens eine weitere genuine Blickrichtung hinzufügt.

Organisationen werden deswegen heute zunehmend als politisch bestimmte Gebilde angesehen, die aus verschiedenen interessensbezogenen Einzelgruppierungen bestehen und in denen temporäre Koalitionen mit divergenten normativen Vorstellungen die weitere Entwicklungsrichtung bestimmen (vgl. v.d.Oelsnitz

---

[209] Diese Entwicklung wird in der Organisationswissenschaft häufig als „Politisierung der Organisationstheorie" bezeichnet (vgl. Türk 1989, S. 120; Brüggemeier/Felsch 1992, S. 133). Unklar bleibt dabei, ob dieser Prozess auf eine Veränderung im Bewusstsein und Verhalten der Organisationstheoretiker oder auf eine Überformung eines bislang als unpolitisch vorgestellten Wissenschaftsbereichs zurückzuführen ist (vgl. für diese Differenzierungen der Politisierung Fuchs-Heinritz 1995). Ob dieses Phänomen auch mit gesamtgesellschaftlichen Veränderungsprozessen (Politisierung der Lebenswelt, Wertewandel, Organisationsgesellschaft, organisierter Kapitalismus) einhergeht wie verschiedentlich vermutet wird (vgl. Türk 1989, S. 123; Bogumil/Schmid 2001, S. 21) ist zudem noch weitgehend ungeklärt (siehe kritisch dazu Küpper/Felsch 2000, S. 153).

190

1999, S. 119 sowie Sandner 1992, S. 71). So lassen sich auch Unternehmen als politischer Schauplatz interpretieren, indem vielfach die politische über die ökonomische Rationalität dominiert (vgl. Hauser 2000, S. 186). Damit ist insofern auch ein paradigmatischer Wechsel[210] im theoretischen Zugang zum Organisationsphänomen verbunden, als dass die Organisation in dieser Perspektive nicht mehr ein objektiv-verselbständigtes, sozio-technisches System darstellt, sondern vielmehr einen lebendigen „Interaktionszusammenhang konkreter Menschen" (Türk 1989, S. 122) bildet, die ihrer Vielfalt von Interessen auf dem Weg der Politik in Organisationen Ausdruck verleihen.[211] Auf diese Weise leisten politische Perspektiven des Organisationsgeschehens auch einen wichtigen Beitrag für die vor den Herausforderungen des diskontinuierlichen Wandels notwendige Re-Personalisierung der Organisationswissenschaft.

Jedoch stößt der Versuch einer politischen Interpretation des Organisationsgeschehens auf die Schwierigkeit einer einigermaßen präzisen Begriffsklärung. So fällt es keineswegs leicht, näher zu bestimmen, was mit Politik in Organisationen genau gemeint ist. Denn der Politikbegriff ist – wie viele andere sozialwissenschaftliche Begriffe – unscharf und mehrdeutig gefasst. Dementsprechend wird der Begriff der Politik wie auch des Politischen in den einzelnen Ansätzen zur Politik in Organisationen recht unterschiedlich konzipiert (vgl. auch Ridder 1999, S. 590). Dies verwundert vor dem Hintergrund, dass auch die Politikwissenschaft selbst keine verbindliche und allgemeine akzeptierte Begriffsdefinition kennt (vgl. auch Sandner 1990, S. 66; Rohe 1983, S. 350), jedoch nur wenig.[212] Die Organisationstheorie wie auch die Betriebswirtschaftslehre haben aber offenbar nur wenig darangesetzt, diesen Zustand zu überwinden. Vielmehr wurde vom Politischen in recht eigenwilliger Weise Gebrauch gemacht.

Weitaus augenfälliger ist somit die Tatsache, dass der Begriff „Politik" im herkömmlichen betriebswirtschaftlichen Sprachgebrauch lange Zeit zumeist reichlich „unpolitisch" verwandt wurde, da gängige Begrifflichkeiten wie Unternehmens-Politik, Personal-Politik, Preis-Politik oder Absatz-Politik nicht auf Politik im ei-

---

[210] Vgl. zur Paradigmendiskussion auch Kapitel 2.1; die politische Perspektive wird im Kontext dieser Arbeit vorwiegend der Position des Voluntarismus zugeordnet (vgl. auch Kapitel 2.4). Über diese anthropologische Einordnung hinaus sollen an dieser Stelle keine weitere Aussagen zum ontologischen, epistemologischen oder methodischen Status (mikro-)politischer Ansätze getroffen werden, da hierzu noch zu wenig gesichertes Wissen vorliegt.

[211] Besonders augenfällig wird diese Auffassung in der Metapher von Organisationen als „Arena interessengeleiteter Interventionen, Aushandlungen, Konflikte mit jeweils nur temporären Problemlösungen" (Türk 1989, S. 122; siehe zur Arena-Metapher auch Mintzberg 1983, S. 420ff.; Bolman/Deal 1997, S. 198ff.; Morgan 1997, S. 272f., sowie Kapitel 5.2.4.1)

[212] Aus diesem Grund hat sich in der Politikwissenschaft eine Vielfalt von Politikbegriffen etabliert (vgl. v. Prittwitz 1994, S. 11), die gelegentlich zwar als Kommunikationshindernis beklagt wird, deren Sinnhaftigkeit und Nützlichkeit in Anbetracht der Vielschichtigkeit des Politischen gleichwohl gesehen wird (vgl. auch Rohe 1983, S. 350). Ferner wird die damit notwendigerweise verbundene Aspektselektivität ausdrücklich anerkannt (vgl. Nassmacher 2002, S. 2; Rohe 1983, S. 350).

gentlichen Sinne (Prozess der Zielbildung), sondern vielmehr lediglich auf Strategien (Mittel der Ziel-Erreichung) abstellen (vgl. Kuhn 2000, S. 164, sowie Brüggemeier/Felsch 1992, S. 133, Sandner 1992, S. 46).[213] Ferner werden die Begriffe Macht und Politik häufig in einer nicht unproblematischen Weise als identisch aufgefasst, indem bei vielen Autoren Politik in Organisationen rein als Machtausübung verstanden wird (vgl. Scholl 1992, Sp. 1994; Sandner 1992, S. 57f.).[214] So mangelt es in der Organisations- und Betriebswirtschaftslehre nicht allein nur an angemessenen Politikkonzeptionen (vgl. etwa Schirmer 2000, S. 6), sondern zuallererst schon an einem hinreichend differenzierten und reflektierten Politikbegriff. Aus diesem Grund scheint – wie auch beim Wandelbegriff[215] – eine begriffliche Rekonstruktion als ein erster Schritt hilfreich, wenn man sich der komplexen Thematik der Politik und des Politischen in Organisationen angemessen nähern möchte.

In der einschlägigen Literatur zu politischen Aspekten im Organisationsgeschehen findet sich zur genaueren begrifflichen Differenzierung des Politischen zunächst die aus der angloamerikanischen Politikwissenschaft entlehnte Aufteilung des Politikbegriffs in die Trias von polity, politics und policy als Form, Prozess und Inhalt des Politischen.[216] Die einzelnen Bedeutungen können dabei wie folgt charakterisiert werden (vgl. Wienecke 2001, S. 29; Neuberger 1995, S. 10 und 2002, S. 685):[217]

- **Polity:** Dieser Begriff beschreibt den institutionellen und normativen Rahmen sowie die Organe und Verfahrensregeln der politischen Ordnung.

- **Politics:** Hiermit werden die interessens- und machtbestimmten Konflikt- und Konsensbildungsprozesse zur Entscheidungsfindung bezeichnet.

- **Policy:** Hierunter versteht man die programmatischen Inhalte und damit verbundenen Aufgaben und Ziele als Ergebnis politischer Entscheidungsprozesse.

---

[213] Ganz ähnlich sieht Steyrer (1992, S. 7) die Diskussion politischer Prozesse in der Betriebswirtschaftslehre im Zusammenhang mit der strategischen Ausrichtung des Unternehmens.

[214] So beispielsweise bei Mintzberg (1990, S. 159) oder Frost (1989, S. 518). Ausführlich wird die Machtperspektive von Sandner (1990) und Morgan (1997, S. 228ff.) dargestellt. Die machtbasierten Politikkonzeptionen laufen dabei häufig Gefahr, tautologisch zu werden und vernachlässigen zu den den Kontext politischen Handelns (vgl. auch Sandner 1992, S. 58). Auch in der Politikwissenschaft werden solche Begriffsfassungen im Übrigen deswegen als verkürzend angesehen (vgl. etwa Schultze 1998, S. 489).

[215] Vgl. dazu Kapitel 4.1

[216] Vgl. für die Politikwissenschaft dazu auch v. Prittwitz (1994, S. 11ff.), v. Alemann/Loss/Vowe (1994, S. 13ff.), Naßmacher (2002, S. 2ff.). Der Trias der Aspekte wird auch als „politologisches Dreieck" bezeichnet (vgl. v. Prittwitz 1994, S. 13).

[217] Wienecke (2001, S. 29) weist dabei ausdrücklich darauf hin, dass diese Dreiteilung auch für den auf das Unternehmen angewandten Mikropolitikbegriff zu berücksichtigen ist.

192

Die nachfolgende Abbildung bestimmt diese drei Politikbegriffe hinsichtlich ihrer Erscheinungsform, ihrer Merkmale und Ausrichtungen dabei noch etwas näher:

Dimension	Erscheinungsformen	Merkmale	Ausrichtung	Bezeichnung
Form	- Verfassung - Normen - Institutionen	- Organisation - Verfahrensre- geln	Ordnung	polity
Prozess	- Interessen - Konflikte - Kämpfe	- Macht - Konsens	Durchsetzung	politics
Inhalt	- Aufgaben und Ziele - politische Programme	- Problemlösung - Aufgabener- füllung - Wert- und Zielorientie- rung	Gestaltung	policy

Abbildung 24: Aspekte des Politikbegriffs (nach Böhret/Jann/Kronenwett 1988, S. 7; erweitert und ergänzt)

Auch wenn diese Dimensionen aus analytischen Gründen als voneinander getrennt zu denken sind, überschneiden und durchdringen sie sich doch in der politischen Praxis (vgl. v. Prittwitz 1994, S. 12). Somit liegt die Besonderheit des Politischen vorwiegend in den spannungsreichen Relationen seiner Einzelaspekte. Ein solcher „mehrdimensionaler Politikbegriff" (v. Prittwitz 1994, S. 11) wie ihn die zuvor beschriebene Trias darstellt, ist dabei insbesondere notwendig, wenn man die Fülle der Wirklichkeiten und Möglichkeiten des Politischen in ihrer Gesamtheit erfassen möchte, ohne sich rein auf die konkret vorhandenen Verständnisse und Ausprägungen des Politikphänomens zu beschränken (vgl. auch Rohe 1983, S. 353).

Neben diesen unterschiedlichen Begriffsaspekten kann Politik als Realphänomen zudem auf verschiedenen Aggregationsniveaus betrachtet werden. Demzufolge lassen sich die folgenden drei begrifflichen Ebenen der Politik im Kontext von Organisationen unterscheiden (vgl. Türk 1989, S. 122f.; Ridder 1999, S. 590; Neuberger 2002, S. 684):[218]

---

[218] Diese Dreigliederung spiegelt dabei einerseits die Differenzierung zwischen Gesellschaft, Organisation und Individuum wider und markiert andererseits auch eine Unterscheidung zwischen Strategie (Makropolitik), Taktik (Mesopolitik) und Operation (Mikropolitik) in Organisationen (vgl. Neuberger 2002, S. 684).

- **Mikropolitik:** Diese Ebene der Politik konzentriert sich auf die Organisationsmitglieder als Träger von Politik. Das Politische in Organisationen ist demzufolge auf den Eigensinn der Subjekte zurückzuführen, der darin besteht, dass sie ihre Bedürfnisse und Interessen auch notfalls gegen die Organisationsziele und gegen die Absichten anderer Individuen verwirklichen wollen. Hier wird das Alltagshandeln mit einem kurzen Zeithorizont, einer taktischen Orientierung an Chancen sowie einer direkten, personalen Konfrontation betrachtet.

- **Mesopolitik:** Diese Ebene der Politik beleuchtet die Genese und Funktion von Organisationsstrukturen als Ergebnis von Politik. Das Politische in Organisationen äußert sich demnach in den unhinterfragten Strukturprinzipien, nach denen die Akteure ihre Aktivitäten organisieren. Dazu werden die abgeleiteten Ausrichtungen und Entscheidungen der nachgelagerten Instanzen (z.B. Bereiche, Abteilungen) betrachtet.

- **Makropolitik:** Diese Ebene thematisiert die Einbettung der Organisation in ihr gesellschaftliches Umfeld und die daraus entstehenden Wechselwirkungen. Hier wird vor allem nach dem politischen Einfluss und der Funktion von Organisationen in ihrem Kontext gefragt. Dabei geht es hauptsächlich um die grundsätzlichen, langfristigen Entscheidungen der obersten Instanzen, die einen strukturbildenden Charakter haben und die die Handlungsprämissen prägen.

Diese inhaltliche und ebenenspezifische Differenzierung hat – wie auch der zuvor dargestellte Trias des Politikbegriffs – jedoch nur sehr bedingt und unvollständig Eingang in die betriebswirtschaftlichen Politikkonzeptionen gefunden. So identifiziert Sandner (1990, S. 66f.) folgende fünf unterschiedliche Verständnisse von Politik[219] in der Betriebswirtschaftslehre, die teils nur wenig mit den zuvor dargestellten Aspekten des Politischen gemeinsam haben (vgl. dazu auch v.d.Oelsnitz 1999, S. 121):

- **Politik im Unternehmen als Unternehmensstrategie:** Ähnlich wie bei staatlichen Institutionen geht man bei diesem Verständnis davon aus, dass nur die Institution des Unternehmens befugt ist, für das von ihr repräsentierte Personenkollektiv (bzw. Sozialsystem) Entscheidungen zu treffen. Politik besteht dabei im Setzen grundlegender Ziele und Verhaltensrichtungen und bezieht auch die zur Realisierung notwendigen Mittel und Verfahren ein.

---

[219] Sandner spricht dabei eigentlich von „Politikkonzepten" (vgl. Sandner 1990, S. 66). Aufgrund der geringen konzeptionellen Geschlossenheit und der teilweisen Unausgereiftheit dieser Vorstellungen erscheint diese Bezeichnung jedoch etwas fragwürdig.

- **Politik im Unternehmen als verbindliche Entscheidungen legitimierter Kerngruppen:** Dieses Politikverständnis thematisiert die Frage, wie es zu verbindlichen Entscheidungen für alle Mitglieder der Organisation „Unternehmen" kommt. Dabei autorisiert eine Kerngruppe („dominant coalition", „organizational elite") die aus den Zielbildungsprozessen mit allen Mitgliedern entstandenen Ziele („Ziele für die Organisation") zu allgemein gültigen Zielen („Ziele der Organisation").[220] Ob solche Ziele für die Organisation zu Zielen der Organisation werden, hängt dabei ganz wesentlich von den Machtrelationen ab. Politik ist somit das Ergebnis eines Willens der dominanten Kerngruppe im Unternehmen.

- **Politik im Unternehmen als sekundäres Sicherungshandeln:** Dieses Politikverständnis zielt darauf ab, dass eine Fokussierung von Politik auf die reine Zielbildung nicht angemessen ist, sondern vielmehr die Sicherung der Durchsetzung von Zielen Gegenstand der Politik im Unternehmen ist. Denn eine Erklärung der Verbindlichkeit von Zielen reicht noch nicht für ihre faktische Geltung aus. Deswegen müssen die als verbindlich anerkannten Unternehmensziele gegenüber anderen konträren Zielvorstellungen verteidigt und umgesetzt werden. Politik ist damit das sekundäre Sicherungshandeln für eine tatsächliche Zielrealisierung.

- **Politik im Unternehmen als Diskurs:** Dieses Politikverständnis knüpft an normative Politikauffassungen an. Demzufolge sind Handlungen der Unternehmensführung nur dann rational, wenn sie sich auf gute Gründe stützen. Die Begründung und Rechtfertigung normativer Interessen kann dabei nur im Rahmen von zwanglosen und nicht-persuasiven Diskursen erfolgen, bei denen die einzelnen Argumente auf ihre Stichhaltigkeit geprüft werden. Politik ist damit die Konsensfindung und Vereinbarung zur Lösung von Interessenskonflikten aufgrund rationaler Argumentation.

- **Politik im Unternehmen als Mikropolitik:** Dieses Verständnis bezieht sich auf die Verfolgung und Realisierung partikulärer und egoistischer Individualziele von Organisationsmitgliedern aller Hierarchieebenen. Die Spannweite kann dabei vom interessensmaximierenden politischen Einzelkämpfer bis hin zur Vorstellung von Organisationen als kollektivem Platz politischer Spiele reichen. Politik ist demzufolge erfolgsorientiertes und kompetitives Verhalten/Handeln, durch das die an einem politischen Prozess Beteiligten versuchen, ihre Zielvorstellungen gegenüber anderen konträren Positionen durchzusetzen.

---

[220] Vgl. für diese Konzeptionalisierung des Zielprozesses und verschiedener Zielebenen näher Kirsch (1990, S. 205ff.). Remer (1982, S. 43) spricht in diesem Sinn von Politik als „Prozeß der Verbindlichmachung von Entscheidungen".

Für das komplexe Geschehen des Unternehmenswandels erscheinen die meisten dieser Politikverständnisse nur wenig geeignet. Aufgrund der zuvor beschriebenen Schwierigkeiten in der Begriffsbestimmung und den erkennbaren Schwächen betriebswirtschaftlicher Politikverständnisse[221] wird deswegen in einer anderen Form des Zugangs zum Realphänomen der Politik in Organisationen oftmals versucht, einzelne Dimensionen oder Merkmale der Politik bzw. des Politischen näher zu konkretisieren. Morgan (1997, S. 212ff.) unterscheidet dazu zunächst folgende drei zentralen Dimensionen von Politik, die gleichsam die Zutaten für das politische Geschehen sowie auch für seine Verbindung mit dem organisationalen Wandel darstellen:[222]

- **Interessen:** Menschen handeln auf der Basis eines diffizilen Geflechts von Interessen. Interessen stellen dabei ein Bündel von Positionen (Ziele, Werte, Wünsche, Neigungen, Erwartungen) dar, das für den Einzelnen handlungsleitend ist.

- **Konflikt:** Konflikte in Organisationen entstehen aufgrund widersprüchlicher Interessen. Sie stellen eine Grundkonstante des Organisationsgeschehens dar, da Organisationen nicht ausschließlich auf kooperativer Basis angelegt sind, sondern stets auch kompetitive Elemente enthalten.[223]

- **Macht:** Macht bildet das zentrale Medium in Organisationen mit dem Interessenskonflikte letztendlich gelöst werden, denn Macht beeinflusst ganz erheblich den Ausgang von Entscheidungsprozessen. Sie sorgt dafür, dass Personen etwas tun, das sie ohne den Einsatz von Macht nicht getan hätten.

Politik in Organisationen entsteht nun demnach immer, „wenn Menschen verschieden denken und unterschiedlich handeln wollen" (Morgan 1997, S. 212), denn diese Unterschiede rufen Spannungen hervor, die letztlich nur mit den Mitteln der Politik aufgelöst werden können. Politisches Verhalten von Individuen in Organisationen stellt demzufolge eine „natürliche Reaktion" auf Spannungen des Verhältnisses von Individuum und Organisation dar (vgl. Morgan 1997, S. 224,

---

[221] Sandner (1992, S. 58ff.) kritisiert die obigen Konzeptionen sehr vehement als reduktionistisch, unterdifferenziert, und strukturell unreflektiert, und sieht sie von einer einseitigen, oberflächlichen und teils irrigen Interpretation politikwissenschaftlicher Politikbegriffe gekennzeichnet.

[222] Siehe dazu auch Ridder (1999, S. 591f.) sowie für die Politikwissenschaft Nassmacher (2002, S. 6ff.) mit weiteren Dimensionen. Kritisch einer solchen Konzeption äußert sich Sandner (1990, S. 70), der Konflikt und Macht nicht als geeignete Definitionsmerkmale des Politischen ansieht, da auch in konfliktfreien Organisationsformen politische Prozesse zu beobachten sind oder umgekehrt erfolgreiche politische Prozesse auch friktionsfrei verlaufen können; politisches Handeln bedürfe zudem keiner faktischen Machtgrundlage, sondern können auch aus der Position der Machtlosigkeit heraus entstehen (ähnlich Scholl 1998, S. 6).

[223] Eine solche hybride Form der Koordination wird in der Literatur zur zwischenbetrieblichen Kooperation auch als „Koopkonkurrenz" (vgl. Reiß 1998b, S. 226) oder „Coopetition" (vgl. Nalebuff/Brandeburger 1996) bezeichnet.

sowie Bone-Winkel 1997, S. 90). Solche Spannungen brechen in Veränderungsprozessen mit ihren vielfältigen Auswirkungen natürlich besonders oft aus. Jedoch wirkt es einigermaßen verkürzend, die vielfältigen Aspekte politischen Handelns auf lediglich drei Faktoren zurückzuführen.

Eine weitere Zugangsweise zum Realphänomen der Politik in Organisationen be-
steht deswegen schließlich noch darin, grundlegende Merkmale des Politischen in
Organisationen zu bestimmen, die ebenfalls eine weitgehende Konvergenz zur
Beschreibung von organisationalen Veränderungsprozessen aufweisen (vgl. u.a.
Hosking 1997, S. 236; Ridder 1999, S. 587ff.; Schirmer 2000, S. 38; Neuberger
2002, S. 682f.):

- **Vielzahl von Betroffenen und Beteiligten:** Politische Probleme, Prozesse
  oder Handlungen tangieren stets eine ganze Reihe von Personen, die zudem
  oftmals auf verschiedenste und nicht immer offenkundige Weise miteinander verbunden sind.[224]

- **Interessens- und Wertdivergenzen:** Die Beteiligten sind von unterschiedlichen Werten geleitet und verfolgen unterschiedliche Interessen

- **Unterschiede in der Ressourcenverteilung:** Die Beteiligten unterscheiden
  sich auch in der Art und dem Umfang der Ressourcen, die sie erzeugen o-
  der mobilisieren können, um ihren Forderungen Ausdruck zu verleihen.
  Dabei kommt üblicherweise einer Minderheit der Beteiligten ein besonders
  hoher Status zu, auf dessen Basis sie einen größeren Einfluss auf das Ergebnis von Entscheidungsprozessen nehmen kann.

- **Vorhandensein von Handlungsspielräumen:** Aufgrund der Komplexität
  und Intransparenz des organisationalen Geschehens sind die Beteiligten in
  ihrem Handeln nicht festgelegt, sondern besitzen erhebliche Handlungsspielräume.

Auf der Basis dieser Merkmale kann auch das Ausmaß des politischen Handelns
näher bestimmt werden. Die Politisierung eines Prozesses wird demzufolge immer dann besonders hoch sein, wenn die gegenseitige Abhängigkeit der Beteiligten hoch ist, die Ziele sehr heterogen, die tangierten Interessen bedeutsam, die
Ressourcen knapp sind und die Auffassungen über den Mitteleinsatz überdies
weit auseinander gehen (vgl. Scholl 1992, Sp. 1997). Weil nun diese Bedingungen im organisationalen Alltag wie auch im Wandel häufig erfüllt sind, verbindet
sich mit dem Politischen in Organisationen stets ein gewisses Maß an Konflikthaftigkeit, die durch den politischen Prozess sowohl befördert wie auch gelöst

---

[224] Dieses Merkmal knüpft dabei an die Begriffsetymologie von Politik an. Mit Politik (von
griechisch: tà politikà) bezeichnete man ursprünglich die auf die Polis (Stadtgemeinde/Staat)
bezogenen öffentlichen und gemeinschaftlichen Angelegenheiten, die alle Bürger (polítes)
betreffen und verpflichten (vgl. Rohe 1983, S. 349; Schultze 1998, S. 488).

wird. Für den Einbezug der politischen Perspektive in eine integrative Sicht des diskontinuierlichen Unternehmenswandels bedeutet dies, dass Politik nicht unter einer rein instrumentellen Perspektive gesehen werden kann.

Die Bedeutungen von Politik in Organisationen sind vor diesem Hintergrund überaus vielfältiger Art. Zunächst einmal ist Politik ein elementarer Bestandteil der Organisationsrealität und damit stellen politische Prozesse ein ganz und gar alltägliches Phänomen dar (vgl. Schreyögg 1999, S. 422; v.d.Oelsnitz 1999, S. 126). Auch im Rahmen von Veränderungsprozessen wird deswegen mikropolitisches Verhalten gleichermaßen akzeptiert wie praktiziert (vgl. Strohm 2001, S. 65). Der Ursprung hierfür liegt im Wesentlichen in den stets bestehenden Interessendivergenzen und der Notwendigkeit ihrer wenigstens temporären Lösung begründet. Dies bedeutet jedoch nicht, dass Politik etwas völlig Natürliches oder Naturgesetzliches wäre, denn sie entspringt vielmehr dem freien Willen der Individuen politisch zu handeln. Ferner stellt sie eine soziale Konstruktion der Beteiligten dar, weil das individuelle Handeln im politischen Sinn sowohl Bedingungen für andere setzt als auch mit den von anderen geschaffen Bedingungen kalkulieren muss (vgl. auch Neuberger 2002, S. 682). Damit wird gleichzeitig die wechselseitige Bedingtheit zum einem zentralen Merkmal des Politischen überhaupt (vgl. zu diesem Wechselverhältnis auch v. Prittwitz 1994, S. 12).

Politik erzeugt aber nicht nur Konflikte unter organisationalen Akteuren, sondern vermag sie auch zu lösen. Denn besonders in einem prozessualen Sinn stellt Politik einen Entscheidungs- und Konfliktbewältigungsmechanismus und damit einen bestimmten Verhaltensmodus dar. Die ursprünglichste Bedeutung von Politik kann deswegen darin gesehen werden, dass sie einer Gesellschaft Mittel zur Verfügung stellt, Meinungsverschiedenheiten, die durch divergente Interessenslagen entstanden sind, in Form von Beratungen und Verhandlungen zu lösen (vgl. Morgan 1997, S. 203). Zum Hauptanliegen der Politik wird so „die Möglichkeit kollektiven Handelns bei nicht vorauszusetzendem Konsens" (Scharpf 1973, S. 33). Dazu wurden durch die politische Praxis verschiedene Gebilde, Prozessschritte, Verfahrensmechanismen und Handlungsmuster ausgeformt, die sich als Formen der Konfliktaustragung bewährt haben und auch für Organisationen im Wandel (wenigstens in Teilen) Anwendung finden können (vgl. in diesem Sinn auch Scholl 1998, S. 6). Der Ausgang politischer Prozesse ist jedoch von hoher Ungewissheit geprägt (vgl. Schreyögg 1999, S. 423). Politische Prozesse tragen damit zur bereits vorhandenen Komplexität und zu entstehenden Komplikationen im Organisationsgeschehen in ganz erheblichem Maß noch weiter bei (vgl. in diesem Sinn Schirmer 2000, S. 362). Hinzu kommt, dass das Politische von fundamentalen Ambivalenzen wie Konflikt, Differenz, Kampf, Widerstand aber auch Offenheit, Vielfalt, Kompromiss, Verständigung geprägt ist (vgl. Neuberger 2002, S. 682), deren Wirkungen auf den Veränderungsprozess im Einzelnen überaus vielgestaltig sein können.

198

Dennoch bleibt Politik in Organisationen ein unverzichtbarer Bestandteil zur Sicherung der kollektiven Handlungsfähigkeit, da sie kollektives Handeln eben gleichermaßen ermöglicht wie reguliert (vgl. Küpper/Felsch 2000, S. 152). Damit sichert Politik vor dem Hintergrund fundamentaler Ungewissheiten zukünftiger Entwicklungen und dem begrenzten Wissen der Akteure sowie der Ambiguität von Entscheidungen letztendlich die organisatorische Handlungsfähigkeit im Wandel (vgl. Schirmer 2000, S. 27). Das „Politische" ist damit nicht – wie häufig der Fall[225] – grundsätzlich negativ zu sehen, sondern kann durchaus auch positiv verstanden werden (vgl. etwa Neuberger 1997b, S. 215ff.). So vermag Politik etwa ein nicht unwichtiges Korrektiv unvollständiger oder widersprüchlicher Regelungen oder Anweisungen darzustellen (vgl. etwa v.d. Oelsnitz 1999, S. 124). Politisches Handeln weist auf diese Weise vielfach den Ausweg aus Sackgassen, indem es Sachzwänge überwindet (vgl. auch Neuberger 2002, S. 691). Damit eröffnen sich gerade auch im Wandelgeschehen zusätzliche, wertvolle Handlungsmöglichkeiten über den Weg des Politischen.

Für die im Rahmen dieser Arbeit verfolgte Zielsetzung einer explikativen Analyse des diskontinuierlichen Unternehmenswandels ist jedoch insgesamt der Umstand bedeutsamer, dass Politik einen wesentlichen „Motor des Wandels" (Schirmer 2000, S. 38) im positiven wie negativen Sinn (also mit fördernden und hemmenden Wirkungen) darstellt (vgl. dazu näher Kieser/Hegele/Klimmer 1998, S. 204ff.). Dazu sind die Funktionen von (Mikro-)Politik wie die Schaffung eines Klimas der Neuorientierung und Offenheit, die Herausbildung von Foren zur Konfliktaustragung, die Anregung zur Ideenfindung oder die Intensivierung von Austauschprozessen ebenso bedeutsam wie die Dysfunktionen durch den Aufbau von Blockaden, die Entscheidungsverzögerung oder die Machtkonzentration in dominanten Koalitionen (vgl. dazu auch Huff 1988, S. 80ff.; Al-Ani 1993, S. 148ff.; Mintzberg 1991, S. 248ff.; grundlegend auch Neuberger 2002, S. 692). Aus dieser positiven wie negativen Kraftquelle ergeben sich somit wichtige Impulse für den Verlauf und die Richtung von diskontinuierlichen Veränderungsprozessen.

Ferner sind in Wandelsituationen zahlreiche Merkmale des Politischen durch die Grundbedingungen und Begleiterscheinungen von Veränderungsprozessen bereits von vorneherein gegeben. So ist es beispielsweise unbestritten, dass Veränderungsvorgänge im Unternehmen Interessenskonflikte provozieren, da durch den Wandel etablierte Funktions- und Machtgeflechte tangiert werden (vgl. Schirmer 2000, S. 250). Diese Interessenskonflikte können dann zum Ausgangspunkt für politische Prozesse werden, die den Verlauf von Wandel von Beginn an entscheidend beeinflussen (vgl. auch Kieser/Hegele/Klimmer 1998, S. 200). Denn Politik

---

[225] Vgl. etwa Naßmacher (2002, S. 2), die exemplarisch verschiedene Vorurteile und negative moralische Bewertungen benennt, die regelmäßig gerade von den „politisch Betroffenen" (d.h. Bürgern) geäußert werden.

nimmt Einfluss auf das Ausmaß und die Dynamik von Wandel, da das politische Handeln der Akteure aufgrund ihrer Stärke bzw. Macht und ihrer Legitimität die Reibungs-/Widerstandsintensität[226], die inhaltliche Ausrichtung und die Möglichkeiten von Veränderungen wesentlich mitbestimmen (vgl. Schirmer 2000, S. 251). Dabei ist auch nach den Gewinnen und Verlusten zu fragen, die interessensbasierte Akteursgruppen oder einzelne Akteure durch den Wandel erzielen bzw. erfahren, wenn man den Verlauf von Veränderungsprozessen verstehen möchte (vgl. Pettigrew/Ferlie/McKee 1992, S. 8). Dazu ist es allerdings notwendig, auf einen konkreten Ansatz bzw. ein spezifischeres Konzept der Politik Bezug zu nehmen.

5.2.2 Ansätze und Konzepte der Politik in Organisationen

Nicht weniger divers als der Politikbegriff im organisationalen Kontext und seine Bedeutungen, Dimensionen und Merkmale sind die theoretischen Ansätze und Konzepte von Politik in Organisationen (vgl. zur Übersicht etwa Türk 1989, Ridder 1999, Schirmer 2000, Küpper/Felsch 2000, Bogumil/Schmid 2001), die in eine politische Betrachtung des diskontinuierlichen Wandels einfließen könnten. Bezug nehmend auf die zuvor vorgestellten begrifflichen Ebenen der Politik im Kontext von Organisationen soll an dieser Stelle allerdings darauf verzichtet werden, solche Ansätze und Konzepte des Politischen zu erörtern, die sich auf die Ebenen der Mesopolitik und der Makropolitik beziehen. Wie in der Zielsetzung der Arbeit erläutert wurde, geht es bei dem Einbezug der politischen Perspektive in die Analyse diskontinuierlicher Veränderungsprozesse vor allem um die Stärkung der endogenen und personalen Erklärungsmuster von Wandel im Rahmen einer intraorganisationalen Betrachtung.[227] Hierfür erscheint die Ebene der Mikropolitik geeigneter, da es ihr dezidiert um Akteure oder Akteurskoalitionen in organisationalen Handlungssituationen bzw. im Rahmen von Organisationsstrukturen geht (vgl. Küpper/Felsch 2000, S. 149).

Der Begriff der Mikropolitik wird dabei in der Literatur häufig als Sammelbegriff für jedwede Form von politischen Aktivitäten von Organisationsmitgliedern verwendet (vgl. Ridder 1999, S. 593), der sich im Weiteren unterschiedlich konkretisieren lässt.[228] So wird Mikropolitik bezogen auf das konkrete Akteurshandeln etwa oft als Arsenal „kleiner" Techniken zum Aufbau und Einsatz von Macht bezeichnet, das sich aufgrund seiner informellen Natur der Beobachtung weitgehend

---

[226] Vgl. dazu die Komponente der „restraining forces" der Kräfte des Wandels in Kapitel 4.4

[227] Eine solche Einbindung der (Mikro-)Politik erscheint vorteilhaft, da politische (Entscheidungs-)Prozesse in besonderer Weise eine Verknüpfung von Makro- und Mikrovariablen ermöglichen (vgl. Scholl 1998, S. 2): Dies bedeutet, dass die Veränderungen von Organisationen und ihrer Strukturen und die damit zusammenhängenden Vorgänge, die sich auf Individuen und Gruppen auswirken, am besten durch Politik als intervenierende Variable zueinander in Beziehung gesetzt werden können.

[228] Die reale Bandbreite der einzelnen Mikropolitikdefinitionen ist dabei allerdings ganz erheblich (vgl. etwa die Übersicht bei Neuberger 2002, S. 686).

200

entzieht, individualisiert begründet und gestaltet ist und kleinräumig und kurzfristig ausgerichtet ist (vgl. Neuberger 2002, S. 685ff.). Solche Auffassungen von Mikropolitik laufen jedoch Gefahr zu letztlich apolitischen Politikkonzeptionen zu geraten (vgl. auch Türk 1989, S. 131). Im Kontext dieser Arbeit erscheint es deswegen zweckmäßiger eine spezifischere Begriffsfassung des Politischen in Organisationen basierend auf einem dezidierten Politikverständnis zu verwenden. Anknüpfend an das interessensbasierte Politikverständnis soll Mikropolitik in Anlehnung an Sandner (1992, S. 72) als das interessensgeleitete Handeln von organisationalen Akteuren zur Herstellung, Bewahrung oder Veränderung der sozialen Ordnung des Unternehmens verstanden werden (vgl. dazu auch Brüggemeier/Felsch 1992, S. 135).[229] Mit anderen Worten ist „jedes Handeln von Akteuren in, für oder mit Bezug auf Organisationen stets auch ein Handeln unter Beachtung und Verfolgung eigener Interessen der Akteure" (Küpper/Felsch 2000, S. 149; vgl. dazu auch Morgan 1997, S. 283).

Neben einer solchen Nominaldefinition von Mikropolitik ist in diesem Zusammenhang aber auch noch die Reichweite einer mikropolitischen Perspektive zu berücksichtigen, da in dieser Hinsicht erhebliche Unterschiede zwischen den verschiedenen Politikkonzepten bestehen. Dazu unterscheiden Brüggemeier/Felsch (1992, S. 133f.) folgende zwei Verständnisse bzw. Sichtweisen von (Mikro-)Politik in Organisationen:

- **Aspektuales Verständnis:** Diese Sichtweise von Mikropolitik in Organisationen konzentriert sich ausschließlich auf den politisch handelnden Akteur. Er wird deswegen politisch tätig, weil er aus egoistischen Motiven heraus versucht, seine persönlichen Interessen zu verfolgen und dadurch für sich selbst Vorteile zu erlangen. Eine solche Realisierung seiner Interessen wird jedoch nur dann möglich, wenn er seinen Willen auch gegen den Widerstand anderer Akteure durchzusetzen vermag. Diese Chance besteht vor allem dann, wenn er über ausreichend Macht verfügt. Wird diese Macht dann im Sinne persönlicher Interessen ausgeübt, kann von Mikropolitik gesprochen werden. Mikropolitisches Handeln der Akteure ist dabei eine ganz spezifische, temporäre und analytische Kategorie des interaktiven

---

[229] Eine Anknüpfung an den dreidimensionalen Politikbegriff (vgl. Kapitel 5.2.1) bereitet dabei allerdings Schwierigkeiten. Denn überträgt man den Trias des Politikbegriffs auf den Kontext von Organisationen, dann sind polity und policy Politik der Organisation bzw. Politik für die Organisation, während politics die Politik (der Akteure) in der Organisation meint (vgl. Neuberger 2002, S. 685). Mikropolitik als Repräsentation von Politik in Organisationen wäre somit nur im Sinne des politics-Begriffs zu verstehen. Dies teils steht Widerspruch zur Policy-Analyse, denn dort wird das (öffentliche) Handeln der Policy-Dimension zugerechnet (vgl. v. Prittwitz 1994, S. 13; anders wiederum Windhoff-Héritier 1987, S. 17f.). Die Konzeption der interessenbezogenen Mikropolitik in Organisationen basiert offenbar auf zwei verschiedenen Dimensionen des Politikbegriffs. Dieser Umstand soll allerdings nicht übermäßig problematisiert werden, denn „Politik ist stets *politics* und *policy*" (Rohe 1983, S. 352), also Form und Inhalt zugleich (vgl. dazu auch Scholl 1998, S. 5).

Handelns. Es erfolgt dabei vor allem verdeckt (konspirativ).[230] Ferner kann es als weitestgehend voluntativ und frei angesehen werden, da für sein Zustandekommen letztlich nur eine bewusste Aktivierung von vorhandenen (Macht-)Motiven notwendig ist.

- **Konzeptuales Verständnis:** Diese Sichtweise geht über das relativ eng konzeptionalisierte Politikverständnis der aspektualen Sichtweise deutlich hinaus. Sie beleuchtet die Motive von Handeln und nimmt deswegen an, dass das ganze Organisationsgeschehen mikropolitisch gedeutet werden kann. Jedes interaktive Handeln ist demzufolge primär interessensgeleitet und damit auch politisch durchsetzt. Im Gegensatz zum aspektualen Verständnis wird Macht zudem als reziprokes Phänomen gesehen. Zwar bestehen strukturell begründete Machtasymmetrien, jedoch existieren gleichzeitig deutliche Grenzen der Macht. Ferner hat die persönliche Interessensverfolgung auf die organisationale Aufgabenerfüllung Rücksicht zu nehmen, wenn sie erfolgreich sein will. Dazu setzt Interessensverwirklichung eine Reaktion auf die Interessen anderer bzw. deren angemessene Berücksichtigung voraus.[231] Und nicht zuletzt wird das (politische) Handeln als kontingent angesehen, das zugleich kontextbestimmt wie auch voluntativ und frei ist. Mikropolitisches Handeln bildet somit insgesamt keine Ausnahmekategorie im interaktiven Handeln, sondern stellt den Normalfall im Organisationsalltag dar.

Im Rahmen des Erkenntnisinteresses dieser Arbeit spricht dabei vieles für einen Anschluss an ein konzeptuales Verständnis von Mikropolitik. Zum einen wurde zuvor schon Mikropolitik als universelle Verhaltenskategorie aufgefasst, nach der alles Handeln organisationaler Akteure unter Maßgabe eigener Interessen erfolgt. Zum anderen soll hier zwar eine voluntaristische Perspektive auf den Wandelprozess eingenommen werden, jedoch ohne eine Vernachlässigung des Kontexts von politischem Handeln. Eine Entwicklung der betrachteten Entität (d.h. ihr Wandel) ergibt sich gemäß den im Rahmen der Methodik getroffenen Annahmen vor allem durch eine Entwicklung auf der Mikroebene (Veränderungsprozesse in den Relationen zwischen den Akteuren; vgl. dazu für die Mikropolitik auch Neuberger 2002, S. 684). Jedoch bedeutet dies nicht, dass sich solche Veränderungen auf einer nachrangigen Analyseebene ohne Einflüsse der höherrangigen Analyseebene vollziehen, denn zwischen den Elementen der betrachteten Entität existieren logi-

---

[230] Einen prägnanten Niederschlag findet diese Auffassung schon im Präfix „Mikro" der Bezeichnung Mikropolitik, womit der mikroskopische Charakter einer solchen Politik, d.h. die praktische Unsichtbarkeit des politischen Handelns hervorgehoben wird (vgl. Neuberger 2002, S. 685). Dies mag in Teilen auch die (anfänglichen) Schwierigkeiten seiner empirischen Untersuchung (vgl. Kirsch/Esser/Gabele 1979, S. 176) erklären.

[231] Organisationen werden so quasi zu „unfreiwilligen Kooperationsgebilden" (Brüggemeier/Felsch 1992, S. 135).

202

sche Beziehungen.[232] Damit ist ein Wechselspiel zwischen strukturellen und politischen Faktoren in diskontinuierlichen Wandel anzunehmen, wozu reziproke Einflüsse im politischen Geschehen auf der Mikroebene der Diskontinuität wirksam sein müssen.

Mit einer solchen Anlehnung an ein konzeptuales Mikropolitikverständnis ist auch gleichzeitig eine Auswahl der nachfolgend zu behandelnden Ansätze und Konzepte von Politik in Organisationen verbunden. Deswegen sollen nachfolgend so genannte „macchiavellistische" Sichtweisen der Politik (vgl. etwa Bosetzky 1992) und die entscheidungstheoretischen Ansätze (vgl. etwa Cyert/March 1963, Cohen/March/Olsen 1972) an dieser Stelle keine nähere Berücksichtigung finden, da sie eher ein aspektuales Verständnis von Mikropolitik vertreten. Damit reduziert sich die Diskussion auf die Strategische Organisationsanalyse (Crozier/Friedberg 1979, Friedberg 1995) und die Konfigurationsanalyse (Mintzberg 1974, 1983, 1991), auf die im Folgenden kurz eingegangen wird. Dabei geht es um die Frage, ob einer der beiden Ansätze geeignet wäre, einen substantiellen Erklärungsbeitrag für den Prozess des diskontinuierlichen Unternehmenswandels zu leisten. Hierfür muss auch der Blick auf das jeweils inhärente Wandelverständnis und die damit verbundenen Konsequenzen gelenkt werden.

5.2.2.1 Strategische Organisationsanalyse

Der Ansatz der strategischen Organisationsanalyse von Crozier/Friedberg (1979) geht davon aus, dass politische Akteure sich einem System gegenübersehen, das ihre Autonomie beschränkt. Dieses System kann gleichwohl aber nie so gestaltet sein, dass es dem Akteur sämtliche Handlungsspielräume nimmt (vgl. auch Ridder 1999, S. 595). Ausgangspunkt der Strategischen Organisationsanalyse ist damit eine individuelle Handlungsfreiheit in und trotz Systemen. Von einem solchen Standpunkt aus betrachtet, stellen Organisationen letztlich keine kohärenten Gebilde dar, sondern sind vielmehr von konkurrierenden Rationalitäten beherrscht (vgl. Becker/Küpper/Ortmann 1992, S. 94; Crozier/Friedberg 1979, S. 226). Es handelt sich bei diesem Ansatz der Mikropolitik in Organisationen damit letztlich um eine koalitionstheoretische Betrachtungsweise (vgl. Becker 1996, S. 102). Die Autoren stützen sich in ihrer Argumentation im Wesentlichen auf die folgenden drei Konzepte (vgl. Küpper/Felsch 2000, S. 15ff.; Bogumil/Schmid 2001, S. 56ff.):

- **Strategie** meint das Verhalten der Akteure, das darauf gerichtet sein kann, entweder Zwang auf andere Organisationsmitglieder auszuüben, um so seine Interessen durchzusetzen, oder aber dem Zwang von Seiten anderer Akteure zu entgehen, um so seinen eigenen Spielraum zu schützen. Solche

---

[232] Jedoch soll dieses Wechselspiel im Gegensatz zu anderen Positionen von der Makroebene her gedacht werden und eine solche Konzeptionalisierung der Reziprozität nicht als „Mikro-Makro-Problem" (vgl. Mayntz 1999) gesehen werden.

Verhaltensmuster im Sinne einer Strategie lassen sich allerdings nur ex post aus den beobachteten Regelmäßigkeiten im Verhalten von Akteuren schließen. Sie folgen einer rein subjektiven, begrenzten Rationalität. Die Auswahl der Verhaltensweisen ist dabei abhängig von der Wahrnehmung der Handlungsmöglichkeiten sowie der Erkenntnis von Gelegenheiten und den Fähigkeiten sich diese auch zu nutze zu machen.

- **Macht** äußert sich in der Beziehung zwischen den Akteuren und liegt dann vor, wenn ein Akteur über Freiräume bzw. die Fähigkeit verfügt, seine Fähigkeiten, seinen „guten Willen" sowie sein Verhalten gegenüber anderen Akteuren ungewiss zu erhalten. Machtlosigkeit bedeutet als Gegensatz dazu letztlich nichts anderes, als dass ein Akteur tun muss, was von ihm erwartet wird. Als zentrale Machtquellen werden von den Autoren Expertentum (Beherrschung eines spezifischen Sachwissens), Umweltnahtstellen (Beziehungspunkte zwischen Organisation und Umwelt/-segmenten), Informationskontrolle sowie Organisationsregeln (Macht, die sich aus allgemeinen organisatorischen Regeln ergibt) angesehen.

- **Spiele** stellen schließlich den Integrationsmechanismus dar, der bewirkt, dass aus dem gesamten strategischen Machtstreben aller einzelnen Akteure keine Anarchie entsteht, die den Bestand der Organisation als Ganzes gefährden würde. Die Spiel-Metapher steht also für den Umstand, dass alle Akteure bestimmte „Spielregeln" einhalten müssen. Diese Verhaltensausrichtung begründet sich mit der (individuellen) Logik, dass man eigene Strategien in der Organisation nur dann (dauerhaft) realisieren kann, wenn deren Bestand hierdurch nicht gefährdet wird. Das primäre Ziel aller ist, dass weitergespielt werden kann. Dieses Spiel aber so zu gestalten, dass die Spielaussichten (strategische Machtpotenziale) für den jeweiligen Akteur möglichst optimal sind, kann somit nur das sekundäre Ziel sein. Ihren konkreten Ausdruck finden die Spielregeln in Strukturen, die jene Zwänge repräsentieren, denen sich die Spieler (Organisationsmitglieder) freiwillig unterwerfen und die ihrerseits Ausdruck bestehender Machtverhältnisse innerhalb der Organisation sind.

Organisationen sind somit eine „Gesamtheit aneinander gegliederter Spiele" (Crozier/Friedberg 1979, S. 64). Diese Spiele lassen sich nicht jedoch rationalisieren, weil sie sonst kein Spiel mehr wären (vgl. Neuberger 1992, S. 85). Sie folgen allein partikulären (individuellen) Rationalitäten, so dass sich auch für scheinbar noch so irrationale Verhaltensweisen nachvollziehbare Gründe finden lassen (vgl. Ridder 1999, S. 596). Dabei dienen die permanenten Machtspiele aber als Mechanismen der Regulation des Akteurshandelns und sind durch die gegenseitige Abhängigkeit der Akteure bedingt (vgl. Becker 1996, S. 103). Das Element der Strategie beinhaltet einen hohen Grad an Kontingenz, aus der sich dann die Instabilität politischer Prozesse und damit auch der Organisation begründet (vgl. Küp-

204

per/Ortmann 1986, S. 593). Organisationaler Wandel stellt also in der Sichtweise von Crozier/Friedberg einen Prozess kollektiver Schöpfung dar, in dem neue Spielweisen des Organisationsspiels erfunden und festgelegt werden (vgl. Bogumil/Schmid 2001, S. 62). Das Ergebnis von Veränderungsprozessen wird so als Ergebnis der (veränderten) Machtspiele der organisationalen Akteure aufgefasst.

Insgesamt stellt so der Ansatz der Strategischen Organisationsanalyse ein wichtiges Plädoyer für den „subjektiven Faktor" in Organisationen, da er über die Metapher des Spiels die soziale Konstruiertheit von Politik und von Organisationen insgesamt betont.[233] Mit der Spielmetapher integriert er zudem auf eine für die hier verfolgte Integrationsabsicht günstige Weise voluntaristische und deterministische Aspekte, da das Spiel Freiheit und Zwang in sich vereint (vgl. Becker 1996, S. 103): So sind organisationale Spieler zwar frei in ihren Spielzügen, sie müssen sich aber an die vereinbarten Spielregeln halten. Damit muss sich alles individuell-strategische Verhalten an den Strukturen (Regeln) der Organisation orientieren. Die Autonomie der Organisationsmitglieder ist also relativ zu sehen (vgl. Küpper/Ortmann 1986, S. 593). Auf diese Weise gelingt es der Strategischen Organisationsanalyse auch, Akteure und Organisationen in eine Beziehung zueinander zu setzen (vgl. Becker 1996, S. 104), die individuelle und kollektive Logiken vereinbaren hilft. Denn in einem Verständnis von Organisationen als Konglomerat von Spielen können Sach- und Machtfragen sowie Organisation- und Individualziele nicht als getrennt, sondern als gleichzeitig und einander gegenseitig durchdringend angesehen werden (vgl. Becker/Küpper/Ortmann 1992, S. 94). Dies entspricht gerade den Realitäten von Unternehmensveränderungen in hohem Maß.

Viel mehr als die bislang eher wenig beachtete Konfigurationsanalyse war die Strategische Organisationsanalyse damit Ausgangspunkt für verschiedenste Anwendungen und Weiterentwicklungen. Dennoch hat auch sie vielfältigste Kritik erfahren, aus der einige schwerwiegende allgemeine Defizite offenbar wurden, die auch für eine Anwendung auf das Wandelphänomen von Relevanz sind. Ihr grundlegendstes Problem ist dabei ihr überaus hohes Abstraktionsniveau, das zu dem Vorwurf geführt hat, sie stelle lediglich eine „ahistorische Formaltheorie" dar (vgl. Türk 1989, S. 131). Dies liegt vor allem daran, dass ihr Spielbegriff letztlich wenig operational ist (vgl. Neuberger 1992, S. 64), so dass konkrete Organisationsspiele damit nur schwer zu erfassen sind und es keine umfassende Analyse von Organisationen als Summe wiederholter politischer Spiele gibt (vgl. Mintzberg 1985, S. 134). Für einen Einbezug in eine Mikroebene der Unternehmensdiskontinuität erscheint dies in hohem Maß abträglich. Des Weiteren finden Strukturaspekte letztlich noch zu wenig Berücksichtigung und gleichzeitig wird

---

[233] So bezeichnen Crozier/Friedberg (1979, S. 111) die Organisation als „politisches und kulturelles Konstrukt". Die voluntaristische Ausrichtung der mikropolitischen Perspektive wird dabei besonders augenfällig.

die Rolle der Akteure überbetont (vgl. Bogumil/Schmid 2001, S. 64). Damit übersieht die strategische Organisationsanalyse oftmals den „stummen Zwang der objektiven Verhältnisse" (Neuberger 1992, S. 84) und stuft die Freiheit der Akteure als zu hoch ein (vgl. Bogumil/Schmid 2001, S. 66). Im Gegenzug wird das Gewicht der formalen Organisationsstruktur als (zu) gering veranschlagt (vgl. Küpper/Ortmann 1986, S. 596). Für einen Erklärungsversuch der Diskontinuität, der zunächst von einer strukturellen Seite her ansetzt, erscheint dies besonders ungünstig.

Daneben lassen sich jedoch noch weitere Einwände gegen die strategische Organisationsanalyse anführen, die besonders für Fragen ihrer Anwendbarkeit auf organisationale Veränderungsprozesse von Bedeutung sind. So bleibt bei ihrem Standpunkt die „Evolution von Spielregeln" (Becker/Küpper/Ortmann 1992, S. 102) weitgehend unberücksichtigt. Sie übersieht damit den Vereinbarungscharakter von Spielregeln und lässt außer Acht, dass organisatorische (Spiel-)Regeln vielfach nur veränderbare Konventionen sind. Eine Infragestellung geltender Spielregeln setzt damit keineswegs auch gleich den Bestand der Organisation aufs Spiel, wenngleich er bisweilen ihre Identität berühren mag. So erfordert ganz im Gegenteil zumindest ein Wandel 2. Ordnung ein Hinterfragen geltender Normen und Strukturen (vgl. auch Staehle 1999, S. 900f.).[234] Der bewusste Regelbruch gehört zudem untrennbar zum Veränderungsspiel, da ein Akt der Auflehnung gegen bestehende Verhältnisse häufig den Keim zur Veränderung bildet. Denn besonders um eine nachhaltige Veränderung zu erzeugen, muss in der Regel etablierte Macht erst destabilisiert werden (vgl. in diesem Sinn Haase 1995, S. 196). Für eine solche Destabilisierung bedarf es aber gelegentlich auch einer Änderung der bislang gültigen Spielregeln. Jedoch muss dies gerade nicht bedeuten, dass Diskontinuitäten im Sinne von Crozier/Friedberg nur eine neue Spielweise des Organisationsspiels sind. Sie geben ganz im Gegenteil Anlass zu der Vermutung, dass sie per se ein völlig neues Organisationsspiel darstellen.

Als besonders problematisch erscheint zudem die Überbetonung der Stabilität von Organisationen in der Strategischen Organisationsanalyse. Denn politische Spieler setzen bisweilen durchaus auch den Bestand der Organisation aufs Spiel um ihre Ziele zu erreichen. Eine ausnahmslose Unterordnung der strategischen Kalküle politischer Akteure unter den Überlebensimperativ erscheint deswegen fraglich. So können Akteure beispielsweise aus Reorganisationen im Sinne der Neukombination von zerschlagenen Unternehmensteilen durchaus Gewinne ziehen, wenn sie sich etwa im Zuge der Zerschlagung mächtiger Gegner entledigen kön-

---

[234] Siehe auch Kapitel 4.2. Eine solche Form der Veränderung schließt Verhaltens- und Strukturänderungen, einen Wandel in den grundlegenden Strategien sowie insbesondere Änderungen der dem Handeln zugrunde liegenden Weltbildern, Werten und Grundannahmen ein. Damit kommt es zu einer Rezipierung neuer Fakten, die auch die Spielregeln politischen Handelns tangiert und eine Veränderung notwendig macht (vgl. in ähnlichem Sinn Grothe 1997, S. 344, sowie für paradigmatische Veränderungen Kuhn 1988, S. 65).

nen und selbst im neuen Unternehmenskonglomerat wichtige Positionen besetzen können. Eine individuell legitime und rationale Strategie politischer Akteure kann es somit sogar sein, auf den Untergang der Organisation selbst abzuzielen. Eine solche Vermutung gewinnt gerade vor dem Hintergrund realer Unternehmensdiskontinuitäten – wie sie sich etwa an der Vielzahl spektakulärer Fusionen oder Akquisitionen manifestieren – zunehmend an Plausibilität. Eine Eignung der strategischen Organisationsanalyse für die Erhellung von politischen Aspekten diskontinuierlichen Unternehmenswandels erscheint damit nur sehr eingeschränkt gegeben zu sein.

5.2.2.2 Konfigurationsanalyse

Die Konfigurationsanalyse fasst Organisationen in einem holistischen Sinn als komplexe Entitäten auf, die aus zahlreichen miteinander verknüpften Dimensionen bestehen (vgl. Wolf 2003, S. 340). Dabei fügen sich die vielfältigen Merkmale einer Organisation zu konsistenten Clustern (Konfigurationen), die jeweils nach einer eigenen Logik operieren (vgl. Scherer/Beyer 1998, S. 3). Solche Konfigurationen bestehen aus einer begrenzten Zahl von Grundbestandteilen (Attributen), die zusammengenommen eine spezifische Ausprägung ergeben (vgl. Bogumil/Schmid 2001, S. 85f.; Wolf 2003, S. 341). Die Konfigurationsanalyse sieht diese Basiskomponenten der Organisation und die hieraus resultierenden unterschiedlichen Konfigurationen dabei als strukturierenden Rahmen für Politik in Organisationen (vgl. Bogumil/Schmid 2001, S. 101). In dieser gestalttheoretischen Betrachtungsweise (vgl. dazu näher Auer-Rizzi 1996) zerfallen Organisationen somit in bestimmte (Ideal-)Typen (vgl. im Einzelnen Mintzberg 1983, S. 231ff.; 1991, S. 120ff.), die letztlich auf bestimmten internen Machtkonfigurationen bzw. Einflusssystemen beruhen.

Dominiert nun die Mikropolitik als Steuerungsmechanismus in einer Organisation handelt es sich dabei um den Typus einer politisierten Organisation. Eine solche Konfiguration weist einen ausgeprägten Mangel an jeglicher Form der Ordnung auf, wodurch alle Steuerungselemente und -prinzipien relativiert werden und kein dominanter Koordinationsmechanismus mehr existiert (vgl. Bogumil/Schmid 2001, S. 91). Sie stellt nach Mintzbergs Auffassung jedoch nur ein Übergangsstadium zu anderen Typen oder zum Niedergang der Organisation dar (vgl. Mintzberg 1991, S. 288), das von kurzer Dauer ist (vgl. Küpper/Felsch 2000, S. 211). Damit verbunden ist eine grundlegend negative Einschätzung des Politischen in Organisationen in Mintzbergs Analyse organisatorischer Konfigurationen bzw. Organisationstypen (vgl. Bogumil/Schmid 2001, S. 95). Denn je länger eine Politisierung andauert und je umfassender sie wirkt, desto mehr erscheint seiner Auffassung nach das Ableben der Organisation zu beschleunigen (vgl. Mintzberg 1991, S. 297). Das Moment des Politischen kennzeichnet damit vor allem dysfunktionale Entwicklungen im Lebenszyklus von Organisationen und meint eher einen transitorischen Prozess als einen längerfristig stabilen Zustand. In allen anderen Konfigurationen kommen politische Prozesse bzw. Spiele zwar ebenfalls vor, sie sind jedoch im Wesentlichen durch strukturelle Restriktionen nur schwach ausgeprägt (vgl. Bogumil/Schmid 2001, S. 91). Die nachfolgende Abbildung zeigt die einzelnen idealtypischen Konfigurationen im Lebenszyklus einer Organisation und die Zusammenhänge mit dem Moment des Politischen in diesem vielschichtigen Entwicklungsprozess auf:

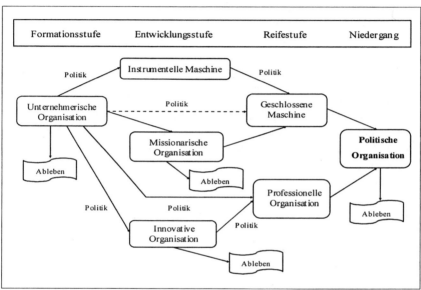

Abbildung 25: Das Lebensyzklus-Modell von Organisationen (vgl. Mintzberg 1991, S. 288; adaptiert)

Organisationaler Wandel stellt aus der Sicht der Konfigurationsanalyse folglich ein zentrales Moment des Übergangs von einer Organisationskonfiguration zu einer anderen dar. Politik wird dabei als ambivalente Triebkraft gesehen (vgl. Mintzberg 1983, S. 497), die einen solchen Wandel als Form und Weg des Übergangs zwischen Konfigurationen ermöglicht, aber auch durch entstehende Divergenzen über Inhalt, Ausmaß und Richtung der Veränderung lähmt (vgl. auch Küpper/Felsch 2000, S. 228). Mit anderen Worten verursacht Politik zumeist Spaltungen in dem ansonsten stimmigen Gefüge der Organisationskonfiguration, die sowohl zu produktiven Entwicklungsschüben als auch im Extrem zum Untergang der Organisation[235] führen können („Politik als Zentrifugalkraft", vgl. Mintzberg 1991, S. 281ff.). Zur Modellierung des Verlaufs von Wandelphänomenen entwirft die Konfigurationsanalyse in der Regel lebenszyklusbasierte Pro-

---

[235] Nach Mintzberg (1991, S. 297) führt eine anhaltende und umfassende Politisierung einer Organisation zu ihrem Ableben.

zessmodelle der Veränderung (vgl. etwa Mintzberg 1983, S. 503ff.; Mintzberg 1985, S. 142; Mintzberg 1991, S. 288; Miller/Friesen 1984, S. 127ff.), die Wandel als natürliche Entwicklungstendenz bei zunehmender Größe und Alterung der Organisation auffassen (vgl. Küpper/Felsch 2000, S. 223). Politische Konfigurationen sind im Lebenszyklus von Organisationen dabei unausweichlich, aber als End-/Übergangsstadium stets vorübergehend (vgl. auch Mintzberg 1983, S. 497).

An der Konfigurationsanalyse und ihrem vielfach rezipierten Konsistenzdenken wird vor allem eine fehlende theoretische Fundierung bemängelt (vgl. Küpper/Felsch 2000, S. 224). Die von ihr ausgemachten Konfigurationen entsprechen zwar intuitiven Vorstellungen der Gestalt von Organisationen, sind aber empirisch schwer zu belegen und demnach oft nur schwach begründet und wenig konsistent (vgl. Bogumil/Schmid 2001, S. 98; siehe aber auch Miller/Friesen 1984). Die Konfigurationsanalyse läuft zudem wie jeder idealtypische Ansatz Gefahr, die in der Realität nachweislich vorhanden Mischtypen organisationaler Gestalten auszublenden (vgl. Küpper/Felsch 2000, S. 207). Durch ihre Konzentration auf strukturelle Aspekte des Politischen neigt sie wie jeder Strukturansatz dazu, die Macht der Autoritätsstrukturen zu hoch zu veranschlagen und die Autorität der Mächtigen im Gegenzug zu unterschätzen (vgl. Bolman/Deal 1997, S. 280). Nicht alle Macht in Organisationen ist jedoch fest an Positionen gebunden, sondern sie steht auch einzelnen Personen zu oder ist nicht näher gebunden und damit potenziell für viele verfügbar (vgl. Bosetzky 1992, S. 28). Gerade dieser Umstand macht aber den Reiz des Einbezugs einer politischen Perspektive in den Prozess des diskontinuierlichen Unternehmenswandels aus.

Die Konfigurationsanalyse vertritt zudem einen durchaus nicht unproblematischen Mikropolitikbegriff, da sie sich vorwiegend auf ein Verständnis von Politik als Konflikt konzentriert (vgl. v.a. Mintzberg 1985). Sie verkennt damit teilweise die funktionalen Aspekte des Politischen und reduziert seine große Tragweite in der sozialen Realität und den organisationalen Interaktionsprozessen, da der Politik letztlich nur eine Nebenrolle als Katalysator des Lebenszyklusprozesses zufällt (vgl. Küpper/Felsch 2000, S. 224). Dies geht einher mit einer recht reduktionistischen Dominanz der Machtperspektive, die von den vielfältigen Interessen der politischen Akteure als Motiv für ihr Handeln weitgehend absieht (vgl. Küpper/Felsch 2000, S. 198). Das Machtmotiv kann zwar als eine durchaus zentrale Ursache für politisches Handeln darstellen, es bildet für organisationale Akteure aber keineswegs das einzige Motiv für ein Engagement in politischen Prozessen. Darüber hinaus rückt die Konfigurationsanalyse das Politische in den Bereich des Fragwürdigen und Unerwünschten, da sie Politik in Organisationen als eine unseriöse Aktivität darstellt (so etwa Mintzberg 1983, S. 497). Schließlich suggeriert sie mit ihren teleologischen Lebenszyklusvorstellungen auch eine nicht immer angemessene Natürlichkeit, Gleichförmigkeit und Unausweichlichkeit von Wandel, die der einschneidenden und bisweilen willkürlichen anmutenden Realität diskontinuierlicher Veränderungsprozesse einschließlich ihrer politischen Aspekte nicht immer gänzlich gerecht wird.[236] Damit bietet auch sie keine geeignete Grundlage für eine inhaltliche Ausfüllung der Mikroebene der Unternehmensdiskontinuität.

5.2.2.3 Synoptische Gegenüberstellung und kritische Würdigung

Stellt man nun die zuvor kurz skizzierten Denkansätze zur Mikropolitik noch einmal einander vergleichend gegenüber, so überwiegen auf den ersten Blick die Gemeinsamkeiten (vgl. Bogumil/Schmid 2001, S. 101; siehe Küpper/Ortmann 1986, S. 597f.). Am augenfälligsten ist dabei sicherlich, dass beide Ansätze mit den zentralen Kategorien von Macht, Strategie und Spielen operieren. Denn auch die Konfigurationsanalyse fasst Politik als Spiel auf (vgl. Mintzberg 1985, S. 134) und verwendet für ihren machtbasierten Politikbegriff sogar explizit die Machtgrundlagen bzw. Machtquellen nach Crozier/Friedberg (vgl. Küpper/Felsch 2000, S. 197). Im Unterschied zur Strategischen Organisationsanalyse wird jedoch das strategische Verhalten von Akteuren an ihren ressourcen- und funktionbedingten spezifischen Interessen festgemacht (vgl. im Einzelnen Mintzberg 1983, S. 119ff.). Dadurch lassen sich im Einklang mit dem typologischen Denken der Konfigurationsanalyse verschiedene Spielertypen mit unterschiedlichen Funktionen, Rechten und Qualifikationen differenzieren, aus denen sich sowohl Gründe für mikropolitisches Verhalten, bevorzugte Einflussmittel und Präferenzen für bestimmte politische Spiele ableiten lassen (vgl. zur Übersicht Küpper/Felsch 2000, S. 205ff.).

Trotz dieser erkennbaren Gemeinsamkeiten in den Beschreibungskategorien bleiben aber ganz erhebliche Unterschiede im Zugang zum Phänomen des Politischen in Organisationen. So betont die Konfigurationsanalyse eher die strukturellen Aspekte von Politik (vgl. Bogumil/Schmid 2001, S. 101), während die Strategische Organisationsanalyse versucht, das Organisationsgeschehen eher vom Handeln her zu verstehen (vgl. Ortmann 1992, S. 218). Zudem fasst die Konfigurationsanalyse den Akteursbegriff recht eng und konzentriert sich vor allem auf den Personenkreis der Manager (vgl. Bogumil/Schmid 2001, S. 101), die dazu als Protagonisten der legitimen Einflusssysteme auch noch scheinbar eher dem Gemeinwohl verpflichtet sind und sich höchstens aufgrund der Übertreibung persönlicher

---

[236] Anders die Schüler von Mintzberg mit ihrem Konzept der Quantensprünge des Wandels („quantum view", vgl. Miller/Friesen 1984), das Diskontinuitäten im Sinne eines revolutionären Wandels kennt (vgl. auch Bogumil/Schmid 2001, S. 92). Mintzberg (1991, S. 48f.) selbst bezieht sich (in einer späteren Veröffentlichung) auch auf das Konzept eines punktualistischen Wandels (vgl. Kapitel 5.1.3.1) mit getrennten Phasen der Stabilität und Veränderung. Er relativiert diese Vorstellung aber durch seine Vermutung, dass ein einschneidender Wechsel (in der Strategie) nur selten vorkommt. Sein Lebenszyklus-Modell der Konfigurationen behandelt Diskontinuität zudem als Ausnahmefall, der nur für den Moment des Übergangs von einer Konfiguration zur anderen eintritt. Mit der politischen Perspektive wird zudem eigentlich eine Überwindung der Teleologie evolutionärer Positionen angestrebt.

210

Interessen mikropolitisch verhalten (siehe Küpper/Felsch 2000, S. 206).[237] Die Strategische Organisationsanalyse lässt dagegen keine unmittelbare Einschränkung des Kreises von politischen Akteuren erkennen (vgl. etwa Küpper/Ortmann 1986).

Die Konfigurationsanalyse neigt aus Sicht der Vertreter von Mikropolitik im Sinne von Crozier/Friedberg zudem zu sehr einem aspektualen Mikropolitikverständnis zu (vgl. Küpper/Felsch 2000, S. 192). So versteht Mintzberg (1983, S. 172) Mikropolitik als informelles, egoistisches Verhalten, das mangels ideologischer oder formaler Sanktionierungen illegitim ist und schädliche Konflikte provoziert.[238] Er sieht politische Prozesse auch als eher instabil an, da ideologische Gegenkräfte sie in dialektischer Weise einzudämmen versuchen (vgl. auch Küpper/Felsch 2000, S. 232). Nicht zuletzt ist auch das implizite Kontingenzdenken der Konfigurationsanalyse ein nur wenig geeigneter Zugang zum politischen Gehalt des Wandelphänomens, da es die Dualität von Handlung und Struktur nicht entsprechend zu fassen vermag (vgl. auch Küpper/Felsch 2000, S. 234). Im Gegensatz zu ihrem globalen Anspruch eines konzeptualen Mikropolitikverständnisses nimmt die strategische Organisationsanalyse aber wiederum eine reine Binnenperspektive ein. Daraus resultiert eine Ausblendung von externen, außerorganisatorischen Politikprozessen, die die innerorganisationale Macht- und Akteurskonstellationen beeinflussen können (vgl. Bosetzky 1992, S. 28). Dadurch fehlt es der strategischen Organisationsanalyse sowohl am „Kontext der Spiele" wie auch an der Vorstellung von einer „Evolution der Spielregeln" (Becker/Küpper/Ortmann 1992, S. 102).

Als das wohl schwerwiegendste Defizit vor dem Hintergrund der bereits gewonnenen Erkenntnisse zum Begriff und zur Bedeutung des Politischen in Organisationen kann aber wohl gelten, dass beide Ansätze der zuvor beschriebenen Mehrdimensionalität des Politischen (Trias des Politischen) nicht in einem ausreichenden Maß gerecht werden. Es dominiert auf weiten Strecken die Prozessperspektive, die jeweils lediglich unterschiedlich akzentuiert wird. Für die vielfältigsten Facetten des Diskontinuitätsphänomens bedarf es aber eines gleichermaßen facettenreichen Politikbegriffs. Zudem erscheint auf Basis dieser Ansätze kein Anschluss an den Trend der Politikwissenschaft hin zu den Inhalten von Politik (policy-Dimension) und damit zu einer Policy-Analyse[239] möglich, für den aber viele Gründe sprechen. Denn nur auf einem solchen Weg wird aber letztlich eine Synthese stukturalistischer und akteurorientierter Perspektiven möglich, die dem überzogenen Holismus strukturellen Denkens genauso entgegenwirkt wie dem ver-

---

[237] Wie Küpper/Felsch (2000, S. 198) ironisch anmerken, wären demnach nur „interessenlose Wesen ohne Selbstbewusstsein" unfähig zu mikropolitischen Handlungen.

[238] Anders gesagt ist Mikropolitik für Mintzberg eine Form der Übertreibung legitimer Einflussmöglichkeiten (vgl. Küpper/Felsch 2000, S. 206).

[239] Siehe Kapitel 5.2.3.3

kürzenden Individualismus von reinen Akteurspositionen (vgl. Schneider 1998, S. 29). Dies ist für einen integrativen Zugang zur Unternehmensdiskontinuität ein letztlich unverzichtbares Erfordernis.

5.2.3 Grundzüge eines akteurorientierten Institutionalismus

Zum besseren Verständnis mikropolitischer Handlungen in diskontinuierlichen Veränderungsprozessen sollen an dieser Stelle nun die Grundzüge eines akteurorientierten Institutionalismus skizziert und auf die Logik von Unternehmensdiskontinuitäten bezogen werden. Dieser Rückgriff auf ein genuines politikwissenschaftliches Konzept erscheint auch insofern notwendig und sinnvoll, als dass die Betriebswirtschaftslehre bislang Politikkonzepte von benachbarten sozialwissenschaftlichen Disziplinen kaum beachtet und nur in geringem Umfang für eigene Überlegungen zu verwenden versucht hat (vgl. Brüggemeier/Felsch 1992, S. 133). Angesichts der zuvor aufgezeigten Defizite gängiger (Mikro-)Politikansätze und -konzepte wird deswegen der bislang noch wenig elaborierte, jedoch gerade für die Analyse politischer Aspekte diskontinuierlicher Wandelprozesse viel versprechende Ansatz eines akteurorientierten Institutionalismus (vgl. dazu Wienecke 2001, S. 27ff.) aufgegriffen und auf das Phänomen der Unternehmensdiskontinuität[240] angewandt. Dazu sollen zuvor jedoch die zentralen Begriffe des Akteurs und der Institution als fundamentale Erklärungsvariablen einer solchen Perspektive näher beschrieben werden.

Akteure bilden die zunächst entscheidende Basis für eine Analyse des politischen Geschehens, denn politische Prozesse vollziehen sich im Wesentlichen durch das Handeln politischer Akteure (vgl. v. Prittwitz 1994, S. 14). Unter der Bezeichnung „Akteur" ist dabei in einem neutralen Sinn ein Handlungszentrum gemeint (vgl. Neuberger 1997a, S. 493). Das Individuum wird also im Wesentlichen auf den Aspekt des Handelns reduziert. Wie im Fall der Bezeichnung „Personal" für die Gesamtheit der Organisationsmitglieder wird gleichermaßen von individuellen Eigenheiten weitgehend abgesehen. Akteure stellen demzufolge weitgehend ein „sozial unbeschriebenes Blatt ohne soziale Eigenschaften und soziale Identität" (Edeling 1999, S. 12) dar. Der Akteurbegriff bildet somit eine Leerformel, die mit verschiedenen Inhalten (wie Individuum, Gruppe, Organisation) gefüllt werden kann (vgl. Neuberger 1997a, S. 493), weswegen man im Kontext politischer Prozesse nicht nur von individuellen, sondern auch von kollektiven Akteuren spricht (vgl. auch v. Prittwitz 1994, S. 14). Verwendet man den Akteurbegriff, so abstrahiert man aber damit immer in relativ hohem Maße von sozialen Gegeben-

---

[240] Als günstig für diese Anwendung darf dabei der Umstand angesehen werden, dass das Konzept für eine Analyse der betrieblichen Arbeitszeitpolitik (des Bankensektors) entwickelt wurde und somit einen dezidierten Unternehmensbezug hat (vgl. Wienecke 2001, S. 1ff.). Jedoch wurde im Gegensatz zur erklärten Absicht der vorliegenden Arbeit nicht der Betrieb selbst als handlungsermöglichende und beschränkende Institution der politischen Akteure aufgefasst, sondern es wurden vor allem externe Institutionen (Gewerkschaften, Tarifverhandlungssysteme, Arbeitszeitgesetzgebung etc.) in die Analyse einbezogen.

heiten und sieht bei Individuen von deren ganz spezifischen Eigenheiten ab.[241] Damit eignet sich eine in diesem Sinn verstandene Akteursperspektive für eine Mikroebene der Betrachtung von diskontinuierlichen Unternehmenswandel, die in Anbetracht des hohen Abstraktionsniveaus der vorhergegangenen Strukturebene einen nicht zu hohen Detaillierungsgrad besitzen soll.

Institutionen stellen schließlich eine wichtige Ergänzung zu einer Akteurbetrachtung dar, denn eine Erklärung politischen Handelns ist nur dann erfolgreich, wenn auch der institutionelle Kontext des Akteurhandelns beleuchtet wird (vgl. u.a. v. Beyme 1988, S. 69ff.; Immergut 1997, S. 325ff.). Der Begriff der Institution bedeutet dabei im ursprünglichen Sinn „Einrichtung", „Hingestelltes", „Eingesetztes" (vgl. Balzer 1993, S. 1). Er steht somit dem Begriffsverständnis von Organisationen als von Menschen bewusst geschaffene Einrichtungen in Staat und Gesellschaft (und somit auch dem Unternehmensbegriff) sehr nahe.[242] Jedoch sind nicht alle Institutionen von Menschen absichtsvoll geschaffene Gebilde wie z.B. die Organisationen, da sie ohne eine Form der expliziten Gründung entstehen können und in einem abstrakten Sinn auch ohne Mitglieder denkbar sind (vgl. dazu auch Müller-Jentsch 2002, S. 205; Becker 2003, S. 5). Institutionen sind insgesamt gesehen vielmehr eine (gesellschaftliche) Form der Ordnung bzw. Strukturierung, die aus langer Einübung von sozialen Handlungsmustern entstanden sind (vgl. u.a. Türk 1997, S. 141; Jansen 2000, S. 2).[243]

Institutionen stellen als eingeregelte, verbindliche Verhaltensweisen bzw. weithin unhinterfragte Handlungsformen der Gewohnheit (vgl. dazu auch Gehlen 1961b, S. 71f.; Hasse/Krücken 1999, S. 6) einen bedeutenden Mechanismus der Handlungskoordination dar und werden auf diese Weise für eine politisch orientierte Akteursbetrachtung relevant. Einerseits ermöglichen sie erst durch ihr Vorhandensein gewisse Handlungen, andererseits beschränken bzw. kanalisieren sie Ver-

---

[241] Gleichwohl verkennt eine Akteursperspektive bestimmte situationsspezifische bzw. temporale/historische Bedingtheiten nicht. Die realen Repräsentationen von Akteuren stellen somit eine Schnittmenge zwischen den abstrahierten Verhaltensannahmen und den besonderen sozialen und temporalen Handlungsbedingungen dar, denen sie ausgesetzt sind (vgl. Hernes 1995, S. 92).

[242] In vielen Fällen werden die Begriffe Organisation und Institution deswegen synonym verwendet, obwohl Unterschiede zwischen dem Institutionen- und dem Organisationsbegriff bestehen (vgl. v. Prittwitz 1994, S. 84). Denn nicht alle Institutionen besitzen formale Strukturen als Mittel der Funktionserfüllung, wie dies für Organisationen charakteristisch ist. Auch sind manche Institutionen nicht aus Personen zusammengesetzt oder beruhen nicht auf einer Zusammenlegung von Ressourcen (so z.B. Wahlen oder Verhandlungen) (siehe zur weiteren Abgrenzung auch Müller-Jentsch 2002, S. 205). Somit ist nicht jede Institution organisiert bzw. eine Organisation, aber es ist keine Organisation ohne Merkmale der Institution bzw. Institutionalisierung denkbar (vgl. auch Rehberg 1998, S. 390f.).

[243] Gehlen (1961b, S. 71f.) argumentiert dabei vor allem mit der Entlastungswirkung von Institutionen, nach der ein vorgefundenes institutionelles Fundament den Einzelnen frei macht, seine persönlichen Dispositionen zur Geltung zu bringen ohne sich ständig mit seinem Inneren affektiv auseinander zu setzen und dauernde Grundsatzentscheidungen treffen zu müssen. Institutionen stellen somit eine unverzichtbare „Operationsbasis" für Akteure dar, die gerade das Moment des Handelns entscheidend erleichtern.

halten durch die ihnen eigenen Regelsysteme (vgl. hierzu auch Giddens 1988, S. 77; Friedland/Alford 1991, S. 250). Durch die Bindung des Verhaltens ihrer Mitglieder an dauerhafte Regelsysteme[244] erzeugen sie zudem stabile Verhaltenserwartungen und vermindern so das Risiko einer Verhaltensenttäuschung (vgl. in diesem Sinn auch Hasse/Krücken 1999, S. 7). Eine institutionelle Perspektive wird damit Analyse der Dualität von Handeln und Strukturen[245] – wie sie gerade auch für das diskontinuierliche Wandelgeschehen bestimmend ist – in besonderer Weise gerecht (vgl. auch Walgenbach 2002, S. 183).

Entscheidend für eine Mehrebenenanalyse des diskontinuierlichen Wandel von Unternehmen ist dabei der Umstand, dass ein akteurorientierter Institutionalismus die Gebildeebene (institutionell-strukturelle Ebene) mit der Personen- bzw. Gruppenebene der Politik zueinander in Beziehung setzt und damit auch eine Verknüpfung zwischen den Betrachtungsebenen der Analyse ermöglicht. Die Akteure und ihr Handeln werden damit in einen institutionellen Rahmen eingebettet, der ganz entscheidend für die Erklärung der Ergebnisse von politischen Prozessen ist (vgl. in diesem Sinn auch Göhler/Kühn 1999, S. 17). Denn Institutionen stellen Erwartungszusammenhänge (bzw. so genannte „übergreifende Erwartungsstrukturen" Hasse/Krücken 1999, S. 7) dar, die Akteurhandeln gleichermaßen ermöglichen wie beschränken (vgl. Jansen 2000, S. 3; Scott 2001, S. 55; sowie im weiteren Sinn Giddens 1988, S. 77). So geben Institutionen einerseits bestimmte Verhaltensweisen vor und schließen damit andere Alternativen aus (vgl. Hasse/Krücken 1999, S. 6). Andererseits liefern sie Akteuren gewissermaßen „Rezepte" eines angemessenen und legitimierten Handelns (vgl. auch Jansen 2000, S. 3), indem sie institutionalisierte Rituale/Riten, Spiele, Rollen, Positionen und Karrieren sowie weitere Wege und Formen aktionaler Ausdrucks- bzw. Gestaltungsmöglichkeiten anbieten (vgl. dazu auch Becker 2003, S. 8ff.). Auch wenn Institutionen die Wahrnehmungen, Präferenzen und Interessen von Akteuren in entscheidender Weise prägen (vgl. u.a. Scott 1987, S. 508; Scharpf 2001, S. 137), ist dieser Einfluss jedoch nie vollumfänglicher Art und lässt ausreichenden Spielraum für voluntative Verhaltensakte (vgl. Scharpf 2001, S. 140).

Ein akteurorientierter Institutionalismus begreift insgesamt Akteure und Institutionen als untrennbare Bestandteile einer Betrachtung des politischen Geschehens und stellt somit einen Zusammenhang zwischen einer eher problem- und inhaltsbezogenen Policy-Analyse und einer prozess- und interaktionsorientierten Politics-Analyse her, der auch mit der form- und verfahrensorientierten Polity-Betrachtung verknüpft wird. Damit wird dieser Erklärungsansatz zusätzlich der Mehrdimensionalität des Politischen, wie sie zuvor beschrieben wurde, in beson-

---

[244] So kann die Dauerhaftigkeit als eines der hervorstechendsten Merkmale von Institutionen angesehen werden (vgl. Hauriou 1965, S. 27; Zucker 1977, S. 726) mit dem sie sozialen Systemen eine große Festigkeit über Zeit und Raum hinweg geben (vgl. Giddens 1984, S. 24).

[245] Vgl. Kapitel 2.2

214

derer Weise gerecht. Denn er beinhaltet keine einseitige, sondern eine wechselseitige Konzipierung des Einflusses von Akteurhandeln und institutionellen Rahmenbedingungen. Dieses zuvor angedeutete Wechselverhältnis zwischen Akteur und Institution lässt sich dabei folgendermaßen charakterisieren:

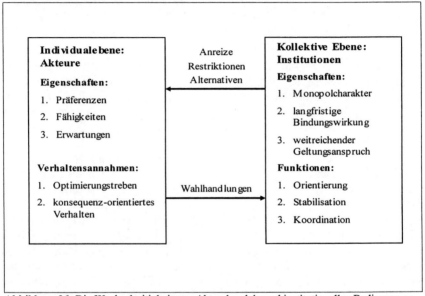

Abbildung 26: Die Wechselseitigkeit von Akteurhandeln und institutionellen Bedingungen im Wandel (in Anlehnung an Hernes 1995, S. 93)

Da die Handlungen der Akteure durch die Institution nicht determiniert sind (vgl. Hasse/Krücken 1999, S. 56) und gleichzeitig die Institution durch die Akteure auch in gewissem Maß beeinflussbar ist (vgl. auch March/Olsen 1989, S. 166ff.), wird inkrementeller wie auch diskontinuierlicher Wandel von Institutionen möglich (vgl. auch Scott 2001, S. 48). Dabei sind diese Möglichkeiten des Wandels schon in der Beschaffenheit der institutionellen Struktur angelegt (vgl. Walgenbach 2002, S. 176).[246] Eine hohe Abschirmung der Institution „Organisation" bzw. des Unternehmens provoziert große Veränderungsschritte und einen revolutionären Wandel, während eine relative Offenheit und Anpassungsfähigkeit die Veränderungsschritte klein hält und einen evolutionären Wandel begünstigt (vgl. dazu näher Greenwood/Hinings 1996). In dieser Hinsicht ist die institutionelle Perspektive des akteurorientierten Institutionalismus in hervorragender Weise anschlussfähig an vorher diskutierte evolutionäre Positionen des punktualistischen Wandels.[247] Sie akzentuiert allerdings die Frage nach der Verursachung und der

---

[246] Siehe Kapitel 5.1 sowie Kapitel 2.5

[247] Vgl. Kapitel 5.1.3.1

Trägerschaft von Wandel durchaus different und trägt damit zur gewünschten gegenseitigen Befruchtung durch produktive Spannungen im Rahmen eines multitheoretischen Vorgehens nachhaltig bei.

Im Folgenden sollen nun die einzelnen Bausteine und Quellen eines akteurorientierten Institutionalismus vorgestellt und aufeinander bezogen werden (vgl. dazu insbesondere Wienecke 2001, S. 30ff.). Der so genannte Neo-Institutionalismus bildet dabei das erste Teilelement, mit dessen Hilfe der institutionelle Einfluss auf das Handeln politischer Akteure näher bestimmt werden kann. Das zweite Element stellt dann der so genannte Political Choice-Ansatz dar, der das Akteurhandeln näher qualifiziert und die vielfältigen Restriktionen der Rationalität berücksichtigt. Die so genannte Policy-Analyse bildet schließlich das dritte Element, das dann die inhaltliche Dimension von Politik mit ihren Institutionen und den (Handlungs-)Prozessen verknüpft und so eine Integration von Strukturen und Handeln über die daraus folgenden Ergebnisse leistet.

5.2.3.1 Neo-Institutionalismus

Mit dem Begriff Neo-Institutionalismus[248] bezeichnet man ein überaus einflussreiches Denkgebäude der us-amerikanischen (soziologischen) Organisationsforschung (vgl. Hasse/Krücken 1999, S. 5; Walgenbach 2002, S. 157), das derzeit auch eines der wichtigsten Konzepte in der Politikwissenschaft darstellt (vgl. Göhler/Kühn 1999, S. 17).[249] Dabei hat das neo-institutionalistische Denken mittlerweile einen derart hohen Stellenwert in der wissenschaftlichen Diskussion erlangt, dass es selbst zu einer Art „Institution" geworden ist (vgl. Tolbert/Zucker 1996, S. 175). Es stellt sich allerdings als bislang noch wenig geschlossenes Theoriegebäude dar, das vorwiegend forschungstechnologischen Charakter hat und in einzelne, nur partiell verbundene Diskussionsstränge zerfällt, die oft nur vom zentralen Terminus der Institution zusammengehalten werden (vgl. auch Immergut 1997, S. 325f.; Göhler/Kühn 1999, S. 21; Walgenbach 2002, S. 157). Als wesentliche Strömungen in dieser recht breit angelegten Denkrichtung lassen sich dabei nach Mayntz/Scharpf (1995) ein ökonomischer, ein organisationssoziologischer und ein politikwissenschaftlicher (Neo-)Institutionalismus mit jeweils ande-

---

[248] Als Institutionalismus können grundsätzlich alle theoretischen Ansätze bezeichnet werden, die sich der Analyse von Institutionen widmen und Institutionen als besonders relevanten Faktor für das Verständnis von sozialem Handeln und Prozessen der Gesellschaftsentwicklung auffassen (vgl. Hasse/Krücken 1999, S. 7). Das Präfix „Neo" soll dabei herausstellen, dass sich diese Positionen erneut der Bedeutung institutioneller Faktoren in Wirtschaft und Gesellschaft zuwenden und sich gleichzeitig von bisherigen institutionellen Sichtweisen inhaltlich unterscheiden.

[249] Der Neo-Institutionalismus bildet damit eine wichtige Brücke zwischen Politik- und Organisationswissenschaft. Denn die neo-institutionalistische Organisationstheorie rechnet auch zu den führenden Organisationstheorien (vgl. Walgenbach 2002, S. 157). Mit dem Rückgriff auf eine solche Denkrichtung wird letztlich auch der eingangs erhobene Anspruch eines avancierten Organisationsverständnisses für eine Konzeptionalisierung von diskontinuierlichem Wandel weiter eingelöst.

216

ren Erkenntnisinteressen, Annahmen und Absichten unterscheiden (vgl. Göhler/Kühn 1999, S. 21). Aus nahe liegenden Gründen interessieren im Zusammenhang dieser Arbeit vorwiegend die letzten beiden Ansätze, die teils in erklärter Gegenposition zur ökonomischen Institutionalismus stehen.

Mit der Bezeichnung Institution sind in der Alltagssprache wie auch in der Wissenschaft höchst unterschiedliche Phänomene gemeint (vgl. Jansen 2000, S. 1). So wird der Institutionenbegriff in der Literatur recht unterschiedlich definiert und bleibt oft sehr unscharf (vgl. auch Wienecke 2001, S. 31). In Anbetracht der recht weitgefassten Zielsetzung der Analyse und des breiten theoretischen Fundaments soll deswegen ein umfassendes Verständnis von Institutionen im Sinne des organisationssoziologischen Neo-Institutionalismus vertreten und im politischen Sinn interpretiert werden. Institutionen bestehen demnach aus den regulativen, normativen und kognitiven Strukturen und Aktivitäten, die dem sozialen Verhalten und sozialen Leben Stabilität und Sinn geben (vgl. Scott 2001, S. 48). Solche Institutionen beruhen dabei auf den folgenden drei Säulen:

Säulen der Institution			
	regulative Säule	**normative Säule**	**kognitive Säule**
Gehorsamsbasis	Zweckmäßigkeit	Soziale Verpflichtung	Selbstverständlichkeit
Mechanismus	Zwang	Normierung	Nachahmung
Logik	Instrumentalität	Angemessenheit	Rechtgläubigkeit
Indikatoren	Regeln, Gesetze, Sanktionen	Bescheinigungen, Beglaubigungen	Verbreitung, Isomorphismus
Legitimitätsbasis	Gesetze	Moral	Kultur

Abbildung 27: Die drei Säulen der Institution (vgl. Scott 2001, S. 52, übersetzt)

Aus der Perspektive der Politik stellen Institutionen somit „anerkannte Regelsysteme politischer Willensbildung und Willensumsetzung" (v. Prittwitz 1994, S. 82), die die Interaktion der Beteiligten von politischen Prozessen steuern (vgl. Scharpf 1991, S. 57) und der Etablierung einer „guten Ordnung" dienen (vgl. Jansen 2000, S. 6). Der institutionelle Kontext ermöglicht und begrenzt dabei das Handeln der von ihm erfassten Personen ohne es vollständig zu determinieren (vgl. Mayntz/Scharpf 1995, S. 45; Hasse/Krücken 1999, S. 56). Damit werden auch politische Prozesse durch ihre institutionellen Bedingungen „kanalisiert, normiert und strukturiert" (Wienecke 2001, S. 30), denn Institutionen legen bei der Entscheidungsfindung (im Sinn der policy) die grundsätzlichen Macht- und Einflusssphären der Akteure fest (vgl. March/Olson 1984, S. 738f.).

Mit der Einnahme einer politischen Perspektive auf den des Beitrag Neo-Institutionalismus verbunden ist eine Konzentration der Analyse der politischen Dimension des Wandels auf vorwiegend regulative Aspekte im Verhältnis von Akteur und Institution (vgl. Wienecke 2001, S. 31), wie er typischerweise in der neueren ökonomisch inspirierten Politikwissenschaft vorgenommen wird (vgl. Becker 2003, S. 6).[250] Die Unternehmung als (ökonomisch-politische) Institution interessiert an dieser Stelle daher hauptsächlich hinsichtlich ihrer handlungsbegrenzenden und -regulierenden Wirkung (Stabilisierungsfunktion) bzw. ihres regulativen Aspekts im Sinne von Scott (2001). Denn dadurch unterscheidet sie sich von genuin politischen Institutionen, die einen stärker ermöglichenden Charakter (Orientierungsfunktion) besitzen (vgl. dazu auch Becker 2003, S. 8). Diese Regulierungswirkung wird dabei vor allem durch Regelsetzung, Beobachtung, Kontrolle und Sanktionierung von Verhalten erzeugt (vgl. Walgenbach 2002, S. 166), damit sich betriebliche Akteure konform zu den institutionellen Vorgaben des Unternehmens verhalten. Handeln in Organisationen ist damit weder völlig frei von Struktureinflüssen noch durch die Zwänge von Strukturen determiniert (vgl. Walgenbach 2000, S. 94).

Eine solche regulative Perspektive befördert nun zwar eher die Konzentration auf die begrenzenden Aspekte von Institutionen statt in Handlungsmöglichkeiten der Akteure zu denken, was für eine voluntaristische Sichtweise auf das diskontinuierliche Wandelgeschehen noch wichtiger wäre. Jedoch stellt gerade die Handlungsbegrenzung ganz offenbar ein wesentliches Charaktermerkmal ökonomischer Institutionen wie der Unternehmung dar.[251] Der ausgeprägte Eigen-Sinn und der eigene Wille der organisierten Subjekte bleiben aber bei allen Regelungsver-

---

[250] Diese Entscheidung der weitgehenden Ausblendung der normativen und kognitiven Aspekte ergibt sich aus den eingangs der Arbeit vorgestellten Erwägungen. So sollte diskontinuierlicher Wandel eben nicht als kognitives Problem, sondern als genuines Organisationsproblem aufgefasst werden (vgl. Kapitel 2.3). Auf die eingehendere Analyse der normativen Aspekte soll dagegen verzichtet werden, da sie der voluntaristischen Sicht der Mikroebene entgegensteht. So bewirken Normen eine starke Programmierung von Akteuren, durch die sie auf ein bestimmtes Verhalten im Einzelfall verpflichtet werden, während Regeln einen größerer Handlungsspielraum gewähren (vgl. v. Prittwitz 1994, S. 82). Und schließlich wird durch die Konzentration auf die regulative Aspekte des institutionellen Akteurszusammenhangs auch der allseits anerkannte Regelcharakter von Organisationen betont, der sich besonders prägnant in der Auffassung von Organisationen als Regelsystemen (vgl. etwa Bea/Göbel 1999, S. 3) widerspiegelt. Die Unternehmensorganisation kann damit in ihrer institutionellen Dimension als anerkanntes „Regelsystem sozialen Verhaltens" (v. Prittwitz 1994, S. 82) verstanden werden, das Personen und Personengruppen zueinander in Beziehung setzt.

[251] Diese Grundbedingung mag im Gegenzug das ausgeprägte Interesse an Handlungsermöglichungen durch Motivation und Führung, Teamorientierung, Intrapreneurship und anderen Managementkonzepten im Kontext der Unternehmensführungslehre erklären, da man sich offenbar des teilweise dysfunktionalen Übergewichts an Regulation zunehmend bewusst wird.

218

suchen ohnehin grundsätzlich erhalten (vgl. etwa Türk 1995, Sp. 330; Weibler 2001, S. 107; Luhmann 2000, S. 80ff.). Zudem dürfen die nicht unbeträchtlichen (Handlungs-)Spielräume bzw. Regelungslücken in jedem institutionellen Gefüge außer Acht gelassen werden, die für ein interessenbezogenes strategisches Handeln genutzt werden können (vgl. Windhoff-Héritier/Czada 1991, S. 14). Diese sind gerade in Unternehmen als recht hoch zu veranschlagen, da hier die Ausrichtung auf Effizienzkriterien eine Gefahr der Überorganisation bzw. Überregulierung verringern hilft.

So bezieht die neo-institutionalistische Perspektive insgesamt zwar eine Position des Skeptizismus gegenüber absichtsvollen Veränderungen (vgl. March/Olsen 1989, S. 56ff.), die jedoch ein wenig zur Gestaltbarkeit hin geöffnet wird. Denn sie sieht Institutionen bei aller prinzipiellen Stabilität durchaus Prozessen der inkrementellen wie eben auch der diskontinuierlichen Veränderung unterworfen (vgl. Scott 2001, S. 48). Sie betont allerdings, wie auch die evolutionäre Perspektive, die große Bedeutung der Pfadabhängigkeit von Entwicklungen und die häufig fehlende Effizienzwirkung (vgl. Jansen 2000, S. 9; Windhoff-Héritier/Czada 1991, S. 17). Damit entstehen verfestigte Veränderungsrichtungen, die nur noch inkrementellen Wandel zulassen (vgl. March/Olsen 1989, S. 54f.). Auf diese Weise können sich auch ineffiziente oder dysfunktionale Orientierungen sowie auch eine Position der Veränderungsresistenz dauerhaft etablieren. Dies schließt einen grundlegenden Wechsel zu anderen Entwicklungsrichtungen in vielen Fällen gänzlich aus oder macht ihn zumindest höchst unwahrscheinlich (vgl. auch Jansen 2000, S. 9). Fundamentaler Wandel wird somit zu einem zwar vergleichsweise selten jedoch nicht völlig ausgeschlossenen Fall.

5.2.3.2 Political Choice-Ansatz

Eng verbunden mit dem zuvor dargestellten neo-institutionalistischen Denken in der modernen Politikwissenschaft sind Positionen der „political choice", die die Grenzen rationaler Entscheidungen in politischen Prozessen betonen (vgl. insbesondere Czada/Windhoff-Héritier 1991, Czada/Héritier/Keman 1998). Im Gegensatz zu weiten Teilen der Wirtschaftswissenschaft, die Entscheidungen in Organisationen mit der (in Teilen begrenzten) Rationalität und dem interessenmaximierenden Nutzenkalkül der Akteure erklären, halten diese Positionen die verschiedenen Bedingungen der Interessenvertretung für maßgeblich (vgl. Immergut 1997, S. 340).[252] Der aus der Kritik am Rational-Choice-Ansatz (vgl. dazu näher Green/Shapiro 1994) und seinen Annahmen der Stabilität und Exogenität von Interessen entstandene Ansatz der Political Choice stellt so die vielfältigen Handlungsrestriktionen politischer Entscheidungen in den Mittelpunkt seiner Überle-

---

[252] Reine Kosten-Nutzen-Erwägungen sind für politische Akteure oftmals deswegen nicht relevant, weil es für politische Akteure auch um die Satisfizierung von Maximalforderungen gehen kann oder durch Kompromisserfordernisse begünstigte Strategien der „Wahl des kleineren Übels" zum Tragen kommen (vgl. für Beispiele hierzu Windhoff-Héritier 1987, S. 82).

gungen (vgl. Wienecke 2001, S. 33). Demnach sind politische Wahlhandlungen in institutionelle Kontexte eingebettet, so dass politischen Prozess durch die komplexen Wechselbeziehungen von untereinander abhängigen Akteuren und den daraus hervorgehenden wechselseitigen Konsens- und Konfliktbeziehungen gekennzeichnet ist (vgl. auch Windhoff-Héritier/Czada 1991, S. 9).[253]

Damit wendet sich der Political Choice Ansatz gegen die Marktlogik institutionenökonomischer Ansätze, da seiner Auffassung nach politische Wahlhandlungen versuchen, selbstregulierende soziale Prozesse zu überwinden (vgl. Windhoff-Héritier/Czada 1991, S. 10). Er hält somit die auch die grundlegenden Annahmen des Rational-Choice-Ansatzes für unvereinbar mit der komplexen Realität politischer (Entscheidungs-)Prozesse (vgl. Wienecke 2001, S. 32; Czada/Héritier/Keman 1998). Denn individuelles Handeln entsteht nicht nur in Relation zu anderen Akteuren und keinesfalls sind Akteurspräferenzen konsistent oder gar gleichzusetzen mit politischen Interessen (vgl. Héritier 1998, S. 28ff.). Er konzentriert sich deswegen auf die Anstrengungen der Koordination voneinander abhängiger politischer Akteure, der Organisation kollektiver Interessen und der Ausübung sozialer Lenkung und Kontrolle. Gerade im letzten Aspekt knüpft er dabei an das Verständnis von politischen Institutionen als Mitteln der Etablierung einer „guten Ordnung" (vgl. Jansen 2000, S. 6) an. Denn auf dem Weg der politischen Wahl wollen politische Akteure individuelle und kollektive Ziele miteinander in Einklang bringen. Von einer political choice statt einer rational choice auszugehen ist damit ein wichtiger Teilschritt auf dem Weg einer angemessenen Verbindung zwischen dem Handeln der Akteure und den strukturierenden Einflüssen der Institution in der Diskontinuität. Diese Überlegung führt letztlich auch zu einer anderen Form der Analyse politischer Prozesse mit einer stärkeren Konzentration auf politische Inhalte, die anschließend erörtert wird.

5.2.3.3 Policy-Analyse

Für die genauere Bestimmung des Einflusses politisch-institutioneller Rahmenbedingungen auf die Ergebnisse politischer Entscheidungsprozesse ist es erforderlich, die institutionelle Dimension des Politischen (polity) mit den Prozess- und Inhaltsdimensionen (politics und policy) zu verknüpfen (vgl. Wienecke 2001, S. 33). Eine solche Verknüpfung kann durch die so genannte Policy-Analyse gelingen, die einen beschreibend-erklärenden Zugang zur Entstehung und Entwicklung von policies (Politikinhalten) darstellt (vgl. Windhoff-Héritier 1987, S. 19). Ihr Ziel ist es, das Zustandekommen von Politik(-inhalten) und deren Wirkungen zu erklären (vgl. Schneider 2001, S. 23). Dabei werden bestimmte öffentliche Aufgaben einzelnen Politikfeldern zugeordnet (z.B. innere Sicherheit der Innenpoli-

---

[253] Windhoff-Héritier/Czada (1991, S. 9) betonten dabei ausdrücklich, dass diese Überlegungen auch für Unternehmen gelten. Vor dem Hintergrund einer Auffassung des Unternehmens als politischer (regulativer) Institution (vgl. Kapitel 5.2.3.1) macht dies durchaus Sinn.

220

tik), in denen sie routinehaft bearbeitet werden (vgl. v. Prittwitz 1994, S. 52) und aus denen sich im Einzelnen unterschiedliche Policies ergeben (vgl. Windhoff-Héritier 1987, S. 21ff.). Diese stellen jedoch keine konstante Größe dar, sondern sind relativ ungefestigt und so über den Zeitablauf hinweg wandelbar (vgl. Windhoff-Héritier 1987, S. 58). Die Policy-Analyse behandelt damit politische Prozesse als grundsätzlich ergebnisoffen, was der weitgehenden Indeterminiertheit von Prozessen diskontinuierlichen Unternehmenswandels insgesamt sehr gut entspricht.

Methodisch gesehen stellt die Policy-Analyse einen ganzheitlichen und interdisziplinären Ansatz dar, der sich auf eine Kombination struktureller, institutioneller und akteursbezogener Erklärungen stützt (vgl. Schneider 1998, S. 29). Damit erscheint dieser Zugang für die besonderen Bedingungen politischen Handelns im Kontext von diskontinuierlichem Unternehmenswandel grundsätzlich geeignet. Das Kernstück der Policy-Analyse ist der so genannte Policy-Zyklus als mehrstufiger Problemlösungs- und Informationsverarbeitungsprozess, der die Anforderungen an die Realisierung von Handlungsoptionen benennt (vgl. v. Prittwitz 1994, S. 57). Der Policy-Zyklus sieht Politik bzw. Politikinhalte als Ergebnis eines Handlungs- und Interaktionsprozesses von interessierten Akteuren (vgl. Schneider 1998, S. 54). Er beschreibt dabei gleichzeitig wie sich solche Politikinhalte durch den Prozess ihrer Wahrnehmung, Artikulation, Bearbeitung und Bewertung verändern können. Damit nimmt er auch die Position der political choice ernst und klärt die näheren Bedingungen und Einflüsse von politischen Wahlhandlungen.

Die einzelnen Prozessschritte des Policy-Zyklus umfassen dabei im Wesentlichen die Problemwahrnehmung, die Problemdefinition und das Agenda-Setting, die Programmformulierung, die Implementation, sowie eine Evaluation und eventuelle Handlungskorrektur (vgl. Windhoff-Héritier 1987, S. 19; v. Prittwitz 1994, S. 57ff.; Schneider 1998, S. 75ff.). In der Regel ist dabei ein politisch relevantes Problem der Beginn eines Zyklus (vgl. Schneider 1998, S.76). Dazu bedarf es allerdings seiner Wahrnehmung, die angesichts begrenzter Aufmerksamkeitskapazitäten der Akteure keineswegs immer sicher ist (vgl. auch v. Prittwitz 1994, S. 58). Ob ein wahrgenommenes Thema oder Problem dann nach einer Lösung verlangt bzw. handlungsrelevant wird, hängt von der Problemdefinition ab (vgl. Windhoff-Héritier 1987, S. 67). Eine politische Behandlung erfahren dabei nur Probleme, deren Relevanz nach einer Artikulation von den Beteiligten anerkannt wurde und die so zu einem aktuellen Thema gemacht werden können bzw. auf die Agenda[254] gesetzt werden müssen (vgl. v. Prittwitz 1994, S. 58). Solche virulenten, lösungsnotwendigen oder potenziell lösbaren Themen oder Probleme können

---

[254] Als Agenda können diejenigen Fragen oder Probleme bezeichnet werden, die für die entscheidungsrelevanten politischen Akteure zur „aktiven und ernsthaften Behandlung" anstehen (vgl. Windhoff-Héritier 1987, S. 69).

als dann „political issues" bezeichnet werden (vgl. Windhoff-Héritier 1987, S. 68). Das Durchsetzungsvermögen politische Akteure bestimmt im Anschluss, ob und wer ein Thema auf die Agenda des Unternehmens setzt (vgl. Wienecke 2001, S. 40). Die Agenda wirkt dabei als Filter, der bestimmt, welche einzelnen Probleme aus der Vielzahl vorhandener Probleme überhaupt zum Gegenstand politischer Entscheidungen werden bzw. welche keine nähere Beachtung erfahren (vgl. Windhoff-Héritier 1987, S. 69).

Auf dieser Basis kann dann ein politisches Programm zur Bearbeitung des „political issue" als inhaltliche Gestaltung entworfen werden, das Ziele, Adressaten, Träger und Mittel der Durchführung von beschlossenen Lösungen festlegt (vgl. Schneider 1998, S. 83).[255] Die nachfolgende Durchführung hängt in ihrer faktischen Realisierung selbst wiederum von verschiedensten Faktoren wie etwa dem Wollen und Können der Adressaten ab (vgl. v. Prittwitz 1994, S. 59f.). Je nach Programm führen zu erwartende oder eingetretene Kosten-Nutzen-Verwerfungen auch zu Neuformierungen von Betroffenen und zu Folgeproblemen, die eine erneute Bearbeitung des Problems erforderlich machen (vgl. etwa Windhoff-Héritier 1987, S. 49f.). Die Evaluation beschäftigt sich dann in einer systematischen Bewertung des Handelns mit möglichen Wirkungsdefiziten und Nebenwirkungen politischer Programme, die zu anschließenden Korrekturen in den Handlungsmustern, der Imitation von anderweitigen Problemlösungen oder zu einem grundsätzlichen Überdenken der Problembearbeitung führen können („politisches Lernen"; vgl. v. Prittwitz 1994, S. 60f.). Im Policy-Zyklus kommen somit relevante politische Probleme, Akteure mit ihren Interessen und Ressourcen sowie die prägenden Strukturen und Institutionen auf eine jeweils einzigartige Weise zusammen (vgl. auch Schneider 1998, S. 55).

Der politische Akteur mit seinen Interessen und Ressourcen wird dabei zum Verbindungsglied zwischen Struktur und Ergebnis (vgl. Wienecke 2001, S. 33). Aus dieser Verbindung ergeben sich aber keine deterministischen Kopplungen, da der Policy-Zyklus auch nicht streng sequenziell aufzufassen ist.[256] Denn an politischen Problemlösungen wirken zumeist zahlreiche Beteiligte mit höchst unterschiedlichen Wahrnehmungen, Interessen und Ziele mit, die sich der verschiedensten Machtpotentiale und Einflussstrategien bedienen können (vgl. auch Scharpf 1973, S. 21). Damit ist nicht nur ein hohes Maß an Konflikthaftigkeit verbunden und die Erzielung von Konsens problematisch, sondern auch der geregelte Ablauf vielfältigen Störungen, Unterbrechungen und Wendungen ausgesetzt. Gerade hieraus können sich auch wieder eigenständige Ansatzpunkte für

---

[255] Schneider (1998, S. 83) betont dabei ausdrücklich, dass sich politisch-administrative Programme nicht wesentlich von Programmen in Organisationen bzw. Unternehmen unterscheiden.

[256] Dies stellt eine Parallele zum Evolutionszyklus dar (siehe Kapitel 5.1.2.1).

Verfalls- und Niedergangsprozesse im Sinne einer „Devolution"[257] ergeben und gleichzeitig steigt mit solchen Irritationen auch die Wahrscheinlichkeit für diskontinuierliche Entwicklungen.

Der wesentliche Beitrag einer Policy-Analyse und des Policy-Zyklus als zentrales Element eines akteurorientierten Institutionalismus liegt in ihrem heuristischen Wert (vgl. auch v. Prittwitz 1994, S. 57). So können die zuvor erörterten Kategorien und Begriffe der Policy-Analyse vor allem dazu dienen, den politischen Prozess im Rahmen von diskontinuierlichen Veränderungsvorgängen und seine Akteure systematischer zu beschreiben (vgl. dazu auch Wienecke 2001, S. 34f.). Es soll damit an dieser Stelle weder um eine faktische Integration der Policy-Analyse in einen Institutionenansatz der Unternehmung noch um ihre empirische Anwendung und den Nachweis einer Bewährung gehen.[258] Die Policy-Analyse liefert einen idealen konzeptionellen Zugang zur umfassenderen Deutung komplexer politischer Prozesse im vielgestaltigen Spannungsfeld von Strukturdeterminismus und Handlungsvoluntarismus, das typisch für organisationale Veränderungsvorhaben in Unternehmen ist. Sie hilft den politischen Aspekt der Veränderungsthematik besser zu auszuleuchten, da sie in einer ganzheitlichen Betrachtungsweise situationsbedingte Zusammenhänge aufdeckt und dabei nach den Intentionen (Finalursachen) der im Einzelfall Beteiligten fragt. Als vorwiegend verstehender Zugang zum Organisationsphänomen bildet sie eine geeignete Alternative zum erklärenden Zugang evolutionärer Ansätze, was ein erkenntnistheoretisches Wechselspiel im Sinne einer paralogischen Methodik dieser Arbeit wesentlich befördert.

5.2.4 Idealtypische Konfigurationen politischer Akteure im Wandel

Die vorangegangenen Ausführungen haben aufgezeigt, dass ein akteurorientierter Institutionalismus grundsätzlich eine fruchtbare Ausgangsbasis für eine Analyse politischer Prozesse im organisationalen Wandel darstellen kann. Im Sinne einer interaktions- und wirkungsorientierten Policy-Forschung (vgl. dazu näher Scharpf 2001, S. 141) muss jedoch das komplexe Akteure-Institutionen-Zusammenspiel in einem nächsten Schritt um Akteursaggregate erweitert werden. Denn Politikergebnisse sind vielfach das Produkt einer Mehrzahl von Akteuren, da ein einzelner Akteur nur selten politische Ergebnisse allein bestimmten kann (vgl. Scharpf 2001, S. 142). Um aus der Logik des Policy-Zyklus heraus auch nicht eine übermäßig individualistische Sicht auf politische Prozesse als reine Tausch-, Kooperations- und Verhandlungsakte zwischen isolierten Individuen einzunehmen (vgl. dazu Schneider 1998, S. 74), müssen zusätzlich die kollektive Organisierung und

---

[257] Vgl. Kapitel 5.1.2.1

[258] Ein solches Vorhaben ginge weit über die Zielsetzungen und den Rahmen dieser Arbeit hinaus. Dem Ansatz von Wienecke (2001) im Grundsatz folgend, geht es um die Aufnahme, Kombination und Respezifizierung von Theorien auf einem Abstraktionsniveau, da hierbei durchaus gegenseitige Befruchtungen und Fortschritte in der Theorieentwicklung erwartet werden dürfen.

Verbindung der politischen Akteure untereinander berücksichtigt werden. Denn gerade aus den vielfältigen Interdependenzen im Rahmen von Akteursaggregationen erwachsen verschiedene Ansatzpunkte von punktualistischen Veränderungen, da taktische Blockaden, Rücksichtnahmegebote oder Kompromisserfordernisse einen rechtzeitigen und umfassenden Wandel ganz besonders entgegenstehen können. Zur Vereinfachung der Darstellung von Akteursaggregaten sollen im Weiteren auf der Basis des zuvor vorgestellten Konzepts eines akteurorientierten Institutionalismus mit der politischen Arena und dem politischen Netzwerk zwei klassische, idealtypische Konfigurationen politischer Akteure[259] herausgearbeitet und auf den Prozess des diskontinuierlichen Unternehmenswandels bezogen werden. Auch hierbei geht es im Wesentlichen zunächst einmal darum, das heuristische Potenzial dieser Beschreibungskategorien aufzuzeigen und erste tentative Verbindungen zum Diskontinuitätsphänomen im Unternehmenskontext herzustellen.

5.2.4.1 Die politische Arena

Die Grundlage des Arena-Konzepts als erster Repräsentations- und Deutungskategorie von Akteurskonstellationen ist zunächst einmal der zuvor nicht näher verfolgte interessensorientierte Politikbegriff. Demzufolge ist Politik als Prozess der Geltendmachung und Realisierung von Interessen zu verstehen (vgl. Sandner 1990, S. 69).[260] Der Staat bildet in dieser Sichtweise eine Arena, in die verschiedene individuelle und kollektive Interessen eingebracht und realisiert werden können (vgl. Lenk/Franke 1987, S. 43f.). Eine Arena ist damit der Platz bzw. das „institutionelle Gelände" (Schneider 1998, S. 95), auf dem die Interessenskonflikte und Kämpfe verschiedener Beteiligter um ein „political issue" konkret ausgetragen werden können (vgl. auch Bolman/Deal 1997, S. 198). Die Arena stellt deswegen insofern auch im Unternehmen eine zentrale Repräsentation von Mikropolitik dar, da sie den Raum für eine Austragung der direkten personellen Konfrontationen bietet (vgl. Morgan 1997, S. 224), die typisch für diese Ebene der Politik sind. Sie hilft zu bestimmen, welches Problem Aufmerksamkeit erhält, wer an einer Entscheidung mitwirkt oder wessen Ziele realisiert werden (vgl. Bolman/Deal 1997, S. 198). Damit umfasst sie auch Konsensfindungsprozesse im politischen Geschehen, die zu einer Lösungsfindung notwendig sind (vgl. in diesem Sinn etwa Windhoff-Héritier 1987, S. 47). Das Unternehmen als Arena zu

---

[259] Diese beiden Konfigurationen wurden bereits von Sandner in seiner Darstellung von Politik als Prozess der Interessensrealisierung im Unternehmen als analytische Konzepte verwendet (vgl. Sandner 1992, S. 65ff.). Sie sind auch in der Policy-Analyse gängige Beschreibungskategorien zur Erfassung der Zusammenhänge zwischen politischen Inhalten, politischem Verhalten und politischen Institutionen (vgl. insbesondere Windhoff-Héritier 1987, S. 43f.). Im Gegensatz zu Scharpf (2001, S. 141) soll aber nicht von Konstellationen als Form der Aggregation von Akteuren, sondern unter Betonung der Strukturierungskomponente von Konfigurationen gesprochen werden.

[260] Dieses Politikverständnis geht auf die Vorstellung von Aristoteles zurück, nach der Politik aus einer Vielfalt von Interessen entsteht (vgl. Morgan 1997, S. 212).

begreifen, stellt so eine wichtige Hilfe zum Verständnis der dort vorfindbaren Politikergebnisse dar. Die nachfolgende Abbildung zeigt die Grundstruktur dieses Zugangs und ihre begrifflichen Zuordnungen:

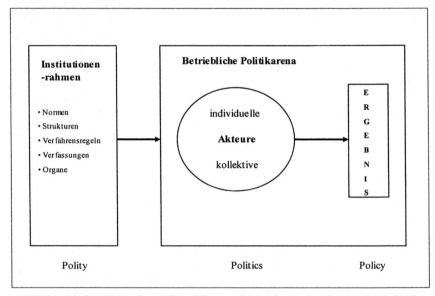

Abbildung 28: Das Unternehmen als Politikarena (in Anlehnung an Wienecke 2001, S. 37; modifiziert und gekürzt)

Die politische Arena bildet dabei in allen Formen von Organisationen ein wichtiges Mittel der Zielfindung und Strategiebildung sowie ein wesentliches Forum des interpersonellen Wettbewerbs (vgl. Bolman/Deal 1997, S. 198). Daraus erwächst auch ihre Bedeutung in dem überaus unübersichtlichen Handlungsfeld des organisationalen Wandels. Da politische Akteure in der Regel zur Durchsetzung ihrer Interessen in der Regel Koalitionen mit anderen Akteuren eingehen müssen (vgl. Bosetzky 1992, S. 28), ermöglicht eine Arena insofern mikropolitisches Handeln, als dass in ihr Gleichgesinnte akquiriert, die Mitarbeit an gleichen Problemlagen koordiniert und in sozialen Tauschprozessen Gegenleistungen für die Unterstützung verfolgter Ziele vereinbart werden können (vgl. auch Hennig 1998, S. 39).[261] Die Beteiligten einer Arena finden sich dabei je nach Problemfeld und Interessenslage zusammen (vgl. Sandner 1992, S. 67). Die antizipierten Wirkungen einer policy (z.B. Veränderungsstrategien und -programme) motivieren die

---

[261] Friedberg (1995, S. 50) versteht in diesem Sinn Organisationen als Arenen bzw. Märkte, auf denen Verhaltensweisen ausgetauscht werden und dadurch organisationale Merkmale (Ziele, Regel, Strukturen, Kultur) zum Produkt des Tauschhandels werden. Dabei bestimmt der Konflikt als Kampf aller gegen alle in einem hohen Maß das organisationale Geschehen (vgl. Hennig 1998, S. 39).

potenziell Betroffenen zur Teilnahme und bestimmen ihre Reaktionen und Erwartungen, die auf den weiteren Verlauf des Prozesses Einfluss nehmen. Auf dieser Basis lassen sich Veränderungsprozesse als fortlaufende Arenen verschiedener Akteure des Wandels mit wechselnden, teils wiederkehrenden und sich überschneidenden Konfliktlinien und Parteien verstehen (vgl. auch Schirmer 2000, S. 251).

Das Unternehmen ist gerade vor dem Hintergrund von komplexen Veränderungsprozessen deswegen aber nicht notwendigerweise als *eine* einheitliche politische Arena aufzufassen. Vielmehr kommen in ihm unterschiedlichen Arenen mit entsprechenden Relationen untereinander vor. Dies ergibt sich aus der Vielzahl politischer „issues" im organisationalen Wandel, zu denen sich eine ganze Reihe von Entscheidungsarenen formieren kann. Jede einzelne politische Arena ist dabei als eine temporäre und wandelbare, aber durchaus häufiger wiederkehrende Konfiguration zu verstehen (vgl. auch Mintzberg 1983, S. 421). Denn die konstante Wiederkehr bestimmter issues (vgl. Schneider 1998, S. 82)[262] führt zu regelmäßigen Interessenkonflikten mit genauer bestimmbaren Konfliktlinien (siehe dazu auch Schirmer 2000, S. 251f.), die jeweils erneut nach einem Raum für Austragungen verlangen. So kommt es zu einer fortlaufenden Serie von regelmäßig auftretenden Arenen, die eine eigene Dynamik im Unternehmensgeschehen entfalten und damit auch wesentlich zu diskontinuierlichen Veränderungsschüben beitragen können.

Vor allem aber führen Kosten-Nutzen-Verwerfungen aus dem Ergebnis von policy-Prozessen häufig zu Neuformierungen von Betroffenen und zu Folgeproblemen, die eine erneute Bearbeitung des Problems erforderlich machen (vgl. etwa Windhoff-Héritier 1987, S. 49f.). Damit können wiederum neue Arenen des Wandels eröffnet werden, die dann gegebenenfalls zu neuen Ergebnissen oder weiteren Arenen führen können. Der erfolgreiche Zugang eines policy-Problems zur politischen Agenda, zieht überdies meist weitere Fragen nach sich, die dann zur Behandlung anstehen oder das Problem wird ohnehin in Einzelfragen aufgespalten und schafft so weitere Arenen (vgl. Windhoff-Héritier 1987, S. 70). Gleichzeit motiviert der Agendaerfolg einer Akteursgruppe stets auch andere Akteure zur Eröffnung einer neuen Arena oder erfolgreiche Koalitionen bringen andere issues in der Hoffnung auf eine gleichartige Behandlung ein. Damit ergibt sich eine dynamische Fortentwicklung von political issues und den dazugehörenden Arenen. Eine solche mehrdimensionale Arenendynamik zeigt die nachfolgende Abbildung:

---

[262] Windhoff-Héritier (1987, S. 70) unterscheidet etwa regelmäßig anstehende „habitual items" von unregelmäßig zur Behandlung anstehenden „recurrent issues". Die politische Agenda ist dabei in den meisten Fällen von Routineproblemen beherrscht, kann aber auch sehr plötzlich durch äußere Ereignisse von spontanen Problemen besetzt werden.

226

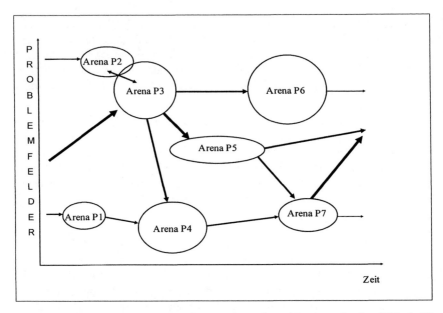

Abbildung 29: Politische Arenen und ihre Relationen (in Anlehnung an Sandner 1992, S. 66)

Diese miteinander verbundenen Arenen als Austragungsräume für politische Interessenkonflikte können dabei gleichermaßen offizielle wie inoffizielle Formen annehmen (vgl. im Einzelnen Sandner 1992, S. 65f.).[263] Ebenso kann auch das Ausmaß einer Arena bzw. ihre Konflikthaftigkeit mehr oder weniger begrenzt sein (vgl. Mintzberg 1985, S. 141). Dabei prägen die Stärke der Akteure und die Legitimität ihrer Anliegen die Intensität der Reibungskräfte wie auch den Inhalt und die Zielrichtung von Veränderungsprozessen (vgl. Schirmer 2000, S. 251). Zwischen den daraus resultierenden unterschiedlichen Ausprägungen und Auswirkungen von politischen Arenen und dem Verlauf und Ausmaß von Veränderungsprozessen bestehen ganz offenbar systematische Zusammenhänge. So bedrohen schwache wie intensive Konflikte, die von begrenzter Ausdehnung sind, die Dynamik von Veränderungsinitiativen in der Regel nicht in ihrem Kern (vgl. Schirmer 2000, S. 251) und kommen damit für eine Verursachung oder Förderung von Diskontinuitäten wohl nicht in erster Linie in Frage. In Betracht kommen eher extensive Wandelarenen mit hoher Konflikthaftigkeit, die auf der scharfen Konfliktlinie zwischen den Befürworten und den Verlierern von Verände-

---

[263] Einen besonderen Fall stellt dabei die so genannte ad hoc-Arena dar (vgl. Sandner 1992, S. 66). Sie entsteht aufgrund ganz spezifischer Situationen oder aufgrund aktueller Interessen mächtiger Akteure. Damit ist sie potenziell in der Lage, ein diskontinuierliches Ereignis im Organisationsgeschehen zum markieren und so möglicherweise eine Unternehmensdiskontinuität einzuleiten.

rungsvorhaben (vgl. dazu Schirmer 2000, S. 252) verlaufen.[264] Vor allem ergeben sich auch dadurch jene zuvor angesprochenen Kosten-Nutzen-Verwerfungen, die potenziell für Nachfolgearenen und damit für eine Ausbreitung von Konflikten sorgen.

Darüber hinaus ist die Verlaufsform bei der Genese politischer Arenen bedeutsam für die Entfaltung diskontinuierlicher Veränderungsprozesse. Denn in dem Maß wie sich eine politische Arena selbst diskontinuierlich gestaltet, steigt auch die Wahrscheinlichkeit einer Unternehmensdiskontinuität. Dabei erhöhen Sprünge in der Diskussion politischer „issues" und damit verbundene abrupte Aufmerksamkeitswechsel die Variabilität des Systems. In Form der politischen Arena steigern politische Prozesse zudem den Druck auf das Unternehmen, zu experimentieren (vgl. auch March/Olsen 1989, S. 169). Die damit verbundenen Meinungsverschiedenheiten, Konflikte und Spaltungen schaffen dann die Basis für eine Erörterung von ganz neuen Alternativen, selbst wenn diese nur über den Weg des Minimalkompromisses bzw. der Verhinderung schlimmerer Übel attraktiv erscheinen (vgl. etwa Windhoff-Héritier 1987, S. 82). Solche ergebnisoffenen experimentellen Suchprozesse auf dem Weg der schwierigen Konsensfindung führen zudem ein Unternehmen häufiger an den Rand des Chaos (vgl. genauer dazu Brown/Eisenhardt 1998). Aus diesem Zustand heraus sind dann diskontinuierliche Veränderungen wiederum eher möglich, da sich am Rand des Chaos zahlreiche Variablen des Unternehmens schon in einem veränderlichen, schwankenden Zustand befinden, was rasch in eine breitere diskontinuierliche Entwicklung münden kann.

Bisweilen läuft das organisationale (Veränderungs-)Geschehen durch politische Arenen aber auch vollkommen aus dem Ruder. Solche Vorgänge lassen sich sehr gut mit dem Begriff der „garbage can-Arena" beschreiben (vgl. dazu Sandner 1992, S. 66). Dabei sind die Entscheidungsprozesse durch ein mehr oder minder zufälliges Zusammenfließen von Problemen, Teilnehmern und Lösungen gekennzeichnet. Entscheidungen suchen sich Probleme, Fragen und Probleme suchen sich Gelegenheiten zur Entscheidung und Lösungen suchen sich passende Fragen (vgl. Cohen/March/Olsen 1972, S. 2). Als Folge partieller machtbasierter Rationalitäten werden dabei zunehmen dysfunktionale und widersinnige Beiträge in den Entscheidungsprozess eingebracht, die in nicht zweckmäßigen oder sogar gänzlich unpassenden Lösungen (so genanntes Prinzip des „garbage in, garbage out"; Becker/Küpper/Ortmann 1992, S. 95 sowie Crozier/Friedberg 1979, S. 231). Der hohe Grad an Beliebigkeit bei zahlreichen, so verlaufenden Entscheidungsprozessen kann eine Organisation schließlich in eine organisierte Anarchie verwandeln

---

[264] Nach Schirmer (2000, S. 251) sind so genannte „harte Konflikte" zur Durchsetzung und zum Schutz von persönlichen Interessen und zur Verteilung oder Vermeidung von Verlusten, bei denen nicht alle Akteure gewinnen können („Gewinner-Verlierer-Situation") ein „zentraler generativer politischer Faktor" (d.h. Motor) des Wandels.

228

(vgl. dazu March/Olsen 1976, S. 12). In einem solchen Zustand steigt wiederum die Wahrscheinlichkeit, dass es zu radikalen diskontinuierlichen Veränderungen kommt, da in der organisierten Anarchie die regulierenden Aspekte der Institution und ihre verhaltensbindenden Strukturwirkungen weitestgehend außer Kraft gesetzt sind. Damit „schaukelt" sich das System möglicherweise selbst zu hochchaotischen Zuständen auf, die eine Diskontinuierung als Form der Auflösung provozieren.

Das Arena-Konzept liefert neben diesen Einsichten in eher strukturelle Vorgänge gleichzeitig durch eine Konkretisierung von Akteurstrategien politischen Verhaltens Erkenntnisse zu den handlungsbezogenen Komponenten im diskontinuierlichen Unternehmenswandel (in Anlehnung an Sandner 1992, S. 67): Da nicht jede Problemlage für jede Arena geeignet ist, sind Akteure bemüht ihre Problemlagen so zu definieren, dass sich die Wahrscheinlichkeit einer erfolgreichen Lösung in einer existenten Arena erhöht. Anderenfalls versuchen sie, die Probleme in andere, Erfolg versprechendere Arenen einzubringen. Dazu können verfügbare Netzwerkkontakte oder bestehende Koalitionen genutzt werden. Es ist evident, dass durch ein solches Verhalten bestimmte „Wandel-Issues" auf der Strecke bleiben können. Erkannte Passungserfordernisse[265] oder diagnostizierter Veränderungsbedarf werden dabei unter Umständen auch so weit reformuliert, dass sie in eine Entscheidungsarena eingebracht werden können, ohne dass man aber ihrer Lösung notwendigerweise näher kommt. Hierdurch steigt in Kombination mit dem ungewissen Ablauf des Policy-Zyklus zudem die Gefahr, dass das eigentliche Wandelvorhaben bis zur Unkenntlichkeit verändert wird. Denn dominante politische Koalitionen im Unternehmen sind in der Regel daran interessiert organisationale Veränderungen so lange wie möglich hinauszuschieben (vgl. Hauser 2000, S. 186) und nutzen dazu ihre Einflussmöglichkeiten im politischen Prozess. Im Ergebnis stellt sich so möglicherweise eine Wandel-Policy ein, die nur Kosmetik ist (vgl. auch Hornberger 2000, S. 242) und zu viel dramatischeren Veränderungen in der Zukunft führen kann.

In vielen Situationen erscheint die Eröffnung bzw. der Eintritt in eine Arena für die Akteure allerdings grundsätzlich zwingend erforderlich, um die Blockade der offiziell legitimierten Einflusskräfte in der etablierten Ordnung gegen Veränderungsbestrebungen aufzubrechen (vgl. Mintzberg 1985, S. 149). Das individuell motivierte, illegitime Konfrontationsverhalten kann so einen funktionalen Beitrag zu Überwindung von überlebten Strukturen leisten und damit quasi nebenbei und unbeabsichtigt das organisationale Gemeinwohl befördern. Jedoch ist mit einem politischen Handeln und den damit verbunden Konfrontationen und Kämpfen keineswegs immer eine Verbesserung einer Situation verbunden (vgl. Mintzberg 1985, S. 150). Gerade das strategisch-kalkulierte Taktieren der politischen Akteu-

---

[265] Vgl. Kapitel 5.1.3.2

re birgt das Risiko einer zunehmenden Ziellosigkeit im politischen Problembe-
handlungsprozess, der sich von relevanten Inhalten abkehrt und rein formale und
strategische Ausrichtung annimmt. Insgesamt können die politischen Akteure im
Unternehmen also Diskontinuitäten durch ihr strategisches Verhalten befördern
bzw. in ihrer internen Ausprägung selbst willentlich wie unwillentlich verursachen oder auch verzögern. Somit ist die Frage nach der Verursachung von Diskontinuitäten vor dem Hintergrund des Zusammenwirkens der Akteure in der politischen Arena differenzierter anzugehen. Denn eine reine Rückführung auf die
individuellen Präferenzen und Wahlentscheidungen des Individuums kann die Ergebnisse des Wandelgeschehens nicht vollständig aufklären. Vielmehr sind kollektive Effekte in die Analyse einzubeziehen, die zu ganz erheblichen Abweichungen vom zu erwartenden Entwicklungsverlauf führen können.

Durch das Zusammenspiel von Akteuren, Regeln und Strukturen können willentliche Absichten Einzelner damit offenbar ungeahnte Folgen für organisationalen
Wandel als Ganzes haben. Diese Erkenntnis führt zu einer neuen Sichtweise auf
die Volutarismus-Determinismus-Kontroverse in der Wandeldiskussion. Dass
Veränderungsvorhaben im Ergebnis trotz guter Absichten, rationaler Handlungen
und strenger Planungen oft nicht den Vorstellungen der Beteiligten entsprechen
oder gar scheitern (vgl. March/Olsen 1989, S. 65; Bolman/Deal 1997, S. 202),
liegt im Einzelfall nicht so sehr an deren Mangel an gutem Willen oder fakti-
schem Einflussvermögen. Vielmehr ist in der Ordnung des Unternehmens eine
wechselseitige Interdependenz der Akteure schon derart inhärent vorhanden, dass
sich – als emergente Phänomene – unintendierte und kaum vorhersagbare soziale
Konsequenzen individueller Handlungen ergeben können (vgl. dazu auch Grothe
1997, S. 79). Voluntaristische und deterministische Absichten und Ergebnisse
sind damit im interaktionellen Zusammenspiel der Akteure im Unternehmen nicht
dichotomisch zu trennen, sondern sind im Gegenteil als aufeinander bezogen und
untereinander verbunden zu sehen. Die politische Arena bildet für die Erhellung
der Ambiguität und der paradoxen Effekte dieser komplexen sozialen Prozesse –
wie zuvor in Ansätzen gezeigt wurde – einen recht guten konzeptionellen Zugang,
dessen heuristische Kraft längst noch nicht ausgeschöpft ist.

5.2.4.2 Das politische Netzwerk

Das Netzwerkkonzept in diesem Kontext als zweite idealtypische Konfiguration
der politischen Akteure im diskontinuierlichen Wandel einzuführen erscheint insofern als geeignet, als dass mikropolitische Perspektiven stets von multiplen,
vernetzten Einflussquellen ausgehen (vgl. Neuberger 2002, S. 680). Aus dem zuvor schon erwähnten interessensbasierten Politikverständnis heraus, sind Organisationen vor allem durch miteinander verknüpfte Interessen strukturiert, die die
Basis für die Ressourcen- und Wertverteilung durch Aushandlungsprozesse bilden (vgl. Sandner 1992, S. 68). Eine solche polyzentrische Auffassung von Politik
sieht jede Position und damit auch jede Person in Organisationen als Quelle wie

Ziel von Beeinflussungsversuchen (vgl. Neuberger 2002, S. 681). Eine wesentliche formale, strukturelle Repräsentation einer solchen polyzentrischen Verfasstheit von Organisationen stellt neben der Arena das politische Netzwerk dar. Das politische Netzwerk bildet aber insofern ein analytisches Gegenstück zur politischen Arena, da es prinzipiell von längerer Dauer ist (vgl. Schneider 1998, S. 145) und sich nicht um bestimmte Problemlagen herum quasi spontan konfiguriert. Mit dem Konstrukt der Netzwerke wird zudem die dominante dyadische Perspektive auf Akteure verlassen und eine relationale Sichtweise eingenommen (vgl. auch Sandner 1990, S. 148; sowie Boskamp 1996, S. 165), was auch für die Interdependenz diskontinuierlicher Veränderungsprozesse von Nutzen ist.

Die Diskussion zu politischen Netzwerken im Kontext von Unternehmen greift dazu auf den allgemeinen Netzwerkbegriff und seine Bedeutung zurück. Zunächst einmal stellt ein Netz in seiner ursprünglichen Bedeutung ein Geflecht dar, das eine bestimmte Art von Zusammenhang bildet (vgl. etwa Burckhardt 1997, S. 294). Dabei besteht es aus einer Vielzahl von Knotenpunkten, die untereinander auf direkte oder indirekte Weise verknüpft sein können (vgl. Boskamp 1996, S. 162). Solche Netze bzw. Netzwerke können eine Vielzahl von Ausprägungsformen annehmen und fast jedes empirisch beobachtbare Phänomen lässt sich damit (auch) als Netzwerk auffassen (vgl. Sydow 1992, S. 75). Aus diesem Grund kann das Unternehmen als Netzwerk verflochtener Personen verstanden werden. Die unternehmensbezogene Netzwerkperspektive setzt hierbei an der Tatsache an, dass die Akteure im Unternehmen untereinander durch die Relationen eines dauerhaften Zusammenwirkens auf verschiedenste Art und Weise miteinander verbunden sind (vgl. Sandner 1990, S. 148). Ob diese Beziehungen vorgeschrieben sind oder aber von den Beteiligten frei gewählt wurden, ist nicht von Belang. Charakteristisch für alle Netze bzw. Netzwerke sind hingegen die einfache Kompliziertheit der strukturellen Konfiguration und die relative Offenheit (vgl. Burckhardt 1997, S. 294).

Obwohl gerade auch im Kontext von Unternehmen relativ große Unterschiede in der Definition von Netzwerken bestehen, besteht ein gemeinsamer Ausgangs- und Bezugspunkt aller Netzwerküberlegungen im Begriff des sozialen Netzwerks (vgl. Riedl 1999, S. 14). Ein soziales Netzwerk ist das Geflecht sozialer Beziehungen von Akteuren und ihren wechselseitigen Verknüpfungen (vgl. Sandner 1990, S. 148; Sydow 1992, S. 78). Neben dem recht weit gefassten Konzept sozialer Netzwerke existieren aber noch vielfältige, andere Kategorisierungen netzwerkartiger sozialer Relationen (vgl. zur Differenzierung auch Boskamp 1996, S. 165). Von besonderem Interesse ist in diesem Zusammenhang das politische Netzwerk, das als spezielle Ausprägung des sozialen Netzwerks anzusehen ist. Als politisches Netzwerk kann die Gesamtheit aller Beziehungsstrukturen, die für eine Policy relevant sind bezeichnet werden (vgl. Schneider 1998, S. 145). Das politische Netzwerk repräsentiert dabei einen Interaktionszusammenhang mit einer überschaubaren Zahl von beteiligten Akteuren, die über die Interessenslage wechselseitig informiert sind, zu Abstimmungs- und Aushandlungsprozessen in der Lage sind und bei Bedarf auch dauerhafte Kooperationen eingehen können (vgl. Schneider 1998, S. 145).

Für ein Verständnis netzwerkartiger Arrangements und ihrer spezifischen Effekte sind zunächst die basalen Elemente des Netzwerks von Bedeutung (vgl. dazu Boskamp 1996, S. 164): So bestehen Netzwerke aus Knoten (Individuen, aber auch kollektive Akteure oder soziale Gebilde), Verbindungen/Kanten (Aktivitäten und Ressourcenströme zwischen den Knoten) sowie Relationen (spezifische, zweck- und zielorientierte soziale Beziehungen). Hieraus wird deutlich, dass Netzwerke vor allem auf dem (Organisations-)Prinzip der Reziprozität und Interdependenz aufbauen (vgl. dazu auch Sydow 1992, S. 79). Ein solches Netz wechselseitig abhängiger Handlungen ermöglicht dann auch die Entstehung emergenter kollektiver Phänomene (vgl. Grothe 1997, S. 79), die gerade für das politisch motivierte Wandelgeschehen in Organisationen typisch sind. Die eminente Bedeutung von Netzwerken für das politische Geschehen im Wandel ergibt vor allem daraus, dass Netzwerke partikulare Interessen verknüpfen und damit strukturieren sowie durch Aushandlungsprozesse Ressourcen- und Wertverteilungen organisieren (vgl. Sandner 1992, S. 68). Nicht zu unterschätzen ist auch der Machtgewinn der aus Netzwerken bzw. Netzwerkkontakten für einzelne Akteure v.a. durch exklusive Informationen erlangt werden kann (vgl. Morgan 1997, S. 252), denn eine wesentliche Stärke von Netzwerken besteht in ihrer hohen Dichte an Informationen (vgl. dazu v. Prittwitz 1994, S. 93).

Politische Netzwerke verfügen als organisationales Phänomen über eine externe und eine interne Dimension (vgl. in diesem Sinn Morgan 1997, S. 253). Die externe Dimension bezieht sich auf Relationen zu Akteuren außerhalb der Organisation, während die interne Dimension ausschließlich aus Beziehungen zu organisationsinternen Akteuren besteht. Dabei werden empirisch gesehen gerade externe Netzwerkakteure (z.B. Berater oder Stakeholder), die keine Organisationsmitglieder sind, auch für das politische Geschehen immer wichtiger (vgl. Hennig 1998, S. 46f.). Neben unterschiedlichen Graden in der externen/internen Ausdehnung kann auch die inhaltliche Reichweite von politischen Netzwerken erheblich differieren. Dazu kann in Anlehnung an die politikwissenschaftliche Diskussion zwischen policy- und issue-networks unterschieden werden (vgl. Windhoff-Héritier 1987, S. 46): Policy-Netzwerke[266] repräsentieren umfangreichere Politikfelder während die Issue-Netzwerke sich auf recht eng begrenzte, präzise bestimmbare politische Probleme beziehen. Ferner sind politische Netzwerke durch unterschiedliche Beiträge, Machtbasen und Abhängigkeiten charakterisiert (vgl. Mor-

---

[266] Policy-Netzwerke sind im Unterschied zu politischen Netzwerken die Beziehungsnetze zwischen politischen Akteuren eines Willensbildungsprozesses für ein *bestimmtes* Problem-/Politikfeld (vgl. v. Prittwitz 1994, S. 93).

232

gan 1997, S. 253), die einen wesentlichen Einfluss auf die Verfasstheit der Akteure und die Interaktionsqualität haben. Dies ist für eine Analyse diskontinuierlicher Veränderungsprozesse besonders zu bedenken.

Die genaue Rolle von politischen Akteursnetzwerken im Rahmen von diskontinuierlichen Unternehmenswandel auf einer theoretischen Ebene zu klären, gestaltet sich als vergleichsweise schwierig. Eindeutige, generelle Aussagen über Netzwerke lassen sich nicht ohne weiteres treffen. Zu vieles hängt von der Dichte, Homogenität und Balance von bzw. in konkreten Netzwerken ab (vgl. dazu auch Boskamp 1996, S. 167ff.). Ein großer Teil der herausgebildeten Netzwerkkontakte in Organisationen und daraus entstehende politische Koalitionen sind überdies zufälliger Natur (vgl. Morgan 1997, S. 253), was zwar einen weiteren Faktor der Indeterminanz des Wandels darstellt, aber auch die Analyse von Netzwerkeffekten auf den Wandel nachhaltig erschwert. Hinzu kommt der inoffizielle und unauffällige Charakter von politischen Netzwerken (vgl. Morgan 1997, S. 252), die häufig eine weitgehend intransparente Form der Parallelorganisation bilden, die sich dem Zugang durch externe Beobachter weitgehend verschließt. Ihr genauer Einfluss auf die Triebkräfte von Veränderungen oder die Beharrungskräfte der Stabilität bleibt somit in hohem Maße verborgen. Dies erschwert die Bestimmung ihres Einflusses auf den diskontinuierlichen Wandel ganz erheblich.

Nachdem politische Netzwerke längerfristig stabile Beziehungen zwischen organisationalen Akteuren mit eingespielten Tauschverhältnissen und ausdifferenzierten Informationskanälen darstellen (vgl. auch Schneider 1998, S. 147; sowie Mayntz 1996, S. 479), bilden sie grundsätzlich wohl eher ein Element der Kontinuität in der Diskontinuität. Da sich Netzwerke bei aller internen Rivalität zudem gegen äußere Bedrohungen relativ rasch zu einigen vermögen (vgl. Windhoff-Héritier 1987, S. 46), stellen sie eine bedeutenden Einflussgröße auf die Triebkräfte des Wandels mit dem Schwerpunkt einer retardierenden Wirkung dar. Auf jeden Fall können aber Regelmäßigkeiten und Brüche sowie Beschleunigungen und Verlangsamungen eines Wandelprozesses bzw. eine Policy-Entwicklung durch die Netzwerkperspektive besser verstanden werden (vgl. auch Windhoff-Héritier 1987, S. 60). Netzwerke sind – besonders in Form der Policy-Netzwerke – weit gespannt und relativ offen für Zutritte und Erweiterungen (vgl. v. Prittwitz 1994, S. 94), aus denen sich eigenständige Veränderungsdynamiken in den Objekten des organisationalen Wandels ergeben können.[267] Die Vernetzung bildet als organisatorischer Trend zudem die Grundlage für die fortschreitende Erosion des Unternehmens (vgl. z.B. Reiß 1998a), da Netzwerkarrangements die Bereichsgrenzen verwischen und formale Strukturen außer Kraft setzen (vgl. auch

---

[267] Hingegen tendieren persönliche Netzwerke und mafiose Netzwerke, die auch in politischen Kontexten vorkommen, zu hoher oder gar extremer Geschlossenheit und Intransparenz (vgl. v. Prittwitz 1994, S. 94).

Schneider 1998, S. 147).[268] Diese Erosionsprozesse scheinen dabei ein durchaus geeigneter Nährboden für diskontinuierliche Entwicklungen zu sein, weil hiermit die Starrheit des institutionellen Gefüges ein Stück weit gelockert wird und eine erhöhte Variabilität entsteht.

Vor allem die personenbezogenen Dimensionen der Diskontinuität lassen sich durch diskontinuierliche Netzwerkeffekte besser verstehen. Denn ein plötzlicher Ausfall fokaler Akteure, die Abtrennung von ganzen Teilen politischer Netzwerke im Zuge von Downsizing- oder Umbauaktivitäten im Unternehmen (etwa durch Ausgliederungen von Unternehmenseinheiten oder Personalabbau, Wechsel der Unternehmensleitung), vermag im Einzelfall sicher abrupte Richtungswechsel in der politischen Auseinandersetzung und der strategischen Orientierung eines Unternehmens provozieren. Mit Blick auf die Ebene der Makropolitik erscheint es durchaus plausibel, dass politische Vorhaben auch in Unternehmen dann an Relevanz und Dynamik einbüßen wenn sie ihre hauptsächlichen Proponenten verlieren. Ein Wegfall von Netzwerkknoten (Akteuren) kann mit anderen Worten also einen Einbruch in der personalen Dimension des Wandels markieren, der als Punktuierung im Veränderungsgeschehen dann diskontinuierliche Entwicklungen (Umschwünge, Richtungswechsel bzw. Reorierentierung) auf einer globaleren Ebene als Folgeeffekte nach sich zieht. Eine Veränderung der organisationalen Tiefenstruktur im Sinne des punktualistischen Wandelverständnisses wäre damit auch auf personale Ursachen bzw. voluntative Eingriffe in die Beziehungsgeflechte der Akteure rückführbar.

Hieraus ergibt sich zunächst eine fruchtbare Kontrastierung der beiden Konfigurationsformen, die dem wechselnden Charakter des politischen Geschehens als Dissens- und Konsensprozess in Organisationen in passender Weise gerecht wird: So stellt die politische Arena einen Kampfplatz der politischen Akteure dar, der primär durch Interessendurchsetzung und Konfliktaustragung geprägt ist (vgl. auch Bolman/Deal 1997, S. 198). Zur Durchsetzung von Interessen müssen in der Regel Koalitionen mit anderen Akteuren organisiert werden (vgl. Bosetzky 1992, S. 28) und die Machtverhältnisse erprobt werden, so dass ein Ergebnis hier überwiegend durch Konfrontation bzw. Hierarchisierung erreicht wird. Das Netzwerk bildet dagegen eher einen Tauschplatz, der primär von Interessensausgleich und Konsensfindung gekennzeichnet ist. Dies drückt sich etwa durch das Konstrukt des politischen Tausches als zentraler Repräsentationskategorie der Netzwerklogik aus. Ein solcher politischer Tausch ist multilateral, indirekt, unabhängig von Marktpreisen und macht damit ein Aushandeln der politischen Akteure notwendig (vgl. Mayntz 1996, S. 479). In der Folge wird Verhandlung statt Konfrontation zu einem dominanten Modus der Interaktion im Netzwerk (vgl. Mayntz 1996, S.

---

[268] Die Vernetzung ist dabei im wirtschaftlichen wie auch im politischen Kontext eine Reaktion auf die zunehmende (Umwelt-)Komplexität (vgl. Mayntz 1996, S. 471; Schneider 1998, S. 146).

480f.). Dies ermöglicht aufgrund der Offenheit solcher Verhandlungssituationen letztlich eine – zuvor schon angedeutete – „Emergenz von unten" durch Selbstorganisation (vgl. Teubner 1996, S. 537), die für ein integratives Verständnis von diskontinuierlichen Wandel konstitutiv ist.

Netzwerke haben dabei in methodischer Hinsicht einen doppelten Vorteil als Analyseperspektive. Sie erlauben eine gleichzeitige Verbindung von Makro- und Mikroebene sowie der internen und externen Perspektive der Organisation. Denn soziale oder politische Netzwerke sind nicht auf institutionelle oder personale Ebenen begrenzt, weil sie sowohl korporative wie individuelle Akteure umfassen und machen nicht an vermeintlichen oder tatsächlichen Unternehmensgrenzen Halt, weil sie gleichermaßen interne und externe Akteure umfassen. Sie bilden dabei eine durchaus divergente Position gegenüber dem Arena-Konzept, das solche Erweiterungen nicht im selben Umfang zulässt. So ist die Arena als Kampfplatz der gegensätzlichen Interessen eher nach innen gerichtet und steht für organisationsexterne Akteure nicht immer in vollem Umfang offen. Zudem bildet sie per definitionem ein Gefäß bzw. ein Ort (Kampfplatz) *in* der Organisation, so dass sie nicht gleichzeitig auch der Makroebene der Organisationsbetrachtung zugerechnet werden kann.

Es ist allerdings hilfreich, die Strukturformen der Arena und des Netzwerks trotz aller Gegensätze nicht als isolierte und einander ausschließende Ausprägungen bzw. Gestalten der Akteurskonfiguration aufzufassen, sondern sie im Gegenteil als aufeinander bezogene und sich ergänzende Modi der politischen Auseinandersetzung zu begreifen. So führen innere Divergenzen und Konflikte in Netzwerken bzw. die Konkurrenz zwischen Netzwerken nicht selten überhaupt erst zu einer Formierung von Arenen oder einem Arenawechsel (vgl. Windhoff-Héritier 1987, S. 59). Umgekehrt kann ein ungelöster politischer Konflikt zu einer Vernetzung der Akteure Anlass geben, um auf diese Weise Ressourcen zu bündeln oder neue bzw. breitere Unterstützung zu beschaffen. Damit wären die Arena und das Netzwerk als intermittierende Formen der strukturellen Verfasstheit von politischen Akteuren im diskontinuierlichen Wandel zu verstehen, deren Wechselspiel zu eigenen Impulsen, Punktierungen und Brüchen im Sinne einer pulsierenden Veränderungsdynamik führen kann.

In einem etwas anderen Sinn kann deswegen die Arena als personales Gefäß und das Netzwerk als strukturelles Skelett des politischen Geschehens interpretiert werden (Windhoff-Héritier 1987, S. 61f.). Aus diesem Verständnis heraus sammelt die politische Arena die politisch betroffenen und motivierten Akteure und konzentriert das polyzentrische Anpassungsringen der Gegenkräfte von Bewahrung und Veränderung auf räumlich begrenzte Wandelorte punktueller Auseinandersetzungen mit hoher Dynamik. Durch diese Fokussierung werden qualitative Sprünge in der Suche nach Problemlösungen und radikale Brüche dominanter Ordnungsmuster möglich, die kennzeichnend für den diskontinuierlichen Wandel sind. Das Netzwerk gibt hingegen den politischen Auseinandersetzungen einen Halt und eine festere Struktur, indem es die Gefahr der Ausuferung und Zerfaserung mit seinem durch das Beziehungsgeflecht eingeschlossenen Raum entgegenwirkt. Der in ihm inkorporierte institutionelle Grundkonsens befördert eine Einigung auf dem Verhandlungsweg und unterbindet eine rücksichtslose Interessenmaximierung (vgl. auch Mayntz 1996, S. 484). Seine Reziprozität und stabilere Verfasstheit bringt zudem ein gewisses Gleichmaß in das Veränderungsgeschehen und sorgt so für die nötige Sequenzierung und Rhythmik des Wandels[269], die diskontinuierliche Entwicklungsverläufe erst ermöglicht. Beide spielen somit ihren jeweiligen Part in der evolutionär-politischen Genese von Unternehmensdiskontinuitäten.

5.2.5 Zusammenfassende Beurteilung

Politisches bzw. politisch motiviertes Handeln stellt in praktisch allen Formen von Organisationen den empirisch belegbaren Normalfall dar (vgl. Kieser/Hegele/Klimmer 1998, S. 200; Ridder 1999, S. 611) und so sind auch Unternehmen stets „durchwirkt von Politik" (Küpper/Ortmann 1992, S. 9). Es ist daher prinzipiell nur wenig verwunderlich, dass organisationale Veränderungsvorhaben nicht von den weitreichenden Auswirkungen des Politikphänomens ausgenommen sind und politische Probleme dort von vornherein eine große Rolle spielen (vgl. Kirsch/Esser/Gabele 1979, S. 176). Viel bedeutsamer ist hingegen die Erkenntnis, dass Wandelprozesse zumeist eine immanente Tendenz zur Politisierung besitzen (vgl. Schirmer 2000, S. 362). Hieraus erwächst die nicht zu unterschätzende Gefahr, dass politische Prozesse im Wandelgeschehen ausufern und so letztlich die Veränderungs- und damit auch die Organisationsziele unterminiert werden (vgl. auch Al-Ani 1993, S. 151 sowie Mintzberg 1985, S. 148). Das Ausmaß von sich abzeichnenden oder begonnenen Diskontinuitäten kann dadurch wohl noch erheblich verstärkt werden (vgl. auch Hauser 1999, S. 76f.). Organisationen sind deswegen immer dazu angehalten, politisch motiviertes Verhalten bis zu einem gewissen Grad einzudämmen (vgl. Kieser/Hegele/Klimmer 1998, S. 216). Damit sollen die möglichen Auswüchse eines rein egoistisch motivierten, interessensbezogenen Handelns zugunsten einer gerade im Wandel notwendigen Kollektivorientierung im Sinne der Gesamtorganisation verhindert werden und die Energien statt auf Machterhalt und individuelle oder gruppenbezogene Interessensdurchsetzung auf die gemeinsame Ausrichtung und die organisationale Leistungsfähigkeit gelenkt werden (vgl. auch Hauser 1999, S. 76f.).

Trotz aller Normalität des politischen Handelns in Organisationen besteht allerdings kein Anlass für eine Überbetonung einer quasi naturgesetzlichen Sichtweise auf das Politische und seiner damit verbundenen Rechtfertigung als gegebenen

---

[269] Vgl. zu den Fragen des Timings, der Sequenzierung und der Rhythmik im organisationalen Geschehen ausführlich Albert/Bell (2002) sowie im Wandel Müller-Stevens/Lechner (2001, S. 422ff. und 460ff.).

236

Umstand und urwüchsige Unvermeidlichkeit (vgl. dazu auch Neuberger 1992, S. 85, Schreyögg 1999, S. 434). Von einer ungeordneten und ungehemmten Ausbreitung politischer Akte kann allein schon deswegen keine Rede sein, da Politik sich (auch in ihrer mikropolitischen Variante) immer im Rahmen institutioneller Systeme vollzieht (vgl. auch v. Prittwitz 1994, S. 78).[270] Dabei kommt ihr eine durchaus konstruktive Rolle bei der Schaffung von sozialer Ordnung zu (vgl. Morgan 1997, S. 283), die gerade auch für Veränderungsfragen von elementarer Bedeutung ist. Damit sind Unternehmen im Sinne der politischen Perspektive auch im Rahmen von (diskontinuierlichen) Wandelprozessen kein dschungelähnliches Chaos, sondern stellen vielmehr eine strukturierte (Politik-)Arena dar (vgl. Wienecke 2001, S. 28), in der Akteure und Akteursgruppen vorhandene Interessenskonflikte nach vorstrukturierten Regeln austragen.[271]

Politik ist dabei auch nicht nur auf die Dimension des Konflikts zu reduzieren (vgl. v. Prittwitz 1994, S. 48), sondern bemüht sich angesichts eines nicht vorauszusetzenden Konsens um die Ermöglichung kollektiven Handelns (vgl. Scharpf 1973, S. 33). Dazu zielt Politik auf die Etablierung einer legitimen Ordnung[272], bei der ein struktureller Rahmen die Möglichkeiten und Grenzen des Handelns absteckt und verbindliche formale Verfahren bereitstellt (vgl. Neuberger 2002, S. 683). Die Vernetzung der Akteure und die Reziprozität der Handlungsmöglichkeiten[273] verhindert dabei zusätzlich, dass jemand ganz ohne Macht bleibt und sich übermäßige Kräfteverzerrungen einstellen können (vgl. Küpper/Ortmann 1992, S. 7). Politische Geschäfte sind außerdem vielfach Geschäfte auf Gegenseitigkeit (vgl. Windhoff-Héritier 1987, S. 49). Die aktive Diskontinuierung von Unternehmen durch eine sehr kleine, dominante Koalition politischer Akteure wird somit eher nicht den Regelfall darstellen. Vielmehr setzt eine diskontinuierliche Veränderung häufig die Mitwirkung zahlreicher betrieblicher Akteure voraus, da für ein solches Vorhaben politische Koalitionäre zur Unterstützung und Legitimierung erforderlich sind. Dies macht die Diskontinuität aus Sicht der mikropolitischen Perspektive letztlich zu einem sehr voraussetzungsvollen Ereignis.

---

[270] Hier suggeriert insbesondere ein aspektuales Politikverständnis mit seiner Annahme eines ungezügelten und schrankenlosen Machtgebrauchs der organisationalen Mikropolitiker eine völlig verzerrte Sicht. Die gegen die politische Perspektive erhobenen Vorwürfe der Entstehung eines Klimas des Misstrauens und der Feindseligkeit und der Herausbildung einer paranoischen Grundhaltung (vgl. Schreyögg 1999, S. 434f.) können damit auch nur diese Position betreffen.

[271] Vgl. auch Kapitel 5.2.4.1

[272] Ähnlich Sandner (1992, S. 69) aus Sicht des interessensorientierten Politikverständnisses, der neben der Herstellung und Bewahrung von Ordnungsvorstellungen aber auch deren Veränderung als konstitutiv ansieht.

[273] Bei aller vorhandenen Machtasymmetrie ist doch letztlich kein Akteur dem anderen völlig ausgeliefert (vgl. Brüggemeier/Felsch 1992, S. 134). Auch im ungünstigsten Fall von extremen Abhängigkeiten, bleiben dennoch gewisse Ressourcen verfügbar, die ein Minimum an Autonomie für die Akteure gewährleisten (vgl. Walgenbach 2001, S. 372).

Im Gegenzug erscheint aber auch eine kalkulierte Nutzung politischer Dynamik im Veränderungsgeschehen zur Stärkung innovativer Elemente und Positionen fraglich. Zwar wird die Perspektive der Politik häufig mit Steuerung in Verbindung gebracht (vgl. z.B. Remer 1982) und dabei suggeriert, Politik sei eine Form der Unternehmenslenkung mit anderen Mitteln (vgl. auch Neuberger 2002, S. 689ff.).[274] Politische Dynamiken sind jedoch nicht wirklich beherrschbar, sie können bestenfalls in bestimmte Bahnen gelenkt werden (vgl. Schirmer 2000, S. 379f.). So zeigen schon die Merkmale des Politischen auf, dass Politik immer ein „Element der Unsteuerbarkeit" aufweist (vgl. v. Prittwitz 1994, S. 14). Politische Konfrontationen vermögen überdies auch nicht immer eine Situation zu verbessern, sondern können sie im Gegenteil noch signifikant verschlechtern (vgl. Mintzberg 1985, S. 150). Ob sich unter der Einwirkung des politischen Geschehens damit eine Entwicklung zum Guten oder zum Schlechten ergibt, ist im Vorfeld kaum bestimmbar. Dies verstärkt sich noch beim Eintreten einer politisch induzierten Krise, da in solchen Phasen die Entwicklungsrichtung ex ante kaum abzuschätzen ist (vgl. auch Imhof 1996, S. 271).

Politik stellt damit insgesamt ein ambivalentes Phänomen dar, das auch den Ausgang von Wandelprozessen in überaus vielfältiger Hinsicht zu beeinflussen mag. Denn im besten Sinn können „gute Gründe der Rationalität" der Motor des politischen Handelns sein, im schlechteren Sinn bedeutet politisches Handeln dagegen ein Arsenal von Strategien und Taktiken aus dem „Lexikon der Gemeinheiten" (Brüggemeier/Felsch 1992, S. 134). Die genauen Zwecke und Absichten politischen Handelns bleiben für den Beobachter wie für den Intervenierenden größtenteils im Verborgenen und erschweren so eine Abschätzung der Folgen und Ergebnisse. Einer zweckbezogenen Instrumentalisierung von Politik für den Unternehmenswandel sind damit angesichts der beträchtlichen Eigendynamik und den folgenschweren Wirkungen stets enge Grenzen gesteckt. So lässt sich Politik von der Unternehmensführung jedenfalls vermutlich weder gezielt als Promotor einer aktiven Diskontinuierung einsetzen noch für die kollektive Verhinderung einer Diskontinuität nutzen, auch wenn dies gelegentlich den Anschein haben mag.

Es ist die Eigenlogik des politischen Prozesses, wie sie gerade auch am Policy-Zyklus deutlich wurde, die vielfach für vollkommen unvorhersehbare Ergebnisse im Wandelprozess sorgt. Eine politische Initiative kann sich im Rahmen des Policy-Zyklus erheblich verändern und im Extrem sogar in ihr Gegenteil verkehren. Ergänzt und verstärkt wird dies noch durch die große Bandbreite der strategischen Verhaltensmöglichkeiten der Akteure, die zwar für die siegreiche Konfrontation teilweise illegitime Taktiken und Tricks, heimlich erworbene Machtbasen oder ideologische Positionen höchst egoistisch einzusetzen vermögen, aber auch durch

---

[274] Vgl. auch Schirmer (2000, S. 117), der betriebswirtschaftliche Sichtweisen politischer Aspekte in Reorganisationsprozessen in der „Logik plandeterminierter Steuerung" verhaftet sieht.

238

ihre soziale Vernetzung Rücksichtnahmen, Gegenleistungen und Tauschverspre-
chen sowie Gemeinwohlerfordernisse ins politische Kalkül miteinzubeziehen haben. Zudem erscheint es mindestens im Ansatz möglich, dass auch rein individuell motiviertes Handeln durch kollektive Phänomene und Effekte auf der Ebene
des organisatorischen Gesamtgebildes zu durchaus nützlichen Entwicklungen
führt, vor allem wenn man eine langfristigere Perspektive einnimmt.

Für das angestrebte Erkenntnisziel der vorliegenden Arbeit liefert der mikropolitische Ansatz damit trotz seiner zweifellos vorhandenen Begrenzungen und Defizite einen wichtigen Beitrag. Denn eine politische Perspektive auf Organisationen
verbessert ganz erheblich das Verständnis der Auswahl, Bearbeitung und Lösung
von Organisationsproblemen (vgl. auch Sandner 1992, S. 71). Aus einer politischen Sicht heraus wird so verständlicher, wann und warum sich Organisationen
überhaupt ändern. Mit anderen Worten ist die Wandelbereitschaft und -fähigkeit
von Organisationen zu einem ganz erheblichen Teil das Ergebnis politischen Geschehens. So ist etwa schon der Wille zur Veränderung als grundlegende Voraussetzung für einen organisationalen Wandel abhängig von den individuell bestimmten wie kollektiv verhandelten Interessen der Akteure.[275] Damit kann aber
eine ausgeprägte politische Neigung zur Veränderung ein wichtiges Gegenge-
wicht zur institutionellen Stabilität von Unternehmen bilden, ebenso wie der feste
politische Wille zur Bewahrung die Dynamik von Veränderungsvorhaben erheblich dämpfen kann.

Diskontinuitäten ergeben sich somit beispielsweise wenn funktionale Erfordernisse konträr zu den Interessen politischer Akteure in der Arena des Wandels stehen
und Blockaden hervorrufen. Umgekehrt können politische vereinbarte „Pseudo-
Veränderungen" bzw. marginale „kosmetische" Veränderungen[276] tatsächlichen
Wandelbedarf überdecken und Passungsdefizite bestehen lassen (vgl. dazu auch
Hornberger 2000, S. 242). Zudem treten auch immer ungewollte Struktureffekte
als Ergebnis geplanter Veränderungen auf, so dass es zu einer Gleichzeitigkeit
von geplanter Steuerung und ungeplanter Emergenz kommt (vgl. auch Mayntz
1999, S. 6f.). Diese institutionellen (Re-)Arrangements stellen dann einen Prob-
lemlösungsbeitrag zu wahrgenommenen Veränderungsnotwendigkeiten mit Folgeproblemen dar, der nach erneuten Lösungen verlangt (vgl. dazu auch Has-
se/Krücken 1999, S. 7; Mayntz 1999, S. 6f.) und so potentiell für eine Kontinuität
des Wandels bzw. eine Kontinuität der Diskontinuität sorgt.

Die politische Perspektive zeichnet dabei ein realistischeres und differenzierteres
Bild der Dualität von Strukturen und Handlungen gerade auch im diskontinuierlichen Wandelgeschehen. Strukturen sind dabei Ausgangspunkt wie selbst auch

---

[275] Nach Küpper/Ortmann (1992, S. 9) sind Organisationen damit ein „kontingentes Resultat
politisch-praktischen Handelns und andauernder Kommunikation unter Mikropolitikern."

[276] Vgl. dazu auch Delacroix/Swaminathan (1991)

Arena politischer Prozesse (vgl. Ridder 1999, S. 611): Sie werden genutzt, wenn sie den persönlichen Zielen dienen oder gegebenenfalls ersetzt wenn sie die Anforderungen nicht erfüllen. Erfüllt eine mangelhafte Passung also die Interessen relevanter politischer Akteure und verfügen diese über eine ausreichende Macht zur Sicherung dieser Situation, wird sich trotz der Passungsdefizite möglicherweise keine neue Strukturkonfiguration einstellen und somit auch kein diskontinuierlicher Wandel beobachtbar sein. Wann und wie eine konstruktive Destruktion funktionaler Organisationsstrukturen im Prozess der diskontinuierlichen Veränderung des Unternehmens, wie sie zuvor beschrieben wurde, also geschieht, hängt somit ganz entscheidend auch von den individuellen Interessen der Akteure und Akteurskoalitionen in der Organisation ab. Eine rein evolutionäre Perspektive suggeriert zu leicht die reine (Dys-)Funktionalität von Strukturen als einzige Vorrausetzung für ihre Stabilität oder Veränderung, während dies in der politisch bestimmten Organisationsrealität keineswegs so ausschließlich gegeben sein muss (vgl. auch Morgan 1997, S. 284). Entscheidend ist dort eher die Brauchbarkeit von strukturellen Kompromissen im Sinne der ausgehandelten Akteurinteressen oder die Bewahrung der Balance und Homogenität der politischen Netzwerke.

Wie einleitend postuliert, ist damit eine mikropolitische Perspektive insgesamt eine wichtige Ergänzung bzw. ein wertvolles Korrektiv evolutionärer Konzeptionen des organisationalen Wandels gerade auch in seiner diskontinuierlichen Ausprägung.[277] Scheint dort aus einer Makroperspektive heraus die konstruktive Destruktion von Organisationen weitgehend umweltgesteuert bzw. von den internen organisationalen Konstruktionsprinzipien determiniert und somit konvergent mit den Annahmen eines Außen-/Innendeterminismus, sorgt gerade eine politische Betrachtung der Organisation für eine Relativierung dieses Rationalitätsmythos (vgl. Morgan 1997, S. 283). Organisationen sind in diesem Sinn Muster der sozialen Ordnung, die von ihren Mitgliedern selbst immer wieder interessensabhängig dekonstruiert und neu rekonstruiert werden (vgl. auch Ridder 1999, S. 611). Ein solches Handeln ist deswegen möglich, weil Strukturen von den Akteuren zur Realisierung von eigenen Zielen genutzt werden können (vgl. Walgenbach 2000, S. 94). Dabei können sich immer wieder Ergebnisse einstellen, die für eine Unterbrechung der Organisationsprozesse sorgen und so eine sprunghafte Veränderung im Sinne einer Diskontinuität bewirken können.

Gerade am Einbezug einer mikropolitischen Perspektive zeigt sich so auch die Fruchtbarkeit der Kontrastierung divergenter Erklärungsbeiträge im Rahmen eines multitheoretischen Ansatzes, da mit ihrer Hilfe vorherige Theorien durch ergänzende Einsichten aufgehellt werden konnten, wie dies einleitend postuliert wurde. Der „blinde Fleck" einer evolutionstheoretisch fundierten Makroperspektive des diskontinuierlichen Unternehmenswandel als rein struktureller Verände-

---

[277] Vgl. Kapitel 2.4

rung liegt vor allem in einer Ausblendung der handelnden Subjekte. Dagegen stellt es eine der großen Stärken des politischen Denkens dar, die Dualität zwischen Handeln und Strukturen mit einer besonderen Akzentuierung auf individuelle Elemente zu betrachten und so „das Handeln der Akteure und die Zwänge der Systeme" (Küpper/Ortmann 1992, S. 7) neu auszutarieren. Beiden Perspektiven teilen aber die Auffassung, dass sich hierdurch keineswegs gleichgewichtige Situationen von längerer Stabilität im Unternehmen einstellen, sondern dass sich hieraus eher eine dauerhafte Instabilität des Unternehmens als Institution ergibt (vgl. auch Kanter/Stein/Jick 1992, S. 376).

Damit können letztlich sowohl evolutionäre wie auch politische Prozesse für Unternehmensdiskontinuitäten verursachen. Dies hängt auch damit zusammen, dass externale wie internale Dynamik gleichermaßen für den Prozess des organisationalen Wandels verantwortlich sind (vgl. Kanter/Stein/Jick 1992, S. 376) und in ihrem kaum prognostizierbaren Wechselspiel ein erhebliches Moment der Unsicherheit in den Veränderungsprozess hineinbringen (vgl. Müller-Stewens/Lechner 2001, S. 467). Aus diesem Zusammenhang verbunden mit einer hohen Variabilität der Systemfaktoren können Diskontinuitäten grundsätzlich sehr leicht entstehen, auch wenn sie nicht notwendigerweise häufig auftreten müssen. Die Akzente der Perspektiven und ihre Beiträge zur Erklärung bzw. zum Verständnis differieren dabei aber jeweils durchaus. Die Pfadabhängigkeit der Evolution ist vornehmlich für die Rigidität von Wandel verantwortlich und erzeugt so die Labilität der Diskontinuität. Denn der hohe Wirkungsgrad organisationaler Constraints und die Passungserfordernisse der Struktur beschränken im hohem Maß die Veränderungsmöglichkeiten und zwingen entweder zur Beibehaltung bisheriger struktureller Muster (Strukturkonservativismus) oder zu riskanten schöpferischen Zerstörungen mit einem radikalen Wechsel in der Orientierung (Strukturbruch). Die hohe Kontingenz politischer Prozesse (vgl. Küpper/Ortmann 1992, S. 8) macht hingegen ganz entscheidend die Indeterminiertheit von Wandel aus und sorgt so auch für die erkennbare Fragilität der Diskontinuität. Das komplexe Zusammenwirken von Akteuren und institutionellen Strukturen im politischen Prozess lassen die Inhalte und Ergebnisse einer Veränderung offen und führen zu eher punktualistischen Veränderungsmustern (vgl. auch March/Olsen 1989, S. 171).

Aber auch in anderer Hinsicht profitiert die explikative Analyse des Phänomens der Unternehmensdiskontinuität von einer kontrastierenden Gegenüberstellung. Wie bereits an anderer Stelle erwähnt lenkt der Verweis auf quasi naturgesetzliche Prozesse im evolutionären Denken häufig zu sehr von der Bedeutung menschlicher Entscheidungen und den individuellen Motiven für organisationalen Entwicklungen ab.[278] Die Evolution von Organisationen erhält dadurch eine Aura von Natürlichkeit und damit von Unausweichlichkeit, die angesichts der Macht-

---

[278] Vgl. Kapitel 5.1.1

241

bestimmtheit der organisationalen Realität unangemessen erscheint.[279] Im Prozess der Schöperischen Zerstörung bestimmen oft genug politische Faktoren, was zerstört und was neu geschaffen werden soll sowie auf welche Weise und mit welchen Mitteln dies geschieht.[280] Eine starke Fokussierung auf überwiegend externe Faktoren wie etwa dem Umweltdruck betont in hohem Maße die unkontrollierbaren Aspekte des Wandels, während die Wahlhandlungen der Individuen für die absichtsvolle Etablierung und Veränderung einer Ordnung weit mehr verantwortlich sind.[281]

Eine politische Perspektive wendet sich damit also gegen die inhärente Teleologie der Evolutionstheorie, die auch in ihren stärker probabilistischen Varianten nicht völlig von einem quasi vorgezeichneten Entwicklungspfad abrückt oder das Bestehende oft nicht anders als durch den Verweis auf seine evolutionäre Entstehung zu begründen und legitimieren vermag. Zwar kennt auch ein evolutionäres Denken Momente des Zufalls, der Überraschung und der Ungewissheit, jedoch erscheinen die Kräfte der Beharrung, Bewahrung und Beschränkung oft stärker als die der Veränderung und der Weg damit vorhergezeichnet (vgl. auch Kanter/Stein/Jick 1992, S. 376). Politik als Motor des diskontinuierlichen Wandels führt aber nun zu jenen überraschenden und unvorhergesehen Momenten und Ergebnissen im Veränderungsprozess, die für ein differenzierteres und vollständigeres Bild von Wandel grundlegend sind (vgl. etwa Brown/Eisenhardt 1998, S. 6; Chia 1999, S. 226; Holtbrügge 2000, S. 102) und von einer rein evolutionären Perspektive aus nicht immer näher bestimmt oder erklärt werden können. Diskontinuitäten sind, um in dem Bild des Motors von Wandel (vgl. dazu Van de Ven/Poole 1995) zu bleiben, dann die intermittierenden Impulse bzw. ein „Aussetzen" dieses Motors. Dies meint, dass Mikropolitik stets auch Irritationen erzeugt (vgl. Neuberger 2002, S. 691, ebenso Mintzberg 1985, S. 152), die gerade auch dem Verlauf des Wandelgeschehens erheblich zu stören vermögen und ihm sogar eine gänzlich neue Richtung geben können. Politik kann so als ein produktiver Störfaktor im Prozess der Unternehmensevolution wirken und auf diese Weise Veränderungssprünge hervorbringen, die von dem bisherigen oder vorgezeichneten Entwicklungspfad von Unternehmen weit entfernt sind.

Die Dynamik organisationaler Veränderungsprozesse ist dabei letztlich auf solche Impulse und Triebkräfte, wie sie gerade auch das politische Geschehen zu erzeugen vermag, angewiesen (vgl. dazu Van de Ven/Poole 1995). Deswegen stellt die Mikropolitik ein so wichtiges und unverzichtbares Moment der Dynamik im Organisationsgeschehen und dessen Veränderungsprozessen dar. Gerade weil politische Prozesse konstante Umverteilungen von Aufmerksamkeit und Anerkennung

---

[279] Vgl. Kapitel 5.2.1

[280] Vor allem in Form politischer Programme; vgl. Kapitel 5.3.3

[281] Vgl. Kapitel 5.2.3.2

sowie damit zusammenhängende Gewinne und Verluste für organisationale Interessengruppen und individuelle Akteure erzeugen, bilden sie eine der bedeutendsten Triebkräfte im Veränderungsprozess überhaupt (vgl. auch Pettigrew/Ferlie/McKee 1992, S. 8). Auf diese Weise verhindert Mikropolitik auch die Sklerotisierung (starre Regelbindung) und Paralyse (Entscheidungsaufschub) in Organisationen (vgl. Neuberger 2002, S. 691) und hält Organisationen lebendig (vgl. in diesem Sinn Küpper/Ortmann 1992, S. 7). Mikropolitisches Handeln spielt dazu mit den organisationalen (Spiel-)Regeln und weiß sie für sich umzudeuten oder sich in Verfolgung eigener Interessen zunutze zu machen. Dies kann etwa durch Herbeiführung von Entscheidungen[282] durch Problemdefinition, Agenda-Setting, Programmformulierung und Implementation (im Policy-Zyklus) geschehen. Politik kann somit als Korrektiv gegen Schwächen und Dysfunktionen wirken und gleichzeitig für organisationale Flexibilität sorgen (vgl. auch Mintzberg 1985, S. 148; sowie v.d.Oelsnitz 1999, S. 124).

Um aber nachhaltige Veränderung zu erzeugen, muss in der Regel auch etablierte Macht destabilisiert werden (vgl. in diesem Sinn Haase 1995, S. 196). Dies geschieht ebenfalls im Wesentlichen auf dem Weg der politischen Konkurrenz und Einflussnahme, wodurch sich eine Neuverteilung von Macht ergibt (vgl. auch v.d.Oelsnitz 1999, S. 125). Denn mit neuen Machtverhältnissen rücken oft auch andere Ziele in Mittelpunkt des Interesses und es eröffnen sich so Chancen für andere Handlungsoptionen. Das Risiko durch wirkungsmächtige Constraints in evolutionäre Sackgassen und damit in die Diskontinuität zu geraten, kann somit durch das interessensgeleitete politische Agieren der Akteure im Unternehmen durchaus auch verringert werden. Jedoch kann dies wegen des Wechselspiels des Miteinanders und Gegeneinanders der vielen Akteure keineswegs sicher prognostiziert werden (vgl. Müller-Stewens/Lechner 2001, S. 467) und damit bleibt diskontinuierlicher Wandel stets ein offenes Geschehen. Auf jeden Fall eröffnet die Mikropolitik aber den organisationalen Akteuren selbst einen bedeutsamen Handlungsraum, den sie gerade in Zeiten der Veränderung auch erkennbar nutzen. Dies geschieht dabei keineswegs ausschließlich zum Schaden von Unternehmen. Denn Unternehmen sind wohl nicht zuletzt deswegen die bei weitem veränderungsfähigste Institution, weil sie auch den gestalterischen Triebkräften der individuellen Volition – wie sie sich ganz besonders im mikropolitischen Handeln zeigt – einen beträchtlichen (Spiel-)Raum geben.

---

[282] Dabei sind die politischen Akteure allerdings auf ihr institutionelles Setting in seiner handlungsermöglichenden Dimension angewiesen. Denn politische Institutionen zielen gerade auch auf die Ermöglichung politischen Handelns und die Herstellung bindender Entscheidungen (vgl. Becker 2003, S. 8). Ohne einen politischen Willen der Akteure als Produkt ihrer eigenen Interessen wäre dies aber wiederum nicht möglich. So zeigt sich an diesem Aspekt sehr prägnant das Wechselverhältnis von Akteur und Institution (vgl. Kapitel 5.2.3), bei dem sich Akteur und Institution quasi gegenseitig bedingen und ergänzen.

6 Implikationen und Applikationen

In terminologischer Anlehnung an Weiskopf (2003) sollen im Folgenden verschiedene Implikationen und Applikationen aus den bislang erzielten Erkenntnissen aufgezeigt werden. Zur Strukturierung der Ausführungen sei dabei daran erinnert, dass sich das generelle Erkenntnisstreben von Wissenschaft u.a. in den Wissenschaftszielen der Beschreibung, Erklärung und Gestaltung konkretisiert (vgl. u.a. Kubicek 1975, S. 24ff; Kromrey 1998, S. 67ff.; Bronner/Appel/Wiemann 1999, S. 6f.). Für die Erhellung des Erkenntnisbeitrags der vorliegenden Analyse im Sinn seiner Folgen und Anwendungsmöglichkeiten sind die jeweiligen Konklusionen vor dem Hintergrund dieser Ziele zu sehen und entsprechend einzuordnen. Dazu soll zunächst das Problem der Wahrnehmung von Unternehmensdiskontinuitäten als Teil des Beschreibungsziels von Wissenschaft vor dem Hintergrund der bislang gewonnenen Erkenntnisse thematisiert werden (Kapitel 6.1). Daran anschließend werden die Implikationen für das Erklärungsziel von Wissenschaft unter besonderer Berücksichtigung der Problematik der Aspektselektivität erörtert (Kapitel 6.2). Als letztes werden dann verschiedene Folgerungen für die Gestaltungsaufgabe als Repräsentation des pragmatischen Wissenschaftsziels vorgestellt, die auf die (Personal-)Führung als Mittel der Verhaltenssteuerung von organisierten Personen fokussiert werden (Kapitel 6.3).

6.1 Unternehmensdiskontinuitäten als Wahrnehmungsproblem

Der Ausgangspunkt jeder wissenschaftlichen Auseinandersetzung mit einem Phänomen oder einer Problemstellung ist zunächst die Beschreibung. Die Basis für eine solche Beschreibung bildet dabei vor allem die kognitive Wahrnehmungsleistung der Beobachter von Realphänomenen (vgl. zur Beobachterperspektive und ihren Problemen auch Scherer 2001, S. 27f.), die deswegen in den Mittelpunkt der folgenden Betrachtungen gestellt wird. Hierbei ist zunächst ein fundamentaler Wechsel in der Wahrnehmungsperspektive von Wandel zu konstatieren. Während lange Zeit Wandel als ein Ausnahmeereignis im kontinuierlichen Organisationsgeschehen gesehen wurde (vgl. Schreyögg/Noss 2000, S. 42f.), wurden Veränderungen in den letzten Jahren zum Regelfall deklariert und der Wandel der Organisation sowie die Organisation von Wandel nun zur Daueraufgabe von Unternehmen (vgl. auch Krüger 2000c, S. 17f.). Deswegen kann auch von einem paradigmatischen Wechsel in der heutigen Organisationstheorie und -praxis zu einer Position des permanenten Wandels und der kontinuierlichen Veränderungsbereitschaft gesprochen werden (vgl. Schwan 2003, S. 200).

Da der Wandel jedoch immer unberechenbarer Züge annimmt und sich seine Kontingenz zusehends steigert, wird damit nach der Ordnung scheinbar nun das Chaos zur Regel (vgl. Pascale et al. 2002). Wenn man eine solche Position der unbegrenzten Variabilität und Fluidität zu ihrem Ende denkt, verschwimmen mangels eindeutig erkennbarer Grenzen schließlich auch die Wahrnehmungsmöglichkeiten (vgl. auch Schreyögg/Noss 2000, S. 48). Zusätzlich ist die Wahrnehmung als letztgültiger Bezugspunkt der Erkenntnisgewinnung nur eingeschränkt geeignet (vgl. Scherer 2001, S. 6). So entziehen sich gerade die vielschichtigen Zusammenhänge der Wandeldynamik einer umfassenden Wahrnehmung durch die menschlichen Sinne, da sie mit dem auf wenige Elemente konzentrierten, linearen Denken nicht in Einklang gebracht werden können (vgl. Ulrich 1994, S. 20ff.). Folglich handelt es sich beim Wandelphänomen um die Konstruktion einer selektiven Wirklichkeit, die in subjektiver Weise immer nur bestimmte Aspekte des Wandels umfasst (vgl. Gagsch 2002, S. 31).

Die Unmöglichkeit einer eigenständigen, vollumfänglichen Wahrnehmung der für den Wandel konstitutiven Veränderungsprozesse für das Individuum führt zu der Erkenntnis, dass eine Annäherung an die Wirklichkeit des Wandels nur über intersubjektiv ermittelte Konstruktionen erfolgen kann (vgl. Reiß 1997, S. 13). Von besonderer Bedeutung wird dieser Versuch der intersubjektiven Beurteilung von Situationen und Prozessen für die Beteiligen und Betroffenen von Wandel. Denn jeder Einzeln nimmt Veränderungsvorgänge auf eine ihm eigene Weise wahr und beurteilt diese auch nach seinen eigenen Kriterien (vgl. Meyer/Heimerl-Wagner 2000, S. 169), was zu erheblichen Unterschieden in der Reaktion oder der aktiven Bewältigung führt. Um aber zu einer Überstimmung zu kommen, durch die Unsicherheiten abgebaut und gemeinsames koordiniertes Handeln möglich wird, müssen Organisationsmitglieder fortlaufend miteinander kommunizieren.

Daraus erwächst die besondere Rolle der Kommunikation im organisationalen Wandel, denn Versuche der Änderungen von Beziehungen der einzelnen organisationalen Elemente zueinander (struktureller Wandel) wie auch der Verhältnisse von Organisationsmitgliedern untereinander (interaktioneller Wandel) vollziehen sich letztlich notwendigerweise über evolvierende Kommunikationsprozesse (vgl. z.B. Poole/Gioia/Gray 1989, Isabella 1990, Mohr 1997, Kieser 1998b). Diesem Umstand hat auch ein wissenschaftlicher Wahrnehmungsversuch des Wandels als Versuch der Generierung intersubjektiven Wissens ganz besonders Rechnung zu tragen. Dies beinhaltet z.b. eine Erfassung der Wirklichkeitssichtweise und Interpretationen der beobachteten Organisationsmitglieder sowie die Abstimmung der darauf aufbauenden wissenschaftlichen Interpretationen mit den Organisationsmitgliedern auf dem Weg einer Kommunikation (vgl. Kieser 1998b, S. 46).

Ein grundlegendes Kennzeichen von Wissenschaft ist allerdings ihre eigene Aspektselektivität, derzufolge jeder wissenschaftliche Zugang nur einen Ausschnitt aus einer viel umfangreicheren Wirklichkeit darstellt. Auch wenn diese Segmentierung viele unbestreitbare forschungsmethodische Vorteile besitzen mag, so bleiben einige gravierende Nachteile auf erkenntnistheoretischer Ebene bestehen. Diese negativen Begleiterscheinungen der wissenschaftlichen Aspektselektivität zeigten sich dabei besonders am genuinen Erkenntnisstand zum Problem der diskontinuierlichen Veränderung von Unternehmen. So bleibt an den bisherigen Modellierungen der Unternehmensdiskontinuität unbefriedigend, dass bei auftretenden Strukturbrüchen verschiedene Entwicklungsabschnitte oftmals mit jeweils unterschiedlichen Modellen oder Partialtheorien erklärt werden (vgl. Borchardt 1977, S. 164), wodurch eine wirklich integrative Erfassung von Diskontinuitäten nicht erfolgen kann. Ferner sind die internen Verursachungen von Unternehmensdiskontinuitäten in der Regel bislang viel zu eng konzipiert.

Zu sehr wird das Unternehmen insgesamt noch als einheitliches Gebilde aufgefasst, obwohl die Unternehmensgrenzen in der Realität zusehends verschwimmen und die Erosion der Unternehmung in eine Vielzahl von Einzelteilen schon längst eingesetzt hat (vgl. dazu ausführlicher z.b. Eickhoff 1996, Reiß 1998a, Ackoff 1999, Bleckner 1999, Picot/Reichwald/Wigand 2001). Unternehmen sind deswegen heute längst kein monolithischer Block mehr, wie dies noch bis vor einiger Zeit den Anschein hatte. Die Veränderung von Beschäftigungsverhältnissen, die Dezentralisation und Verselbständigung von Unternehmenseinheiten, die zunehmende Kooperation mit Konkurrenten, Lieferanten und Kunden und die Virtualisierung von Leistungserstellungsprozessen verwischen immer weiter die Grenzen der Unternehmung. Die Vorstellungen vom Unternehmen als ein auf Dauer angelegtes, fest gefügtes und einheitliches Strukturgebilde können deswegen gerade vor dem Hintergrund des Phänomens der Diskontinuität nicht länger aufrechterhalten werden.

Ein erster Ausgangspunkt für erweiterte Wahrnehmung von Unternehmensdiskontinuitäten ist somit die analytische Auflösung der Unternehmung nicht nur in mehrere Betrachtungsebenen, sondern in aufeinander bezogene, interdependenten Einzelelemente (vgl. dazu auch Siggelkow 2002, S. 125ff.), die jeweils unterschiedlichen Veränderungsprozessen und -dynamiken ausgesetzt sein können. Dazu soll an dieser Stelle auf ein bereits anderweitig entwickeltes Mehrebenen-Modell der Evolution von Unternehmen verwiesen werden (vgl. dazu Sachs 2000), das gegenüber der im Rahmen dieser Arbeit eingebrachten Perspektive der vertikalen Aggregationsgrade des Organisationsphänomens eine differente Sichtweise auf das Unternehmen als Objekt wie Ursache von Diskontinuitäten ermöglicht, indem es auch horizontale Verflechtungen von Unternehmen zu ökonomischen und gesellschaftlichen Stakeholdern berücksichtigt. Dabei werden einhergehend mit der Differenzierung in interne und externe Ursachen von Diskontinuitäten verschiedene interne und externe Ebenen der evolutionären Veränderung von Unternehmen als konstitutiv angesehen.

Danach können zunächst die folgenden drei unternehmensinterne Ebenen unterschiedenen werden (vgl. Sachs 2000, S. 318ff.):

- Die erste interne Ebene bildet das **Wissen der Unternehmung** in Form von so genannten Memen, Comps oder Routinen. Es kann weiter in die Kernwerte, die Kernressourcen und die Kernstrukturen des Unternehmens differenziert werden. Die Kernressourcen beinhalten die zentralen Fähigkeiten und Fertigkeiten (Kernkompetenzen) des Unternehmens. Unter den

Kernstrukturen sind schließlich die Regeln zu verstehen, die das unternehmerische Handeln leiten und den unternehmerischen Erfolg maßgeblich
mitbestimmen.

- Die zweite interne Ebene stellt die so genannte **Geschäftsebene** (Business
  Level)[283] dar. Hier wird die Geschäftsfeldstrategie festgelegt, die das strategische Handeln des Unternehmens grundlegend bestimmt.

- Die dritte interne Ebene ist die **Unternehmensebene,** auf der das Top-
  Management die grundlegenden Bedingungen für die Strategiebildung und
  Strategierealisation festlegt. Auf dieser Ebene wird die Identität des Unter-
  nehmens durch das Zusammenspiel der Meme gebildet.

Zudem lassen sich neben den voranstehenden drei unternehmensinternen Ebenen
noch zwei verschiedene unternehmensexterne Ebenen unterscheiden (vgl. Sachs
2000, S. 323):

- Die erste externe Ebene stellt die **Allianzebene** dar. Dabei können Allianzen sowohl mit ökonomischen wie auch mit gesellschaftlichen Stakeholdern gebildet werden. Allianzen mit ökonomischen Stakeholdern umfassen
  dabei sowohl Beziehungen zu den Kunden und Lieferanten des Unternehmens wie auch mit seinen Konkurrenten. Allianzen mit gesellschaftlichen
  Stakeholdern bestehen vor allem in Verbindungen mit den relevanten gesellschaftlichen Anspruchsgruppen.

- Die zweite externe Ebene bildet die **Gesellschaft,** in der sich das Unternehmen befindet. Sie prägt die wesentlichen Werte und Kommunikations-
  muster des Wirtschaftssystems aus, die wiederum einen entscheidenden
  Einfluss auf die Kernwerte des Unternehmens nehmen.

Die Dynamik des Wandels hängt dabei wesentlich von den Interaktionen der einzelnen Elemente und Ebenen ab (vgl. Sachs 2000, S. 332). Da jede Ebene über
unterschiedliche hemmende und fördernde Faktoren verfügt, die zudem auch
noch auf der Basis vorangegangener Entwicklungen zu sehen sind, ergibt sich
daraus ein komplexes Wechsel- und Zusammenspiel vieler einzelner Variablen.
Insgesamt existieren deswegen zahlreiche mögliche Ansatzpunkte und Ursachen
von Diskontinuitäten, denn es können potentiell nahezu alle dieser einzelnen
Komponenten von Unternehmen betroffen sein und im Extremfall sogar fast alle
gleichzeitig (vgl. auch Nadler/Tushman 1995a, S. 39). Diese einzelnen Ebenen,
ihre inhaltlichen Bestimmungen und Wechselwirkungen stellen sich im Modell
der Unternehmensevolution dabei insgesamt wie folgt dar:

---

[283] Vgl. dazu auch Burgelman/Mittman (1994), Fombrun (1994).

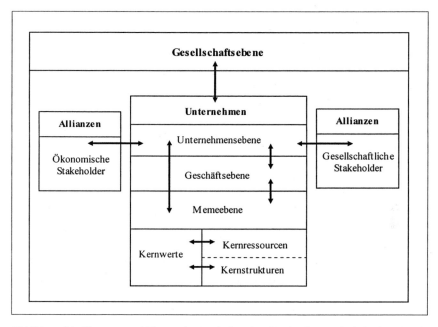

Abbildung 30: Elemente und Ebenen der Evolution einer Unternehmens (vgl. Sachs 2000, S. 325, modifiziert)

Diskontinuitäten können zudem nicht nur an den einzelnen Elementen des Unternehmens oder seiner Umwelt ansetzen, sondern eben auch an den Relationen dieser Elemente zueinander. Gewinnen beispielsweise die ökonomischen Stakeholder ein relatives Übergewicht im Einfluss auf die Unternehmensebene im Gegensatz zu den gesellschaftlichen Stakeholdern, kann sich nicht nur die Strategieentwicklung diskontinuierlich verändern, sondern auch die Beziehung zwischen den ökonomischen Stakeholdern und der Unternehmensebene z.b. durch einen weiteren sprunghaften Anstieg des Einflusses oder einer Gegenbewegung durch die gesellschaftlichen Stakeholder (vgl. zu solchen Effekten auch Walgenbach 2002, S. 17). Gerade dieser Umstand veränderter Relationen wurde allerdings bislang in den verschiedenen Überlegungen zur Konzeptionalisierung von Unternehmensdiskontinuitäten noch nicht ausreichend berücksichtigt und konnte auch im Rahmen der vorliegenden Arbeit nur einem kleinen Ausschnitt realisiert werden. Sie beschränkte sich auf innerorganisationale Relationen zwischen politischen Akteuren. Für die Modellierung der Einwirkung externer Relationen fehlen dabei derzeit noch verschiedene Grundlagen. In einem weiteren Schritt müsste deswegen auf dieser Basis ein inter-relationales Verständnis des Wirklichen, Möglichen und Gestaltbaren in sich wandelnden Organisationen entwickelt werden, das auch zu einer realitätsnaheren Konkretion relationaler Sachverhalte führt.

248

6.2 Unternehmensdiskontinuitäten als Erklärungsproblem

Die zuvor erörterte analytische Durchdringung eines Phänomens und Formulierung von Beschreibungen seiner Dimensionen auf der Grundlage wahrgenommener Aspekte der Realität ist eine notwendige Voraussetzung für den anschließenden Erklärungsversuch. Denn erst nach der konsistenten Beschreibung kann der Versuch einer Erklärung des beobachteten Sachverhalts unternommen werden. Solche Erklärungen versuchen in der Regel die Formulierung von Kausalzusammenhängen zwischen verschiedenen Einflussfaktoren und dem ins Auge gefassten Sachverhalt. Durch eine Reduktion komplexer Sachverhalte auf eine kleine Zahl von Prinzipien vermitteln sie Gründe für das Auftreten von beobachteten Phänomenen. In einer anwendungsorientierten Wissenschaft sind solche Erklärungen dabei nicht reiner Selbstzweck, sondern eine wichtige Voraussetzung für Gestaltungsempfehlungen als Beitrag zur Umsetzung von Erkenntnissen zur Lösung praktischer Probleme.

Eine explikative Analyse des Phänomens der Unternehmensdiskontinuität hat sich bei der Bilanzierung möglicher Implikationen für die weitere Theorieentwicklung zunächst vor allem mit der grundlegenden Begrenztheit aller wissenschaftlichen Erklärungsversuche auseinander zu setzen. Denn wissenschaftliche Erkenntnis kann nicht in einem umfassenden Sinn erreicht werden (vgl. auch Lattmann 1998, S. 94), da die Vielgestaltigkeit realer Sachverhalte stets nur in eingeschränktem Maße erfassbar ist (vgl. etwa Bacharach 1989, S. 498f.). So sind insbesondere in der Organisationswissenschaft auch kaum universell gültige Erklärungen zu erlangen (vgl. auch Tsoukas 2001, S. 10). Vielmehr müssen sich die Analysen organisationaler Phänomene auf Partialerklärungen beschränken, die einzelne Aspekte von Organisationen wie etwa Einheiten, Eigenschaften, Verhalten, Relationen oder Strukturen näher beleuchten (vgl. etwa Bronner/Appel/Wiemann 1999, S. 20ff.). Daher konnte das vielschichtige und umfangreiche Phänomen der Unternehmensdiskontinuität im Rahmen der vorliegenden Arbeit auch nur in begrenzten Ausschnitt behandelt werden.

Dabei wurden zwei teilweise konkurrierende Erklärungsperspektiven kontrastierend gegenübergestellt, um damit die Defizite wechselnder Aspekte der Betrachtung teilweise auszugleichen und so die Wirklichkeit ein Stück weit umfassender und realitätsnäher abzubilden. In der ersten Perspektive wurde das Unternehmen dazu als evolutionäres Gebilde aufgefasst und so der Blick auf die Strukturen und ihre Wirkungen gelenkt. Die zweite Perspektive interpretierte das Unternehmen hingegen als politische Koalition und konzentrierte sich auf Personen und ihr Verhalten. Eine solche Möglichkeit, ein Realphänomen von zwei verschiedenen Seiten aus zu betrachten stellt dabei durchaus eine Bereicherung der bisherigen Erklärungsansätze dar, auch wenn zunächst einmal nur eine begrenzte Zahl von Facetten der Thematik beleuchtet werden kann (vgl. auch Walgenbach 2001, S. 373). Zudem beinhaltete die hier vorgenommene Analyse keinen strengen empirischer Test, sondern vielmehr die Kontrastierung zweier existenter Interpretationsrahmen der Wirklichkeit unter Zuhilfenahme verschiedener Erweiterungen und Ergänzungen. Dennoch kann sich durch solche qualitativ neuen Zusammenfügungen eine Emergenz in der Entwicklung auf der theoretischen Ebene ergeben, so wie eine systemische Emergenz durch Verkettung von Elementen zu neuen Entitäten entsteht (vgl. in diesem Sinn etwa Teubner 1996, S. 538). Hierdurch lässt sich somit auch ein merklicher Erkenntnisfortschritt realisieren.

Die raum-zeitliche Gültigkeit der dabei erzielten dichteren und umfassenderen Erklärung konnte im Rahmen dieser Arbeit nicht geklärt werden. Jedoch gelang es die Ausräumung paradigmatisch begründeter Hindernisse auf der Basis einer multitheoretischen Integration zu demonstrieren. Der evolutionäre Zyklus der Variation, Selektion und Retention in Organisationen mit seinem latenten Determinismus gewann durch seine Ergänzung mit politischen Zyklus eine voluntative Dimension durch die Komponenten des politischen Willens, der politische Wahl („political choice") und den politische Regeln bzw. Strukturen (Akteurskonfigurationen).[284] Dieses Spannungsfeld erfuhr schließlich eine passende Einrahmung durch die Strukturationstheorie, die selbst zwischen Determinismus und Voluntarismus zu oszillieren scheint (vgl. auch Walgenbach 2001, S. 372). Gleichzeitig wurden beide Aspekte durch das Konzept der Dualität bzw. Rekursivität von Struktur und Handlung zueinander in Beziehung gesetzt. Eine solche Vorgehensweise verspricht eine nachhaltige Überwindung der für die Organisationswissenschaft zunehmend hinderlich werdenden Subjektivismus-Objektivismus-Sackgasse (vgl. Walgenbach 2001, S. 375). Auch wenn sich Spannungen dabei – wie gelegentlich von einem solchen Bezugsrahmen erhofft – nicht vollständig harmonisch auflösen lassen, gewinnt doch eine Analyse komplexer Realphänomene erheblich an Tiefe im Verständnis.

Daneben ist jedoch zu berücksichtigen, dass bereits eine ganze Reihe von anderen modellhaften Vorstellungen über das Phänomen der Diskontinuität in und von Unternehmen mit teils divergenten Erklärungsansprüchen existiert, die auch teilweise zuvor Erwähnung fanden oder in den Integrationsversuch eingeflossen sind. Die meisten Modellierungen besitzen jedoch eine ganz zentrale Schwäche, da sie praktisch ausschließlich ökonomische Bewegungen betrachten, deren Zusammenhänge mit gesamtgesellschaftlichen Veränderungen aber in der Regel weitgehend ausblenden (vgl. Imhof 1996, S. 287). Die Diskussion zum sozialen Wandel (vgl. dazu insbesondere Müller/Schmid 1995a) hat jedoch gezeigt, dass wirtschaftliche Diskontinuitäten von einem vorgelagerten sozialen Zyklus bestimmt werden. Denn erst die Prozesse der Konstitution, Stabilisierung, Erosion, Zerfall und Rekonstitution intersubjektiver Deutungen schaffen über das Handeln von Akteuren die Gesellschafts- und damit auch die Wirtschaftsstruktur (vgl. Imhof

---

[284] Vgl. Kapitel 5

1996, S. 287).[285] Eine diskontinuierliche Veränderung der Wirtschaft und damit auch der Unternehmen ist in diesem Sinn nicht ohne eine Diskontinuität der zugrunde liegenden gesellschaftlich geprägten Deutungsmuster erklärbar. Ein umfassenderer Erklärungsansatz von Unternehmensdiskontinuitäten hätte deswegen noch stärker an den gesamtgesellschaftlichen Diskontinuitäten im Rahmen des sozialen Wandels anzusetzen und ökonomische Destabilisierungsprozesse als genuinen Bestandteil solcher Entwicklungen zu sehen (vgl. auch Imhof 1996, S. 287). Nur so könnten die tatsächlichen Ursachen für diskontinuierliche Veränderungen vollständig geklärt und eigenständige, unternehmensspezifische Diskontinuitätsmuster von allgemeinen ökonomischen und gesellschaftlichen Wandelprozessen unterschieden werden. Dabei wäre in Anbetracht einer von Organisationen wesentlich geprägten sozialen Realität („Organisationsgesellschaft") eine solche Rückkehr der Gesellschaft in die Betrachtung und Analyse von Organisationen im Sinne des Integrationsgedankens und eines relationalen Denkens nur konsequent.

Eine besondere Bedeutung im Rahmen einer Mehrebenenbetrachtung von Unternehmensdiskontinuitäten kommt somit vor allem der zuvor erwähnten Gesellschaftsebene zu.[286] So hat beispielsweise schon Schumpeter bei seiner Analyse der Entwicklung von Wirtschaftsordnungen die besondere Bedeutung der interaktiven Verknüpfung von Wirtschaft und Gesellschaft durch die zunehmende Rationalisierung aller Lebensbereiche betont (vgl. Schumpeter 1980, S. S. 198ff.). Diese lange Zeit wenig beachtete Auffassung wird auch von den verschiedenen Ansätzen der evolutionären Ökonomie und der Organisationsökologie geteilt, die stets auf die Koevolution von Unternehmen und Gesellschaft hinweisen (vgl. Nelson/Winter 1982, Nelson 1995, Levinthal 1995, Rosenkopf/Tushman 1994, zsf. Sachs 2000, S. 273f.). Bei solchen koevolutorischen Entwicklungen kommt es dann zu verschiedenen Rückkopplungseffekten[287] zwischen den einzelnen Entitäten der Koevolution, die die Komplexität der ökonomischen Realität insgesamt nachhaltig steigern (vgl. Sachs 2000, S. 274). Damit wird auch besser verständlich, warum sich eine Analyse der Verläufe und Auswirkungen von Unternehmensdiskontinuitäten[288] so außerordentlich schwierig gestaltet. Zudem werden daran nochmals die vielfältigen Verursachungsmöglichkeiten von diskontinuierlichen Entwicklungen im Kontext von Unternehmen deutlich sichtbar.

---

[285] Aus einer etwas anderen Blickrichtung äußern sich Türk/Lemke/Bruch (2002, S. 10), die die Organisation als „zentrales Strukturmoment für die Konstitution, Etablierung und Reproduktion der dominanten gesellschaftlichen Verhältnisse der Moderne" ansehen. Organisationen bzw. Unternehmen sind aber demnach auch bedeutende Aktionszentren der Gesellschaft, die deren maßgebliche Strukturen reproduzieren und über entscheidende Definitions- und Thematisierungsmacht verfügen (vgl. Türk/Lemke/Bruch 2002, S. 10f.).

[286] Vgl. zum Verhältnis von Gesellschaft und Organisationen ausführlicher Türk/Lemke/Bruch (2002, S. 14ff.).

[287] Vgl. dazu auch Pascale et al. (2002, S. 93ff.), die beispielsweise eine verstärkende und eine dämpfende Rückkopplung unterscheiden.

[288] Vgl. Kapitel 3.4

Zur genaueren Konzeptionalisierung der überaus bedeutsamen Gesellschaftsebene ist allerdings die Kommunikationsstruktur moderner Gesellschaften dezidierter zu berücksichtigen (vgl. Imhof 1996, S. 219), als dies bislang der Fall war.[289] Denn über die Analyse von Kommunikationsprozessen lässt sich feststellen wie die „Intersubjektivität der Lebenswelten" über ökonomische, soziale oder ethnische Barrieren hinweg geschaffen wird. Dazu kann in einem ersten Schritt ein Sinnzirkel mit der Zentralsphäre verschiedener Kommunikationszentren von dem freien Raum der autonomen Öffentlichkeiten unterschieden werden (vgl. dazu Abbildung 31). Dieser Sinnzirkel produziert und bewahrt die Realitätskonstruktion von Gesellschaften in Form der öffentlichen Meinung, mit deren Hilfe die Gefahren von divergenten Erfahrungen und scheiternden Kommunikationsakten reduziert werden kann (vgl. Imhof 1996, S. 222). Zu den wichtigen Kommunikationszentren in der Zentralsphäre des gesellschaftlichen Sinnzirkels gehören politische, ökonomisch-kommerzielle und mediale Kommunikationszentren, die zusammen diese öffentliche Meinung bestimmen (vgl. Imhof 1996, S. 219f.).

Organisationen bzw. Unternehmen können dabei als wichtige gesellschaftliche „Aktionszentren" angesehen werden, die die kommunikativen Realitäten aber auch die materiellen Strukturen des Sinnzirkels reproduzieren und konservieren (vgl. dazu auch Türk/Lemke/Bruch 2002, S. 11). Einen weiteren Bestandteil des Sinnzirkels bilden die semiautonomen Sphären der Religion, der Wissenschaft und der Kunst (vgl. Imhof 1996, S. 236ff.). Sie stehen dabei in einem latenten Widerspruch zur gesellschaftlichen Zentralsphäre, indem sie deren Deutungsperspektiven auf verschiedenen Wegen infrage stellen.[290] Die autonomen Öffentlichkeiten befinden sich schließlich im offenen Widerspruch zum Grundkonsens des Sinnzirkels der Gesellschaft und schotten sich von der Zentralsphäre ab. Auf diese Weise entziehen sie sich dem Konformitätsdruck der herrschenden Meinung und versuchen den Auffassungen des Sinnzirkels ihre eigenen Deutungskonfigurationen der Realität entgegenzusetzen (vgl. Imhof 1996, S. 246). Von diesen Irritationen der herrschenden Meinung sind auch Unternehmen insofern betroffen, da sie von diesen autonomen Öffentlichkeiten direkt addressiert werden können.

---

[289] Entgegen ihres programmatischen Titels vermag die evolutionstheoretische Arbeit von Sachs (2000) aber nur zum Teil die Interaktion zwischen Unternehmen und Gesellschaft zu erfassen, weswegen an dieser Stelle auf weitere Überlegungen zur Rolle der Unternehmung in der Gesellschaft und ihrer Interaktion über den Weg der Kommunikationsstrukturen zurückgegriffen werden soll. Die als Rahmen verwendete Strukturationstheorie beinhaltet zwar auch das Element der Kommunikation (vgl. Giddens 1984, S. 29). Sie dient als konkrete Praktik jedoch vor allem dazu die handelnden Akteure selbst eng miteinander zu verbinden (vgl. Walgenbach 2001, S. 362).

[290] So konfrontiert die Religion die Gesellschaft mit moralischen Ansprüchen und wirkt gewissenssensibilisierend (Geltungsanspruch der normativen Richtigkeit); die Wissenschaft relativiert Werte und Normen durch Einsicht in ihre Historizität und deckt die Abhängigkeit der Weltinterpretationen von der Perspektivenwahl auf (Geltungsanspruch der Wahrheit); die Kunst produziert Irritationen durch eine grenzenlose Vielfalt von Sichtweisen und Ausdrucksformen der Realität (Geltungsanspruch der Wahrhaftigkeit).

252

Aus diesem antagonistischen Wechselspiel der einzelnen Gesellschaftssphären heraus, ergeben sich gleichermaßen Veränderungschancen wie -notwendigkeiten. Das Ausmaß der Veränderung hängt dabei u.a. davon ab, welcher Stärke die Gegensätze ausfallen, wie sehr die kommunikativ-integrierende Kraft des Sinnzirkels destabilisiert wird oder welche Krisenlösungen möglich sind. Die Unmöglichkeit solche Faktoren im Vorfeld genauer zu bestimmen, sowie die Abwesenheit von informationellen Gewissheiten machen die hohe Kontingenz von Veränderungsprozessen in den Gesellschaftsformationen der Moderne aus. Und je nach Ausprägung der Faktorenkonstellation werden damit auch Diskontinuitäten in der Gesellschaft, ihrer Wirtschaft und von Unternehmen als vorherrschenden, gesellschaftlich legitimierten Strukturgebilden des Wirtschaftens in zunehmendem Maß möglich.

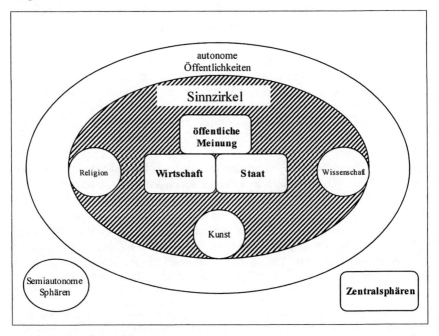

Abbildung 31: Die Kommunikationsstruktur moderner Gesellschaften (vgl. Imhof 1996, S. 246, modifiziert)

Aus der Verbindung eines Mehrebenen-Modells der Unternehmensevolution mit den soziologischen Vorstellungen zur Kommunikationsstruktur moderner Gesellschaften ergibt sich somit insgesamt ein noch umfassenderes Bild des Diskontinuitätsphänomens als bisher. So repräsentieren Unternehmen als Element der wichtigen gesellschaftlichen Zentralsphäre der Wirtschaft einen bedeutsamen Kristallisationspunkt von diskontinuierlichen Veränderungsprozessen, der in ein weites

Beziehungsgeflecht eingebettet ist und so gleichzeitig den Ausgangs- wie End-punkt von Diskontinuitäten und Folgediskontinuitäten darstellt. Von besonderer Relevanz ist dabei die Rolle von Unternehmen als Kommunikationszentren, die die als diskontinuierlich erlebten bzw. wahrgenommenen Veränderungsprozesse kommunikativ in den Sinnzirkel der Gesellschaft einbringen und so zu einer sozi-alen Konstruktion des Diskontinuitätsphänomens entscheidend beitragen. Da-durch wird die besondere Qualität des diskontinuierlichen Wandels als eigenstän-digem Wahrnehmungsphänomen im Veränderungsgeschehen deutlicher und die potentielle Erzeugbarkeit von Diskontinuitäten[291] im Rahmen einer sozialen Kon-struktion durch Kommunikationsakte greifbarer. Die nähere Ausarbeitung der ge-sellschaftlichen Relationen erscheint damit grundsätzlich machbar.

Dennoch bleibt die vorgestellte Konzeption im Wesentlichen in einer apersonalen und systemischen Betrachtung der Diskontinuität verhaftet, die in hohem Maße von den handelnden Individuen absieht.[292] Dies unterstreicht nochmals die an-fangs dargelegte Notwendigkeit einer dezidierteren Berücksichtigung von Perso-nen bzw. Personengruppen als „Agenturen der Diskontinuität" und die Unabding-barkeit einer Akteursperspektive, die deswegen in der vorangegangenen Analyse dezidiert berücksichtigt wurde. Aufgrund der bislang starken Fokussierung auf externe Faktoren der Diskontinuität erscheint gleichzeitig eher eine verstärkte Hinwendung zu den inneren Verursachungen des Diskontinuitätsphänomens an-gebracht, ohne dass dabei die Verbindung zu den externen Einflussquellen von Diskontinuitäten gänzlich aufgegeben werden sollte. Für dieses Vorhaben bilden die evolutionären Erklärungsmuster auf der Makroebene des Wandels eine geeig-netere Ausgangsbasis, da diese Theorierichtung der vielschichtigen Unterneh-mens-Umwelt-Relation ausdrücklich Rechnung trägt.[293] Jedoch lassen sich in evolutionstheretischen Erklärungsansätzen Kommunikationsakte und Wahrneh-mungsprozesse ungleich schwerer integrieren.

Die Grundlage allen erfolgreichen erklärungsorientierten Nachdenkens über or-ganisationale Wandelphänomene bleibt damit nach wie vor ein angemessener theoretischer Zugang. Angesichts der anhaltenden Zersplitterung der Organisati-onstheorie erscheinen dabei aber vermittelnde Ansätze, die den Dialog zwischen unterschiedlichen Beobachtungsstandpunkten fördern und paradigmatische Ge-gensätze überbrücken können, eher zukunftsträchtig als partielle, monistisch aus-gerichtete Erklärungsansätze. Auch hier erweisen sich evolutionäre Ansätze als viel versprechend, um die für einen Erkenntnisfortschritt hinderliche Paralyse durch multiple Paradigmen in den sozialwissenschaftlichen Disziplinen aufzubre-

---

[291] Vgl. Kapitel 3.2

[292] Bei den Überlegungen von Imhof (1996) handelt es sich zudem in Teilen eher um ein Beschreibungs- als um ein Erklärungsmodell, weswegen eine solche Modellierung trotz der nicht unbeträchtlichen heuristischen Möglichkeiten nicht völlig befriedigen kann.

[293] Vgl. Kapitel 5.1

chen (vgl. auch Schmid 1998, S. 283). Ihre Erklärungskraft wäre allerdings erneut auf den Prüfstand der empirischen Bewährung zu stellen, da die Fundierung komplexer Umwelt-Unternehmens-Relationen in diskontinuierlichen Wandelprozessen bislang nicht im Mittelpunkt der evolutionären Forschungsbemühungen stand. Für den genauen Einbezug kommunikativer und kognitiver Aspekte in das Erklärungsmuster der Evolutionstheorie bedarf es außerdem noch eingehenderer Überlegungen.

6.3 Unternehmensdiskontinuitäten als Gestaltungsproblem

Die Gestaltung der organisationalen Dimension von Unternehmen zielt primär auf die Schaffung von Strukturen, mit denen sich bereits existierende und zukünftig entstehende unternehmerische Aufgaben bestmöglich lösen lassen (vgl. auch v. Werder/Grundei 2000, S. 100). Die Organisationsgestaltung bewegt sich dabei immer in einem Spannungsfeld zwischen der notwendigen Aufrechterhaltung von Sicherheit und Ordnung sowie der Gewährleistung von Präzision und Effizienz einerseits und der erforderlichen Freiheit, Flexibilität und Innovation andererseits (vgl. auch Schwan 2003, S. 12f.). Nichtlineare Faktoren in den Entwicklungsprozessen von Schlüsselvariablen machen die Kontrollierbarkeit externer Umstände heute zunehmend schwierig (vgl. Pascale et al. 2002, S. 9) und lassen eine umweltorientierte Unternehmensgestaltung zu einer überaus anspruchsvollen Aufgabe werden. Zudem bedrohen die nicht-intendierten Folgen des Handelns die aus den kollektiven Erwartungsstrukturen hervorgehende Orientierungssicherheit (vgl. in diesem Sinn Imhof 1996, S. 271), so dass eine konsequente Zielorientierung in der Unternehmensführung und -gestaltung mehr denn je zu einer schwierigen Aufgabe geworden ist.

Unternehmerische Reorientierungen und Restrukturierungen entwickeln sich damit auch zu zunehmend konfliktbeladenen und krisenhaften Prozessen. Denn für Unternehmen ergibt sich dabei als besondere Randbedingung der Organisationsarbeit der ökonomischer Imperativ (Gebot der Wirtschaftlichkeit), der an eine erfolgreiche Gestaltung besondere Bedingungen knüpft. So müssen Organisationsstrukturen gleichermaßen effektiv wie effizient sein (vgl. etwa Kreikebaum/Gilbert/Reinhardt 2002, S. 3). Die Herausforderungen, die Unternehmen aus der zunehmenden Gleichgewichtslabilität eines harten, vielschichtigen und einschneidenden Wettbewerbs und einer Diskontinuierung erwachsen, können deswegen mit traditionellen Organisationsstrukturen in der Regel nicht mehr auf zufrieden stellende Weise bewältigt werden. So sind mehr denn je Organisationsmodelle gefragt, die der notwendigen Flexibilität, Wandlungsfähigkeit und Kreativität Rechnung tragen (vgl. Zahn/Foschiani 2000, S. 104). Geprägt werden die dazu passenden Lösungsvorstellungen vor allem vom Leitbild des flexiblen Unternehmens, das sowohl die Organisationsstruktur wie auch das Unternehmen insgesamt im Spannungsfeld von Wandel und Bewahrung neu positioniert (vgl. dazu v.a. Volberda 1998). Neben keineswegs leicht zu schaffenden organisatorischen Vorrausetzungen für Flexibilität ist dessen praktische Umsetzung aber unklar (vgl. Zahn/Foschiani 2000, S. 109). Denn ein flexibles Unternehmen erfordert nicht nur eine Neugestaltung der Organisation sondern auch der Führung.

Angesichts dieser Herausforderungen und der Schwierigkeiten realer Transformationsprozesse kommen uni-direktionale, mechanistische Vorstellungen von Organisationen, die der Überzeugung sind, dass sich Veränderungen autoritativ vorgeben und rein instrumentell bewerkstelligen lassen, immer mehr unter Erklärungsnot (vgl. auch Blackler 1992, S. 277). Dagegen setzt sich zunehmend die Auffassung durch, dass Wandel ein relationales Phänomen ist (vgl. Perich 1992, S. 122) und nicht allein in den Strukturen sondern vor allem in den Köpfen von Mitarbeitern stattfindet (vgl. v.a. auch Kieser/Hegele/Klimmer 1998). Als zusätzliches Element eines integrierten Modells diskontinuierlichen Unternehmenswandels wären deswegen über strukturelle Aspekte hinaus die Relationen zwischen den Akteuren des Wandels und ihre Handlungen zu betrachten. Eine solche Sichtweise fragt nach den handlungsbezogenen Ursachen des Wandels auf einer Ebene der Beziehungen zwischen den Akteuren des Wandels. Dabei wird angenommen, dass sich Wandel auch in fundamentalen Veränderungen der Relationen und Handlungen[294] der organisierten Individuen manifestiert bzw. von diesen ausgehen kann. Dazu kann an das in der betriebswirtschaftlichen Literatur gelegentlich zu findende Verständnis von Unternehmen als Handlungssysteme (vgl. Frese 1990, S. 2) oder Interaktions- bzw. Aktionsgefüge (vgl. Schanz 1994, S. 6; Wild 1966)[295] angeknüpft werden.

Dieser interaktionelle Wandel ergibt sich aus den veränderten Beziehungsmustern und Konstellationen von Individuen. Denn das grundlegende Kennzeichen von Interaktionen ist die wechselseitige Beeinflussung der Einstellungen, der Erwartungen und des Verhaltens bzw. Handelns von Individuen, bei der die Aktivitäten des jeweils einen Interaktionspartners die Reaktionen des anderen hervorrufen (vgl. Opp 1972, S. 113ff.; Klima 1995, S. 307). In Organisationen werden Interaktionen allerdings vielfach zielgebunden kanalisiert, reguliert und optimiert. Zu den zentralen Managementaufgaben in Unternehmen gehört so auch immer eine Steuerung der Interaktionsprozesse (vgl. etwa Ridder/Conrad/Schirmer/Bruns 2001, S. 79). Diese Aufgabe der zielorientierten Gestaltung von Interaktionsprozessen wird in Organisationen zu einem wesentlichen Teil von der Personalführung geleistet (vgl. Ridder/Conrad/Schirmer/Bruns 2001, S. 79).[296] Als Konkretisierung interaktioneller Aspekte des Wandels kann deswegen

---

[294] Damit wird an die Auffassung angeknüpft, dass Führung einen Prozess darstellt, der zu einem wesentlichen Teil aus Relationen und Handlungen besteht (vgl. Kouzes/Posner 2001, S. 82ff.).

[295] Ähnlich Kosiol (1976, S. 22), der vom Unternehmen als „Aktionsgebilde zu Erreichung von Zielen durch Willenshandlungen" spricht.

[296] Vgl. für eine solche Auffassung von Führung als interaktioneller Vermittlung im Unternehmenswandel auch v.d.Oelsnitz (1999, S. 219ff.).

256

kretisierung interaktioneller Aspekte des Wandels kann deswegen die Führung gewählt werden, denn es ist in der Führungslehre üblich, Führung als interaktionellen Prozess zu verstehen (vgl. etwa Weibler 2001, S. 39ff.; Neuberger 2002, S. 11ff.; Gebert 2002, S. 25f.).[297]

Jedoch sind auch bei einem interaktionellen Führungsverständnis die Funktionen von Führung in Organisationen zu reflektieren (vgl. Chemers 1997, S. 2ff.; Ridder 1999, S. 512, Ridder/Conrad/Schirmer/Bruns 2001, S. 78ff.). Denn Führung stellt sich stets in den Dienst der Organisation (vgl. auch Weibler 2001, S. 115; Zaccaro/Klimoski 2001, S. 7), indem sie die notwendige Verhaltenskoordinierung organisierter Personen genau in den Bereichen übernimmt, in denen organisatorische Mittel regelmäßig versagen (vgl. insbesondere Türk 1981).[298] Deswegen kommen Organisationen in der Regel auch nicht vollkommen ohne Führung aus (vgl. Türk 1978, S. 8; Weibler 2001, S. 108); denn Führung bildet ein divergentes Steuerungsmedium, das mit seiner situationsspezifischen, konkreten und individuellen Ausrichtung organisationale Steuerungsmöglichkeiten hervorragend ergänzt oder ersetzt. Dabei geht es vor allem darum, durch verschiedenste Führungsaktivitäten das Verhalten der Geführten so zu beeinflussen, dass die Ziele der Organisation letzten Endes bestmöglich erreicht werden (vgl. auch Weibler 2001, S. 36).

Führung stellt so eine der zentralen Gestaltungskräfte in Organisationen als Leistungsgemeinschaften dar, mit der v.a. interne Anpassungsleistungen erreicht werden können (vgl. Nicholson 2001, S. 391). In Zeiten des Wandels, in denen zahlreiche solcher internen Anpassungserfordernisse verstärkt auftreten, wird der Führung in Organisationen und den sie repräsentierenden Führungskräften deswegen regelmäßig eine tragende Rolle zugewiesen (vgl. Ackerhans 1999, S. 1). Damit wird insbesondere die Funktion der Verhaltensveränderung von Führung, bei der organisationaler Wandel mit zu initiieren, zu ermöglichen, zu begleiten und zu fördern ist (vgl. Weibler 2001, S. 115) angesprochen. Denn Führung wird in besonderer Weise die Fähigkeit zugeschrieben, einen Wandel auch in dramatischem Ausmaß zu bewirken und dabei gleichzeitig Veränderungsprozesse in sinnvolle Bahnen zu lenken (vgl. Kotter 1998, S. 45). Die Hauptaufgabe der Führung stellt deswegen heute zunehmend das komplexe Management des Wandels dar (vgl. Ackerhans 1999, S. 102; Hauser 1999, S. 79), bei dem sie eine wesentliche, treibende Kraft sein soll (vgl. Kotter 1998, S. 51).

---

[297] Darin eingeschlossen ist das Verständnis von Führung als Relation (Beziehung) zwischen Akteuren (vgl. dazu insbesondere Kouzes/Posner 2001, S. 84). Weibler (2001) spricht auch von der Führungsbeziehung als Kristallisationspunkt des interaktionellen Führungsgeschehens.

[298] Nach Zaccaro/Klimoski (2001, S. 7) kann diese Auffassung als funktionale Sichtweise von Führung bezeichnet werden, derzufolge Führung in Organisationen vor allem der kollektiven Effektivität dient.

Der Frage der Interaktionen zwischen den Akteuren des Wandels wird folglich gerade im Rahmen von Veränderungsprozessen immer mehr Aufmerksamkeit geschenkt. Fundamentaler Wandel hängt dabei nicht so sehr von überzeugungskräftigen Konzepten und attraktiven Visionen ab, sondern von der Beeinflussung der sozialen Beziehungs- und Kommunikationsprozesse mit der neue Identitäten und Wirklichkeitskonstruktionen stimuliert werden (vgl. Rüegg-Stürm 2000, S. 229; Kotter 1998, S. 119ff.; Wimmer 1998, S. 112f.). Denn erst eine Differenzierung und Veränderung von Denkstrukturen ermöglicht die Erweiterung des Verhaltensrepertoires der Organisationsmitglieder (vgl. Probst 1994, S. 307).[299] Dies schafft wiederum Handlungsspielräume für das Unternehmen als Ganzes, die gerade im Fall von Prozessen diskontinuierlichen Wandels von entscheidender Bedeutung sein können. Deswegen ist eine Analyse der Interaktionsprozesse gerade für eine Bestimmung des Steuerungspotentials von Wandelprozessen erforderlich. Dies verweist aber auch auf die besondere interaktionelle Qualität von Wandelprozessen sowie auf die unvermindert große Bedeutung des Individuums für solche Vorgänge. Denn in einer Situation der hohen Indeterminanz und Ergebnisoffenheit wird die Rolle von Individuen zusehends wichtiger und so die Individualebene zum Schlüssel für die Evolution höherrangiger Entitäten (vgl. Tsoukas/Chia 2002, S. 567).

Darüber hinaus ist der Einbezug einer interaktionellen Dimension in der Diskontinuität auch von einer grundlegenden methodologischen Bedeutung. Denn damit wird es möglich, eine Perspektive zu entwickeln, die zwischen den Extrempolen des Determinismus und Voluntarismus im organisationalen Wandel vermittelt. So kann die Führung zur paradigmatischen Position des so genannten gemäßigten Voluntarismus (Interaktionismus) gezählt werden (vgl. für diese Auffassung auch Kirsch et al. 1998, S. 18), die für eine weitergehende Integration von großer Bedeutung wäre. Denn das für einen Interaktionismus charakteristische Merkmal der Selbst- und Fremdbegrenzung trifft in hohem Maß auf den Charakter von Führung zu: Zum einen sind die Personen in einer Führungsbeziehung durch verschiedene Erfahrungen, Präferenzen und eingeübten Verhaltensweisen gekennzeichnet (vgl. Weibler 2001, S. 64), was ihnen jeweils individuelle Grenzen in ihrem Handeln auferlegt. Dabei spielen auch gegebenenfalls auch gewisse unveränderliche Eigenschaften der Führenden eine gewisse Rolle, ob es zum gewünschten Führungserfolg kommt (vgl. Gebert 2002, S. 29).[300] Darüber hinaus sind subjektiv bestimmte Wirklichkeitskonstruktionen wesentlicher Bestandteil des Führungshandelns (vgl. z.B. Kasper/Mayrhofer/Mayer 1998, S. 616f.). Zum anderen werden das Führungsverhalten und seine Wirkungen von der Situation moderiert

---

[299] Vgl. auch Ulrich (1994, S. 15f.) und Kapitel 3.1.

[300] Dies zeigt sich etwa an der Eigenschaftstheorie der Führung (vgl. dazu etwa Delhees 1995, Steyrer 1996, S. 161ff.).

258

(vgl. Gebert 2002, S. 62).[301] Führende sind dadurch den Ansprüchen und Einflüssen der Organisation und ihrer Umwelt ausgesetzt[302] und haben diese bei ihren Handlungen zu berücksichtigen (vgl. auch Yukl 1998, S. 18).

Um dieses Vorhaben umzusetzen und gleichzeitig die Konvergenz zwischen Organisations- und Führungsforschung zu fördern, sowie einem avancierten Organisationsverständnis im Kontext des Wandel gerecht zu werden, könnte an ein Verständnis von Organisation als Prozess des Organisierens nach Weick (1995a) angeknüpft werden und dementsprechend Führung als eine Aktivität des Organisierens konzipiert werden (vgl. Hosking 1988, S. 147; sowie Hosking 1997, Ridder 1999, S. 512ff.). Führung bzw. Führungsprozesse sind demzufolge dann als Interakte (im Sinne von Weick 1995a, S. 130ff.) zwischen Führenden und Geführten zu verstehen, die sich in Form eines wechselseitigen Wahrnehmungs- und Aushandlungsprozess vollziehen (vgl. Ridder 1999, S. 530). Damit ist Führung als Prozess des Organisierens einerseits durch Wahrnehmungen (vgl. Meindl 1995, S. 330) andererseits durch Verhandlungen konstituiert (vgl. Hosking 1997, S. 237). Die jeweiligen Wahrnehmungen des Führungsprozesses sind dabei von besonderer Relevanz, da Konstruktionen von Wirklichkeit generell ein wesentlicher Bestandteil des Führungshandelns sind (vgl. Kasper/Mayrhofer/Mayer 1998, S. 617). So wird es möglich bislang wenig beachtete Faktoren und Relationen zwischen den Geführten (vgl. Meindl 1995, S. 330; Kouzes/Posner 2001, S. 84) einzubeziehen und auch auf die diskontinuierliche Veränderung von Unternehmen zu beziehen.

Die dazu notwendige Einbettung von Führung in ein evolutionäres Modell der Organisation wäre kein Einzelfall (vgl. z.B. Tushman/Newman/Romanelli 1986, Tushman/Newman/Nadler 1988, ebenso Yukl 1998, S. 416ff.). Denn die Herausforderung evolutionärer Konzeptionalisierungen der Organisation und organisationaler Veränderungsprozesse für die Führungsforschung wurden schon vor einiger Zeit erkannt (vgl. Bryman 1996, S. 289). Zudem nimmt das für die Konzeptionalisierung von Führung als Prozess des Organisierens zugrunde zu legende Prozessmodell von Weick selbst schon Bezug auf evolutionstheoretische Ansätze (vgl. Schettgen 1991, S. 93) und wäre somit als Ausgangspunkt durchaus geeignet. Als weiterer Faktor einer Konvergenz kann geltend gemacht werden, dass die mikropolitische Realität in Veränderungsprozessen mit den typischen Randbedingungen des Führungshandelns (vgl. dazu Neuberger 1999, S. 40f.) weitgehend übereinstimmt. Demnach sind nicht alle Handlungsmöglichkeiten bekannt und können nicht berücksichtigt werden. Es liegen nicht alle Informationen vor, es gibt keine klar definierten Ziele, die Zurechnung von Ergebnissen zu Entschei-

---

[301] Dies wird vor allem in den Kontingenz- und Situationsansätzen der Führung angenommen (vgl. dazu etwa Fiedler/Mai-Dalton 1995, Schreyögg 1995).

[302] Hierbei wird auf insbesondere der Einfluss von Stakeholdern auf die Führung betont (vgl. etwa Schneider 2002).

dungen ist nicht eindeutig, Regeln lassen sich nicht zweifelsfrei vorschreiben und es gibt widersprüchliche und interpretationsbedürftige Optionen. Ein technisch-rationales, geordnetes und konsistentes Handeln ist deswegen nicht möglich (vgl. Blackler 1992, S. 293; Neuberger 1999, S. 41).[303]

Organisationaler Wandel ist aus der Führungsperspektive somit das Ergebnis stets nur begrenzt gelingender Beeinflussungsversuche und ihrer nicht-intendierten Rückwirkungen. Führung stellt dabei in einer Koevolution mit der Organisation und ihrem Kontext das Subjekt und Objekt sowie die Ursache und Folge des Wandels zugleich dar (vgl. auch Schneider 2002, S. 210). Sie bildet aber auch einen wichtigen Mechanismus der Adaption kollektiver Sozialgebilde und die Möglichkeit der Expression der Bedürfnisse und Interessen der organisierten Personen (vgl. Nicholson 2001, S. 391) über die Gemeinschafts- und Individualziele in Einklang gebracht werden können. So entsteht die Möglichkeit einer Vermittlung zwischen deterministischen und voluntaristischen Positionen, die den Pessimismus der strukturationstheoretischen Vermittlungsposition vermeidet. Aufgrund unintendierte Handlungsfolgen und überformenden Strukturen entzieht sich dort die soziale Realität den Versuchen einer bewussten Führung (vgl. Giddens 1984, S. 27). Eine relational konzipierte Führung als Teil des Organisierungsprozesses könnte allerdings eine neue Modalität der Vermittlung (im Sinn von Giddens) zwischen Struktur und Handlung, da sie (in Organisationen) kein Selbstzweck (vgl. v. Rosenstiel/Comelli 2003, S. 77), sondern ein Mittel oder Medium (Fazilität) darstellt.

Die veränderungsinduzierten Ambivalenzen von und in Organisationen (d.h. die Pole Sicherheit vs. Entwicklung) prägen damit aber auch die Führung selbst nachhaltig (vgl. Kasper 1988, S. 369). Hierbei dominierte lange Zeit eine Sicherheits- und Stabilitätsorientierung, weswegen sich Führung bislang oft als Vollzug von Normal- oder Standardprozeduren in der Organisation darstellt (vgl. Wimmer 1998, S. 108). Führung als Gestaltungskraft eines diskontinuierlichen Wandel ist vor dem Hintergrund der in dieser Arbeit erreichten Erkenntnis damit in einem neuen Licht zu sehen: Die „Kunst" der Führung vor dem Hintergrund diskontinuierlicher Veränderungen liegt im Wechselspiel der Wahrung der Ordnung im Wandel und der Aufrechterhaltung des Wandels in der Ordnung (vgl. auch Bleicher 1996, S. 37). Führung stellt dabei eine wichtige Möglichkeit des Aufbaus von Stabilisierungs- wie auch Flexibilisierungspotential dar (vgl. auch Gebert 2002, S. 20), mit dem Prozesse der Diskontinuierung ausbalanciert werden können. Führung kann auch entsprechende Kommunikationsarchitekturen und Reflektionsplattformen, d.h. „Wandelarenen" (Buschor 1996, S. 161ff.; Rüegg-Stürm 1998, S. 85) aufbauen bzw. weiterentwickeln. In ihnen können die Beteiligten des Wandels ihre unterschiedlichen, kontingenten Selbstverständlichkeiten

---

[303] Nach Auffassung der mikropolitischen Perspektive ist Handeln in Organisation ohnehin stets ein widersprüchliches Handeln (vgl. Küpper/Felsch 2000, S. 20).

gemeinsam entdecken, rekonstruieren und neu gestalten. Diese Arenen des Wandels helfen dabei als Experimentierwerkstätten und Trainingsorte neuer Möglichkeiten, die Handlungspraxis in Organisationen so zu gestalten, dass eine richtige Balance zwischen den Veränderungs- und Beharrungskräften des Wandels in der Diskontinuität befördert werden kann (vgl. in diesem Sinn auch Vanberg 1996, S. 693). Eine besondere Bedeutung erhält dabei die Motivierungsfunktion von Führung, denn Diskontinuität erfordert paradoxerweise kontinuierliche Veränderungsbereitschaft.

7 Fazit und Ausblick

Im letzten Kapitel soll nach dem erfolgten Integrationsversuch ein abschließendes Fazit der explikativen Analyse gezogen werden und der Blick auf zukünftige Entwicklungen gelenkt werden. Dazu wird zunächst der theoretische und praktische Beitrag der Arbeit vor dem Hintergrund Organisations- bzw. Steuerungsaufgabe im Unternehmen geklärt (Kapitel 7.1). Anschließend soll ein Forschungsausblick unternommen werden, der offene Fragen der empirischen Fundierung des diskontinuierlichen Unternehmenswandel wie auch weitergehendere Aspekte der Veränderungsthematik erörtert (Kapitel 7.2). In den nachfolgenden kritischen Schlussbemerkungen (Kapitel 7.3) wird dann eine abschließende Würdigung der explikativen Analyse dieser Arbeit vorgenommen.

7.1 Der theoretische und praktische Beitrag der Arbeit

Den Ausgangspunkt der vorangegangenen Untersuchung bildeten das Phänomen der Unternehmensdiskontinuität bzw. des diskontinuierlichen Unternehmenswandels und die Frage, wie ein solcher Wandel aussieht und wie er sich erklären lässt. Die Arbeit versuchte dazu verschiedene, bis dahin wenig beachtete Beiträge der neuesten angloamerikanischen Organisationsforschung für die deutschen Organisationslehre fruchtbar zu machen, sowie selten rezipierte Erkenntnisse benachbarter Theoriedisziplinen aufzugreifen. Damit sollten die eingangs der Arbeit identifizierten Defizite der unzureichenden theoretischen Fundierung, der mangelnden Integration der Erklärungsbeiträge und des geringen Realitätsbezugs zu den heute prägenden Determinanten der Unternehmenstätigkeit in der Diskussion zum organisationalen Wandel am Beispiel seiner diskontinuierlichen Ausprägung partiell behoben werden. Die Arbeit kam somit im Wesentlichen der häufig geäußerten Aufforderung nach, den Wandel konsistenter zu erfassen (vgl. Tsoukas/Chia 2002, S. 567). Sie strebte dazu eine Fokussierung der Debatte zum organisationalen Wandel an und lenkte den Blick auf die diskontinuierliche Veränderung als vermutlich größter theoretischer wie praktischer Herausforderung der nahen Zukunft.

Versucht man sich vor Augen zu führen, worin der wesentliche Beitrag der Arbeit lag, so wurde im Unterschied zu zahlreichen anderen Arbeiten zu unternehmensbezogenen Veränderungsfragen zunächst ein besonderer Wert auf eine umfassende theoretische Fundierung der Erklärung gelegt (vgl. auch Hauser 2000, S. 197). Denn die geringe theoretische Integration und das unkoordinierte Anwachsen von Erklärungsansätzen auf dem Forschungsfeld des organisationalen Wandels verstellen zunehmend den Blick auf die generativen Mechanismen und Faktoren des Wandels und verhindern so ein tiefer gehenderes Verständnis von Veränderungsprozessen (vgl. auch Schirmer 2000, S. 360). Wandelphänomene würden sich dagegen besser erschließen, wenn sie innerhalb eines theoretischen Zugangs angegangen werden könnten (vgl. Türk 1989, S. 52ff.; Deeg/Weibler 2000, S. 145). Jedoch ist auf absehbare Zeit kein solcher Ansatz in Sicht, da zumindest die theo-

retische Zersplitterung der Organisationstheorie irreversibel erscheint. In Ermangelung einer begründbar vorzugswürdigen Theorieposition wurde im Rahmen
dieser Arbeit ein multitheoretischer Ansatz verfolgt, ohne damit auf Möglichkeiten des Diskurses und der Verknüpfung zu verzichten.

Ein Hauptanliegen der Arbeit war deswegen die Zusammenführung unterschiedlicher theoretischer Perspektiven unter dem Dach des Konzeptes von organisationalem Wandel und ihre Ergänzung durch weitere Überlegungen zur Ordnungsbildung und Veränderung. Dabei sollte die Integration die Ansätze nicht etwa gleichermaßen bzw. streng ausgewogen, sondern alternative Erklärungs- und Ver-
ständnisangebote gleichberechtigt einbeziehen. Damit wollte die Arbeit die erkennbaren Tendenzen einer interdisziplinären, integrativen Organisationstheorie
(vgl. Lehmann 1992, Sp. 1547) weiter stärken und entgegen den Inkommensura-
bilitätspositionen den Diskurs und die Vermittlung zwischen paradigmatischen
Grundpositionen befördern. Dazu versuchte die Analyse auch eine partielle Ü-
berwindung der zunehmend hinderlichen Subjektivismus-Objektivismus-Dualität
der Wirtschafts- und Sozialwissenschaft mit Hilfe der Strukturationstheorie (siehe
dazu Walgenbach 2001, S. 375). Denn die strukturationstheoretische Position von
Giddens ist in besonderer Weise geeignet, auf einer metatheoretischen Ebene
Verbindungen zwischen diesen Paradigmen herzustellen und die darin inhärenten
Dualismen von Konsens und Konflikt bzw. Stabilität und Wandel in Relationen
(Dualitäten) zu verwandeln (vgl. Küpper/Felsch 2000, S. 352).

Neben einem erkenntnistheoretischen Wechselspiel des Erklärens und Verstehens
gelang es deswegen gerade mit Hilfe strukturationstheoretischer Überlegungen,
einen Ausweg aus der Sackgasse des lähmenden Paradigmenstreits und des unko-
ordinierten Wachstums theoretisch nicht integrierter Ansätze zu finden. Der evolutionäre Veränderungszyklus mit seinem latenten Determinismus gewann dabei
mit einer Ergänzung durch die politische Sichtweise eine voluntative Dimension
durch die Komponenten des politischen Willens, der politische Wahl (political
choice) und den politische Regeln bzw. Strukturen (Konfigurationen). Dieses
komplexe Spannungsfeld erfuhr eine passende Einrahmung durch die Strukturationstheorie, die zwischen Determinismus und Voluntarismus zu oszillieren scheint
(vgl. auch Walgenbach 2001, S. 372) und damit eine geeignete integrative Klam-
mer bilden kann. Ebenso war es möglich, den doppelten Organisationscharakter
von Unternehmen, die gleichzeitig Organisation haben und sind, ernst zu nehmen
und davon ausgehend instrumentelle wie institutionelle Dimensionen von
Veränderungsprozessen anzusprechen.

Der dazu eingeschlagene methodische Weg hat sich als durchaus fruchtbar mit
Blick auf die verfolgten Ziele der Untersuchung erwiesen. Denn ein Mehrebenen-
Zugang ermöglicht eine nachweislich eine bessere Wahrnehmung, Beschreibung
und Erklärung von diskontinuierlichem Unternehmenswandel. Er lässt auch die
Überwindung scheinbar paradoxer Aspekte des Wandels durch eine ebenenspezi-

fische Differenzierung und Integration möglich erscheinen: Die Mehrebenenanalyse ermöglicht eine Integration evolutionärer Veränderungen in einen Rahmen revolutionärer Veränderungen und umgekehrt (vgl. auch v.d.Oelsnitz 1999, S. 159). Diskontinuierlicher Unternehmenswandel ist folglich weder ausschließlich revolutionär noch ausschließlich evolutionär, sondern stellt einen re-evolutionären Prozess dar. Dadurch wird es auch möglich, die wechselseitige Bedingtheit von (politischem) Handeln und (Organisations-)Strukturen in einmaliger Weise zu modellieren und daraus weitere Erkenntnisse zu gewinnen: Organisierung ist demnach eine Voraussetzung für die Artikulation und Durchsetzung von Interessen politischer Akteure. Die Dualität von Handlung und Struktur im Unternehmen wird somit durch die Kontrastierung von evolutionären und politischen Perspektiven auf den Wandel auf ganz neue Weise augenfällig.

Auch wenn die vorliegende Arbeit vorrangig theoretische Aspekte des Unternehmenswandels thematisiert hat, konnten dennoch verschiedene Erkenntnisse für die Unternehmenspraxis gewonnen werden. Zunächst einmal manifestieren sich an Unternehmensdiskontinuitäten die Ambivalenz und Paradoxität von strukturellen Veränderungsvorgängen in einzigartiger Weise. Der institutionelle Charakter von Unternehmen verhindert dabei wie gezeigt Diskontinuitäten in den Strukturen nicht, sondern erzeugt sie im Gegenteil nachgeradezu. So können ausgerechnet Strukturen als Elemente der Bewahrung im komplexen Zusammenspiel der Bausteine und Ebenen des Unternehmens nachhaltig zur Veränderung beitragen. Hingegen kann das politische Handeln als häufig aufgefasstes Element der Veränderung unversehens durch seine Einbettung in das institutionelle Gefüge und die regulierenden und beschränkenden Wirkungen der Handlungs-Struktur-Rekursivität für Stabilität und Kontinuität sorgen. Die in der Unternehmenslehre- und -praxis häufig gehegte Hoffnung, dass Strukturen immer stabilisierend wirken, während sich auf dem politischen Weg Veränderungen besser befördern lassen, erweist sich vor dem Hintergrund des zuvor dargestellten Mehrebenenzusammenhangs als illusionär. So ist es nach Auffassung der strukturationstheoretischen Position, auf die hier Bezug genommen wurde, sowohl möglich, dass radikal neue Handlungspraktiken mit der Folge eines fundamentalen Wandels entstehen, als dass auch routinisierte Handlungen mit stabilisierender Wirkung fortgesetzt werden (vgl. Walgenbach 2001, S. 372).

Will man diese grundsätzliche Ergebnisoffenheit im handlungspraktischen Sinn zu einer Position der Veränderung hin bewegen, so ist nach den ermöglichenden Bedingungen wie nach der voluntativen Absicht der Handelnden zu fragen. Im Wesentlichen ist dazu als erstes eine kontinuierliche Bereitschaft zum diskontinuierlichen Wandel erforderlich (siehe auch Schwan 2003, S. 200), die allerdings in der Unternehmensrealität nicht immer in einem ausreichenden Maß gegeben ist. So ist die Veränderungsfähigkeit und -bereitschaft des Managements mit dem Wandel gerade auch bei sich selbst zu beginnen nach wie vor der Engpassfaktor für tief greifende Veränderungen (vgl. Wimmer 1998, S. 108). Und machtvolle politische Akteure stützen einen Status Quo oftmals auch dann, wenn er ineffizient ist und deswegen aus ökonomischer Sicht Veränderungen angebracht wären (vgl. Hauser 2000, S. 186). Hinzu kommen ein ansteigender Autonomiegrad der organisierten Individuen (vgl. Schreyögg 2000, S. 28) und eine zunehmende Vetomacht von einzelnen (individuellen oder kollektiven) politischen Akteuren (vgl. v. Prittwitz 1994, S. 43). Gerade die dominanten Koalitionen in Organisationen versuchen notwendige Veränderungen durch den kalkulierten Einsatz von Slack-Ressourcen aufzuschieben (vgl. Hauser 2000, S. 186). Deswegen wird ein Aufbrechen von Blockaden aufgrund geringer Einwirkungsmöglichkeiten auf die Absichten immer häufiger erforderlich, wenngleich eine Transformation nicht erzwungen werden kann (vgl. Wimmer 1998, S. 111). Paradoxerweise werden damit in der schöpferischen Zerstörung von Unternehmensstrukturen auch Destruktoren des Wandels als Wegbereiter der Veränderung bedeutsam, denen sonst eher eine dysfunktionale Rolle zukommt (vgl. v. Rosenstiel/Comelli 2003, S. 168).

Als aussichtsreiche Strategie der punktuellen Überwindung struktureller Barrieren auf der Makroebene wurde zuvor das Konzept der konstruktiven Destruktion vorgestellt. Organisationaler Wandel in Form der konstruktiven Destruktion von Unternehmen zu vollziehen, ist aber grundsätzlich nur eine mögliche Form der Reaktion auf Diskontinuitäten unter mehreren anderen, die überdies zu ganz spezifischen Feedbacks führt.[304] So ist die schöpferische Zerstörung angesichts ihrer schwer wiegenden Risiken als eine Art „ultima ratio" der Organisationsgestaltung anzusehen (vgl. Deeg/Weibler 2000, S. 177), die nur dann verantwortbar scheint, wenn tatsächlich die Überlebensfähigkeit des Unternehmens auf dem Spiel steht. Dabei ist nicht davon auszugehen, dass eine solche radikale Transformation als tiefer Eingriff in die Beziehungsfundamente zwischen Person und Organisation von den Organisationsmitgliedern einfach hingenommen wird (vgl. Wimmer 1998, S. 109). Mit der Beseitigung von strukturellen Beschränkungen wird nämlich auch die Identität des Unternehmens tangiert und ein Abbau aller Constraints löscht ein Unternehmen deswegen möglicherweise gleichzeitig aus. Schließlich ist aus einer globaleren Perspektive heraus noch zu bedenken, dass eine kreative Destruktion zwar für ein einzelnes Unternehmen eine sinnvolle Strategie sein kann. Aber auf breiter Front angewendet, kann sie zu ganz erheblichen negativen Konsequenzen für das gesamte Wirtschaftssystem führen (vgl. Zohar/Morgan 1996, S. 463).

Auf einer Mikroebene kann hingegen eine radikale Veränderung erst durch eine Formierung politischen Willens gelingen. So erscheint in vielen Situationen die Eröffnung bzw. der Eintritt in eine politische Arena für die Akteure zwingend erforderlich, um die Blockade der offiziell legitimierten Einflusskräfte in der etab-

---

[304] So setzen Al-Ani/Gattermeyer (2000, S. 33) im Gegensatz dazu auf ein schrittweises Aufbrechen von Lock-in-Situationen im Unternehmen.

lierten Ordnung gegen Veränderungsbestrebungen aufzubrechen (vgl. Mintzberg 1985, S. 149). Die Arena ist und bleibt dabei ein bemerkenswertes Stadium im diskontinuierlichen Wandel, dessen Auftreten sich nur schwer im Vorfeld vorhersagen lässt. Es kann aber den Anzeichen von Kosten-Nutzen-Verwerfungen nachgegangen, sowie Wandelverlierer im Auge behalten und ein Wiederaufleben von recurrent issues betrachtet werden. Eine sorgfältige Analyse des Diskontinuitätsphänomens sollte deswegen nicht nur Veränderungen in den Trends ökonomischer Variablen betrachten, sondern die Zyklen und Themenkarrieren von politischen „issues" im Unternehmen stärker ins Auge fassen. Wenn Auswirkungen der politischen Arena auf diskontinuierliche Veränderungsprozesse von der Konflikthaftigkeit und dem Ausmaß einer Arena abhängen, dann sollten Unternehmen zur Vermeidung von Diskontinuitäten Konflikte dämpfen und das Ausmaß von Arenen nach Kräften begrenzen. Für eine aktive Diskontinuierung können sich dagegen eine Ausweitung der Reichweite einer Wandelarena und ein partieller Abbau von Konfliktbegrenzungsmechanismen anbieten, wenn man die damit verbundenen, nicht unbeträchtlichen Risiken in Kauf nimmt.

Die Aufgabe der Unternehmensführung im politischen Prozess bleibt es generell, über die Einhaltung von institutionell legitimierten (Spiel-)Regeln in der politischen Auseinandersetzung zu wachen und notfalls zur Wahrung der Chancengleichheit der Akteure einzugreifen. Dazu ist auch im diskontinuierlichen Unternehmenswandel der Regelbruch auf klar umrissene Ausnahmen zu beschränken und partizipativ abzusichern. Denn die zentrale Aufgabe der Unternehmensorganisation ist nach wie vor die Realisierung einer bestimmten, kollektiv verhandelten Ordnung, indem einzelne, heterogene Handlungen im Prozess des Organisierens zu einem funktionsfähigen Gebilde verknüpft werden (vgl. Grothe 1997, S. 243). Organisatorische Strukturen gewinnen ihre Bedeutung demnach nicht durch von ihnen erfassten Tätigkeiten und Aufgaben, sondern durch die Herstellung von Verknüpfungen zwischen ihnen (vgl. auch Siegler 1999, S. 38).[305] Denn ohne formalisierte Verknüpfungen könnten Handlungen nicht zielorientiert aufeinander bezogen und somit verteilte Leistungserstellungsprozesse nicht zu einem ganzen Endprodukt verbunden werden. Dies verlangt aber eine viel stärkere Interaktionsorientierung als bisher und bedarf eines eher noch selten anzutreffenden konstellativen Denkens in der Unternehmensführung.

Die weit verbreitete Annahme, dass eine richtige Idee, gute Absichten und eine entsprechende Autorität einen Erfolg des Wandels garantieren, erweist sich vor dem Hintergrund des politischen Geschehens als illusionär (vgl. auch Bolman/Deal 1997, S. 202; Wimmer 1998, S. 111). Denn auf der Agenda der Rezipienten des Wandels stehen oft ganz andere Probleme und diese Akteure entwi-

---

[305] Die Organisationsstruktur bildet demnach als manifeste Ordnung der Organisation ein Beziehungsmuster für die einzelnen Elemente der (Unternehmens-)Organisation (vgl. Siegler 1999, S. 38).

266

ckeln deswegen mit ihrer nicht zu unterschätzenden Gegenmacht oft ungeahnte kreative Fähigkeiten zur Umgehung, Blockierung, Verhinderung und Zersplitterung von Wandelvorhaben (vgl. Bolman/Deal 1997, S. 202). Zur Erzielung von kollektiv verpflichtenden, handlungswirksamen Entscheidungen, bedarf es einer nachhaltigen Überzeugungsarbeit, die einigen Aufwand und Zeit erfordert. Politische Lösungen sind somit nicht leicht zu erreichen. Der politische Weg erfordert ein hohes Maß an Konfliktfähigkeit, weil Politik über den Konflikt den Konsens zu erreichen versucht. Dies stellt für alle Beteiligten stets aufs Neue ein schwieriges Unterfangen dar, das eine Grundhaltung der Toleranz genauso wie eine praktische Einübung der diskursiven Auseinandersetzung und überzeugungskräftigen Argumentation erfordert. Dabei lässt sich auch für eigeninteressenmaximierende und rational-kalkulierende Mikropolitiker ein Bezug auf das Gemeinwohl und übergeordnete (Organisations-)Interessen nicht gänzlich auslassen (vgl. Mintzberg 1985, S. 149). Zudem bestimmt das institutionelle Setting in einem hohen Maß die in ihm verfolgten Interessen (vgl. Walgenbach 2002, S. 167). Der private Nutzen Einzelner und das gemeinsame Wohlergehen aller organisierten Personen können damit ungeahnte Parallelen aufweisen oder sehr paradoxe Verbindungen eingehen.

Angesichts der Unabdingbarkeit von Wandel (vgl. Sachs 2000, S. 169) und der gleichzeitigen Vergänglichkeit von Erfolgsrezepten (vgl. Weibler/Deeg 1999, S. 310) in der organisationalen Evolution, kommt es insgesamt darauf an, die Handlungsflexibilität von Unternehmen zu bewahren bzw. einen konstruktiven Umgang mit den Primär- und Sekundäreffekten transformativer Veränderungen zu ermöglichen (vgl. auch Gebert 2000, S. 28). Denn nach wie vor wird das konstante Ungleichgewicht des fortschreitenden Hyperwettbewerbs mit seiner permanenten Erschütterung des Status Quo und eines zunehmend destruktiven Wettbewerbsverhaltens (vgl. D'Aveni 1995)[306] dafür sorgen, dass dauerhafte Wettbewerbsvorteile von seriellen Wettbewerbsvorteilen abgelöst werden und dynamische Strategien entwickelt werden müssen (vgl. auch Hümmer 2001, S. 40). Das wesentliche Ziel der Unternehmensgestaltung besteht deswegen in der Förderung von strategischem Denken und Lernen, so dass aktuelle und potenzielle unternehmensrelevante Zusammenhänge vom Unternehmen selbst besser verstanden und ihre Folgen für die Geschäftstätigkeit eher abgeschätzt werden können (vgl. auch Zahn/Foschiani 2000, S. 168). Deswegen tun Unternehmen auf jeden Fall gut daran, sich verstärkt mit dem Phänomen des diskontinuierlichen Wandels auseinander zu setzen.

---

[306] Damit zusammenhängend werden zunehmend die dysfunktionalen Auswirkungen einer „Hyperakzeleration" sichtbar, die zu einer Aufbrechung der Linearität mit einer Fragmentierung, Steuerungsverlusten und Problemen der Verstehbarkeit und Wahrnehmung führen (vgl. Rosa 1999, S. 407).

7.2 Forschungsausblick

Grundsätzlich bestehen im Zusammenhang mit abrupten und tief greifenden Veränderungsvorgängen in und von Unternehmen noch relativ viele Forschungsdefizite. Denn die meisten Positionen in der betriebswirtschaftlichen Organisationsforschung stehen der Idee eines radikalen und fundamentalen Unternehmenswandels eher ablehnend gegenüber (vgl. z.B. Wiegand 1996, S. 82). Ein solcher Standpunkt ist mit Blick auf reale Anpassungserfordernisse von ganz erheblichem Umfang allerdings wenig hilfreich. Vor allem führte dies zu einer unzureichenden Auseinandersetzung mit radikalem Wandel und zu einer ungünstigen Trennung von vermeintlich evolutionären und revolutionären sowie peripheren und fundamentalen Wandelprozessen. Die eingehendere Betrachtung zeigte jedoch, dass die genauere Erforschung des Phänomens fundamentaler Veränderungsprozesse zu Unrecht vernachlässigt wurde und es sowohl aus praktischer wie auch aus theoretischer Sicht gute Gründe dafür gibt, sich näher damit zu beschäftigen. Dies gibt gleichzeitig Anlass für eine verstärkte empirische Erforschung tief greifender Unternehmenstransformationen im Allgemeinen wie auch von diskontinuierlichen Veränderungsprozessen im Besonderen.

Das Problem der analytischen Durchdringung von Diskontinuitäten bleibt somit für viele Anwendungsfälle virulent. Die Relevanz der in diesem Zusammenhang verfolgten Fragestellung geht deswegen über den reinen Wandelkontext im Unternehmensbereich hinaus. Denn die durch die Arbeit angesprochenen komplexen Mikro-Makro-Zusammenhänge sind eine Schlüsselfrage für die sozial- und wirtschaftswissenschaftliche Theoriebildung insgesamt (vgl. Stichweh 1999, S. 466). So werfen die vorangegangen Erörterungen zum diskontinuierlichen Unternehmenswandel erneut die schon verschiedentlich thematisierte Frage der Grenzziehung von Unternehmen auf. Eng gesteckte Grenzen von Organisation und Umwelt sind nicht hilfreich für ein umfassendes Verständnis von Wandel (vgl. Hennig 1998, S. 46). Organisations- und Managementlehre müssen für Erforschung des Wandels generell offener werden (vgl. Tsoukas/Chia 2002, S. 567). Sowohl auf der Mikro- wie auch auf der Makroebene sollten Erklärungsmodelle kontinuierliche wie diskontinuierliche Veränderungsverläufe gleichermaßen im Auge behalten (vgl. auch Becker 1998, S.157). Damit wäre im Weiteren auch die Verbindung zwischen Typen und Inhalten des Wandels näher zu erforschen.

Das Konzept der konstruktiven Destruktion stellt aus forschungspragmatischer Sicht einen Entwurf dar, der noch nicht in allen Punkten ausgereift ist (vgl. Deeg/Weibler 2000, S. 180). Dabei besteht primär das Problem, dass die Konstrukte nicht operational genug formuliert sind und so keinen unmittelbaren Eingang in empirische Erhebungen finden können. Forschungsbedarf besteht aber z.B. auch dahingehend, ob die Arena und das Netzwerk tatsächlich fallspezifische und intermittierende Konfigurationen des Politischen in den Phasen der Transformation von Unternehmen sind. Auf ganz grundsätzliche Schwierigkeiten stößt

268

der Versuch einer empirischen Fundierung der politischen Perspektive auch insofern, als dass die Erforschung politischen Verhaltens im Wandel mit nicht unerheblichen Schwierigkeiten verbunden ist (vgl. Kirsch/Esser/Gabele 1979, S. 176). So eignen sich qualitative Zugänge zur Erhellung des Politischen in Organisationen und ihren Veränderungsprozessen wohl eher als quantitative Zugänge. Zudem ist Mikropolitik mehr als eine Deutungskategorie (vgl. Neuberger 2002, S. 687) denn als genuiner Erklärungsansatz aufzufassen. Generell sieht sich eine damit verbundene strategischen Analyse der Schwierigkeit ausgesetzt, wie ein über alltägliches Laienwissen hinausgehendes wissenschaftliches Wissen mit entsprechendem theoretischen Gehalt und einer soliden Absicherung[307] gewonnen werden kann (vgl. Walgenbach 2001, S. 375). Angesichts der offenkundigen Begrenztheit der Wahrnehmungs- und Äußerungsmöglichkeiten der Teilnehmer kann weder von der Rekonstruktion dieses Akteurswissens noch durch eine Analyse aus der Beobachterperspektive allzu viel erwartet werden. So konnten auch in der vorliegenden Arbeit die grundlegenden Probleme des Methodendualismus bei den Möglichkeiten der Beobachtung des Organisationsphänomens[308] nicht weit genug überwunden werden.

Die recht komplexen analytischen Schemata der strukturell reflektierteren Policy-Analyse beinhalten möglicherweise zusätzlich die Gefahr, dass die soziale Wirklichkeit in unzulässiger Weise überformt und verfremdet wird und verschleiern damit bisweilen vieles mehr als es zu offenbaren (vgl. auch Windhoff-Héritier 1987, S. 43). Ihre Tragfähigkeit für konkrete Analysen des organisationalen Wandels haben sie zudem erst noch empirisch zu beweisen. In ihrem hohen Differenzierungsgrad führen sie außerdem zu einer teils fragwürdigen Fragmentierung politischer Prozesse, mit der womöglich mehr die Nebenschauplätze der Politik in den Blick geraten als dies als von einer umfassenden Absicht her wünschenswert ist. Insbesondere das Konzept der politischen Arena erweist sich als sehr schwierig zu handhabende Sichtweise auf die Akteure und ihr Handeln, da der Kreis der Betroffenen und Beteiligten nur schwer abzugrenzen ist und so kaum präzise Aussagen möglich sind. Dies sorgt im Anschluss für erhebliche analytische Probleme und erschwert auch einen empirischen Nachweis in hohem Maß. Etwas günstiger erscheint der Zugang der politischen Netzwerke, da die Netzwerkanalyse inzwischen ein reichhaltiges und bewährtes Methodenarsenal für die Erforschung von Netzwerkphänomenen bereithält (vgl. dazu näher Jansen 1999, Straus 2002). Einer näheren Beleuchtung der politischen Dimensionen von sozialen Vernetzungen in Organisationen steht damit prinzipiell nichts entgegen. Vor allem da auch die empirische Politikwissenschaft einige viel versprechende methodische Instrumente zur Verfügung hält, die im Unternehmenskontext Anwendung finden könnten (vgl. exemplarisch Wienecke 2001).

---

[307] Vgl. zur spezifischen Qualität wissenschaftlicher Erkenntnis Kapitel 2.1
[308] Vgl. Kapitel 1.3

Eine zukünftige forschungspraktische Anwendung des analytischen Instrumentariums der Policy-Analyse auf den Realfall von (diskontinuierlichen) Veränderungsprozessen wäre damit wünschenswert. Darüber hinaus könnten auch noch Fallstudien, historische Analysen und interpretative Zugänge verstärkt zur Erhellung des Diskontinuitätsphänomens hinzugezogen werden (vgl. auch Becker 1998, S. 157), mit denen auch politische Aspekte besser zu erfassen sind. Eine voluntaristische Sicht auf Prozesse diskontinuierlichen Wandels könnte auf der Basis eines akteurorientierten Institutionalismus außerdem dann noch besser modelliert werden, wenn die handlungsermöglichenden Dimensionen von Institutionen genauer erforscht wären. So wird durch den Bezug auf strukturationstheoretische Überlegungen die Intentionalität subjektivistischer Positionen auf eine objektivistisch anmutende Handlungsmächtigkeit zur Auslösung unintendierter Ereignisse bislang eher verkürzt (vgl. Walgenbach 2001, S. 373f.).

Schließlich sind gerade noch in der Frage der Gestaltung detailliertere Untersuchungen vorzunehmen, da die Planungs- und Steuerungsoptionen je nach Ebene Betrachtungsweise und Inhalt des Wandels zu differenzieren sind (vgl. auch Deeg/Weibler 2000, S. 183). Die weitere Forschung muss sich folglich noch viel intensiver mit den internalen Ursachen und Beweggründen für Unternehmensdiskontinuitäten auseinander setzen. Dabei muss auch die Frage, wie eine aktive Diskontinuierung gelingen kann, eingehender geklärt werden. Bislang fehlen noch genauere Erkenntnisse über die Voraussetzungen und Mittel für eine Diskontinuierung. Dementsprechend lässt sich noch nicht abschätzen, ob ein solcher proaktiv ausgeführter Ordnungsbruch überhaupt ein langfristig geeigneter Weg ist, sich mit den sich dramatisch verändernden Rahmenbedingungen des Unternehmenshandelns neu zurechtzufinden. Die Handlungsebene kann jedenfalls als nach wie vor entscheidender Motor des Wandels angesehen werden. Denn Institutionen werden von fortlaufenden Interaktionen gleichermaßen aufrechterhalten wie auch verändert (vgl. Walgenbach 2002, S. 167).

Der größte Forschungsbedarf besteht somit wohl auf der interaktionellen Ebene, da die genauen Konsequenzen des diskontinuierlichen Unternehmenswandels für die Führungspersonen und Führungsbeziehungen in Unternehmen noch sehr wenig erforscht sind. Zwar wurden die generellen Herausforderungen von Veränderungsprozessen für Führungskräfte in der Literatur schon verschiedentlich thematisiert (vgl. z.B. Doppler/Lauterburg 2000, S. 30ff.; Kostka/Krämer 1997) und die dadurch veränderte Rolle von Führungskräften in diesem Zusammenhang herausgestellt (vgl. z.B. Schlaffke/Weiss 1996, Ackerhans 1999).[309] Ein diskontinuierlicher Wandel stellt die Führung jedoch aufgrund seiner enormen Breiten- und Tie-

---

[309] Eine Differenzierung der Führung mit Blick auf den organisationalen Wandel findet allerdings weniger statt, wie Wunderer (1994, S. 235) anmerkt, da Führungsfragen in der Regel unter der Prämisse einer statischen Organisation thematisiert werden (vgl. Baliga/Hunt 1988).

fenwirkungen vor ganz besondere Herausforderungen (vgl. Nadler/Tushman 1995a, S. 39), die bislang weitgehend unreflektiert geblieben sind. Die bisherige Diskussion zur Führung im Wandel hat sich zudem vor allem auf die Führungskräfte als Agenten des Wandels konzentriert (vgl. etwa Katzenbach u.a. 1996, Ackerhans 1999, Lang 1999, Edding 2000, Janz/Krüger 2000). Gerne werden dabei bislang große Transformationen mit herausragenden Führungspersönlichkeiten in Verbindung gebracht (vgl. Kotter 1998, S. 75) und so die Figur des „heroischen Führers" (vgl. Nadler 1995, S. 218ff.; Yukl 1999, S. 292), der visionär, energetisierend und ermöglichend auftritt, propagiert.

Eine solche Vorstellung von der Rolle der Führung im Wandel ist allerdings mit verschiedenen Problemen wie unrealistischen Erwartungen, Abhängigkeit, Enttäuschungsrisiken, Isolationismus, mangelnder Glaubwürdigkeit usw. verbunden (vgl. Nadler 1995, S. 220f.; Kotter 1998, S. 76ff.).[310] Auch erweist es sich für Organisationen als ungünstig auf die verhaltensbezogenen Wirkungen von Einzelpersonen zu setzen (vgl. im Einzelnen etwa Weibler 1997, S. 29ff.). Es ist zudem empirisch nachweisbar, dass in Wandelprozessen prinzipiell eher wenig Raum für Helden und Heroen ist (vgl. Lang 1999, S. 326). Für eine realistischere Sicht der Führung im Wandel müsste deswegen Kreis der Personen erweitert werden, die Führungsfunktionen im Prozess des Wandels übernehmen (vgl. Nadler 1995, S. 224; Kotter 1998, S. 50; Lang 1999, S. 327). Eine solche Verteilung der Führungsaufgabe ist auch angesichts einschneidender personeller Veränderungen (z.B. Führungswechsel) im Rahmen eines diskontinuierlichen Unternehmenswandels von Vorteil und kommt der Forderung nach einer breiteren Basis von Akteuren des Wandels entgegen.

7.3 Kritische Schlussbemerkungen

Auch wenn es der unstillbare und unauslöschliche Wunsch von Menschen sein mag, an die unbegrenzten Möglichkeiten von Veränderung zu glauben (vgl. Nicholson 2001, S. 386), sind die Spielräume des Wandels in der Realität oftmals sehr begrenzt. So führen selbst die rationalsten Absichten nicht immer dazu, dass gewünschter Zustände eine Erfüllung erfahren oder Bedürfnisse durch eigene Anstrengung auch nur annähernd befriedigt werden (vgl. in diesem Sinn auch Aldrich 1999, S. 41). Die Veränderung von Organisationen ist von diesen grundlegenden Diskrepanzen keineswegs ausgenommen. Organisationaler Wandel ist und bleibt damit auch ein vielfach schwerfälliger, unsicherer und höchst problembeladener Prozess (vgl. auch Bea/Göbel 1999, S. 162). Dies gilt in seiner diskontinuierlichen Ausprägung in ganz spezieller Hinsicht noch viel mehr. So lassen Diskontinuitäten zwar oft Veränderungen in ungeahntem Ausmaß eintreten, jedoch sind diese Veränderungen keineswegs immer derart gewollt. Dabei geht es

---

[310] Vgl. für die personenbezogenen Nachteile und Dysfunktionalitäten heroischer Führung auch Sonnenfeld (2001).

weniger um die Intentionalität der Folgen (im Sinne einer Finalursache), sondern um eine Handlungsmächtigkeit, die unbeabsichtigt und unerwünscht Ereignisse auslösen kann (vgl. Giddens 1984, S. 9, Walgenbach 2001, S. 373). Die vermeintliche Agentur der Individuen verwandelt sich damit möglicherweise in eine bloße „Autorenschaft", die kein wirkliches Eingreifen mehr zulässt.

Die partiell unheilvolle Verstrickung der Akteure in strukturelle Zusammenhänge mit unabsehbaren Emergenzen wird durch weitere Faktoren verstärkt. Denn Unternehmensdiskontinuitäten betreffen in der Regel mehrere Ebenen von Unternehmen gleichzeitig mit entsprechenden Wechsel- und Folgewirkungen, die im Vorfeld weder vollumfänglich antizipierbar noch gar durch umsichtiges Handeln vermeidbar sind. Die Rolle und Stellung solcher komplexen Rückkopplungszusammenhänge ist noch weitgehend ungeklärt. Deswegen bleibt die Modellierung von Mehr-Ebenen-Phänomenen in Veränderungsprozessen eine theoretisch wie praktisch schwer beherrschbare Materie. Gleichwohl lohnt sich ein Mehrebenen-Zugang zu organisationalen Phänomenen trotzdem, wie der zuvor unternommene Versuch der Integration gezeigt hat. Die im Rahmen dieser Arbeit angewandte Methode der Tiefenerklärung stellt eine adäquate Verknüpfung von Makro- und Mikroebene des Wandels dar, die den vertikalen Verflechtungen in Organisationen gerecht wird (vgl. auch Esser 1993, S. 617). Somit wird die Forderung nach einer Dynamisierung der Betrachtung von organisationalem Wandel (vgl. v.a. Tsoukas/Chia 2002) ebenso eingelöst wie die Forderung nach einem Mehrebenenansatz in der Betrachtung von Unternehmen (vgl. v.a. Sachs 2000).

Das häufig beschriebene Wechselspiel zwischen verschiedenen Triebkräften des Wandels lässt sich zudem mit weiterem Erkenntnisgewinn als Wechselspiel evolutionärer und politischer Prozesse verstehen, die wiederum wechselweise hemmenden und fördernden Charakter haben können. Die Festlegung einer der Perspektiven auf eine bestimmte Wirkung – wie häufiger in der Literatur anzutreffen – wäre demnach verfehlt. So ist auch die Transformation institutioneller Gebilde wie der Unternehmung weder durch externe Bedingungen komplett vorherbestimmt noch rein durch intentionales Handeln zu kontrollieren (vgl. in diesem Sinn auch March/Olsen 1989, S. 170). Denn Unternehmen sind als wirtschaftliche Institutionen in eine zunehmend kompliziertere ökologische Hierarchie von untereinander verbundenen Regelsystemen verbunden, die zu den unterschiedlichsten externen Effekten und auch zu divergierenden Entwicklungsraten und Tempi des Wandels führt. Nicht zu unterschätzen sind außerdem die Pufferwirkungen, die Veränderungen in den Inhalten von einer Veränderung in den Formen abkoppeln und den Beschränkungen durch Regeln, die für die Aufrechterhaltung von Ordnung und die Bewahrung von Stabilität verantwortlich sind, bestehen.

Neuere evolutionstheoretische Zugänge haben einige Mängel früherer evolutionärer Erklärungen überwunden (vgl. Schmid 1998, S. 282f.): Die teleologische Tendenz wurde gemäßigt, die Selektionsprozesse wurden spezifiziert und vor allem

die egoistischen Entscheidungen sozial und institutionell eingebundener berücksichtigt. Die Evolution der Rahmenbedingungen und der Spielregeln (vgl. Be-
cker/Küpper/Ortmann 1992, S. 102) wird mitgedacht und Institutionen als eigenständige Selektoren bei der Organisierung kollektiven Handelns aufgefasst. Das
evolutionäre Erklärungsprogramm beruht damit auf einer „akzeptablen, modell-
theoretisch gebändigten Heuristik" (Schmid 1998, S. 283), das mit etwas Geduld
noch zu mancherlei Hoffnungen für die Zukunft berechtigt (vgl. auch Weib-
ler/Deeg 1999, S. 310). Trotz aller erkennbaren Vorzüge wird aber auch ein solcher „aufgeklärter" evolutionstheoretischer Zugang in den Wirtschafts- und Sozialwissenschaften und im Besonderen in der Organisationslehre weiterhin auf
nachhaltigen Widerstand stoßen. Denn er steht in scharfem Kontrast zu den Annahmen und Ansprüchen, aus denen diese Disziplinen ihre Daseinseinberechti-
gung beziehen (vgl. Segler 1985, S. 291) und greift somit teilweise ihr fundamen-
tales Selbstverständnis an. Eine „Entthronung der Machbarkeitsphilosophie" mag
zwar für Praktiker gelegentlich durchaus lehrreich sein, scheint aber für Theoreti-
ker eher beängstigend zu wirken (vgl. Becker/Küpper/Ortmann 1992, S. 102).

Darüber hinaus erwachsen aus der Perspektive evolutionärer Entwicklungen gekoppelt mit der Handlungs-Struktur-Dualität auch einige schwerwiegende erkenntnistheoretische wie handlungspraktische Irritationen. So ist zunächst einmal
unklar, wie mit organisatorischen Pathologien als möglichen Früchten von Evolu-
tionsprozessen umgegangen werden soll (vgl. Becker/Küpper/Ortmann 1992, S.
102). Zwar spricht vieles dafür, dass komplexe organisierte Gebilde gerade erst
durch Normabweichungen gefährliche Zustände selbst korrigieren und so Ent-
wicklungshemmnisse überwinden können, so dass scheinbare Pathologien der
Keim eines produktiven Wandels sind, ohne den Organisationen in hoffnungslo-
ser Sterilität erstarren würden (vgl. auch Watzlawick 1995, S. 225). Zudem wird
ein Wandel in vielen Fällen von der Organisation und ihren Mitgliedern selbst
angestrebt (Deeg/Weibler 2000, S. 180). Es ist aber nicht von der Hand zu weisen, dass die Idee der konstruktiven Destruktion als Leitbild in der Diskontinuität
einem „Unternehmensanarchismus" (Zohar/Morgan 1996, S. 463) als systematischer Negation der etablierten Ordnung nahe steht, demzufolge der kreativste Gedanke überhaupt sozusagen nur der Gedanke der Zerstörung ist.

Die Frage nach den anarchischen Elementen im Wandel und ihrer Bedeutung
lenkt im Weiteren auch den Blick auf eine neue Betrachtung von Herrschaft und
Macht im Unternehmen und seinem politischen Geschehen. Nach einer langen
Dominanz von Machtfragen kann Politik auf der Basis eines akteurorientierten
Institutionalismus nun als ein nahezu machtfreier politischer Prozess modelliert
werden. Dies führt zu einer Reduktion der Einflüsse im politischen Geschehen auf
den „stummen Zwang der objektiven Verhältnisse" (Neuberger 1992, S. 84). Eine
solche latente Marginalisierung von Macht läuft aber Gefahr, reale Machtpotenziale und Machtungleichgewichte zu verkennen. So ist gerade die politische Arena

keineswegs ein machtfreier Raum (vgl. Wienecke 2001, S. 31) und Macht bleibt nach wie vor ein zentraler „Rohstoff" von Politik (vgl. Crozier/Friedberg 1979, S. 14), auch wenn sie nicht immer offen zu Tage tritt. Insgesamt bleibt Wandel ohne Macht somit schwer vorstellbar (vgl. auch Schwan 2003, S. 253). Ohnehin weichen reale Einfluss- und Partizipationsstrukturen vom modelltheoretischen Ideal der Policy-Analyse erkennbar ab (vgl. Schneider 1998, S. 95). Die Knappheit von Handlungsressourcen und die breite Streuung von Einflusspotenzialen und Durchsetzungskraft führen dabei häufig zu unvorhergesehenen Auswegen und Entwicklungspfaden.

Auch wenn diese Situation durchaus noch strukturationstheoretisch erklärbar ist (vgl. Giddens 1984, S. 9) bleibt dennoch die Frage virulent, wie Macht als konkrete Handlungspraxis in der Interaktion zwischen den Akteuren (vgl. Giddens 1984, S. 29) auf die institutionellen Strukturen rückwirken kann. Die genauen Modalitäten dazu musste diese Arbeit – auch in Ermangelung überzeugender Erklärungsangebote in der Literatur – weitgehend schuldig bleiben. Mit der Führungsperspektive eröffnet allerdings sich ein ganz neuer Zugang, diesen Problemkreis auf andere Weise zu diskutieren und dabei gleichzeitig schon vorhandene Erkenntnisbestände zu nutzen. So hat die Thematisierung von Machtfragen in der Führungslehre eine lange Tradition und dementsprechend stellt Macht einen wichtigen Topos zur Beschreibung von Führungsfragen dar (vgl. etwa Weibler 2001, S. 65ff.). Entscheidend für den Kontext des organisationalen Wandels von Unternehmen dürfte dabei sein, dass Führungsmacht letztlich zur Strukturveränderung eingesetzt werden kann und in vielen Fällen notwendig für die Bewirkung von Wandel ist. Daneben kann die Machtperspektive der Führungslehre einen andersartigen Blick auf emergente Prozesse der inversen Steuerung („Führung von unten"; Weibler 2001, S. 69ff.) ermöglichen.

Ungelöst bleibt in Teilen das Problem der Auswirkung von Mikroeffekten auf die Makroebene. So ist noch ungeklärt, wie das Handeln der Akteure institutionelle Strukturen genau verändert. Damit müsste auch der Wandel der Institution „Unternehmen" neu angedacht werden. Gerade eine Mehrebenen-Sichtweise hat eine solche Rückbindung der Mikroebene an die Makroebene nötig: Denn ein Verzicht auf den Einbezug von Rahmenbedingungen wäre in reduktionistischer Weise gleichbedeutend mit dem Verzicht auf die Erklärung kollektiver Phänomene (vgl. Grothe 1997, S. 78). Damit würden auch handlungspragmatisch gesehen einige wichtige Optionen für eine Entwicklung begründeter Gestaltungsvorschläge für Organisationen verschenkt werden. Denn eine genauere Kenntnis der Rahmenbedingungen organisationalen Handelns schafft gleichzeitig auch Einflussmöglichkeiten auf die Problemsicht, Lösungskonzeption und Handlungsauswahl organisierter Individuen (vgl. in diesem Sinn auch Levy/Merry 1986, S. 233). Ein strategisches Denken und Lernen für eine Abschätzung aktueller und potenzielle Folgen für die Geschäftstätigkeit profitiert viel von Einsichten in grundlegende unternehmensrelevante Zusammenhänge (vgl. in diesem Sinn auch Zahn/Foschiani 2000, S. 168), was besonders die Erörterung konstruktiver Grundbedingungen und Zwänge des evolutionären Erklärungsbeitrags in dieser Arbeit zeigte.

Das hier entfaltete integrative Modell eines diskontinuierlichen Unternehmenswandels führt der managementorientierten Organisationslehre erneut die offenbare Illusion einer wirklichen Gestaltbarkeit sozialer Gebilde wie dem Unternehmen vor Augen (vgl. dazu Walgenbach 2001, S. 374): Es ist dabei noch in hohem Maße unklar, auf welche Weise sich handlungspraktische Konsequenzen aus einer Unabsehbarkeit von nicht intendierten Folgen ziehen lassen und welchen Stellenwert eine bloße Erkenntnisfähigkeit ohne tatsächliche Handlungsmächtigkeit vor diesem Hintergrund hat. Und wieder einmal wird die Frage, ob Veränderung dann überhaupt Verbesserung bedeutet, höchst virulent. Die Reflexionsfähigkeit und Kreativität der Akteure ebenso wie der Beobachter des Wandels ist jedenfalls dadurch erneut in höchstem Maß herausgefordert. Zwar könnte die Frage der Gestaltung von Wandel durch die Führungsperspektive wieder auf eine neue Basis gestellt werden, doch schließen sich daran die nicht weniger offenen Fragen der Gestaltung von Führung im Wandel und dem Wandel der Führung an.[311] Die Gewinnung von theoretisch gehaltvollen wie empirisch gesichertem Gestaltungswissen bleibt damit ein anhaltend prekäres Problem in der Diskussion zum Unternehmenswandel.[312]

Für die Betriebswirtschaftslehre erscheinen Unternehmensdiskontinuitäten abschließend aber ein überaus geeignetes Realphänomen zu sein, um die Frage des Machbaren in Veränderungsprozessen im Besonderen und dem grundsätzlichen Gestaltungsspielraum der Unternehmensführung im Allgemeinen erneut anzustoßen. Daran ließe sich auch das fundamentale Spannungsverhältnis von Fremd- und Selbststeuerung als divergenten Modi für die Lenkung und Entwicklung von Unternehmen ein weiteres Mal ausbreiten und differenzierter beleuchten. Dabei geht es auch um die Frage, ob sich das Organisieren als dominanter Modus der Steuerung von Unternehmen überlebt hat (vgl. dazu ausführlich Schreyögg/Noss 1994) bzw. inwiefern ein Funktionswandel im Management stattgefunden hat (vgl. Schreyögg 2000). Mit dem vorläufigen Ende der Stabilität, der Eindeutigkeit und der Gewissheit (vgl. auch Whipp 1996, S. 273) sowie dem „Einbruch der Unordnung" in die geordnete Welt von Organisationen stellen sich weiterhin drängende Fragen nach der Steuerungsfähigkeit organisierter Sozialgebilde, sowie nach konkreten Steuerungsoptionen und nach einer wirkungsvollen Steuerungssimplementation vor diesem Hintergrund.

---

[311] So ist das Führungshandeln in Organisationen in der Regel auf die Steuerung des Normalfalls ausgerichtet, wodurch Führungsfragen selbst einen wesentlichen Teil der Transformationsproblematik darstellen (vgl. Wimmer 1998, S. 108).

[312] So beklagt Schwan (2003, S. 9) eine anhaltenden Tendenz zu einer „substanziellen Ärmlichkeit" in der Organisations- und Führungsliteratur.

Gleichzeitig hat gerade die politische Perspektive die erheblichen Probleme und Unzulänglichkeiten einer reinen rational choice-Orientierung – wie sie durch Versuche der Re-Ökonomisierung der BWL in den letzten Jahren propagiert wurde – erneut sichtbar werden lassen und gewisse Vorzüge einer political choice-Position aufgezeigt. Im Sinne eines dialogischen Vermittlungsversuches geht es jedoch nicht um eine monistische Stärkung des einen Zugangs auf Kosten des anderen, sondern um die Vereinbarkeit der Perspektiven (vgl. Windhoff-Héritier/Czada 1991, S. 13). Aus solchen neuen Zugängen der Integration sind weitere Konsequenzen für andere Teildisziplinen der Betriebswirtschaftslehre (Marketing, Controlling) oder andere betriebswirtschaftliche Diskussionsfelder (Corporate Governance, Shareholder Value) denkbar. Eine Reduktion der Politik auf reine Rationalität oder eine Ausgrenzung der Politik wären jedenfalls keine hilfreichen Strategien im Umgang mit dem Eigensinn und (politischen) Willen der im Unternehmen organisierten Subjekte. Und gerade weil politische Entscheidungen den Ansprüchen von Institutionen bzw. Organisationen unterworfen sind und durch ihre Strukturen beschränkt werden, lassen sie sich nicht als streng rational auffassen.[313]

Damit berührte die vorliegende Arbeit erneut die Subjekt-Objekt-Problematik der Sozial- und Wirtschaftswissenschaft. So erweist sich das handelnde Individuum nicht als das vermeintliche (Forschungs-)Objekt der Fremdbeobachtung sondern in seinem Reden und Handeln als eigensinniges und eigenwilliges Subjekt und zwingt damit zur Selbstbeobachtung bzw. Selbsreflektion wie zur Kommunikation (vgl. auch Scherer 2001, S. 27). Als Ausweg aus dem Subjektivismus-Objektivismus-Dilemma der Wirtschafts- wie Sozialwissenschaft bietet sich ein paralogisches Vorgehen an, denn die methodische Hoffnung in die Paralogie (vgl. Czarniawska 2001) ist im Grundsatz durchaus berechtigt. Die Einlösung ihrer Versprechen bleibt ein gleichwohl schwieriges pragmatisches Problem. Mit der Evolutionstheorie liegt jedoch ein quasi „ökumenischer Ansatz" vor, der eine Auflösung überkommener Distinktionen immerhin möglich erscheinen lässt. Denn durch ihn verlieren die unversöhnliche Gegenüberstellung von Makro- und Mikrotheorie und die Trennung von Strukturen und Handlung bereits erkennbar an Bedeutung (vgl. Schmid 1998, S. 279). Da Evolution auch ex definitione eine dynamische Konzeption ist (vgl. Sachs 2000, S. 169), beinhaltet dies die Chance, die Management- und Organisationslehre ein Stück weit auf dem Weg zu einer „Wissenschaft der Erforschung von Instabilität" (Schreyögg 2000, S. 23) voranzubringen. In Anbetracht der zunehmend instabilen Rahmenbedingungen der Geschäftstätigkeit und der labilen Verfasstheit von Unternehmen, erscheint dies auch mehr denn je angebracht zu sein.

---

[313] Dies ist vor allem darauf zurückzuführen, dass Institutionen auch auf einer kognitiven Säule beruhen, die von einer nicht-rationalen Praxis der Nachahmung und Rechtgläubigkeit geprägt ist (vgl. Kapitel 5.2.3.1; Abbildung 27). Damit können Institutionen nicht als rein rationale Gebilde angesehen werden (vgl. ähnlich Windhoff-Héritier/Czada 1991, S. 13f.).

Unternehmensdiskontinuitäten erfordern dazu nicht zuletzt einen neuen gänzlich Umgang mit Widersprüchen und eine Neubewertung ihrer Stellung im Prozess der Theorieentwicklung, der sich freilich als höchst anspruchsvoll erweist. Der englische Philosoph Alfred North Whitehead hat das hoffnungsvolle Potenzial einer solchen Position schon sehr frühzeitig in seltener Klarheit erkannt und wie folgt formuliert (1925, S. 267): „In formal logic, a contradiction is the signal of a defeat; but in the evolution of real knowledge it marks the first step in progress towards a victory. This is one great reason for the utmost toleration of variety of opinion. Once and forever, this duty of toleration has been summed up in the words, 'Let both grow together until the harvest'." Damit sind die aus der vorliegenden Analyse des Phänomens der Unternehmensdiskontinuität neu erkennbar gewordenen oder weiterhin offen gebliebenen Widersprüche nicht notwendigerweise als Niederlagen der Theorieentwicklung aufzufassen, sondern als erste Schritte zu einer noch umfassenderen Erhellung von Prozessen diskontinuierlichen Unternehmenswandels zu begreifen. Dazu bedarf es freilich einer lang anhaltenden, geduldigen Toleranz für divergente Sichtweisen und Erklärungspositionen und eines steten Bemühens um einen gegenseitig befruchtenden Dialog, bevor die aus der zweifellos mühevollen Transzendierung der Subjektivismus-Objektivismus-Dualität reifenden erkenntnisbezogenen Früchte geerntet werden können.

LITERATURVERZEICHNIS

Abernathy, W./Utterback, J. M. (1982): Patterns of industrial innovation. In: Tushman, M./Moore, W. (Hrsg.): Readings in the management of innovation, Boston/MA, S. 97-108

Ackerhans, C. (1999): Zur Rolle der Führungskräfte in organisationalen Veränderungsprozessen, Göttingen

Ackermann, R. (2003): Die Pfadabhängigkeitstheorie als Erklärungsansatz unternehmerischer Entwicklungsprozesse. In: Schreyögg, G./Sydow, J. (Hrsg.): Strategische Prozesse und Pfade (Managementforschung 13), Wiesbaden, S. 225-255

Ackoff, R. L. (1999): Re-Creating the corporation: A design of organizations for the 21st century, New York

Al-Ani, A. (1993): Machtspiele in Organisationen: Eine Ergänzung marktlicher und hierarchischer Regelsysteme. In: Journal für die Betriebswirtschaft, 43, S. 130-154

Al-Ani, A. (1996): Mikropolitik und die Theorie des Lock In: Erklärungsansätze für das Produktivitätsparadoxon. In: Gutschelhoffer, A./Scheff, J. (Hrsg.): Paradoxes Management: Widersprüche im Management – Management der Widersprüche, Wien, S. 495-521

Al-Ani, A./Gattermeyer, W. (2000): Entwicklung und Umsetzung von Change Management-Programmen. In: Gattermeyer, W./Al-Ani, A. (Hrsg.): Change Management und Unternehmenserfolg: Grundlagen – Methoden – Praxisbeispiele, Wiesbaden, S. 13-40

Albert, S./Bell, G. C. (2002): Timing and music. In: Academy of Management Review, 27, S. 574-593

Aldrich, H. E. (1979): Organizations and environments, Englewood Cliffs/NJ

Aldrich, H. E. (1992): Incommensurable paradigms? Vital signs from three perspectives. In: Reed, M./Hughes, M. (Hrsg.): Rethinking organization: New directions in organization theory and analysis, London u.a., S. 17-45

Aldrich, H. E. (1999): Organizations evolving, London u.a.

Alemann, U. v./Loss, K./Vowe, G. (1994): Politik – Politikwissenschaft – Politischer Journalismus. In: Alemann, U. v./Loss, K./Vowe, G. (Hrsg.): Politik: Eine Einführung, Opladen, S. 11-23

Amburgey, T. L./Miner, A. S. (1992): Strategic momentum: The effects of repetitive, positional and contextual momentum on merger activity. In: Strategic Management Journal, 13, S. 335-348

Amburgey, T. L./Kelly, D./Barnett, W. P. (1993): Resetting the clock: The dynamics of organizational change and failure. In: Administrative Science Quarterly, 38, S. 51-73

Ammeter, A. P./Douglas, C./Gardner, W. L./Hochwarter, W. A. /Ferris, G. R. (2002): Toward a theory of political leadership. In: The Leadership Quarterly, 13, S. 751-796

Ansoff, H. I. (1976): Managing surprise and discontinuity – Strategic response to weak signals. In: Zeitschrift für betriebswirtschaftliche Forschung, 28, S. 129-152

Ansoff, H. I. (1979): Strategic Management, London

278

Ansoff, H. I. (1981): Die Bewältigung von Überraschungen und Diskontinuitäten durch die Unternehmensführung – Strategische Reaktionen auf schwache Signale. In: Steinmann H. (Hrsg.): Planung und Kontrolle: Probleme der strategischen Unternehmensführung, München, S. 233-264

Ansoff, H. I./McDonnel, E. (1990): Implanting strategic management, 2. Aufl., Herfordshire

Archer, M. S. (1995): Morphogenese und kultureller Wandel. In: Müller, H.-P./Schmid, M. (Hrsg.): Sozialer Wandel: Modellbildung und theoretische Ansätze, Frankfurt am Main, S. 192-227

Armenakis, A. A./Bedeian, A. G. (1999): Organizational change: A review of the theory and research in the 1990s. In: Journal of Management, 25, S. 293-315

Arnold, A. (1997): Kommunikation und unternehmerischer Wandel, Wiesbaden

Aschenbach, M. (1996): Reorganisation von Konzernen: Systemtheoretische Beobachtungen des geplanten Wandels, München

Astley, W. G. /Van de Ven, A. H. (1983): Central perspectives and debates in organization theory. In: Administrative Science Quarterly, 28, S. 245-273

Auer-Rizzi, W. (1996): Organisationale Gestalt. In: Die Betriebswirtschaft, 56, S. 127-130

Bach, S. (1998): Ordnungsbrüche in Unternehmen: Die Fortentwicklung interner Modelle, Wiesbaden

Bacharach, S. B. (1989): Organizational theories: Some criteria for evaluation. In: Academy of Management Review, 14, S. 496-515

Back, K. W. (1971): Biological models of social change. In: American Sociological Review, 36, S. 660-667

Balck, H. (2003): Wandlungsprojekte: Von Strukturbrüchen zur polaren Organisation. In: Bullinger, H.-J./Warnecke, H. J./Westkämper, E. (Hrsg.): Neue Orgnaisationsformen im Unternehmen: Ein Handbuch für das moderne Management, Berlin u.a., S. 1203-1217

Baliga, B. R./Hunt, J. G. (1988): An organizational life cycle approach to leadership. In: Hunt, J. G./Baliga, B. R./Dachler, H. P. (Hrsg.): Emerging leadership vistas, Lexington, S. 129-149

Balzer, W. (1993): Soziale Institutionen, Berlin/New York

Barnett, W. P./Burgelman, R. A. (1996): Evolutionary perspectives on strategy. In: Strategic Management Journal, 17, S. 5-19

Barnett, W. P./Carroll, G. R. (1995): Modeling internal organizational change. In: Annual Review of Sociology, 21, S. 217-236

Barr, P. S./Stimpert, J. L./Huff, A. S. (1992): Cognitive change, strategic action and organizational renewal. In: Strategic Management Journal, 13, S. 15-36

Baum, J. A. C. (1996): Organizational ecology. In: Clegg, S. R./Hardy, C./Nord, W. R. (Hrsg.): Handbook of organization studies, London u.a., S. 77-114

Baum, J. A. C./Singh, J. V. (1994): Organizational hierarchies and evolutionary processes: Some reflections on a theory of organizational evolution. In: Baum, J. A. C./Singh, J. V. (Hrsg.): Evolutionary dynamics of organizations, New York/Oxford, S. 3-20

Bea, F. X./Göbel, E. (1999): Organisation: Theorie und Gestaltung, Stuttgart

Beck, N. (2001): Kontinuität des Wandels: Inkrementale Änderungen einer Organisation, Wiesbaden

Becker, A. (1996): Rationalität strategischer Entscheidungsprozesse: Ein strukturationstheoretisches Konzept, Wiesbaden

Becker, A./Küpper, W./Ortmann, G. (1992): Revisionen der Rationalität. In: Küpper, W./Ortmann, G. (Hrsg.): Mikropolitik, 2. Aufl., Opladen, S. 89-113

Becker, H. A. (1998): Sociological research on discontinuous change. In: International Journal of Contemporary Sociology (Special Issue), 35, S. 147-159

Becker, M. (2003): Orientierung an Symbolen: Zur Problematik eines zweidimensionalen Begriffes politischer Institutionen, Bamberger Beiträge zur Politikwissenschaft, Nr. I-5 (2003), Otto-Friedrich-Universität Bamberg

Bedeian, A. G. (1987): Organization theory: Current controversies, issues and directions. In: International Review of Industrial and Organizational Psychology, 2, S. 1-33

Bennis, W. (2001): The future has no shelf life. In: Bennis, W./Spreitzer, G. M./Cummings, T. G. (Hrsg.): The future of leadership: Today's top leadership thinkers speak to tomorrow's leaders, San Francisco, S. 3-13

Beyme, K. v. (1988): Der Vergleich in der Politikwissenschaft, München/Zürich

Blackler, F. (1992): Formative contexts und activity systems: Postmodern approaches to the management of change. In: Reed, M./Hughes, M. (Hrsg.): Rethinking organization: New directions in organization theory and analysis, London u.a., S. 273-294

Bleckner, T. (1999): Unternehmung ohne Grenzen, Wiesbaden

Bleicher, K. (1989): Chancen für Europas Zukunft, Wiesbaden

Bleicher, K. (1992): Das Konzept integriertes Management, 2. Aufl., Frankfurt am Main

Bleicher, K. (1996): Anforderungen an Organisation und Personalarbeit. In: Schlaffke, W./Weiss, R. (Hrsg.): Gestaltung des Wandels – Die neue Rolle der Führungskräfte, Köln, S. 29-37

Böhret, C./Jann, W./Kronenwett, E. (1988): Innenpolitik und Politische Theorie, 3. Aufl., Opladen

Bogumil, J./Schmid, J. (2001): Politik in Organisationen: Organisationstheoretische Ansätze und praxisbezogene Anwendungsbeispiele, Opladen

Bolman, L. G./Deal, T. E. (1997): Reframing organizations: Artistry, choice and leadership, 2. Aufl., San Francisco

Bone-Winkel, M. (1997): Politische Prozesse in der strategischen Unternehmensplanung, Wiesbaden

Borchardt, K. (1977): Trend, Zyklus, Strukturbrüche, Zufälle: Was bestimmt die deutsche Wirtschaftsgeschichte des 20. Jahrhunderts? In: Vierteljahresschrift für Sozial- und Wirtschaftsgeschichte, 64, S. 145-178

Bosetzky, H. (1992): Mikropolitik, Macchiavellismus und Machtkumulation. In: Küpper, W./Ortmann, G. (Hrsg.): Mikropolitik: Rationalität, Macht und Spiele in Organisationen, 2. Aufl., Opladen, S. 13-26

Boskamp, P. (1996): Das Konzept des sozialen Netzwerkes – Anwendungsmöglichkeiten im Kontext von Führen und Leiten in Organisationen. In: Boskamp, P./Knapp, R. (Hrsg.): Führung und Leitung in sozialen Organisationen, Neuwied u.a., S. 161-192

Bös, D./Stolper, H.-D. (Hrsg.) (1984): Schumpeter oder Keynes? Zur Wirtschaftspolitik der neunziger Jahre, Berlin u.a.

Boysen, T. (2002): Transversale Wirtschaftsethik: Ökonomische Vernunft zwischen Lebens- und Arbeitswelt, Diss., St. Gallen

Brettel, M./Endres, J./Plag, M./Weber, J. (2002): Gedanken zu einer Theorie des Veränderungsmanagements, WHU-Forschungspapier Nr. 89, Vallendar

Brittain, J. W./Freeman, J. H. (1980): Organizational proliferation and density dependent selection. In: Kimberly, J./Miles, R. (Hrsg.): The organizational life cycle, San Francisco, S. 291-338

Bronner, R./Schwaab, C. (1999): Gestalt und Gestaltung organisationaler Veränderungsprozesse. In: Staminski, H./Bronner, R. (Hrsg.): Evolution steuern – Revolution planen: Über die Beherrschbarkeit von Veränderungsprozessen, Bonn u.a., S. 13-42

Bronner, R./Appel, W./Wiemann, V. (1999): Empirische Personal- und Organisationsforschung: Grundlagen, Methoden, Überlegungen, München/Wien

Brown, S. L./Eisenhardt, K. M. (1997): The art of continuous change: Linking complexity theory and time-paced evolution in relentlessly shifting organizations. In: Administrative Science Quarterly, 42, S. 1-34

Brown, S. L./Eisenhardt, K. M. (1998): Competing on the edge: Strategy as structured chaos, Boston/MA

Bruderer, E./Singh, J. V. (1996): Organizational evolution, learning and selection: A genetic-algorithm-based model. In: Academy of Management Journal, 39, S. 1322-1349

Brüggemeier, M./Felsch, A. (1992): Mikropolitik. In: Die Betriebswirtschaft, 52, S. 133-136

Bryman, A. (1996): Leadership in organizations. In: Clegg, S. R./Hardy, C./Nord, W. R. (Hrsg.): Handbook of organization studies, London u.a., S. 276-292

Buck, H. (2003): Aktuelle Unternehmenskonzepte und die Entwicklung der Arbeitsorganisation – Visionen und Leitbilder. In: Bullinger, H.-J./Warnecke, H. J./Westkämper, E. (Hrsg.): Neue Organisationsformen im Unternehmen: Ein Handbuch für das moderne Management, Berlin u.a., S. 69-81

Burckhardt, M. (1997): Metamorphosen von Raum und Zeit: Eine Geschichte der Wahrnehmung, Frankfurt am Main/New York

Burgelman, R. A./Mittman, B. S. (1994): An intraorganizational ecological perspective on managerial risk behavior, performance, and survival: Individual, organizational, and environmental effects. In: Baum, J. A. C./Singh, J. V. (Hrsg.): Evolutionary dynamics of organizations, New York, S. 53-75

Burns, T. (1961): Micropolitics: Mechanisms of institutional change. In: Administrative Science Quarterly, 6, S. 257-281

Burrell, G. (1996): Normal science, paradigms, metaphors, discourses and genealogies of analysis. In: Clegg, S. R./Hardy, C./Nord, W. R. (Hrsg.): Handbook of organization studies, London u.a., S. 642-658

Burrell, G./Morgan, G. (1979): Sociological paradigms and organizational analysis: Elements of the sociology of corporate life, London

Büschges, G./Lütke-Bornefeld, B. (1977): Praktische Organisationsforschung, Reinbek

Buschor, F. (1996): Baustellen in einer Unternehmung – Das Problem des unternehmerischen Wandels jenseits von Restrukturierungen: Resultate einer empirischen Untersuchung, Bern

Campbell, D. T. (1969): Variation and selective retention in sociocultural evolution. In: General Systems, 14, S. 69-85

Campbell, D. T. (1994): How individual and face-to-face group selection undermine firm selection in organizational evolution. In: Baum, J. A. C./Singh, J. V. (Hrsg.): Evolutionary dynamics of organizations, New York/Oxford, S. 23-38

Canella, A. A./Paetzold, R. L. (1994): Pfeffer's barriers to the advance of organization science: A rejoinder. In: Academy of Management Review, 19, S. 331-341

Carroll, G. R. (1984): Organizational ecology. In: Annual Review of Sociology, 10, S. 71-93

Carroll, G. R. (Hrsg.) (1988): Ecological models of organizations, Cambridge/MA

Carroll, G. R./Hannan, M. T. (1995): Organizations in industry: Strategy structure and selection, New York/Oxford

Carrrol, G. R./Harrison, J. R. (1994): On the historical efficiency of competition between organizational populations. In: American Journal of Sociology, 100, S. 720-749

Carroll, G. R./Teo, A. C. (1996): Creative self destruction among organizations: An empirical study of technical innovation and organizational failure in the American automobile industry 1885-1981. In: Industrial and Corporate Change, 5, S. 619-644

Chakravarty, B. (1997): A new strategy framework for coping with turbulence. In: Sloan Management Review, 37, S. 69-82

Chemers, M. M. (1997): An integrative theory of leadership, Mahwah/NJ

Chia, R. (1999): A „rhizomic" model of organizational change and transformation: Perspectives from a metaphysics of change. In: British Journal of Management, 10, S. 209-277

Chmielewicz, K. (1979): Forschungskonzeptionen der Wirtschaftswissenschaft, 2. Aufl., Stuttgart

Clegg, S. R./Hardy, C. (1996): Introduction: Organizations, organization and organizing. In: Clegg, S. R./Hardy, C./Nord, W. (Hrsg.): Handbook of organization studies, London u.a., S. 1-28

Cohen, M. D./March, J. G./Olsen, J. P. (1972): A garbage can model of organizational choice. In: Administrative Science Quarterly, 17, S. 1-25

282

Connor, P. E./Lake, L. K./Stackman, R. W. (2003): Managing organizational change, 3. Aufl., Westport/London

Cooper, R. (1990): Organization/disorganization. In: Hassard, J./Pym, J. (Hrsg.): The theory and philosophy of organizations: Critical issues and new perspectives, London u.a., S. 167-197

Crozier, M./Friedberg, E. (1979): Macht und Organisation, Königstein

Cummings, T. G./Worley C. G. (1993): Organization development and change, Minneapolis

Cyert, R. M./March, J. G. (1963): A behavioral theory of the firm, Englewood Cliffs/NJ

Czada, R. M./Windhoff-Héritier, A. (Hrsg.) (1991): Political choice: Institutions, rules and the limits of rationality, Frankfurt am Main/Boulder (Col.)

Czada, R. M./Héritier, A./Keman, H. (1998): Institutions and political choice: On the limits of rationality, Amsterdam

Czarniawska, B. (2001): Having hope in paralogy. In: Human Relations, 54, S. 13-21

D'Aveni, R. A. (1995): Hyperwettbewerb: Strategien für die neue Dynamik der Märkte, Frankfurt am Main

D'Aveni, R. (1999): Strategic supremacy through disruption and dominance. In: Sloan Management Review, 24, S. 843-855

Daft, R. L./Buenger, V. (1990): Hitching a ride on a fast train to nowhere: The past and future of strategic management research. In: Frederickson, J. W. (Hrsg.): Perspectives on strategic management, New York, S. 81-103

David, P. A. (1985): Clio and the economics of QWERTY. In: American Economic Review (Papers and Proceedings), 75, S. 332-337

Delacroix, J./Swaminathan, A. (1991): Cosmetic, speculative and adaptive organizational change in the wine industry. In: Administrative Science Quarterly, 36, S. 631-661

De Vecchi, N. (1995): Entrepreneurs, institutions and economic change: The economic thought of J. A. Schumpeter, Aldershot

Deeg, J./Weibler, J. (2000): Organisationaler Wandel als konstruktive Destruktion. In: Schreyögg, G./Conrad, P. (Hrsg.): Organisatorischer Wandel und Transformation (Managementforschung 10), Wiesbaden, S. 143-193

Deeken, M. (1997): Organisationsveränderungen und das Konzept der Mobilisierung, Wiesbaden

Delhees, K. H. (1995): Führungstheorien – Eigenschaftstheorie. In: Kieser, A./Reber, G./Wunderer, R. (Hrsg.): Handwörterbuch der Führung, 2. Aufl., Stuttgart, Sp. 897-906

DiMaggio, P. J. (1995): Comments on "What theory is not". In: Administrative Science Quarterly, 40, S. 391-397

Dopfer, K. (1994): The phenomenon of economic change: Neoclassical vs. Schumpeterian approaches. In: Magnusson, L. (Hrsg.): Evolutionary and Neo-Schumpeterian approaches to economics, Boston u.a., S. 125-171

Doppler, K./Lauterburg, C. (2000): Change Management: Den Unternehmenswandel gestalten, 9. Aufl., Frankfurt am Main/New York

Dörner, D. (1993): Die Logik des Mißlingens: Strategisches Denken in komplexen Situationen, Reinbek

Downton, J. V. (1973): Rebel leadership: Commitment and charisma in the revolutionary process, New York u.a.

Drucker, P. (1969): Die Zukunft bewältigen: Aufgaben und Chancen im Zeitalter der Ungewißheit, Düsseldorf/Wien

Eberhard, K. (1987): Einführung in die Erkenntnis- und Wissenschaftstheorie: Geschichte und Praxis der konkurrierenden Erkenntniswege, Stuttgart u.a.

Eberl, P. (1996): Die Idee des organisationalen Lernens, Bern

Eberl, P./Koch, J./Dabitz, R. (1999): Rebellion in der Organisation – Überlegungen zu einer Führungstheorie radikalen Wandels. In: Schreyögg, G./Sydow, J. (Hrsg.): Führung - neu gesehen (Managementforschung 9), Berlin/New York, S. 239-277

Eccles, R. G./Nohria, N./Berkley, J. D. (1992): Beyond the hype: Rediscovering the essence of management, Harvard

Edeling, T. (1999): Einführung: Der neue Institutionalismus in Ökonomie und Soziologie: In: Edeling, T./Jann, W./Wagner, D. (Hrsg.): Institutionenökonomie und neuer Institutionalismus: Überlegungen zur Organisationstheorie, Opladen, S. 6-15

Edding, C. (2000): Agentin des Wandels: Der Kampf um Veränderung im Unternehmen, München

Eickhoff, M. (1996): Unternehmungsformen und -grenzen: Die Zukunft unternehmerischer Gebilde. In: Bruch, H./Eickhoff, M./Thiem, H. (Hrsg.): Zukunftsorientiertes Management, Frankfurt am Main, S. 173-185

Eldredge, N./Gould, S. J. (1972): Punctuated equilibria: An alternative to phyletic gradualism. In: Schopf, T. J. (Hrsg.): Models in paleobiology, San Francisco, S. 82-115

Esser, H. (1993): Soziologie: Allgemeine Grundlagen, Frankfurt am Main/New York

Ferreira, M. A. (1999): Explaining voluntary corporate unbundling: An evolutionary model. In: Southern African Business Review, 3, S. 1-6

Feyerabend, P. (1993): Wider den Methodenzwang, 4. Aufl., Frankfurt am Main

Fiedler, F./Mai-Dalton, R. (1995): Führungstheorien – Kontingenztheorie. In: Kieser, A./Reber, G./Wunderer, R. (Hrsg.): Handwörterbuch der Führung, 2. Aufl., Stuttgart, Sp. 940-953

Fombrun, C. J. (1988): Crafting an institutionally informed ecology of organizations. In: Carroll, G. R. (Hrsg.): Ecological models of organizations, Cambridge/MA, S. 223-239

Fombrun, C. J. (1994): Taking on strategy, 1-2-3. In: Baum, J. A. C./Singh, J. V. (Hrsg.): Evolutionary dynamics of organizations, New York, S. 199-204

Ford, J. D./Ford, L. W. (1994): Logics of identity, contradiction and attraction in change. In: Academy of Management Review, 19, S. 756-785

Ford, J. D./Ford, L. W. (1995): The role of conversations in producing intentional change in organizations. In: Academy of Management Review, 20, S. 541-570

Foster, R. N./Kaplan, S. (2001): Creative Destruction, New York u.a.

284

Foucault, M. (1995): Die Ordnung der Dinge: Eine Archäologie der Humanwissenschaften, 13. Aufl., Frankfurt am Main

Franken, R. (1982): Grundlagen einer handlungsorientierten Organisationstheorie, Berlin

Freeman, S. J./Cameron, K. S. (1993): Organizational downsizing: A convergence and reorientation framework. In: Organization Science, 4, S. 12-29

French, W. L./Bell, C. H. (1994): Organisationsentwicklung, 4. Aufl., Bern

Frese, E. (1990): Organisationstheorie: Stand und Aussagen aus betriebswirtschaftlicher Sicht, Wiesbaden

Frese, E./Theuvsen, L. (2000): Organisationsmanagement: Wissensbasen und Erscheinungsformen. In: Frese, E. (Hrsg.): Organisationsmanagement: Neuorientierung der Organisationsarbeit, Stuttgart, S. 7-40

Friedberg, E. (1995): Ordnung und Macht: Dynamiken organisierten Handelns: Frankfurt am Main u.a.

Friedland, R./Alford, R. R. (1991): Bringing society back in. In: Powell, W. W./DiMaggio, P. J. (Hrsg.): The new institutionalism in organizational analysis, Chicago, S. 232-263

Fritzsch, R. B. (1998): Activity-based costing and the theory of constraints. In: Journal of Applied Business Research, 14, S. 83-89

Frost, P. J. (1989): Power, politics, and influence. In: Jablin, R. u.a. (Hrsg.): Handbook of organizational communication, 2. Aufl. Newbury Park, S. 503-548

Fuchs-Heinritz, W. (1995): Politisierung. In: Fuchs-Heinritz, W. u.a. (Hrsg.): Lexikon zur Soziologie, 3. Aufl., Opladen, S. 503

Gabriel, Y. (2003): Glass palaces and glass cages: Organizations in times of flexible work, fragmented consumption and fragile selves (Inaugural Lecture, 12.3.2002, Imperial College, School of Management, London). In: Ephemera, 3, S. 166-184

Gagsch, B. (2002): Wandlungsfähigkeit von Unternehmen: Konzept für ein kontextgerechtes Management des Wandels, Frankfurt am Main u.a.

Garud, R./Karnøe, P. (Hrsg.) (2001a): Path dependence and creation, Mahwah/NJ

Garud, R./Karnøe, P. (2001b): Path creation as a process of mindful deviation. In: Garud, R./Karnøe, P. (Hrsg.): Path dependence and creation, Mahwah/NJ, S. 1-38

Gebert, D. (2000): Zwischen Freiheit und Reglementierung: Widersprüchlichkeiten als Motor inkrementalen und transformationalen Wandels in Organisationen – Eine Kritik des punctuated equilibrium-Modells. In: Schreyögg, G./Conrad, P. (Hrsg.): Organisatorischer Wandel und Transformation (Managementforschung 10), Wiesbaden, S. 1-32

Gebert, D. (2002): Führung und Innovation, Stuttgart

Gebert, D./Boerner, S. (1998): Die Organisation im Dilemma – Symptome und Folgerungen für die Theorie und Praxis organisationalen Wandels. In: Glaser, H./Schröder, E./Werder, A. v. (Hrsg.): Organisation im Wandel der Märkte, Wiesbaden, S. 115-134

Gehlen, A. (1961a): Vom Wesen der Erfahrung. In: Gehlen, A. (Hrsg.): Anthropologische Forschung: Zur Selbstbegegnung und Selbstentdeckung des Menschen, Reinbek, S. 26-43

Gehlen, A. (1961b): Mensch und Institutionen. In: Gehlen, A. (Hrsg.): Anthropologische Forschung: Zur Selbstbegegnung und Selbstentdeckung des Menschen, Reinbek, S. 69-77

Gersick, C. J. G. (1991): Revolutionary change theories: A multilevel exploration of the punctuated equilibrium paradigm. In: Academy of Management Review, 16, S. 10-36

Giddens, A. (1984): The constitution of society: Outline of a theory of structuration, Cambridge

Giddens, A. (1988): Die Konstitution der Gesellschaft: Grundzüge der Theorie der Strukturierung, Frankfurt am Main/New York

Giddens, A. (1995): Strukturation und sozialer Wandel. In: Müller, H.-P./Schmid, M. (Hrsg.): Sozialer Wandel: Modellbildung und theoretische Ansätze, Frankfurt am Main, S. 151-191

Giesen, B. (1995): Code und Situation: Das selektionstheoretische Paradigma einer Analyse des sozialen Wandels – illustriert an der Genese des deutschen Nationalbewußtseins. In: Müller, H.-P./Schmid, M. (Hrsg.): Sozialer Wandel: Modellbildung und theoretische Ansätze, Frankfurt am Main, S. 228-266

Gioa, D. A./Pitré, E. (1990): Multiparadigm perspectives on theory building. In: Academy of Management Review, 15, S. 584-602

Gioia, D. A./Chittipeddi, K. (1991): Sensemaking and sensegiving in strategic change initiation. In: Strategic Management Journal, 12, S. 433-448

Glasersfeld, E. v. (1995): Einführung in den radikalen Konstruktivismus. In: Watzlawick, P. (Hrsg.): Die erfundene Wirklichkeit: Wie wissen wir, was wir zu glauben wissen? (Beiträge zum Konstruktivismus), 9. Aufl., München/Zürich, S. 16-38

Gmür, M. (1993): Organisationstheorien: Entwicklungslinien – Systematik – Kritik. Diskussionsbeitrag Nr. 7 der Reihe Management Forschung und Praxis, Lehrstuhl für Management, Fakultät für Politik- und Verwaltungswissenschaft, Konstanz

Gmür, M./Rakotobarison, A. (1997): Organisationslehre in Frankreich und Deutschland: Eine vergleichende Literaturanalyse; Organisationswissen Nr. 5; Schweizerische Gesellschaft für Organisation (SGO), Glattbrugg

Göhler, G./Kühn, R. (1999): Institutionenökonomie, Neo-Institutionalismus und die Theorie politischer Institutionen. In: Edeling, T./Jann, W./Wagner, D. (Hrsg.): Institutionenökonomie und Neuer Institutionalismus: Überlegungen zur Organisationstheorie, Opladen, S. 17-42

Goldratt, E./Cox, J. (2001): Das Ziel, 2. Aufl., Frankfurt am Main/New York

Goldstein, S. H. (1996): Exploit discontinuities to grow. In: Strategy and Leadership, 24, S. 12-17

Gomez, P./Müller-Stewens, G. (1994): Corporate Transformation: Zum Management fundamentalen Wandels großer Unternehmen. In: Gomez, P./Hahn, D./Müller-Stewens, G./Wunderer, R. (Hrsg.): Unternehmerischer Wandel, Wiesbaden, S. 135-198

Gomez, P./Zimmermann, T. (1997): Unternehmensorganisation: Profile, Dynamik, Methodik, 3. Aufl., Frankfurt am Main/New York

286

Grandori, A. (2001): Methodological options for an integrated perspective on organization. In: Human Relations, 54, S. 37-47

Green, D. P./Shapiro, I. (1994): Pathologies of rational choice: A critique of applications in political science, New Haven/London

Greenwood, R./Hinings, C. R. (1996): Understanding radical organizational change: Bringing together the old and the new institutionalism. In: Academy of Management Review, 21, S. 1022-1054

Greiner, L. E. (1972): Evolution and revolution as organizations grow. In: Harvard Business Review, 50, S. 37-46

Greve, H. R. (1998): Performance, aspirations, and risky organizational change. In: Administrative Science Quarterly, 43, S. 58-86

Grochla, E. (1978): Einführung in die Organisationstheorie, Stuttgart

Gross, P. (1994): Die Multioptionsgesellschaft, Frankfurt am Main

Grothe, M. (1997): Ordnung als betriebswirtschaftliches Problem: Die Bedeutung von Koordination und Komplexität, Wiesbaden

Grove, A. (1997): Nur die Paranoiden überleben: Strategische Wendepunkte vorzeitig erkennen, Frankfurt am Main/New York

Haase, E. (1995): Organisationskonzepte im 19. und 20. Jahrhundert: Entwicklungen und Tendenzen, Wiesbaden

Hahn, D. (1999): Stand und Entwicklungstendenzen der strategischen Planung. In: Hahn, D./Taylor, B. (Hrsg.): Strategische Unternehmensplanung, strategische Unternehmensführung, 8. Aufl., Heidelberg, S. 3-51

Hambrick, D. C./D'Aveni, R. (1988): Large corporate failures as downward spirals. In: Administrative Science Quarterly, 33, S. 1-23

Hamel, G. (2001a): Das revolutionäre Unternehmen: Wer Regeln bricht, gewinnt, München

Hamel, G. (2001b): Revolution vs. Evolution: You need both. In: Harvard Business Review, 79, S. 150-155

Hannan, M. T./Caroll, G. R. (1992): Dynamics of organizational populations, New York/Oxford

Hannan, M. T./Freeman, J. (1977): The population ecology of organzations. In: American Journal of Sociology, 82, S. 929-964

Hannan, M. J./Freeman, J. (1984): Structural inertia and organizational change. In: American Sociologial Review, 49, 149-164

Hannan, M. J./Freeman, J. (1989): Organizational ecology, Cambridge/MA

Hannsen-Bauer, J./Snow, C. C. (1996): Responding to hypercompetition: The structure and processes of a regional learning network. In: Organization Science, 7, S. 413-427

Hanusch, H. (Hrsg.) (1988): Evolutionary economics: Applications of Schumpeter's ideas, Cambridge u.a.

Hartmann, E. (1988): Conceptual foundations of organization theory, Cambridge/MA

Hasse, R./Krücken, G. (1999): Neo-Institutionalismus, Bielefeld

Hatch, M. J. (1997): Organization theory: Modern, symbolic and postmodern perspectives, Oxford

Hauriou, M. (1965): Die Theorie der Institution und zwei andere Aufsätze, Berlin

Hauser, M. (1999): Organisationaler Wandel – Eine organisationspsychologische Betrachtung. In: Staminski, H./Bronner, R. (Hrsg.): Evolution steuern – Revolution planen: Über die Beherrschbarkeit von Veränderungsprozessen, Bonn u.a., S. 63-82

Hauser, M. (2000): Charismatische Führung: Ein Schlüssel für radikalen Wandel in Unternehmenskrisen, Wiesbaden

Heinen, E. (1969): Zum Wissenschaftsprogramm der entscheidungsorientierten Betriebswirtschaftslehre. In: Zeitschrift für Betriebswirtschaft, 39, S. 207-220

Heinen, E. (1977): Einführung in die Betriebswirtschaftslehre, 6. Aufl., Wiesbaden

Heinl, M. (1996): Ultramoderne Organisationstheorien: Management im Kontext des sozial- und naturwissenschaftlichen Paradigmenwechsels, Frankfurt am Main u.a.

Hennemann, C. (1997): Organisationales Lernen und die lernende Organisation: Entwicklung eines praxisbezogenen Gestaltungsvorschlags aus ressourcenorientierter Sicht, München

Hennig, J. (1998): Organisationsreform als mikropolitischer Gestaltungsprozeß, München und Mering

Heracleous, L./Barrett, M. (2001): Organizational change as discourse: Communicative actions and deep structures in the context of information technology implementation. In: Academy of Management Journal, 44, S. 755-778

Héritier, A. (1998): Institutions, interests and political choice. In: Czada, R. M./Héritier, A./Keman, H. (Hrsg.): On the limits of rationality, Amsterdam, S. 27-42

Hernes, G. (1995): Prozeß und struktureller Wandel. In: Müller, H.-P./Schmid, M. (Hrsg.): Sozialer Wandel: Modellbildung und theoretische Ansätze, Frankfurt am Main, S. 85-138

Hinterhuber, H. H./Popp, W. (1994): Der Beitrag der strategischen Führung zu unternehmerischen Veränderungsprozessen. In: Gomez, P./Hahn, D./Müller-Stewens, G./Wunderer, R. (Hrsg.): Unternehmerischer Wandel, Wiesbaden, S.107-134

Hodgson, G. M. (1996): Economics and evolution: Bringung life back into economics, Cambridge

Holtbrügge, D. (2000): Entwicklung, Evolution oder Archäologie? Ansätze zu einer postmodernen Theorie des organisatorischen Wandels. In: Schreyögg, G./Conrad, P. (Hrsg.): Organisatorischer Wandel und Transformation (Managementforschung 10), Wiesbaden, S. 99-142

Holtbrügge, D. (2001): Postmoderne Organisationstheorie und Organisationsgestaltung, Wiesbaden

Holtgrewe, U. (2000): „Wer das Problem hat, hat die Lösung": Strukturierung und pragmatische Handlungstheorie am Fall von Organisationswandel. In: Soziale Welt, 51, S. 173-190

Hornberger, S. (2000): Evaluation in Veränderungsprozessen. In: Schreyögg, G./Conrad, P. (Hrsg.): Organisatorischer Wandel und Transformation (Managementforschung 10), Wiesbaden, S. 239-277

Hosking, D. M. (1988): Organizing leadership and skilful process. In: Journal of Management Studies, 25, S. 147-166

Hosking, D. M. (1997): Führungsprozesse. In: Greif, S./Holling, H./Nicholson, N. (Hrsg.): Arbeits- und Organisationspsychologie: Internationales Handbuch in Schlüsselbegriffen, 3. Aufl., München, S. 235-239

House, R. J./Baetz, M. L. (1979): Leadership: Some empirical generalizations and new research directions. In: Research in Organizational Behaviour, 1, S. 341-423

House, R./Rousseau, D. M./Hunt, M. (1995): The meso-paradigm: A framework for the integration of micro and makro organizational behavior. In: Research in Organizational Behavior, 17, S. 71-114

Huber, G. P. (1991): Organizational learning: The contributing processes and the literatures. In: Organization Science, 2, S. 88-115

Huff, A. S. (1988): Politics and arguments as a means of coping with ambiguity and change. In: Pondy, L. R./Boland, R. J. (Hrsg.): Managing ambiguity and change, Chichester u.a., S. 79-90

Hümmer, B. (2001): Strategisches Management von Kernkompetenzen im Hyperwettbewerb, Wiesbaden

Imhof, K. (1996): Intersubjektivität und Moderne. In: Imhof, K./Romano, G. (Hrsg.): Die Diskontinuität der Moderne: Zur Theorie des sozialen Wandels, Frankfurt am Main/New York, S. 200-292

Imhof, K./Romano, G. (Hrsg.) (1996): Die Diskontinuität der Moderne: Zur Theorie des sozialen Wandels, Frankfurt am Main/New York

Immergut, E. (1997): The normative role of the new institutionalism: Historical institutionalism and comparative policy studies. In: Benz, A./Seibel, W. (Hrsg.): Theorieentwicklung in der Politikwissenschaft – Eine Zwischenbilanz, Baden-Baden, S. S. 325-355

Isabella, L. A. (1990): Evolving interpretation as change unfolds: How managers construe key organizational events. In: Academy of Management Journal, 33, S. 7-41

Janes, A./Prammer, K./Schulte-Derne, M. (2001): Transformations-Management: Organisationen von innen verändern, Wien u.a.

Jansen, D. (1999): Einführung in die Netzwerkanalyse: Grundlagen, Methoden, Anwendungen, Opladen

Jansen, D. (2000): Der neue Institutionalismus. Manuskript der Antrittsvorlesung an der Deutschen Hochschule für Verwaltungswissenschaften Speyer, 26.6.2000

Janz, A./Krüger, W. (2000): Topmanager als Promotoren des Wandels. In: Krüger, W. (Hrsg.): Excellence in Change: Wege zur strategischen Erneuerung, Wiesbaden, S. 139-176

Jick, T. D. (1993): Managing change: Cases and concepts, Boston u.a.

Kanter, R. M. (1988): When a thousand flowers bloom: Structural, collective and social conditions for innovation in organization. In: Research in Organizational Behaviour, 10, S. 169-211

Kanter, R. M./Stein, B. A./Jick, T. D. (1992): The challenge of organizational change, New York

Kasper, H. (1988): Die Prozessorientierung der Organisationstheorie – Ein Beitrag zum Organisationsmanagement. In: Hofmann, M./Rosenstiel, L. v. (Hrsg.): Funktionale Managementlehre, Berlin u.a., S. 353-382

Kasper, H./Mayrhofer, W./Mayer, M. (1998): Managerhandeln – nach der systemtheoretisch konstruktivistischen Wende. In: Die Betriebswirtschaft, 58, S. 603-621

Kastrop, C. (1993): Rationale Ökonomik? Überlegungen zu den Kriterien der ökonomischen Theoriedynamik, Berlin

Katzenbach, J. R. u.a. (1996): Pioniere des Wandels: Wie Sie zum Träger der Veränderung in Ihrem Unternehmen werden, Wien

Kauffman, S. (1993): The origins of self-order: Self-organization and selection in evolution, New York/Oxford

Kelly, D./Amburgey, T. L. (1991): Organizational inertia and momentum: A dynmic model of strategic change. In: Academy of Management Journal, 34, S. 591-612

Kieser, A. (1988): Darwin und die Folgen für die Organisationstheorie: Darstellung und Kritik des Population Ecology Ansatzes. In: Die Betriebswirtschaft, 48, S. 603-620

Kieser, A. (1992): Evolutionsorientierte Organisationstheorie. In: Frese, E. (Hrsg.): Handwörterbuch der Organisation, 3. Aufl., Stuttgart, Sp. 1758-1777

Kieser, A. (1998a): Geschichte der Organisationslehre. In: Wirtschaftswissenschaftliches Studium, H. 7 (1998), S. 334-339

Kieser, A. (1998b): Über die allmähliche Verfertigung der Organisation beim Reden: Organisieren als Kommunizieren. In: Industrielle Beziehungen, 5, S. 45-75

Kieser, A. (Hrsg.) (2001): Organisationstheorien, 4. Aufl., Stuttgart

Kieser, A./Woywode, M. (2001): Evolutionstheoretische Ansätze: In: Kieser, A. (Hrsg.): Organisationstheorien, 4. Aufl., Stuttgart, S. 253-285

Kieser, A./Hegele, C./Klimmer, M. (1998): Kommunikation im organisatorischen Wandel, Stuttgart

Kilmann, R. H./Covin, T. J. (Hrsg.) (1988): Corporate transformation: Revitalizing organizations for a competitive world, San Francisco/London

Kirsch, W. (1984): Wissenschaftliche Unternehmensführung oder Freiheit von der Wissenschaft? Studien zu den Grundlagen der Führungslehre, 2 Halbbände, München

Kirsch, W. (1990): Unternehmenspolitik und strategische Unternehmensführung, München

Kirsch, W. (1992): Kommunikatives Handeln, Autopoiese, Rationalität, München

Kirsch, W. (1994): Die Handhabung von Entscheidungsproblemen: Einführung in die Theorie der Entscheidungsprozesse, 4. Aufl., München

290

Kirsch, W./Esser, W.-M./Gabele, E. (1979): Das Management des geplanten Wandels von Organisationen, Stuttgart

Kirsch, W./Brunner, K./Eckert, N./Guggemos, W.-C./Weber, M. (1998): Evolutionäre Organisationstheorie I: Fortsetzung eines Projekts der Moderne mit anderen (postmodernen?) Mitteln, Arbeitstext am Seminar für Strategische Unternehmensführung, Ludwig-Maximilians-Universität München

Klein, K. J./Tosi, H./Canella, A. A. (1999): Multilevel theory building: Benefits, barriers and new developments. In: Academy of Management Review, 24, S. 243-248

Kleingarn, H. (1997): Change Management: Instrumentarium zur Gestaltung und Lenkung einer lernenden Organisation, Wiesbaden

Kleinknecht, A. (1990): Are there Schumpeterian waves of innovations? In: Cambridge Journal of Innovations, 14, S. 81-92

Klima, R. (1995): Interaktion. In: Fuchs-Heinritz, W. u.a. (Hrsg.): Lexikon zur Soziologie, 3. Aufl., Opladen, S. 30-308

Klimecki, R./Gmür, M. (1997): Organisationale Transformation - grenzenlos? Struktur- und Prozeßmuster in der kollektiven Bewältigung von Unsicherheit. In: Schreyögg, G./Sydow, J. (Hrsg.): Gestaltung von Organisationsgrenzen (Managementforschung 7), Berlin/New York, S. 235-270

Klimecki, R./Laßleben, H./Thomae, M. (2000): Organisationales Lernen: Zur Integration von Theorie, Empirie und Gestaltung. In: Schreyögg, G./Conrad, P. (Hrsg.): Organisatorischer Wandel und Transformation (Managementforschung 10), Wiesbaden, S. 63-98

Knyphausen, D. zu (1988): Unternehmungen als evolutionsfähige Systeme: Überlegungen zu einem evolutionären Konzept für die Organisationstheorie, München

Kondratiev, N. D. (1926): Die langen Wellen der Konjunktur. In: Archiv für Sozialwissenschaft und Sozialpolitik, 56, S. 537-609

Königswieser, R./Lutz, C. (Hrsg.) (1992): Das systemisch evolutionäre Management, 2. Aufl., Wien

Kornberger, M. (2003): Organisation, Ordnung und Chaos: Überlegungen zu einem veränderten Organisationsbegriff. In: Weiskopf, R. (Hrsg.): Menschenregierungskünste: Anwendungen der poststrukturalistischen Analyse auf Management und Organisation, Wiesbaden, S. 111-131

Kosiol, E. (1976): Organisation der Unternehmung, 2. Aufl., Wiesbaden

Kostka, C./Krämer, F. (1997): Führungskräfte als Dienstleister. In: Personalführung, 30, S. 458-463

Kotter, J. P. (1998): Chaos, Wandel, Führung, 2. Aufl., Düsseldorf

Kouzes, J. M./Posner, B. Z. (2001): Bridging leadership lessons from the past to the future. In: Bennis, W./Spreitzer, G. M./Cummings, T. G. (Hrsg.): The future of leadership: Today's top leadership thinkers speak to tomorrow's leaders, San Francisco, S. 81-90

Krafft, A. M. (1998): Organisationale Identität: Einheit von Vielfalt und Differenz, Diss., St. Gallen

Krainz, E. E./Simsa, R. (1998): Die Zukunft kommt – wohin geht die Wirtschaft? In: Krainz, E. E./Simsa, R. (Hrsg.): Die Zukunft kommt – wohin geht die Wirtschaft? Gesellschaftliche Herausforderungen für Management und Organisationsberatung, Wiesbaden, S. 9-18

Kreikebaum, H./Gilbert, D. U./Reinhardt, G. O. (2002): Organisationsmanagement internationaler Unternehmen: Grundlagen und moderne Netzwerkstrukturen, 2. Aufl., Wiesbaden

Kreuter, A. (1996): Entscheidungsfindung in Reorganisationsprozessen: Analyse eines Fallbeispiels aus dem Transportsektor anhand des Garbage-Can-Modells. In: Zeitschrift Führung + Organisation, 65, S. 116-123

Kromrey, H. (1998): Empirische Sozialforschung: Modelle und Methoden der Datenerhebung und Datenauswertung, 8. Aufl., Opladen

Krüger, W. (1994a): Organisation der Unternehmung, 3. Aufl., Stuttgart

Krüger, W. (1994b): Transformations-Management: Grundlagen, Strategien, Anforderungen. In: Gomez, P./Hahn, D./Müller-Stewens, G./Wunderer, R. (Hrsg.): Unternehmerischer Wandel, Wiesbaden, S. 199-228

Krüger, W. (1998): Management des permanenten Wandels. In: Glaser, H./Schröder, E. F./Werder, A. v. (Hrsg.): Organisation im Wandel der Märkte, Wiesbaden, S. 227-249

Krüger, W. (Hrsg.) (2000a): Excellence in change: Wege zur strategischen Erneuerung, Wiesbaden

Krüger, W. (2000b): Organisationsmanagement: Vom Wandel der Organisation zur Organisation des Wandels. In: Frese, E. (Hrsg.): Organisationsmanagement, Stuttgart, S. 271-304

Krüger, W. (2000c): Das 3W-Modell: Bezugsrahmen für das Wandelungsmanagement. In: Krüger, W. Hrsg.): Excellence in change: Wege zur strategischen Erneuerung, Wiesbaden, S. 15-29

Krystek, U. (1987): Unternehmenskrisen: Beschreibung, Vermeidung, und Bewältigung überlebenskritischer Prozesse in Unternehmungen, Wiesbaden

Kubicek, H. (1975): Empirische Organisationsforschung, Stuttgart

Kuhn, T. (2000): Internes Unternehmertum: Begründung und Bedingungen einer „kollektiven Kehrtwendung", München

Kuhn, T. S. (1972): Revolutions in thought. In: Nisbet, R. (Hrsg.): Social change, Oxford, S. 147-165

Kuhn, T. S. (1988): Die Struktur wissenschaftlicher Revolutionen, 9. Aufl., Frankfurt am Main

Kunz, P. (2002): Strategieentwicklung bei Diskontinuitäten, Diss., St. Gallen

Küpper, W./Felsch, A. (2000): Organisation, Macht und Ökonomie: Mikropolitik und die Konstitution organisationaler Handlungssysteme, Wiesbaden

Küpper, W./Ortmann, G. (1986): Mikropolitik in Organisationen. In: Die Betriebswirtschaft, 46, S. 590-601

292

Küpper, W./Ortmann, G. (1992): Vorwort: Mikropolitik – Das Handeln der Akteure und die Zwänge der Systeme. In: Küpper, W./Ortmann, G. (Hrsg.): Mikropolitik: Rationalität, Macht und Spiele in Organisationen, 2. Aufl., Opladen, S. 7-9

Küttner, M./Lenk, H. (1992): Erklärung. In: Seiffert, H./Radnitzky, G. (Hrsg.): Handlexikon der Wissenschaftstheorie, S. 68-73

Lang, R. (1999): Akteure in radikalen Wandelprozessen: Die Rolle der Führungskräfte im ostdeutschen Transformationsprozeß – Theoretische Ansätze und empirische Befunde. In: Staminski, H./Bronner, R. (Hrsg.): Evolution steuern – Revolution planen: Über die Beherrschbarkeit von Veränderungsprozessen, Bonn u.a., S. 305-332

Lattmann, C. (1998): Wissenschaftstheoretische Grundlagen der Personallehre, Bern u.a.

Lau, C. (1981): Gesellschaftliche Evolution als kollektiver Prozeß, Berlin

Lazonick, W. (1994): The integration of theory and history: Methodology and ideology in Schumpeter's economics. In: Magnusson, L. (Hrsg.): Evolutionary and Neo-Schumpeterian approaches to economics, Boston u.a., S. 245-263

Lehmann, H. (1992): Organisationslehre, betriebswirtschaftliche. In: Frese, E. (Hrsg.): Handwörterbuch der Organisation, 3. Aufl., Stuttgart, Sp. 1537-1554

Lehmann-Waffenschmidt, M./Reichel, M. (2000): Kontingenz, Pfadabhängigkeit und Lock-In als handlungsbeeinflussende Faktoren der Unternehmenspolitik. In: Beschorner, T./Pfriem, R. (Hrsg.): Evolutorische Ökonomik und Theorie der Unternehmung, Marburg, S. 337-376

Lenk, K./Franke, B. (1987): Theorie der Politik: Eine Einführung, Frankfurt/New York

Leonhard-Burton, D. (1992): Core capabilities and core rigidities: A paradox in managing new product development. In: Strategic Management Journal, 13 (Special Issue), S. 111-125

Levinthal, D. A. (1994): Surviving Schumpeterian environments: An evolutionary perspective. In: Baum, J. A. C./Singh, J. V. (Hrsg.): Evolutionary dynamics of organizations, New York/Oxford, S. 167-178

Levinthal, D. A. (1995): Strategic management and the exploration of diversity. In: Montgomery C. A. (Hrsg.): Resource-based and evolutionary theories of the firm, Boston/MA, S. 19-42

Levinthal, D. A./ March, J. G. (1981): A model of adaptive organizational search. In: Journal of Economic Behaviour and Organization, 2, S. 140-145

Levy, A./Merry, U. (1986): Organizational transformation, New York

Lewin, K. (1958): Group decision and social change. In: Maccoby, E. E. /Newcomb, T. M./Hartley, E. L. (Hrsg.): Readings in social psychology, 3. Aufl., New York, S. 197-211

Lewin, K. (1963): Feldtheorie in den Sozialwissenschaften, Bern/Stuttgart

Lovas, B./Goshal, S. (2000): Strategy as guide d evolution. In: Strategic Management Journal, 21, S. 875-896

Luhmann, N. (2000): Organisation und Entscheidung, Opladen/Wiesbaden

Lyotard, J.-F. (1986): Das postmoderne Wissen: Ein Bericht, Graz/Wien

Lyotard, J.-F. (1987): Der Widerstreit, München

Macharzina, K. (1984): Bedeutung und Notwendigkeit des Diskontinuitätenmanagements bei internationaler Unternehmenstätigkeit. In: Macharzina, K. (Hrsg.): Diskontinuitätenmanagement: Strategische Bewältigung von Strukturbrüchen bei internationaler Unternehmenstätigkeit, Berlin, S. 1-18

Madsen, T. L./Mosakowski, E./Zaheer, S. (1999): Static & dynamic variation and firm outcomes. In: Baum, J. A. C./McKelvey, B. (Hrsg.): Variations in organization science, Thousand Oaks u.a., S. 213-227

Magnusson, L. (Hrsg.) (1994): Evolutionary and Neo-Schumpeterian approaches to economics, Boston u.a.

Mahner, M./Bunge, M. (1997): Foundations of biophilosophy, Berlin u.a.

March, J. G. (1962): The firm as a political coalition. In: The Journal of Politics, 24, S. 662-678

March, J. G. (1990): Anmerkungen zu organisatorischer Veränderung. In: March, J. G. (Hrsg.): Entscheidung und Organisation: Kritische und konstruktive Beiträge, Entwicklungen und Perspektiven, Wiesbaden, S. 187-207

March, J. G./Olsen, J. P. (1976): Ambiguity and choice in organizations, Bergen

March, J. G./Olsen, J. P: (1984): The new institutionalism: Organizational factors in political life. In: American Political Science Review, 78, S. 743-749

March, J. G./Olsen, J. P. (1989): Rediscovering institutions: The organizational basics of politics, New York u.a.

March, J. G./Shapira, Z. (1987): Managerial perspectives on risk and risk taking. In: Management Science, 33, S. 1404-1418

Martin, X./Swaminathan, A./Mitchell, W. (1998): Organizational evolution in the interorganizational environment: Incentives and constraints on international expansion strategy. In: Administrative Science Quarterly, 43, S. 566-601

Maucher, H. O. (1994): Führung im Wandel – das Management des Wandels. In: io Management Zeitschrift, 63, S. 19-23

Maucher, H. O. (1995): Führung im Wandel. In: Müller-Stewens, G./Spickers, J. (Hrsg.): Unternehmerischen Wandel erfolgreich bewältigen, Wiesbaden, S. 89-100

Mayntz, R. (1969): Soziologie der Organisation, Reinbek

Mayntz, R. (1996): Policy-Netzwerke und die Logik von Verhandlungssystemen. In: Kenis, P./Schneider, V. (Hrsg.): Organisation und Netzwerk: Institutionelle Steuerung in Wirtschaft und Politik, Frankfurt am Main/New York, S. 471-496

Mayntz, R. (1997): Soziale Dynamik und politische Steuerung: Theoretische und methodologische Überlegungen, Frankfurt am Main/New York

Mayntz, R. (1999): Individuelles Handeln und gesellschaftliche Ereignisse – Zur Mikro-Makroproblematik in den Sozialwissenschaften, MPIfG Working Paper 5/99, Köln

294

Mayntz, R./Scharpf, F. W. (1995): Der Ansatz des akteurzentrierten Institutionalismus. In: Mayntz, R./Scharpf, F. W. (Hrsg.): Gesellschaftliche Selbstregelung und politische Steuerung, Frankfurt am Main/New York, S. 39-72

McKelvey, B. (1982): Organizational systematics: Taxonomy, evolution, classification, Berkeley u.a.

McKelvey, B. (1997): Quasi-natural organization science. In: Organization Science, 8, S. 352-380

McKelvey, B./Aldrich, H. E. (1983): Populations, natural selection and applied organizational science. In: Administrative Science Quarterly, 28, S. 101-128

McKinley, W. (1993): Organizational decline and adaptation. In: Organization Science, 4, S. 1-9

Meffert, H. (1998): Herausforderungen an die Betriebswirtschaftslehre – Die Perspektive der Wissenschaft. In: Die Betriebswirtschaft, 58, S. 709-730

Meindl, J. R. (1995): The romance of leadership as a follower-centric theory: A social constructionist view. In: Leadership Quarterly, 6, S. 329-341

Meißner, D. (1984): Kann sich wirtschaftspolitischer Attentismus auf Schumpeter berufen? In: Bös, D. (Hrsg.): Schumpeter oder Keynes? Zur Wirtschaftspolitik der neunziger Jahre, Berlin u.a., S. 79-86

Meyer, M./Heimerl-Wagner, P. (2000): Organisationale Veränderung: Transformationsreife und Umweltdruck. In: Die Betriebswirtschaft, 60, S. 167-181

Meyer, M. W. (1994): Turning evolution inside the organization. In: Baum, J. A. C./Singh, J. V. (Hrsg.): Evolutionary dynamics of organization, New York/Oxford, S. 109-166

Meyer, M. W./Zucker, L. G. (1989): Permanently failing organizations, Newbury Park

Mezias, S./Glynn, M.A. (1993): The three faces of corporate renewal: Institution, revolution, evolution. In: Strategic Management Journal, 14, S. 77-101

Mezias, S./Lant, T. L. (1994): Mimetic learning and the evolution of organizational populations. In: Baum, J. A. C./Singh, J. V. (Hrsg.): Evolutionary dynamics of organizations, New York, S. 179-198

Miller, D./Chen, M.-J. (1994): Sources and consequences of competitive inertia: A study of the U.S. airline industry. In: Administrative Science Quarterly, 39, S. 1-23

Miller, D. H./Friesen, P. H. (1984): Organizations: A quantum view, Englewood Cliffs/NJ

Mills, A. (2001): Gareth Morgan: Sociological paradigms and organisational analysis (Interview). In: Aurora Online: http://www.aurora.icaap.org/archive/morgan.html (Februar 2002)

Miner, A. S./Amburgey, T. L./Stearns, T. (1990): Interorganizational linkages and population dynamics: Buffering and transformational shields. In: Administrative Science Quarterly, 35, S. 689-713

Minnameier, G. (2000): Entwicklung oder Lernen – kontinuierlich oder diskontinuierlich? Grundlagen einer Genese komplexer kognitiver Strukturen, Münster u.a.

Mintzberg, H. (1974): The nature of managerial work, New York

Mintzberg, H. (1983): Power in and around organizations, Englewood Cliffs/NJ

Mintzberg, H. (1985): The organization as political arena. In: Journal of Management Studies, 22, S. 133-154

Mintzberg, H. (1990): Strategy formulation: Schools of thought. In: Frederickson, J. (Hrsg.): Perspectives on strategic management, Cambridge/MA, S. 105-235

Mintzberg, H. (1991): Mintzberg über Management: Führung und Organisation, Mythos und Realität, Wiesbaden

Mintzberg, H. (1994): The rise and fall of strategic planning: Reconceiving roles for planning, plans, planners, New York

Mintzberg, H./Westley, F. (1992): Cycles of organizational change. In: Strategic Management Journal, 13, S. 39-59

Mohr, N. (1997): Kommunikation und organisatorischer Wandel: Ein Ansatz für ein effektives Kommunikationsmanagement im Wandel, Wiesbaden

Mohrman, S. A. (2001): Seize the day: Organizational studies can and should make a difference. In: Human Relations, 54, S. 57-65

Moore, W. E. (1972): Organization and change. In: Nisbet, R. (Hrsg.): Social change, Oxford, S. 72-82

Morgan, G. (1990): Paradigm diversity in organizational research. In: Hassard, J./Pym, D. (Hrsg.): The theory and philosophy of organizations: Critical issues and new perspectives, London u.a. S. 13-19

Morgan, G. (1997): Bilder der Organisation, Stuttgart

Müller, G. F. /Blickle, G. (1994): Führung – Wandel und Perspektiven aus psychologischer Sicht. In: Gruppendynamik, 25, S. 75-82

Müller, H.-P./Schmid, M. (Hrsg.) (1995a): Sozialer Wandel: Modellbildung und theoretische Ansätze, Frankfurt am Main

Müller, H.-P./Schmid, M. (1995b): Paradigm lost? Von der Theorie sozialen Wandels zur Theorie dynamischer Systeme. In: Müller, H.-P./Schmid, M. (Hrsg.): Sozialer Wandel: Modellbildung und theoretische Ansätze, Frankfurt am Main, S. 9-55

Müller, W. R./Hurter, M. (1999): Führung als Schlüssel zur organisationalen Lernfähigkeit. In: Schreyögg, J./Sydow, J. (Hrsg.): Führung - neu gesehen (Managementforschung 9), Berlin/New York, S. 1-54

Müller-Böling, D. (1992): Methodik der empirischen Organisationsforschung. In: Frese, E. (Hrsg.): Handwörterbuch der Organisation, 3. Aufl., Stuttgart 1992, Sp. 1491-1505

Müller-Camen, M./Mayrhofer, W./Ledolter, J./Strunk, G./Erten-Bruch, C. (2001): Neue Formen der Arbeitsorganisation in Europa – Ein empirische Studie. In: Journal für Betriebswirtschaft, 51, S. 265-277

Müller-Jentsch, W. (2002): Organisationales Handeln zwischen institutioneller Normierung und strategischem Kalkül (Kommentar zu P. Walgenbach). In: Schreyögg, G./Conrad, P. (Hrsg.): Theorien des Managements (Managementforschung 12), Wiesbaden, S. 203-209

Müller-Stewens, G./Lechner, C. (2001): Strategisches Management: Wie strategische Initiativen zum Wandel führen, Stuttgart

296

Nadler, D. A. (1988): Organizational frame-bending: Types of change in the complex organization. In: Kilmann, R. H./Covin, T. J. (Hrsg.): Corporate transformation: Revitalizing organizations for a competitive world, 2. Aufl., San Francisco, S. 66-83

Nadler, D. A. (1995): Beyond the heroic leader. In: Nadler, D. A./Shaw, R. B./Walton, A. E. (Hrsg.): Discontinuous change: Leading organizational transformation, San Francisco, S. 217-231

Nadler, D. A. (1998): Champions of change, San Francisco

Nadler, D. A./Tushman, M. L. (1995a): The challenge of discontinuous change. In: Nadler, D. A./Shaw, R. B./Walton, A. E. (Hrsg.): Discontinuous change: Leading organizational transformation, San Francisco, S. 35-45

Nadler, D. A./Tushman, M. L. (1995b): Types of organizational change: From incremental improvement to discontinuous transformation. In: Nadler, D. A./Shaw, R. B./Walton, A. E. (Hrsg.): Discontinuous change: Leading organizational transformation, San Francisco, S. 15-34

Nadler, D. A./Shaw, R. B. (1995): Change leadership: Core competency for the twenty-first century. In: Nadler, D. A./Shaw, R. B./Walton, A. E. (Hrsg.): Discontinuous change: Leading organizational transformation, San Francisco, S. 3-13

Nadler, D. A./Shaw, R. B./Walton, A. E. (Hrsg.) (1995): Discontinuous change: Leading organizational transformation, San Francisco

Nalebuff, B. J./Brandenburger, A. M. (1996): Coopetition – kooperativ konkurrieren, Frankfurt am Main/New York

Nassmacher, H. (2002): Politikwissenschaft, 4. Aufl., München/Wien

Naujoks, T. (1998): Unternehmensentwicklung im Spannungsfeld von Stabilität und Dynamik: Management von Dualitäten, Wiesbaden

Nelson, R. R. (1995): Recent evolutionary theorizing about economic change. In: Journal of Economic Literature, 23, S. 48-90

Nelson, R. R./Winter, S. (1982): An evolutionary theory of economic change, Cambridge/MA

Neuberger, O. (1992): Spiele in Organisationen, Organisationen als Spiele. In: Küpper, W./Ortmann, G. (Hrsg.): Mikropolitik: Rationalität, Macht und Spiele in Organisationen, 2. Aufl., Opladen, S. 53-86

Neuberger, O. (1994): Betriebswirtschaftslehre: Management-Wissenschaft? Management der Wissenschaften vom Management? (Wirtschafts-)Wissenschaft fürs Management! In: Wunderer, R. (Hrsg.): BWL als Management- und Führungslehre, 3. Aufl., Stuttgart, S. 53-66

Neuberger, O. (1995): Mikropolitik: Der alltägliche Aufbau und Einsatz von Macht in Organisationen, Stuttgart

Neuberger, O. (1997a): Individualisierung und Organisation: Die wechselseitige Erzeugung von Individuum und Organisation durch Verfahren. In: Ortmann, G./Sydow, J./Türk, K. (Hrsg.): Theorien der Organisation: Die Rückkehr der Gesellschaft, Opladen, S. 487-522

Neuberger, O. (1997b): Vertrauen in Mißtrauen! Ein Plädoyer für Mikropolitik. In: Klimecki, R./Remer, A. (Hrsg.): Personal als Strategie, Neuwied u.a., S. 215-243

Neuberger, O. (1999): Mikropolitik. In: Rosenstiel, L. v./Regnet, E./Domsch, M. (Hrsg.): Führung von Mitarbeitern: Handbuch für erfolgreiches Personalmanagement, 4. Aufl., Stuttgart, S. 35-42

Neuberger, O. (2002): Führen und führen lassen, 6. Aufl., Stuttgart

Nicholson, N. (2001): An evolutionary perspective on change and stability in personality, culture, and organization. In: Erez, M./Kleinbeck, W./Thierry, H. (Hrsg.): Work motivation in the context of a globalizing economy, Mahwah/NJ, S. 381-394

Nisbet, R. (1972): Introduction: The problem of social change. In Nisbet, R. (Hrsg.): Social change, Oxford, S. 1-45

Nishida, T./Doshita , S. (1987): Reasoning about discontinuous change. In: Proceedings of the National Conference on Artificial Intelligence (1987), S. 643-648

Nonaka, I. (1988): Toward middle-up-down-management: Accelerating information creation. In: Sloan Management Review, 29, S. 9-18

Nonaka, I./Takeuchi, H. (1997): Die Organisation des Wissens, Frankfurt am Main

North, D. C. (1992): Institutionen, institutioneller Wandel und Wirtschaftsleistung, Tübingen

v.d.Oelsnitz, D. (1999): Marktorientierter Unternehmenswandel: Managementtheoretische Perspektiven der Marketingimplementierung, Wiesbaden

v.d.Oelsnitz, D. (2000): Marktorientierte Organisationsgestaltung: Eine Einführung, Stuttgart

Okhuysen, G. A. (2001): Structuring change: Familiarity and formal interventions in problem-solving groups. In: Academy of Management Journal, 44, S. 794-808

Opp, K. D. (1972): Verhaltenstheoretische Soziologie, Reinbek

Ortmann, G. (1992): Macht, Spiel, Konsens. In: Küpper, W./Ortmann, G. (Hrsg.): Mikropolitik: Rationalität, Macht und Spiele in Organisationen, 2. Aufl., Opladen, S. 13-26

Ortmann, G. (1995): Formen der Produktion: Organisation und Rekursivität, Opladen

Ortmann, G./Sydow, J./Windeler, A. (1997): Organisation als reflexive Strukturation. In: Ortmann, G./Sydow, J./Türk, K. (Hrsg.): Theorien der Organisation: Die Rückkehr der Gesellschaft, Opladen, S. 315-354

Osterhold, G. (1996): Veränderungsmanagement, Wiesbaden

O'Toole, J. (1995): Leading change, San Francisco

Pascale, R. T./Millemann, M./Gioja, L./Herrmann, M. (2002): Chaos ist die Regel: Wie Unternehmen Naturgesetze erfolgreich anwenden, München

Perich, R. (1992): Unternehmungsdynamik, Bern

Peters, T. J./Waterman, R. H. (1982): In search of excellence: Lessons from America's best-run companies, New York

Pettigrew, A. M./Ferlie, E./McKee, L. (1992): Shaping strategic change: Making change in large organizations, London u.a.

Pettigrew, A. M./Woodman, R. W./Cameron, K. S. (2001): Studying organizational change and development: Challenges for future research. In: Academy of Management Journal, 44, S. 697-713

Pfeffer, J. (1981): Power in organizations, Stanford

Pfeffer, J. (1982): Organizations and organization theory, Cambridge/Mass.

Pfeffer, J. (1993): Barriers to the advance of organizational science: Paradigm development as dependent variable. In: Academy of Management Review, 18, S. 599-620

Pfeffer, J. (1995): Mortality, reproducibility and the persistence of styles of theory. In: Organization Science, 6, S. 681-686

Picot, A./Fiedler, M. (2002): Institutionen und Wandel. In: Die Betriebswirtschaft, 62, S. 242-259

Picot, A./Freudenberg, H./Gaßner, W. (1999): Management von Reorganisationen, Wiesbaden

Picot, A./Reichwald, R./Wigand, R. T. (2001): Die grenzenlose Unternehmung, 4. Aufl., Wiesbaden

Poole, P. P./Gioia, D. A./Gray, B. (1989): Influence modes, schema change, and organizational transformation. In: Journal of Applied Behavioral Science, 25, S. 271-289

Popper, K. (1994): Logik der Forschung, 10. Aufl., Tübingen

Prahalad, C. K. (1998): Managing discontinuities: The emerging challenges. In: Research Technology Management, 41, S. 14-22

Pribilla, P. (2001): Führung in globalen Unternehmen. In: Kienbaum, J. (Hrsg.): Visionäres Personalmanagement, 3. Aufl., Stuttgart, S. 85-104

Prigogine, I./Stengers, I. (1984): Order out of chaos: Man's new dialogue with nature, New York

Prittwitz, V. v. (1994): Politikanalyse, Opladen

Probst, G. J. B. (1987): Selbstorganisation: Ordnungsprozesse in sozialen Systemen aus ganzheitlicher Sicht, Hamburg/Berlin

Probst, G. J. B. (1994): Organisationales Lernen und die Bewältigung von Wandel. In: Gomez, P./Hahn, D./Müller-Stewens, G./Wunderer, R. (Hrsg.): Unternehmerischer Wandel: Konzepte zur organisatorischen Erneuerung, Wiesbaden, S. 295-320

Probst, G. J. B./Naujoks, H. (1995): Führungstheorien - Evolutionstheorien der Führung. In: Kieser, A./Reber, G./Wunderer, R. (Hrsg.): Handwörterbuch der Führung, 2. Auflage, Stuttgart, Sp. 915-926

Quadagno, J. S. (1979): Paradigms in evolutionary theory: The sociobiological model of natural selection. In: American Sociological Review, 44, S. 100-109

Radnitzky, G. (1992): Wissenschaftstheorie, Methodologie. In: Seiffert, H./Radnitzky, G. (Hrsg.): Handlexikon zur Wissenschaftstheorie, München, S. 463-472

Rammstedt, O. (1995): Wandel, sozialer. In: Fuchs-Heinritz, W. u.a. (Hrsg.): Lexikon zur Soziologie, 3. Aufl., Opladen, S. 734

Rao, M. V. H./Pasmore, W. A. (1989): Knowledge and interest in organization studies: A conflict of interpretations. In: Organization Studies, 10, S. 225-239

Reed, M./Hughes, M. (Hrsg.) (1992): Rethinking organization: New directions in organization theory and analysis, London u.a.

Rehberg, K.-S. (1998): Die stabilisierende Fiktionalität von Präsenz und Dauer: Institutionelle Analyse und historische Forschung. In: Blänkner, R./Jussen, B. (Hrsg.): Institutionen und Ereignis: Über historische Praktiken und Vorstellungen gesellschaftlichen Ordnens, Göttingen, S. 381-407

Reiß, M. (1997): Change Management als Herausforderung. In: Reiß, M./Rosenstiel, L. v./Lanz, A. (Hrsg.): Change Management: Programme, Projekte und Prozesse, Stuttgart, S. 5-29

Reiß, M. (1998a): Die Erosion konventioneller Unternehmensstrukturen als Herausforderung an die Personal- und Organisationsarbeit. In: Reiß, M. (Hrsg.): Der neue Mittelstand, Frankfurt am Main, S. 145-184

Reiß, M. (1998b): Mythos Netzwerkorganisation. In: Zeitschrift Führung + Organisation, 67, S. 224-229

Remer, A. (1982): Instrumente unternehmenspolitischer Steuerung, Berlin/New York

Remer, A. (1993): Organisationstheorien. In: Wittmann, W. u.a. (Hrsg.): Handwörterbuch der Betriebswirtschaft, Teilband 1, 5. Aufl., Stuttgart, Sp. 3058-3074

Ridder, H.-G. (1999): Personalwirtschaftslehre, Stuttgart

Ridder, H.-G./Conrad, P./Schirmer, F./Bruns, H.-J. (2001): Strategisches Personalmanagement: Mitarbeiterführung, Integration und Wandel aus ressourcenorientierter Perspektive, Landsberg/Lech

Riedl, C. (1999): Organisatorischer Wandel durch Globalisierung: Optionen für multinationale Unternehmen, Berlin u.a.

Riedl, R. (1975): Die Ordnung des Lebendigen, Hamburg/Berlin

Ringlstetter, M. J./Schuster, M. (2001): Organisatorischer Wandel als betriebswirtschaftliches Forschungsfeld. In: Die Betriebswirtschaft, 61, S. 349-369

Robins, J. A. (1985): Ecology and society: A lesson for organization theory, from the logics of economics. In: Organization Studies, 6, S. 335-348

Robbins, S. P. (1990): Organization theory: Structure, design, and applications, 3. Aufl., Englewood Cliffs/NJ

Rohe, K. (1983): Politikbegriffe. In: Mickel, W. W. (Hrsg.): Handlexikon zur Politikwissenschaft, München, S. 349-354

Romanelli, E./Tushman, M. L. (1994): Organizational transformation as punctuated equilibrium: An empirical test. In: Academy of Management Journal, 37, S. 1141-1166

Rosa, H. (1999): Bewegung und Beharrung: Überlegungen zu einer sozialen Theorie der Beschleunigung. In: Leviathan, 27, S. 386-414

Rosenkopf, L./Tushman, M. L. (1994): The coevolution of technology and organization. In: Baum, J. A. C./Singh, J. V. (Hrsg.): Evolutionary dynamics of organizations, New York, S. 403-423

Rosenstiel, L. v. (1989): Innovation und Veränderung in Organisationen. In: Roth, E. (Hrsg.): Enzyklopädie der Psychologie, Band 3: Organisationspsychologie, Göttingen u.a., S. 652-684

Rosenstiel, L. v. (1997): Verhaltenswissenschaftliche Grundlagen von Veränderungsprozessen. In: Reiß, M./Rosenstiel, L. v./Lanz, A. (Hrsg.): Change Management: Programme, Projekte und Prozesse, Stuttgart, S. 191-212

Rosenstiel, L. v. (1999): Der Widerstand gegen Veränderung: Ein vielbeschriebenes Phänomen in psychologischer Perspektive. In: Franke, N. (Hrsg.): Innovationsforschung und Technologiemanagement: Konzepte, Strategien, Fallbeispiele, Berlin, S. 33-45

Rosenstiel, L. v./Comelli, G. (2003): Führung zwischen Stabilität und Wandel, München

Rüegg-Stürm, J. (1998): Implikationen einer systemisch-konstruktivistischen „Theory of the Firm" für das Management von tiefgreifenden Veränderungsprozessen. In: Die Unternehmung, 52, S. 81-89

Rüegg-Stürm, J. (2000): Jenseits der Machbarkeit – Idealtypische Herausforderungen tiefgreifender unternehmerischer Wandelprozesse aus einer systemisch-relational-konstruktivistischen Perspektive. In: Schreyögg, G./Conrad, P. (Hrsg.): Organisatorischer Wandel und Transformation, Wiesbaden, S. 195-237

Rüegg-Sürm, J. (2001): Organisation und organisationaler Wandel: Eine Erkundung aus konstruktivistischer Sicht, Wiesbaden

Rühli, E./Sachs, S. (1999): The NOVARTIS mega-merger: An intraorganizational evolutionary perspective. In: Strategic Change, 8, S. 217-226

Sachs, S. (1997): Evolutionäre Organisationstheorie. In: Die Unternehmung, 51, S. 91-104

Sachs, S. (2000): Die Rolle der Unternehmung in ihrer Interaktion mit der Gesellschaft, Bern u.a.

Sachs, S./Rühli, E. (2001): Strategischer Wandel auf mehreren Ebenen im Lichte evolutionärer Prinzipien. Diskussionspapier zur Jahrestagung des Verbandes der Hochschullehrer für Betriebswirtschaft 2001, Freiburg

Sandner, K. (1982): Evolutionäres Management. In: Die Unternehmung, 36, S. 77-89

Sandner, K. (1990): Prozesse der Macht: Zur Entstehung, Stabilisierung und Veränderung der Macht von Akteuren in Unternehmen, Berlin u.a.

Sandner, K. (1992): Unternehmenspolitik – Politik im Unternehmen: Zum Begriff des Politischen in der Betriebswirtschaftslehre. In: Sandner, K. (Hrsg.): Politische Prozesse in Unternehmen, 2. Aufl., Heidelberg, S. 45-76

Schanz, G. (1975): Einführung in die Methodologie der Betriebswirtschaftslehre, Köln

Schanz, G. (1994): Organisationsgestaltung: Management von Arbeitsteilung und Koordination, 2. Aufl., München

Schanz, G. (2000): Wissenschaftsprogramme der Betriebswirtschaftslehre. In: Bea, F. X./Dichtl, H./Schweitzer, M. (Hrsg.): Allgemeine Betriebswirtschaftslehre, Band 1: Grundfragen, 8. Aufl., Stuttgart, S. 80-158

Scharfenberg, H. (1998): Die Kunst der Umsetzung. In: Office Management, 46, S. 32-33

Scharpf, F. W. (1973): Planung als politischer Prozess: Aufsätze zur Theorie der planenden Demokratie, Frankfurt am Main

Scharpf, F. W. (1991): Political institutions, decision styles, and policy choices. In: Czada, R./Windhoff-Héritier, A. (Hrsg.): Political choice: Institutions, rules and the limits of rationality. Frankfurt am Main/Boulder (Col.), S. 53-86

Scharpf, F. W. (2001): Akteure, Institutionen und Interaktionsformen, Kurseinheit 2 des Kurses „Der Neue Institutionalismus" (hrsg. von Czada, R./Schimank, U.), Studienbrief der Fernuniversität in Hagen

Scherer, A. G. (2001): Kritik der Organisation oder Organisation der Kritik? – Wissenschaftstheoretische Bemerkungen zum kritischen Umgang mit Organisationstheorien. In: Kieser, A. (Hrsg.): Organisationstheorien, 4. Aufl., Stuttgart u.a., S. 1-27

Scherer, A. G./Beyer, R. (1998): Der Konfigurationsansatz im Strategischen Management. In: Die Betriebswirtschaft, 58, S. 332-347

Schettgen, P. (1991): Führungspsychologie im Wandel: Neue Ansätze der Organisations-, Interaktions- und Attributionsforschung, Wiesbaden

Schirmer, F. (2000): Reorganisationsmanagement: Interessenkonflikte, Koalitionen des Wandels und Reorganisationserfolg, Wiesbaden

Schlaffke, W./Weiss, R. (Hrsg.) (1996): Gestaltung des Wandels – Die neue Rolle der Führungskräfte, Köln

Schlichting, H. J. (1993): Physik – zwischen Zufall und Notwendigkeit. In: Praxis der Naturwissenschaften – Physik, 42, S. 1-14

Schmid, M. (1982): Theorie sozialen Wandels, Opladen

Schmid, M. (1998): Soziales Handeln und strukturelle Selektion: Beiträge zur Theorie sozialer Systeme, Opladen/Wiesbaden

Schneider, M. (2002): A stakeholder model of organizational leadership. In: Organization Science, 13, S. 209-220

Schneider, V. (1998): Korporative Akteure, Netzwerke und öffentliche Politik, Studienbrief der FernUniversität Hagen

Schnell, R./Hill, P. B./Esser, U. (1999): Methoden der empirischen Sozialforschung, 6. Aufl., München/Wien

Scholl, W. (1992): Politische Prozesse in Organisationen. In: Frese, E. (Hrsg.): Handwörterbuch der Organisation, 3. Auflage, Stuttgart, Sp. 1993-2004

Scholl, W. (1998): Politische Entscheidungsprozesse als Kern einer integrativen Organisationspsychologie, Diskussionstexte des Lehrstuhls für Organisations- und Sozialpsychologie, Humboldt-Universität zu Berlin

302

Schreyögg, G. (1995): Führungstheorien – Situationstheorie. In: Kieser, A./Reber, G./Wunderer, R. (Hrsg.): Handwörterbuch der Führung, 2. Aufl., Stuttgart, Sp. 993-1005

Schreyögg, G. (1999): Organisation: Grundlagen moderner Organisationsgestaltung, 3. Aufl., Wiesbaden

Schreyögg, G. (2000): Funktionswandel im Management: Problemaufriß und Thesen. In: Schreyögg, G. (Hrsg.): Funktionswandel im Management: Wege jenseits der Ordnung, Berlin, S. 15-30

Schreyögg, G./Conrad, P. (Hrsg.) (2000): Organisatorischer Wandel und Transformation (Managementforschung 10), Wiesbaden

Schreyögg, G./Eberl, P. (1998): Organisationales Lernen: Viele Fragen, noch zu wenig neue Antworten. In: Die Betriebswirtschaft, 58, S. 516-536

Schreyögg, G./Noss, C. (1994): Hat sich das Organisieren überlebt? Grundfragen der Unternehmenssteuerung in neuem Licht. In: Die Unternehmung, 48, S. 17-33

Schreyögg, G./Noss, C. (2000): Von der Episode zum fortwährenden Prozeß – Wege jenseits der Gleichgewichtslogik im Organisatorischen Wandel. In: Schreyögg, G./Conrad, P. (Hrsg.): Organisatorischer Wandel und Transformation (Managementforschung 10), Wiesbaden, S. 33-62

Schreyögg, G./Sydow, J./Koch, J. (2003): Organisatorische Pfade – Von der Pfadabhängigkeit zur Pfadkreation. In: Schreyögg, G./Sydow, J. (Hrsg.): Strategische Prozesse und Pfade (Managementforschung 13), Wiesbaden, S. 257-294

Schubert, H.-J. (1998): Planung und Steuerung von Veränderungen in Organisationen, Frankfurt am Main u.a.

Schülein, J. A. (1987): Theorie der Institution: Ein dogmengeschichtliche und konzeptionelle Analyse, Opladen

Schultz, M./Hatch, M. J. (1996): Living with multiple paradigm: The case of paradigm interplay in organizational culture studies. In: Academy of Management Review, 21, S. 529-557

Schultze, R.-O. (1998): Politik/Politikbegriffe. In: Nohlen, D. (Hrsg.): Lexikon der Politik, Band 7: Politische Begriffe, München, S. 488-489

Schumpeter, J. A. (1961): Konjunkturzyklen, 2 Bände, Göttingen

Schumpeter, J. A. (1980): Kapitalismus, Sozialismus und Demokratie, 5. Aufl., München

Schumpeter, J. A. (1993): Theorie der wirtschaftlichen Entwicklung, 8. Aufl., Berlin

Schwan, K. (2003): Organisationsgestaltung, München

Scott, W. R. (1987): The adolescence of institutional theory. In: Administrative Science Quarterly, 32, S. 493-511

Scott, W. R. (1998): Organizations: Rational, natural and open systems, 4. Aufl., Upper Saddle River/NJ

Scott, W. R. (2001): Institutions and organizations, 2. Aufl., Tousand Oaks u.a.

Segler, T. (1985): Die Evolution von Organisationen, Frankfurt am Main u.a.

Seiffert, H. (1992a): Wissenschaftstheorie, allgemein und Geschichte. In: Seiffert, H./Radnitzky, G. (Hrsg.): Handlexikon der Wissenschaftstheorie, S. 461-463

Seiffert, H. (1992b): Methode. In: Seiffert, H./Radnitzky, G. (Hrsg.): Handlexikon zur Wissenschaftstheorie, München, S. 215-216

Semmel, M. (1984): Die Unternehmung aus evolutionstheoretischer Sicht: Eine kritische Bestandsaufnahme aktueller evolutionärer Ansätze der Organisations- und Managementtheorie, Bern

Senge, P. (1990): The fifth discipline: The art and practice of the learning organization, New York

Sennett, R. (1998): Der flexible Mensch: Die Kultur des neuen Kapitalismus, Berlin

Servatius, H.-G. (1991): Vom strategischen Management zur evolutionären Führung: Auf dem Wege zu einem ganzheitlichen Denken und Handeln, Stuttgart

Shaw, R. B. (1995): The essence of discontinuous change: Leadership, identity, and architecture. In: Nadler, D. A./Shaw, R. B./Walton, A. E. (Hrsg.): Discontinuous change: Leading organizational transformation, San Francisco, S. 66-81

Shaw, R. B./Walton, A. E. (1995): Conclusion: The lessons of discontinuous change. In: Nadler, D. A./Shaw, R. B./Walton, A. E. (Hrsg.): Discontinuous change: Leading organizational transformation, San Francisco, S. 272-276

Siegler, O. (1999): Die dynamische Organisation, Wiesbaden

Siggelkow, N. (2001): Change in the presence of fit: The raise, the fall and the renaissance of Liz Clairborne. In: Academy of Management Journal, 44, S. 838-857

Siggelkow, N. (2002): Evolution toward fit. In: Administrative Science Quarterly, 47, S. 125-159

Smelser, N. J. (1995): Modelle sozialen Wandels. In: Müller, H.-P./Schmid, M. (Hrsg.): Sozialer Wandel: Modellbildung und theoretische Ansätze, Frankfurt am Main, S. 56-84

Sonnenfeld, J. (2001): Heroic leadership's greatest battle: The defeat of disappointment versus the disappointment of defeat. In: Bennis, W./Spreitzer, G. M./Cummings, T. G. (Hrsg.): The future of leadership: Today's top leadership thinkers speak to tomorrow's leaders, San Francisco, S. 189-208

Spiethoff, A. (1955): Die wirtschaftlichen Wechsellagen: Aufschwung, Krise, Stockung, 2 Bände, Tübingen/Zürich

Staber, U. (2002): Der evolutionäre Ansatz in der Organisationsforschung: Einblicke und Aussichten. In: Schreyögg, G./Conrad, P. (Hrsg.): Theorien des Managements (Managementforschung 12), Wiesbaden, S. 113-146

Staehle, W. H. (1991): Redundanz, Slack und lose Kopplung in Organisationen: Eine Verschwendung von Ressourcen? In: Staehle, W. H./Sydow, J. (Hrsg.): Selbstorganisation und systemische Führung (Managementforschung 1), Berlin/New York, S. 313-345

Staehle, W. H. (1999): Management: Eine verhaltenswissenschaftliche Perspektive, 8. Aufl., München

Staminski, H./Bronner, R. (Hrsg.) (1999): Evolution steuern – Revolution planen: Über die Beherrschbarkeit von Veränderungsprozessen, Bonn u.a.

304

Stein, R. E. (1997): The theory of constraints, 2. Aufl., New York u.a.

Steinbock, H.-J. (2000): Management in Zeiten der Diskontinuität. In: Zeitschrift Führung + Organisation, 69, S. 37-40

Steinle, C. (1985): Organisation und Wandel: Konzepte, Mehr-Ebenen-Analyse (MEA), Anwendungen, Berlin/New York

Steinle, C. (Hrsg.) (2000): Vitalisierung: Das Management der neuen Lebendigkeit, Frankfurt am Main

Steinmann, H./Schreyögg, G. (2000): Management: Grundlagen der Unternehmensführung, 5. Aufl., Wiesbaden

Steyrer, J. (1992): Sozioökonomische Rahmenbedingungen politischer Prozesse in Unternehmen. In. Sandner, K. (Hrsg.): Politische Prozesse in Unternehmen, 2. Aufl., Heidelberg, S. 7-44

Steyrer, J. (1996): Theorien der Führung. In: Kasper, H./Mayrhofer, W. (Hrsg.): Personalmanagement, Führung, Organisation, 2. Aufl., Wien, S. 154-223

Stichweh, R. (1999): Kultur, Wissen und die Theorien soziokultureller Evolution. In: Soziale Welt, 50, S. 459-470

Stoeberl, P. A./Parker, G. E./Joo, S.-J. (1998): Relationship between organizational change and failure in the wine industry: An event history analysis. In: Journal of Management Studies, 35, S. 537-555

Stoi, R. /Kühnle, B. (2002): Theory of constraints. In: Controlling, 14, S. 55-56

Stolper, W. F. (1988): Development: Theory and empirical evidence. In: Hanusch, H. (Hrsg.): Evolutionary economics: Applications of Schumpeter's ideas, Cambridge u.a., S. 9-22

Storz, C. (2002): Zum Wandel der japanischen Unternehmensorganisation: Innovationsfähigkeit zwischen Diskontinuität und Stabilität. In: ORDO (Jahrbuch für die Ordnung von Wirtschaft und Gesellschaft), 63, S. 299-328

Straus, F. (2002): Netzwerkanalysen, Wiesbaden

Strebel, P. (1990): Dealing with discontinuities. In: European Management Journal, 8, S. 434-442

Stricker, G. (1997): Beobachtung fundamentalen Wandels: Bausteine einer „Erfolgsmessung" organisationalen Lernens, Bern u.a.

Strohm, O. (2001): Change Management zwischen Sachorientierung und Mikropolitik. In: Wirtschaftspsychologie 10/2001, S. 61-67

Sutton, R. I./Staw, B. M. (1995): What theory is not. In: Administrative Science Quarterly, 12, S. 590-613

Sydow, J. (1992): Strategische Netzwerke: Evolution und Organisation, Wiesbaden

Takahashi, N. (1997): A single garbage can model and the degree of anarchy in Japanese firms. In: Human Relations, 50, S. 91-108

Teubner, G. (1996): Die vielköpfige Hydra: Netzwerke als kollektive Akteure höherer Ordnung. In: Kenis, P./Schneider, V. (Hrsg.): Organisation und Netzwerk: Institutionelle Steuerung in Wirtschaft und Politik, Frankfurt am Main/New York, S. 535-561

Thesmar, D./Thoenig, M. (2000): Creative destruction and firm organization choice. In: The Quarterly Journal of Economics, 115, S. 1202-1237

Tichy, N. M. (1983): Managing strategic change: Technical, political, and cultural dynamics, New York

Tischler, T. (1999): Strategie und Change: Ein integrativer Ansatz zur Strategiengenerierung im Unternehmen, Wiesbaden

Tolbert, P. S./Zucker, L. G. (1996): The institutionalization of institutional theory. In: Clegg, S. R./Hardy, C./Nord, W. R. (Hrsg.): Handbook of organization studies, London u.a., S. 175-190

Tsoukas, H. (2001): Re-viewing organization. In: Human Relations, 54, S. 7-12

Tsoukas, H./Chia, R. (2002): On organizational becoming: Rethinking organizational change. In: Organization Science, 13, S. 567-582

Türk, K. (1978): Soziologie der Organisation, Stuttgart

Türk, K. (1981): Personalführung und soziale Kontrolle, Stuttgart

Türk, K. (1989): Neuere Entwicklungen der Organisationsforschung, Stuttgart

Türk, K. (1990): Von „Personalführung" zu „Politischer Arena"? Überlegungen angesichts neuerer Entwicklungen in der Organisationsforschung. In: Wiendieck, G./Wiswede, G. (Hrsg.): Führung im Wandel: Neue Perspektiven für Führungsforschung und Führungspraxis, Stuttgart, S. 53-87

Türk, K. (1995): Entpersonalisierte Führung. In: Kieser, A./Reber, G./Wunderer, R. (Hrsg.): Handwörterbuch der Führung, 2. Aufl., Stuttgart, Sp. 328-340

Türk, K. (1997): Organisation als Institution der kapitalistischen Gesellschaftsformation. In: In: Ortmann, G./Sydow, J./Türk, K. (Hrsg.): Theorien der Organisation: Die Rückkehr der Gesellschaft, Opladen, S. 124-176

Türk, K./Lemke, T./Bruch/M. (2002): Organisation in der modernen Gesellschaft: Eine historische Einführung, Wiesbaden

Tushman, M. L./Newman, W. H./Nadler, D. A. (1988): Executive leadership and organizational evolution: Managing incremental and discontinuous change. In: Kilmann, R. H./Covin, T. J. (Hrsg.): Corporate transformation: Revitalizing organizations for a competitive world, San Francisco/London, S. 102-130

Tushman, M. L./Newman, W. H./Romanelli, E. (1986): Convergence and upheaval: Managing the unsteady pace of organizational evolution. In: California Management Review, 29, S. 29-44

Tushman, M. L./O'Reilly, C. (1998): Unternehmen müssen auch den sprunghaften Wandeln meistern. In: Harvard Business Manager, 20, S. 30-44

Tushman, M. L./Romanelli, E. (1985): Organizational evolution: A metamorphosis model of convergence and reorientation. In: Research in Organizational Behaviour, 7, S. 171-222

Ulrich, D./McKelvey, B. (1983): The population perspective: Taxonomy and selection in environmental niches, Unpublished working paper, UCLA Graduate School of Management

306

Ulrich, H. (1994): Reflexionen über Wandel und Management. In: Gomez, P./Hahn, D./Müller-Stewens, G./Wunderer, R. (Hrsg.): Unternehmerischer Wandel: Konzepte zur organisatorischen Erneuerung, Wiesbaden, S. 5-29

Ulrich, H./Probst, G. J. B. (1995): Anleitung zum ganzheitlichen Denken und Handeln, 4. Aufl., Stuttgart

Ulrich, P. (1984): Management, Bern

Vaassen, B. (1994): Die narrative Gestalt(ung) der Wirklichkeit: Grundlinien einer postmodern orientierten Epistemologie für die Sozialwissenschaften, Diss., St. Gallen

Vahs, D. (1997): Unternehmenswandel und Widerstand. In: IO Management Zeitschrift, 66, S. 18-24

Vahs, D. (2001): Organisation: Einführung in die Organisationstheorie und -praxis, Stuttgart

Van de Ven, A. H. (1992): Suggestions for studying strategy process: A research note. In: Strategic Management Journal, 13 (Special Issue), S. 169-188

Van de Ven, A. H./Astley, G. W. (1981): Mapping the field to create a dynamic perspective on organization design and behavior. In: Van de Ven, A. H./Joyce, W. F. (Hrsg.): Perspectives on organizational design and behavior, New York, S. 427-468

Van de Veen, A. H./Poole, M. S. (1988): Paradoxical requirements for a theory of organizational change. In: Quinn, R. E./Cameron, K. S. (Hrsg.): Paradox and transformation: Toward a theory of change in organization and management, Cambridge/MA, S. 19-63

Van de Veen, A. H./Poole, M. S. (1995): Explaining development and change in organizations. In: Academy of Management Review, 20, S. 510-540

Vanberg, V. (1996): Institutional evolution within constraints. In: Journal of Institutional and Theoretical Economics, 152, S. 690-696

Venker, K. (1993): Die wissenschaftlichen Arbeits- und Denkmethoden der Betriebswirtschaftslehre: Darstellung, Anleitung und Übung, München

Volberda, H. W. (1998): Building the flexible firm: How to remain competitive, Oxford/New York

Walgenbach, P. (2000): Kognitive Skripten und die Theorie der Strukturation. In: Beschorner, T./Pfriem, R. (Hrsg.): Evolutorische Ökonomik und Theorie der Unternehmung, Marburg, S. 93-122

Walgenbach, P. (2001): Giddens' Theorie der Strukturierung. In: Kieser, A. (Hrsg.): Organisationstheorien, 4. Aufl., Stuttgart, S. 355-375

Walgenbach, P. (2002): Neoinstitutionalistische Organisationstheorie – State of the art und Entwicklungslinien. In: Schreyögg, G./Conrad, P. (Hrsg.): Theorien des Managements (Managementforschung 12), Wiesbaden, S. 155-202

Walter-Busch, E. (1996): Organisationstheorien von Weber bis Weick, Amsterdam

Warglien, M./Masuch, M. (Hrsg.) (1996): The logic of organizational disorder, Berlin/New York

Watson, G. (1975): Widerstand gegen Veränderungen. In: Bennis, W. G./Benne, K. D./Chin, R. (Hrsg.): Änderung des Sozialverhaltens, Stuttgart, S. 415-429

Watzlawick, P. (1995): Bausteine ideologischer Wirklichkeiten. In: Watzlawick, P. (Hrsg.): Die erfundene Wirklichkeit: Wie wissen wir, was wir zu glauben wissen? (Beiträge zum Konstruktivismus), 9. Aufl., München/Zürich, S. 192-228

Weaver, G. R./Gioia, D. A. (1994): Paradigms lost: Incommensurability vs. structurationist inquiry. In: Organization Studies, 15, S. 565-589

Weber, J. (1995): Grundgedanken zur Entwicklung einer Theorie der Unternehmensführung, WHU-Forschungspapier Nr. 30, Vallendar

Weibler, J. (1997): Unternehmenssteuerung durch charismatische Führungspersönlichkeiten? Anmerkungen zur gegenwärtigen Transformationsdebatte. In: Zeitschrift Führung + Organisation, 66, S. 27-32

Weibler, J. (2001): Personalführung, München

Weibler, J./Deeg, J. (1999): Und noch einmal: Darwin und die Folgen für die Organisationstheorie. In. Die Betriebswirtschaft, 59, S. 297-315

Weibler, J./Deeg, J. (2001): Der Population-Ecology-Ansatz. In: WISU, 30, S. 317-320

Weick, K. E. (1976): Educational organizations as loosely coupled systems. In: Administrative Science Quarterly, 21, S. 1-19

Weick, K. E. (1979): The social psychology of organizing, Reading/MA

Weick, K. E. (1995a): Der Prozess des Organisierens, Frankfurt am Main

Weick, K. E. (1995b): What theory is not, theorizing is. In: Administrative Science Quarterly, 40, S. 385-390

Weick, K. E. (1999): Theory construction as disciplined reflexivity: Tradeoffs in the 90's. In: Academy of Management Review, 24, S. 797-807

Weick, K. E. (2001): Leadership as the legitimation of doubt. In: Bennis, W./Spreitzer, G./Cummings, T. G. (Hrsg.): The future of leadership: Today's top leadership thinkers speak to tommorow's leaders, San Francisco, S. 91-102

Weick, K. E./Quinn, R. E. (1999): Organizational change and development. In. Annual Review of Psychology, 50, S. 361-386

Weik, E./Lang, R. (Hrsg.) (2001): Moderne Organisationstheorien: Eine sozialwissenschaftliche Einführung, Wiesbaden

Weiskopf, R. (Hrsg.) (2003): Menschenregierungskünste: Anwendungen der poststrukturalistischen Analyse auf Management und Organisation, Wiesbaden

Welsch, W. (1993): Unsere postmoderne Moderne, 4. Aufl., Berlin

Werder, A. v./Grundei, J. (2000): Organisation des Organisationsmanagements. In: Frese, E. (Hrsg.): Organisationsmanagement: Neuorientierung der Organisationsarbeit, Stuttgart, S. 97-141

Whipp, R. (1996): Creative destruction: Strategy and organizations. In: Clegg, S. R./Hardy, C./Nord, W. R. (Hrsg.): Handbook of organization studies, London u.a., S. 261-275

Whitehead, A. N. (1925): Science and the modern world, London

Wholey, D. R/Brittain, J. W. (1986): Organizational ecology: Findings and implications. In: Academy of Management Review, 11, S. 513-533

308

Wiegand, M. (1996): Prozesse organisationalen Lernens, Wiesbaden

Wienecke, S. (2001): Der Betrieb als Politikarena, München und Mering

Wild, J. (1966): Grundlagen und Probleme der betriebswirtschaftlichen Organisationslehre, Berlin

Wildemann, H. (1999): Revitalisierung von Unternehmen, München

Wilkesmann, U. (1999): Lernen in Organisationen – Die Inszenierung von kollektiven Lernprozessen, Frankfurt am Main

Wimmer, R. (1998): Wider den Veränderungsoptimismus – Möglichkeiten und Grenzen einer radikalen Transformation von Organisationen. In: Krainz, E. E./Simsa, R. (Hrsg.): Die Zukunft kommt – wohin geht die Wirtschaft? Gesellschaftliche Herausforderungen für Management und Organisationsberatung, Wiesbaden, S. 97-120

Windeler, A. (2003): Kreation technologischer Pfade: Ein strukturationstheoretischer Ansatz. In: Schreyögg, G./Sydow, J. (Hrsg.): Strategische Prozesse und Pfade (Managementforschung 13), Wiesbaden, S. 295-328

Windhoff-Héritier, A. (1987): Policy-Analyse: Eine Einführung, Frankfurt am Main/New York

Windhoff-Héritier, A./Czada, R. M. (1991): Introduction. In: Czada, R. M./Windhoff-Héritier (Hrsg.): Political choice: Institutions, rules and the limits of rationality, Frankfurt am Main/Boulder (Col.), S. 9-23

Withauer, K. F. (2000): Fitness der Unternehmung: Management von Dynamik und Veränderung, Wiesbaden

Witte, E. (1998): Entwicklungslinien der Betriebswirtschaftslehre: Was hat Bestand? In: Die Betriebswirtschaft, 58, S. 731-746

Wolf, J. (2000): Der Gestaltansatz in der Management- und Organisationslehre, Wiesbaden

Wolf, J. (2003): Organisation, Management, Unternehmensführung: Theorien und Kritik, Wiesbaden

Wunderer, R. (1994): Der Beitrag der Mitarbeiterführung für unternehmerischen Wandel: Ansätze zur unternehmerischen Mitarbeiterführung. In: Gomez, P./Hahn, D./Müller-Stewens, G./Wunderer, R. (Hrsg.): Unternehmerischer Wandel, Wiesbaden, S. 229-271

Young, R. C. (1988): Is population ecology a useful paradigm for the study of organizations? In: American Journal of Sociology, 94, S. 1-24

Yukl, G. (1998): Leadership in organizations, 4. Aufl., Upper Saddle River/NJ

Yukl, G. (1999): An evaluation of conceptual weaknesses in transformational and charismatic leadership. In: The Leadership Quarterly, 10, S. 285-306

Zaccaro, S. J./Klimoski, R. J. (2001): The nature of organizational leadership: An introduction. In: Zaccaro, S. J./Klimoski, R. J. (Hrsg.): The nature of organizational leadership: Understanding the performance imperatives confronting today's leaders, San Francisco, S. 3-41

Zahn, E. (1979): Diskontinuitäten im Verhalten soziotechnischer Systeme: Betriebswirtschaftliche Interpretationen und Anwendungen von Theoremen der mathematischen Katastrophentheorie. In: Die Betriebswirtschaft, 39, S. 119-141

Zahn, E. (1984): Diskontinuitätentheorie – Stand der Entwicklung und betriebswirtschaftliche Anwendungen. In: Macharzina, K. (Hrsg.): Diskontinuitätenmanagement: Strategische Bewältigung von Strukturbrüchen bei internationaler Unternehmenstätigkeit, Berlin, S. 19-75

Zahn, E./Dillerup, R. (1995): Beherrschung des Wandels durch Erneuerung. In: Reichwald, R./Willdemann, H. (Hrsg.): Kreative Unternehmen: Spitzenleistungen durch Produkt- und Prozessinnovation, S. 35-76

Zahn, E./Foschiani, S. (2000): Strategien und Strukturen für den Hyperwettbewerb. In: Wojda, F. (Hrsg.): Innovative Organisationsformen: Neue Entwicklungen in der Unternehmensorganisation, Stuttgart, S. 89-113

Zahn, E./Bullinger, H.-J./Gagsch, B. (2003): Führungskonzepte im Wandel. In: Bullinger, H.-J./Warnecke, J./Westkämper, E. (Hrsg.): Neue Organisationsformen im Unternehmen: Ein Handbuch für das moderne Management, Berlin u.a., S. 255-273

Zohar, A./Morgan, G. (1996): Refining our understanding of hypercompetition and hyperturbulence. In: Organization Science, 7, S. 460-464

Zucker, L. G. (1977): The role of institutionalization in cultural persistence. In: American Sociological Review, 42, S. 726-742

Peter Lang · Europäischer Verlag der Wissenschaften

Marktorientierte Unternehmensführung

Grundkonzepte, Anwendungen und Lehre
Festschrift für Hermann Freter zum 60. Geburtstag
Herausgegeben von Carsten Baumgarth

Frankfurt am Main, Berlin, Bern, Bruxelles, New York, Oxford, Wien, 2004.
XIII, 437 S., zahlr. Abb.
ISBN 3-631-52093-X · br. € 79.–*

Die Festschrift umfasst Beiträge namhafter Wissenschaftler und Praktiker aus dem Wirkungskreis von Hermann Freter. Dabei beziehen sich die Inhalte auf die Forschungsschwerpunkte des Jubilars. Zunächst finden sich im Bereich der Marktsegmentierung Beiträge von Gabriele Barten und Hermann Diller/Hans H. Stamer. Zur Markenpositionierung und -führung äußern sich Carsten Baumgarth, Sandra Feldmann, Günter Heyden, Heribert Meffert und Hartwig Steffenhagen. Mit Multimedia und Neue Medien befassen sich Dietmar Barzen, Axel Eggert, Gisela Hüser/Manfred Grauer und Henrike Sänger. Zu Schnittstellenthemen von Marketing und Management äußern sich Heymo Böhler/Christoph Rasche, Thomas Roeb und Roland Schulz. Die Beiträge zu KMU stammen von Hermann Fuchslocher, Felix Gustav Hensel, Wolfgang Müller und Andreas Pinkwart/Daniel Heinemann. Die Festschrift schließt mit Beiträgen von Carsten Baumgarth/Ursula Hansjosten und Manfred Bruhn/Florian Siems zum Thema Marketing-Lehre.

Aus dem Inhalt: Marktsegmentierung · Markenpositionierung und -führung · Multimedia und Neue Medien · Marketing und Management · Kleine und mittlere Unternehmen (KMU) · Marketing-Lehre

Frankfurt am Main · Berlin · Bern · Bruxelles · New York · Oxford · Wien
Auslieferung: Verlag Peter Lang AG
Moosstr. 1, CH-2542 Pieterlen
Telefax 00 41 (0) 32 / 376 17 27

*inklusive der in Deutschland gültigen Mehrwertsteuer
Preisänderungen vorbehalten

Homepage http://www.peterlang.de